3D EXPERIENCE 平台的市政交通工程 BIM 解决方案

主　编　袁胜强

同济大学出版社
TONGJI UNIVERSITY PRESS

内 容 提 要

本书着力于探索 BIM 技术在市政交通行业的解决方案，全书分为 3 篇，共 9 章。第 1 篇为 BIM 与市政交通，介绍了 BIM 的相关概念、BIM 相关技术、BIM 在市政交通工程中的应用及发展趋势，用于普及 BIM 的基础理论知识和技术发展现状。第 2 篇为基于 3D EXPERIENCE 的 BIM 技术，介绍了 3D EXPERIENCE 平台的体系架构、CATIA 基础功能和 CATIA 市政交通功能，旨在为读者展示 3D EXPERIENCE 平台的功能，为业内同行做平台选型提供技术支持。第 3 篇为 3D EXPERIENCE 平台下的 BIM 研发及应用，着重介绍了 CATIA 开发基础知识、CATIA 研发解决方案（包括 SMEDI-RDBIM、AFPA、桥梁正向设计系统、RADS、SMEDI-BDBIM 等），以及基于 3D EXPERIENCE 平台的 BIM 应用案例，旨在方便同行搭建研发及应用体系，提高全过程 BIM 应用技术能力。

本书可供 BIM 技术人员、市政交通设计及管理人员参考使用，也可作为高等院校师生的教学参考书。

图书在版编目(CIP)数据

3D EXPERIENCE 平台的市政交通工程 BIM 解决方案 / 袁胜强主编. —上海：同济大学出版社，2020.8
ISBN 978-7-5608-9330-3

Ⅰ.①3… Ⅱ.①袁… Ⅲ.①市政工程—交通工程—计算机辅助设计—应用软件 Ⅳ.①U491-39

中国版本图书馆 CIP 数据核字(2020)第 113621 号

3D EXPERIENCE 平台的市政交通工程 BIM 解决方案

袁胜强 **主编**

责任编辑 朱 勇 **责任校对** 徐春莲 **封面设计** 陈益平

出版发行 同济大学出版社 www.tongjipress.com.cn
(地址：上海市四平路 1239 号 邮编：200092 电话：021-65985622)
经 销 全国各地新华书店
印 刷 常熟市华顺印刷有限公司
开 本 787 mm×1092 mm 1/16
印 张 18.75
字 数 468 000
版 次 2020 年 8 月第 1 版 2020 年 8 月第 1 次印刷
书 号 ISBN 978-7-5608-9330-3

定 价 78.00 元

前言

目前，BIM 技术浪潮已经席卷全球工程建设领域，尤其是在欧美等西方发达国家的工程建设领域得到了较为广泛的应用。2010 年以来，BIM 技术逐渐引起我国各级政府的高度重视，市场需求也不断释放，特别是随着 BIM 技术在北京奥运工程、上海世博会工程、上海中心等一系列重点项目中的成功应用，BIM 技术在国内的发展已经进入新的阶段。在 2017 年 2 月国务院办公厅发布的《关于促进建筑业持续健康发展的意见》中，明确要求加快推进建筑信息模型(BIM)技术在规划、勘测、设计、施工和运营维护全过程的集成应用，实现工程建设项目全生命周期数据共享和信息化管理，为项目方案优化和科学决策提供依据，促进建筑业提质增效。在 2019 年 3 月国家发改委和住建部联合发布的《关于推进全过程工程咨询服务发展的指导意见》中指出：大力开发和利用建筑信息模型(BIM)、大数据、物联网等现代信息技术和资源，努力提高信息化管理与应用水平，为开展全过程工程咨询业务提供保障。

BIM 技术的发展离不开 BIM 软件的支持。目前，BIM 市场上主要的基础软件平台为 Autodesk 平台、Bentley 平台和 Dassault Systèmes 平台。这三家公司的软件平台的特点及应用范围各有千秋，在国内外都拥有众多的客户。其中，Autodesk 公司历史悠久，旗下软件众多，国内大量软件公司在其平台上进行了各类二次开发，但其众多软件的文件格式不统一，缺乏统一的产品数据管理功能，设计手段侧重二维而三维能力不足。Bentley 公司则深耕土木行业，旗下拥有一系列 AEC(Architecture，Engineering & Construction)软件，且文件格式统一，并可基于 ProjectWise 进行产品数据管理，但其软件平台较为封闭，开放性不足。Dassault Systèmes 公司在飞机、船舶及汽车制造等领域拥有众多客户，且有非常成熟的 PLM 实施经验，然而进入土木行业尤其是市政交通行业较晚，在该领域的专业性有待加强；其旗下 CATIA 软件是行业顶尖的设计软件，曲面造型和融合建模能力极强，并与仿真软件 DELMIA、产品数据管理软件 ENOVIA 一起整合到 3D EXPERIENCE 平台(简称 3DE 平台)，真正做到了设计协同、数据协同、流程协同。

上海市政工程设计研究总院(集团)有限公司(简称“上海市政总院”)是国内规模最大的市政工程设计企业，从业人员 5 000 余人，2019 年营业收入达 102 亿元(其中设计收费超 40 亿元)，从 2008 年开始进行 BIM 研发及应用工作，经过 10 余年的发展，在 BIM

技术应用、BIM标准构建、BIM人才培养、BIM软件研发等方面处于国内同行领先地位,先后会同国内相关单位组织编写出版了《中国市政设计行业BIM指南》《市政道路桥梁工程BIM技术》《市政工程BIM技术应用与新技术》《市政工程BIM技术二次开发》等系列丛书。上海市政总院也参与了《建筑信息模型分类和编码标准》(GB/T 51269—2017)、《建筑信息模型设计交付标准》(GB/T 51301—2018)、《建筑工程设计信息模型制图标准》(JGJ/T 448—2018)等国家和行业BIM标准的制定,主持或参与编写了多部地方及协会团体的BIM标准。自2010年起,上海市政总院就与Dassault Systèmes公司展开战略合作,合作开发3DE平台上的AEC模块,并将该平台应用到许多大型设计项目中,相关BIM应用成果在国内大赛中屡获大奖。同时,上海市政总院积极探索3DE平台与市政交通行业设计经验和国家标准的融合,成功地研发了具有自主知识产权的SMEDI-RDBIM、SMEDI-BDBIM等专业化BIM系统,取得了突破性成果。

目前,中国市政交通行业BIM应用仍以单专业、单阶段应用为主,在BIM全过程应用方面仍处于探索阶段。有鉴于此,上海市政总院组织编写了本书,希望通过总结经验、抛砖引玉,为中国市政交通行业BIM技术发展贡献一份力量。

本书着力于探索BIM技术在市政交通行业的解决方案,全书分为3篇,共9章。第1篇为BIM与市政交通,介绍了BIM的相关概念、BIM相关技术、BIM在市政交通工程中的应用及发展趋势,用于普及BIM的基础理论知识和技术发展现状。第2篇为基于3DE的BIM技术,介绍了3DE平台的体系架构、CATIA基础功能和CATIA市政交通功能,旨在为读者展示3DE平台的功能,为业内同行做平台选型提供技术支持。第3篇为3DE平台下的BIM研发及应用,着重介绍了CATIA开发基础知识、CATIA研发解决方案(包括SMEDI-RDBIM、AFPA、桥梁正向设计系统、RADS、SMEDI-BDBIM等),以及基于3DE平台的BIM应用案例,旨在方便同行搭建研发及应用体系,提高全过程BIM应用技术能力。

本书由上海市政总院组织人员进行编写,本书的编写得到达索析统(上海)信息技术有限公司、上海迪赛信息技术有限公司的大力支持。

欧阳君涛、杨京鹏、胡本昊、刘钊、黄俊炫、张守军、王利强、党刚、刘迪、许松等同志参与了本书的撰写,全书由袁胜强统稿。特此向全体编写人员及支持单位致谢!

本书参阅、引用了国内外大量文献,我们已将引用文献尽量标注,但难免存在疏漏,敬请谅解,在此向这些的文献作者表示衷心感谢!

本书适用于BIM技术人员,也可作为工程设计人员的应用参考资料。

鉴于编写人员的水平所限,不足之处,恳请广大读者批评指正。

袁胜强

2020年4月于上海

目录

前言

第1篇 BIM与市政交通

第1章 概述 …… 2
1.1 BIM概念 …… 2
1.2 BIM在国内外的发展 …… 8
1.3 BIM标准 …… 21
1.4 BIM软件 …… 27

第2章 BIM相关技术 …… 37
2.1 倾斜摄影技术 …… 37
2.2 三维激光扫描技术 …… 39
2.3 3D打印技术 …… 41
2.4 VR与AR技术 …… 43
2.5 物联网技术 …… 46
2.6 云计算 …… 48
2.7 GIS技术 …… 51
2.8 智慧城市 …… 53

第3章 BIM技术在市政交通中的应用 …… 58
3.1 概述 …… 58
3.2 设计阶段的BIM应用 …… 58
3.3 施工阶段的BIM应用 …… 65
3.4 运维阶段的BIM应用 …… 70

第4章 BIM在市政交通工程领域的展望 …… 73
4.1 BIM技术研究热点 …… 73
4.2 市政交通工程BIM基础数据标准的全面形成与执行 …… 76

4.3 市政交通工程 BIM 软件的研发逐渐完善 …… 78
4.4 BIM 技术与市政交通工程工业化 …… 80
4.5 BIM 技术助力现有道路桥梁改造升级 …… 81
4.6 BIM 技术向集成化方向发展 …… 82
4.7 BIM+GIS 技术与智慧交通及智慧城市的融合 …… 84

第 2 篇 3D EXPERIENCE 平台的 BIM 技术

第 5 章 3D EXPERIENCE 平台 …… 88
5.1 平台介绍 …… 88
5.2 CATIA 基础 …… 91

第 6 章 CATIA 基础功能 …… 105
6.1 草图绘制 …… 105
6.2 三维实体创建 …… 112
6.3 曲面设计 …… 118
6.4 装配设计 …… 123
6.5 知识工程 …… 125

第 7 章 CATIA 市政交通功能 …… 143
7.1 概述 …… 143
7.2 地形设计 …… 143
7.3 线路设计 …… 147
7.4 钢筋设计 …… 152
7.5 基于部件的设计 …… 158

第 3 篇 3D EXPERIENCE 平台下的 BIM 研发及应用

第 8 章 CATIA 开发技术 …… 170
8.1 开发工具介绍 …… 170
8.2 CAA 二次开发 …… 172

第 9 章 基于 CATIA 的研发解决方案 …… 186
9.1 解决方案 …… 186
9.2 SMEDI-RDBIM 软件 …… 190
9.3 桥梁工程 BIM 正向设计系统 …… 223
9.4 AFPA 软件 …… 230
9.5 其他软件 …… 230

第 10 章　BIM 应用案例 ·· 244
10.1　宁波梅山春晓大桥工程 BIM 应用 ·· 244
10.2　嘉兴市快速路环线一期工程 BIM 应用 ·· 254
10.3　嘉兴市三元路新建工程总承包项目 BIM 综合应用 ·· 263

参考文献 ·· 289

第1篇 DIYIPIAN ▶

BIM与市政交通

第1章　概述

1.1　BIM 概念

1.1.1　BIM 的产生

BIM 概念基础可以追溯到 1962 年由计算机学者 Douglas C. Englebart 提出的基于对象的设计、参数化操作和关系数据库。1975 年，“BIM 之父”美国乔治亚理工大学的 Charles M. Eastman 教授创建了 BIM 理念，至今，建筑信息模型的概念伴随着信息技术在建筑业的深入运用而产生和发展。BIM 技术研究经历了三大阶段：萌芽阶段、产生阶段和发展阶段。

BIM 理念的启蒙，受到了 1973 年全球石油危机的影响，美国全行业需要考虑提高行业效益的问题，1975 年，“BIM 之父”Charles M. Eastman 教授在其研究的课题“Building Description System”中提出“a computer-based description of a building”，旨在用计算机系统对建筑物开展智能模拟，以便于实现建筑工程的可视化和量化分析，提高工程建设效率。1982 年，GRAPHISOFT 公司提出了虚拟建筑模型 Virtual Building Model(简称 VBM)，并在两年后推出了 ARCHICAD 软件。紧接着，一些芬兰学者提出了基于计算机的智能模型系统，并提出“Product Information Model”系统。1986 年，美国学者 Robert Aish 提出了和现在 BIM 概念非常接近的“Building Modeling”的概念。不久之后，BIM 的概念被学者提出来，但由于当时的计算机硬件与软件的水平都非常有限，BIM 并没有在实践中得到应用。直到 2002 年，Autodesk 公司副总裁 Phil Bernstein 向美国建筑师协会(American Institute of Architects，简称 AIA)提出了建筑信息化模型的设计理念，“Building Information Modeling”一词正式诞生，并推出了 Autodesk 的 BIM 软件产品。此后，全球另外两个大软件开发商 Bentley 及 GRAPHISOFT 也相继推出了自己的 BIM 产品。自此，BIM 从一种理论思想变成了用来解决实际问题的数据化的工具和方法。

1.2.2　BIM 的定义

BIM(Building Information Modeling)是“建筑信息建模”的简称。不同的国家、不同的学者对 BIM 的定义有着不同的解析。

美国国家BIM标准(The National Building Information Modeling Standards Committee,简称NBIMS)对BIM的定义:是建设项目的兼具物理特性与功能特性的数字化模型,且是从建设项目的最初概念设计开始的整个生命周期里做出任何决策的可靠共享信息资源。实现BIM的前提是在建设项目生命周期的各个阶段不同的项目参与方通过在BIM建模过程中插入、提取、更新及修改信息以支持和反映出各参与方职责。BIM是基于公共标准化协同作业的共享数字化模型。

美国联邦政府总务管理局(General Services Administration,简称GSA)对BIM的定义:建筑信息模型是开发和一个使用多方面的计算机软件数据模型,该模型不止用来存储新建或改扩建项目的设计文档,还可以用来对项目的建设和运营进行模拟。由此产生的建筑信息模型是一个数据丰富、对象化、智能化和参数化的设施数字表现,来自不同用户的适当的需要,可以提取和分析,以产生反馈并对设施的设计进行改进。

我国的国家标准《建筑信息模型应用统一标准》(GB/T 51212—2016)对BIM的定义:在建设工程及设施全生命周期内,对其物理和功能特性进行数字化表达,并依此设计、施工、运营的过程和结果的总称。

Autodesk公司对BIM的定义:是一种建筑设计和文档化的方法,其主要特征是在建设项目的设计、建设阶段创建和使用协调的、内部一致性的、可计算的信息。

Bentley公司对BIM的定义:一个在分布化的数据库管理系统中建立的包含整个建设项目生命周期的图形化和非图形化方面信息的模型的过程。

GRAPHISOFT公司对BIM的定义:是一个包含了图形文件(图纸)及非图形文件(合同、进度计划和其他数据)的单一知识库。

Tekla公司对BIM的定义:是一个在建筑物结构在细节方面进行建模和沟通的过程,以有利于建设项目整个生命周期。

以上关于建筑信息模型定义的来源涵盖了研究机构、政府部门及商业软件机构。通过以上对建筑信息模型定义的分析可以发现,由于不同的定义主体所处的地位不同,其对建筑信息模型的认识存在着一定的差异,主要可以划分为三个类型:①实体论,即认为建筑信息模型是一个模型或知识库,其中包含了涉及整个建设工程生命周期的信息;②技术论,即建筑信息模型是一种实现建设工程信息管理的技术或者方法;③过程论,即建筑信息模型是一个信息管理的过程。不过,一般而言,不论基于哪种观点,建筑信息模型都表现出了以下几个方面的特征:①模型中包含的信息涉及整个项目生命周期;②为项目协同建设提供支持;③其中涉及的信息是可计算的,强调信息的完全数字化;④由参数定义的、互动的建筑物构件构成,且构件中包含了丰富的信息;⑤建筑信息模型中信息的表现可以通过图形化及非图形化的方式实现。

综上所述,本书对BIM的定义如下:是建筑工程项目的物理和功能特性的数字化模型,在项目的规划、设计、建造、运营管理等全生命周期过程中进行数字模型信息的获取、编辑、传递和应用,是项目各参与方协同工作的基础,为项目及各参与方创造价值。

1.1.3 BIM 的内涵

从 BIM 概念的定义分析可以看出，BIM 的基础、核心和对象是数字化模型，而数字化模型的本质是存储了项目集成化信息的可视化数据库，因此，依托数据库及其管理平台，BIM 为工程项目带来了全生命周期的技术应用创新、管理变革，给各参与方创造了价值。BIM 应该是且必然是一个综合多种维度、不同因素的综合体(图 1-1)，其主要的内涵包括以下几个方面。

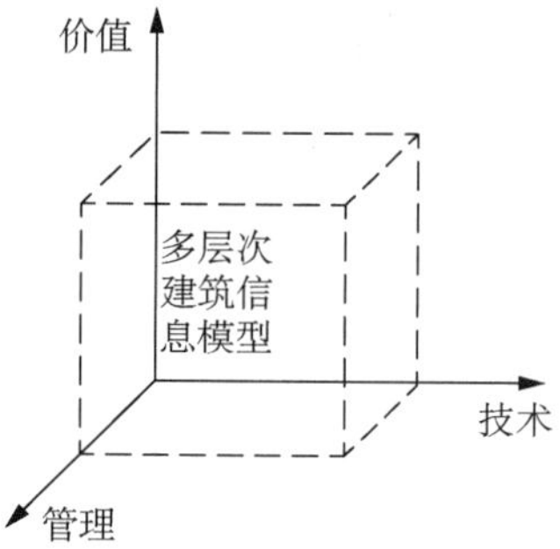

图 1-1 BIM 内涵的维度

(1) 技术是实现和应用建筑信息模型的基础。要有效地建立和运用建筑信息模型，相关的技术条件必须要达到一定的水平。追溯建筑信息模型的发展历程，不难发现：虽然相关的理念提出已有 40 余年的时间，但建筑信息模型真正得到普及和应用是进入 21 世纪以后的事情，产生这种现象的一个最重要的原因便是早期相关的软硬件等技术条件无法满足现实的需要。因此，只有具备了坚实的技术基础，才能使建筑信息模型真正发挥其效能，而在技术条件不具备的情况下奢谈建筑信息模型的应用只能是构建一座“空中楼阁”。与建筑信息模型相关的技术可以分为以下几个方面：① BIM 信息标准；② BIM 建模技术；③ BIM 分析方法及应用技术；④与 BIM 技术相关的其他信息技术(如 GIS、AR、VR、互联网、云计算等)；⑤符合 BIM 需要的高效、快捷、低成本的软硬件平台应用开发技术。

(2) 管理是 BIM 价值充分体现的重要保障。BIM 应用绝对不只是一个单纯的技术过程，建设工程项目具有多阶段、多参与方的特点，使得在 BIM 应用中往往需要多方参与其间，需要协调管理各方，同时，BIM 的技术创新因素，会产生新的管理方法和模式，如在项目全生命周期中采用更加严密和高效的项目组织管理方式。BIM 应用中的管理主要有以下几个方面：①基于 BIM 技术的组织构架、工作内容、工作流程、信息流及资金流的管理；②信息安全管理；③争议及利益协调机制；④基于 BIM 协同创新管理模式。

(3) 创造价值是 BIM 应用的目的。BIM 应用的最终目的是为各参与方创造价值，可区分为技术价值、经济价值和社会价值。

技术价值包括：①实现工程建设全生命周期的信息共享，所有参与方能够协同工作，提高建造产品质量和生产效率，实现工程项目的精细化管理；②支持工程建设环境、技术、经济、能耗、安全等多方面的性能分析和技术方案模拟展示，它可以实现虚拟的设计、建造、运营管理以及全生命周期、全方位的预测和控制。

经济价值包括：①降低各阶段的生产成本；②提高各阶段建筑产品的附加值。

社会价值包括：①促进工程建设行业生产方式的转型升级；②推动工程建设行业的工业化发展；③成为智慧城市的重要组成部分。

1.1.4 BIM的特征

BIM具有五大特征:可视化、协调性、模拟性、优化性及可出图性(图1-2),下面分别进行论述。

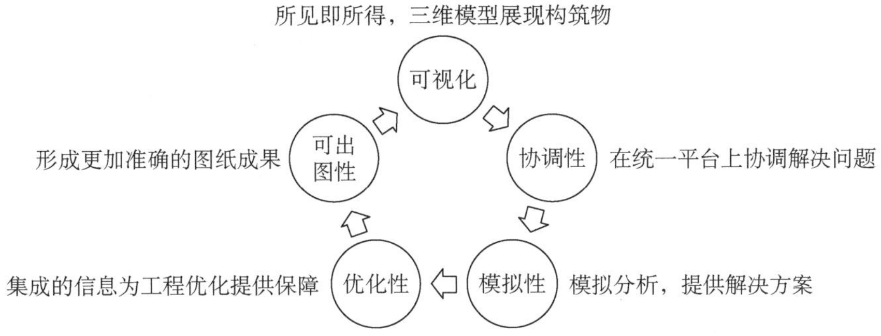

图1-2 BIM的五大特征

1. 可视化

可视化即“所见所得”的形式,对于土木行业的作用非常大。例如,传统的施工图纸,只是对各个构件的信息采用线条绘制表达,但是其真正的三维构造形式则需要工程参与人员理解想象。对于一般简单的项目,尚容易理解,但是对于形式各异、造型复杂、功能综合的项目,仅靠人脑去想象困难重重。另外,尽管利用效果图可以展示构筑物,但是效果图一般是分包给专业的效果图制作团队,由其识读线条式信息进行制作,并不是通过构件信息自动生成,缺少构件之间互动和反馈。

对于BIM来说,可视化是其中的一个固有特性,BIM的工作过程和结果就是构筑物的实际形状(三维几何信息),加上构件的物理信息(非几何属性)和规则信息。BIM实现了建筑构件的可视化,让线条式的构件形成三维的立体实物图形进行展示。BIM的可视化是一种能够同构件之间形成互动性和反馈性的可视化。在BIM信息模型中,由于整个建设过程可视化,所以,可视化的结果不仅可以用来进行效果图展示及报表生成,更重要的是在项目设计、建造、运营过程中的沟通、讨论、决策都在可视化的状态下进行。

2. 协调性

不管是业主单位还是设计及施工单位,无不在进行协调及相互配合的工作。项目在实施过程中一旦遇到了问题,就要将各有关人员组织起来开协调会,找出问题发生的原因及解决办法,然后做出变更,制定相应的补救措施来解决问题。

BIM的协调性能力即可事先处理此类问题。也就是说,利用BIM,可在构筑物建造前期对各专业的碰撞问题进行协调,生成协调数据。当然,BIM的协调作用也并不是只能解决各专业间的碰撞问题,还可以解决诸如净空要求之协调、防火分区与其他设计布置之协调、地下排水布置与其他设计布置之协调等问题。

3. 模拟性

模拟性并不是只能模拟设计对象模型，还可以模拟难以在现实世界中进行操作的事物。在设计阶段，BIM 可以进行一系列模拟实验，如节能模拟、紧急疏散模拟、日照模拟、热能传导模拟等。在招投标和施工阶段可以进行 4D 模拟（三维模型＋时间信息），也就是根据施工的组织设计模拟实际施工，从而确定合理的施工方案来指导施工。同时还可以进行 5D 模拟（三维模型＋时间、费用信息），从而实现成本控制。后期运维阶段可以模拟紧急情况下的应急处理方式，例如地震人员逃生模拟及消防人员疏散模拟等。

4. 优化性

整个设计、施工、运营的过程就是一个不断优化的过程。工程设计优化受三个条件的制约：信息、复杂程度和时间。没有准确的信息，就做不出合理的优化结果。BIM 模型提供了构筑物的实际存在的信息，包括几何信息、物理信息、规则信息，还提供了构筑物建造过程信息。目前，基于 BIM 的优化可以做下面一些工作。

（1）项目设计方案优化：把项目设计和投资回报分析结合起来，设计变化对投资回报的影响可以实时计算出来，以此进行设计方案多参数综合选型，提升设计方案优化能力。

（2）特殊节点的设计和施工方案的优化：特殊节点占整个工程项目比例不大，但通常也是施工难度比较大和施工问题比较多的地方，对其设计、施工方案进行优化，可以带来显著的工期和造价改进。

5. 可出图性

BIM 模型不仅能绘制常规的建筑设计图纸及构件加工图纸，还能通过对建筑物进行可视化展示、协调、模拟、优化，并出具各专业图纸及深化图纸，使工程表达更加详细。目前，基于 BIM 模型编制全套施工图纸、构件加工图纸，图面处理难度较大，对模型的精细度要求高。但是在模型与二维图纸动态关联、自动生成二维图纸以及图纸更新管理方面，BIM 模型具备显著优势。

1.1.5 BIM 模型建立及应用

按照不同的分类体系，BIM 模型可以划分为多种不同的类型。如按照模型中所集成的信息的特征，可以分为 3D 模型、4D 模型、5D 模型乃至 nD 模型等；按照专业和项目建设阶段划分，可以划分为设计模型（又可以细分为建筑模型、结构模型、MEP 模型、综合模型、各种分析模型等）、施工模型（又可以细分为总包模型、专业分包模型等）、制造模型、设施运营管理模型等；按照模型中的信息集中化程度，可以划分为集中式模型和分布式模型；等等。对于不同类型的 BIM 模型，其中所包含信息的集成化程度、内容等各个方面存在着较大的差异，在 BIM 应用过程中，必须要针对不同的需求，选择具有针对性的模型。

在运用 BIM 模型的建设项目中，项目各参与方首先需要的是建立模型，并以各种不同的方式和程度将项目信息集成于其中;其次,要将部分或全部的项目工作与模型联系起来,以模型作为项目工作开展的辅助手段,并尽可能地将模型与其他的信息系统和信息手段相交互,以最大限度地实现信息共享;最后,要将各个阶段的工作成果在模型中体现出来,结合模型信息进行包括性能分析在内的各项 BIM 应用,使 BIM 最终成为项目团队的工作平台、交互工具和沟通渠道,成为项目各项工作的工作基础和工作对象,同时也成为整个 BIM 全生命周期管理的工作核心。

1.1.6 BIM 的应用场景

自 BIM 产生以来,随着 BIM 有关的研究深入及越来越多的 BIM 软件的问世推广,BIM 的应用不断深入。总体来说,BIM 应用可以划分为三个阶段:初级阶段、中级阶段和高级阶段(图 1-3)。国内应用目前主要处于初级阶段和中级阶段,高级阶段的应用还很少;在欧美等 BIM 应用领先的国家,初级阶段应用已基本普及,中级阶段应用开展得很广泛,高级阶段应用也在不断地涌现。

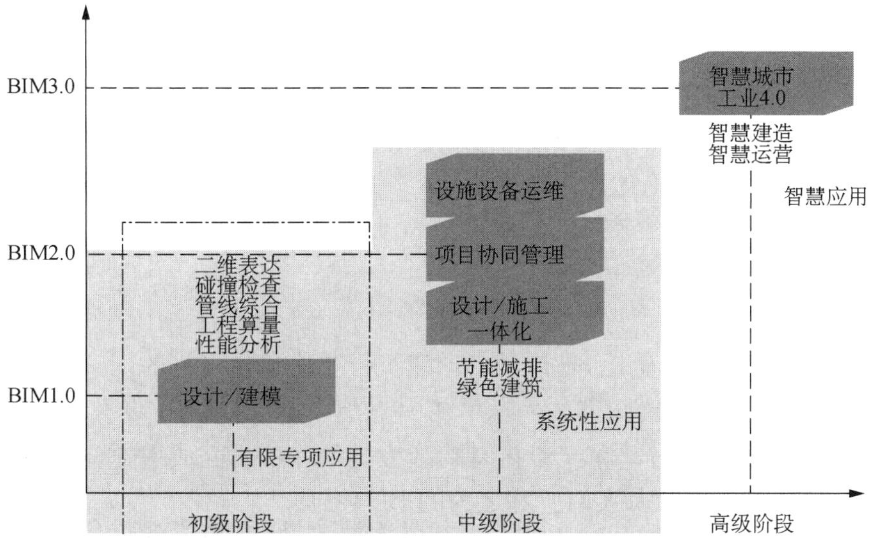

图 1-3 BIM 应用阶段

综合国内外的 BIM 应用发展情况来看,BIM 在设计阶段、施工阶段及运维阶段都得到了应用,尤其是在设计阶段的应用相对而言更为广泛,下面分别进行论述。

1. 设计阶段的 BIM 应用

在项目设计阶段,BIM 应用主要集中在:场地分析、设计方案展示和优化、各项性能分析(交通仿真、有限元分析、日照分析等)、设计成果审核、工程量统计、碰撞检查、关键施工工艺模拟等。

2. 施工阶段的 BIM 应用

在项目施工阶段,BIM 应用主要集中在:施工技术方案模拟和优化、管线迁改、碰撞检查、施工交通组织、进度控制、投资控制、设备及材料管理、工地设计变更管理、施工现场管理、质量安全管理、数字制造及安装等。

3. 运维阶段的 BIM 应用

在项目运维阶段，BIM 应用主要集中在：日常运营管理、资产管理、空间管理、设施设备维护管理、应急管理、使用者服务等。

1.2 BIM 在国内外的发展

目前 BIM 在国内外的发展主要集中体现在四个方面：BIM 标准、BIM 软件、BIM 应用及 BIM 相关技术。“没有规矩，不成方圆”，BIM 标准是 BIM 工作的基础，也是 BIM 数据共享、协同工作的前提。BIM 软件是进行 BIM 工作必要的工具，也是提高 BIM 工作效率的必要手段。BIM 应用是我们追求的目标，BIM 的应用可以提高工作质量和工作效率，降低生产成本，为我们带来巨大的价值，推动社会的进步。BIM 相关技术包括云计算、大数据、AR 和 VR 技术、GIS 技术、3D 打印技术、激光扫描技术、无人机航拍技术等，BIM 技术与 BIM 相关技术的发展，是相互促进、共同发展的，把 BIM 应用引向深入。

本节介绍 BIM 应用在国内外的总体发展情况。BIM 标准、BIM 软件及 BIM 相关技术的发展将在后续章节中论述。

1.2.1 美国

美国是 BIM 概念的诞生地，是最早启动建筑行业信息化研究的国家，也是推动全球 BIM 技术发展与应用的主要国家之一。早在 1974 年，美国人 Charles M. Eastman（被认为是全球 BIM 领域权威之一）基于卡内基梅隆大学的一项研究成果，首次提出了建筑描述系统这个概念，也就是后来人们所称之为的 BIM 技术。

然而，到了 2005 年，BIM 应用在美国较大型的设计企业中使用率依然较低，有的企业甚至从未接触过 BIM 应用。真正应用与普及 BIM 是在 2007 年之后的事情，美国的设计行业在最近的十多年里对 BIM 的应用增长很快，其间多年来培养的人才在企业之间流动，成为各企业的 BIM 专门人才。还有很多人去专门从事 BIM 培训与咨询，为大量新出现的 BIM 应用企业培训人才和提供支持。目前，美国大多数建筑项目开始广泛应用 BIM，而且存在各种 BIM 协会，也出台了各种 BIM 标准，BIM 的应用点也种类繁多。发展至今，美国依旧推动着 BIM 的顶层设计。

1. 主要 BIM 组织

目前主要推动美国 BIM 发展的公共部门机构有美国联邦政府总务管理局（GSA）、陆军工兵部队（the U.S. Army Corps of Engineers，简称 USACE）等；另外还有美国建筑科学研究院(National Institute of Building Sciences，简称 NIBS)旗下的 buildingSMART 以及美国建筑师协会(AIA)(图 1-4)。

图 1-4　美国 BIM 技术的主要推动组织

GSA 负责美国所有的联邦设施的建造和运营。早在 2003 年，为了提高建筑领域的生产效率、提升建筑业信息化水平，GSA 下属的公共建筑服务部门(Public Building Service)的首席设计师办公室(Office of the Chief Architect，简称 OCA)推出了“3D－4D－BIM 计划”。“3D－4D－BIM 计划”的目标是为所有对 3D－4D－BIM 技术感兴趣的项目团队提供“一站式”服务，虽然每个项目功能、特点各异，OCA 将帮助每个项目团队提供独特的战略建议与技术支持。GSA 认识到 3D 的几何表达只是 BIM 的一部分，而且不是所有的 3D 模型都能称之为 BIM 模型。但 3D 模型在设计概念的沟通方面已经比 2D 绘图要先进很多。因此，即使项目中不能实施 BIM，至少可以采用 3D 建模技术。4D 在 3D 的基础上增加了时间维度，这对于施工工序与进度十分有用。GSA 对于下属的建设项目有着更务实的流程，它承认并不是委托的所有公司都是 BIM 专家，但至少使用比 2D 绘图技术更先进的 3D、4D 技术，已经是很大的进步了。从 2007 年起，GSA 要求所有大型项目(招标级别)都需要应用 BIM，最低要求是空间规划验证和最终概念展示都需要提交 BIM 模型。所有 GSA 的项目都被鼓励采用 3D－4D－BIM 技术，并且根据采用这些技术的项目承包商的应用程序不同，给予不同程度的资金支持。GSA 在项目生命周期中应用 BIM 技术，包括：空间规划验证、4D 模拟、激光扫描、能耗和可持续发展模拟、安全验证等。GSA 陆续发布各领域的系列 BIM 指南，包括《总览》《空间验证》《三维激光扫描》《4D 应用》《能源效能》《流转与安全验证》《建筑要素》和《设施管理》，共 8 本，其中《流转与安全验证》仅适用于美国法院的设计项目。这些指南具体描述 BIM 在不同应用中的做法与政策，并且以在“3D－4D－BIM 计划”过程中产生的实际案例作为介绍对象，将所吸取的经验转换为 BIM 指引，供用户参考。另外，GSA 在工程建设行业技术会议如 AIA-TAP等都十分活跃，GSA 项目也常被提名为年度 AIA BIM 大奖获奖项目。因此，GSA 对 BIM 的强大宣贯直接影响并提升了美国整个工程建设行业对 BIM 的应用。

USACE 隶属于美国联邦政府和美国军队，为美国军队提供项目管理和施工管理服务，是世界最大的公共工程、设计和建筑管理机构。USACE 的第一个 BIM 项目是由西雅图分区设计和管理的一个无家眷军人宿舍(enlist unaccompanied personnel housing)项目，利用 Bentley 的 BIM 软件进行碰撞检查以及工程算量。随后，2004 年 11 月，USACE 路易维尔分区在北卡罗来纳州的一个陆军预备役训练中心项目也实施了 BIM。2005 年 3 月，USACE 成立了项目交付小组(Project Delivery Team，简称 PDT)，研究 BIM 的价值并为 BIM 应用策略提供建议。2006 年 10 月，USACE 发布了为期 15 年的 BIM 发展路线规划(Building Information Modeling：A Road Map for Implementation to

Support MILCON Transformation and Civil Works Projects within the U.S. Army Corps of Engineers），为 USACE 采用和实施 BIM 技术制定战略规划，以提升规划、设计和施工质量和效率。该规划中，USACE 承诺未来所有军事建筑项目都将使用 BIM 技术。在发展路线规划的附录中，USACE 还发布了 BIM 实施计划，从 BIM 团队建设、BIM 关键成员的角色与培训、标准与数据等方面为 BIM 的实施提供指导。2010 年，USACE 又发布了适用于军事建筑项目分别基于 Autodesk 平台和 Bentley 平台的 BIM 实施计划，并在 2011 年进行了更新，目前完成了适用于民事建筑项目的 BIM 实施计划。

NIBS 是 NBIMS 的研究和发布机构，大量的 BIM 及其关联概念、技术、方法、流程、资料都跟这个机构有关。buildingSMART 联盟是 NIBS 在信息资源和技术领域的一个专业委员会，成立于 2007 年，同时也是 buildingSMART 国际（buildingSMART International，简称 bSI）的北美分会。bSI 的前身是国际数据互用联盟（International Alliance of Interoperability，简称 IAI），开发和维护了 IFC（Industry Foundation Classes）标准以及 openBIM 标准。NIBS 已针对不同专业发布了对应的 BIM 手册，而 buildingSMART 联盟下属的美国国家 BIM 标准项目委员会（NBIMS-US）于 2007 年发布了第一版 NBIMS，主要包括关于信息交换和开发过程等方面的内容，明确了 BIM 过程和工具的各方定义、相互之间数据交换要求的明细和编码，使不同部门可以开发充分协商一致的 BIM 标准，更好地实现协同。2012 年的第二版标准的编写过程采用开放投稿（各专业 BIM 标准）、民主投票决定标准的内容（Open Consensus Process），因此，也被称为是第一部基于共识的 BIM 标准。2015 年的第三版标准中包含核心标准（Core Standards）、技术文献（Technical Publications）与部署资源（Deployment Resources）三个部分，涵盖了 BIM 项目生命周期中的不同阶段（规划、设计、施工与营运）所需的标准与技术开发、部署/实施方案、项目管理等。该标准中提出了一套衡量应用 BIM 程度的模型和工具，即能力成熟度模型（Capability Maturity Model，简称 CMM）。

2. BIM 技术应用

美国主要在设计领域对 BIM 技术有长足的发展和广泛深入的使用，并已经成为工程设计领域的行业标准流程。Dodge Data & Analysis 的调查数据显示，93%的 HVAC 承包商已经开始采用 BIM 技术进行建筑建模，91%的水电暖通设备承包商以及 88%的结构制造商已经运用 BIM 技术进行建筑建模和协作。数据显示，88%的建筑师和设计师认为，BIM 使设计有更好的洞察力；82%的 BIM 用户表示他们获得了一个积极的投资回报，且 25%的 BIM 用户表示 BIM 可以提升劳动生产率，84%的 BIM 深度从业者认为 BIM 应用减少了不必要的返工，超过 60%的从业者表示 BIM 使其更早参与材料供应链，降低了总体成本和物料浪费，并降低了风险。由于 BIM 技术在美国大范围的应用，2015—2017 年期间，5%的总建筑成本被节约，完工速度总体提升了 5%，与此同时，工人的劳动生产率提高了 25%。

遗憾的是，BIM 技术在美国建设领域无法得到更进一步的应用，其根本原因在于，美国并没有一个统一的 BIM 标准，各个州和大学颁布了不同的交付标准，错综复杂的

BIM 交付格式，让 BIM 技术在建设领域难以得到大范围的推广以及应用。JBKnowledge 等机构的数据显示，仅 41%的建设单位在使用 BIM 技术且仅 27%的建设单位具有独立的 BIM 或虚拟设计建造部门，而这些在施工中使用 BIM 技术的单位绝大多数无能力提供 BIM 竣工模型。在运维方面，尽管在设备/设施管理中使用 BIM 模型每年约可以节省 5%的运营费用，但是仅有 14%的美国业主认为他们目前有能力在运维中使用 BIM。

1.2.2 英国

英国是最早推广和应用 BIM 的国家之一，并在全球数字化建设中处于领先地位。英国不仅颁布了各项规定并制定了相关标准，并且出台了 BIM 强制政策，从而减少工作重复，节省设计、工期和总体项目管理的成本。英国政府对于推广 BIM 应用有强烈的意愿。

英国标准协会(British Standard Institute，简称 BSI)早在 2007 年起，通过与 BIM Task Group 和英国建筑师委员会(Construction Industry Council，简称 CIC)合作，陆续发布了《BS1192》系列 BIM 标准，对建筑和土木工程信息的组织和数字化(包括利用 BIM 模型进行信息管理)进行规范，并从 2018 年起逐步更新为《BS EN ISO19650》系列(已于 2018 年发布第一册、第二册及文档《PD9650—0：2019》替代《BS1192》中对应的分册)。但是，尽管系列标准和相关说明的总数达 21 册以上，仍有 70%的调查对象认为“BIM 不够充分标准化”，如标准中对数量、细节和范围的解释还不够清晰等。由 NBS(National Building Specification)发布的《国家 BIM 报告 2019》中的调查数据反映：开展 BIM 应用的项目中，有超过 3/4 的项目三维协同设计并进行二维出图，而存在多软件平台的模型协同和模型向下阶段参与方传递的比例仅占 36%和 29%，体现了不同平台间信息数据标准化仍有待进一步规范和提升。

2011 年 5 月，英国政府在《政府建设战略》要求向政府项目投标的供应商必须满足 BIM Level 2 的要求(图 1-5)，该要求旨在推动整个公共和私营部门采用 BIM 流程，通过减少交付和运营成本、降低风险、完善计划和改善碳足迹等手段完成上述战略目标。作为 BIM Level 2 的最低要求，供应商需要完全协作的三维 BIM 手段，并实现所有项目和资产信息、

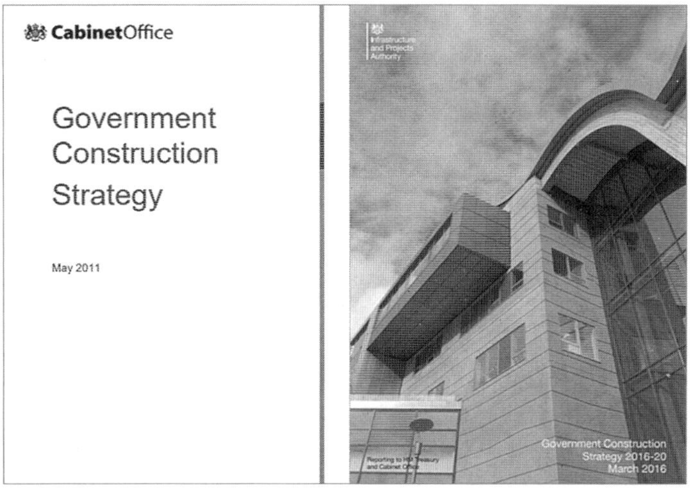

图 1-5 英国政府建设战略

文件与数据等的数字化管理。

2016 年 3 月，新一轮的建设战略提出，英国内阁将对 BIM 标准进行二次制定，为了促使建筑建设中的所有成员都能通过建筑信息模型进行协作，新的标准以及相对应的培训将在接下来的几年中被提出，为 BIM 行业的蓬勃发展打好坚实基础。

回顾英国政府颁布的法令和相关政策，英国的 BIM 战略计划是目前世界上最为先进的，它有着极强的政府驱动力以及超越其他国家的“野心”。在过去几十年的发展中，在 BIM 平台的开发、服务提供和标准制定中，英国都在扮演着全球引领者的角色。因此，英国的建筑设计师、产品制造商以及承包商在全球化的建筑施工设计中，得到了更多的机遇以及工作机会。然而，行业内对于这些措施的成功程度存在分歧。在询问了很多业内人士对英国政府战略最高目标的看法后，他们的观点也各不相同。目前业内对 BIM 能够降低建造和运维成本、缩短项目周期的说法，普遍持有信心；而对于 BIM 能显著减少对环境的影响和英国建筑业的贸易逆差，则信心不足。根据 2018 年英国国家统计局对英国自 2015 年以来在 BIM 技术应用调查数据中看到的增长推断，在未来 3～5 年内，英国 BIM 技术在建筑项目中的应用将达到 90%。而《NBS 报告》显示，70% 的机构已在项目中开展 BIM 应用，且 96% 的被访机构表示会在 5 年内应用 BIM 技术。虽然业内人士对在项目中融入并实施 BIM 的能力有一些负面的看法，但对于 BIM Level 2 的前进方向仍然表示认可。英国相关政府部门现正致力于制定 BIM Level 3 的量化标准，以进一步降低 AEC 项目的风险和成本，并维持英国在全球数字化建设中的领先地位。

在设计软件的使用方面，虽然不同工程项目的实践流程会因实际情况而不同，英国七成项目使用了 Autodesk 平台进行建模或绘图，四成项目的数据环境使用了 Viewpoint/4projects，部分建筑设计来自 GRAPHISOFT 的 ArchiCAD。对于形体复杂的异形建筑，会使用具有强大三维建模能力的 CATIA（行业常用的 Digital Project 也是以 CATIA 为基础开发）。工业和基础设施也会使用 Bentley 系列软件。各类分析软件包括使用 Tekla 的 Xsteel 等软件进行钢结构分析和加工制造、使用 Ecotect 进行建筑可持续指标分析、使用 Solibri 进行数据提取和造价管理、使用 Navisworks 进行干涉检查等。常见的可视化软件则包括 3ds Max、Lightscape、AccuRender 等。

1.2.3 新加坡

在 BIM 这一术语被广泛传播开来之前，新加坡政府就注意到建筑信息技术对建筑业的重要性。早于 1997 年，新加坡政府就制定了 BIM 实施计划，该计划指出，新加坡于 2016 年前建立一个可用于建筑信息一体化的平台。

为了达成这个目标，新加坡政府在 2000—2004 年期间，发展 CORENET（Construction and Real Estate NETwork）项目，该项目被用于新加坡政府的电子规划的自动审批和在线提交，开创了首个自动审批系统，为之后的 BIM 技术的应用做好了准备。同时,新加坡政府集合了7个部门,于2008年提出了关于采用3D BIM技术提交构建的方案,该方案于2009年被正式采纳。

新加坡负责建筑业管理的国家机构是建筑管理署(Building and Construction Authority,简称BCA),致力于为新加坡开发绿色环保的建筑环境。该政府机构于2010年颁布了BIM路线规划图,其目的在于,在2015年前,80%的新加坡建筑行业将会使用BIM技术,这也成为新加坡政府推出的未来十年规划——提高本国25%生产率战略目标的一部分。为此,BCA与Government Procurement Entities(GPE)合作,力求从2012年开始,BIM技术就能够在建筑工程项目中得到运用。在2012年,BCA出版了《BIM指南》和《BIM特定条例》。《BIM指南》明确描述了在工程项目不同阶段BIM技术的使用要求,并且指出BIM技术可以作为主要协议的一部分被纳入服务范围内。随着BIM技术在新加坡的推进,《BIM指南V2.0》于2013年8月被提出,2.0版本基于1.0版本对细节部分进行了补充修正,从初步设计阶段到最终工程竣工阶段,对BIM的应用进行了更加细致的规定。与此同时,为推进BIM技术在全国范围内得到广泛的应用,BCA与政府合作,确立了政府示范项目,并从2013年起,要求其他企业提交建筑BIM模型、结构与机电模型,并最终在2015年前,实现所有建筑面积大于5 000 m^2的项目都必须提交BIM模型的目标。

根据伯明翰大学2018年研究报告显示,在前期设计阶段,94%的新加坡建筑工程采用BIM技术进行设计,相比较而言,施工阶段的BIM技术使用率有所降低,仅有74%(图1-6)。同时,报告显示,在新加坡,BIM技术被广泛地应用于3D可视化、冲突检测

Table 4.10 Ranking of BIM practices in construction organisation

Type of BIM practices	Rank
3D Visualization	1. (100%)
Clash detection	2. (96%)
Virtual Reality /3D Pre-mock ups	3. (92%)
Prefabrication	4. (90%)
As Build drawing	5. (85%)
3D coordination	6. (84%)
4D scheduling/simulation	7. (77%)
Site planning/site utilization	8. (64%)
5D cost estimating	9. (54%)
Quality Take Off	10. (49%)
6D Sustainability analysis	11. (37%)
Site safety	12. (36%)
7D Facilities Management	13. (33%)
Field BIM by using mobile devices(iPad, Tablet, etc.)	14. (27%)
Cloud Technology	15. (25%)

图1-6 BIM技术在新加坡不同应用技术方向的使用率

以及虚拟现实技术，80%以上的建筑绘图以及 3D 协作应用。相比较而言，4D/5D/6D 技术在新加坡尚未开展起来，70%的工程采用了 BIM 技术进行时间规划，仅有 54%的项目采用了 BIM 技术进行项目造价估算。然而，现阶段，BIM 技术在新加坡的建设施工阶段的推广并不是很乐观，主要原因在于缺乏技术熟练的施工人员以及施工材料供给问题，由于新加坡的“蓝领”多为外来技术人员，他们所熟悉的多为本国采用的 BIM 技术软件，所以，在施工过程中存在很多问题。

1.2.4 北欧各国

挪威、丹麦、芬兰以及瑞典等北欧各国，也是最早一批采用 BIM 技术的国家。早在 21 世纪早期，ArchiCAD 软件就在这几个国家被广泛应用，并且也是最早一批把模型设计运用到建筑设计的国家。每个国家都针对自己的情况，提供了适合本国的一些 BIM 标准规范的支持和资金支持，大力推动了建筑信息技术的互动性和开放标准。由于北欧国家地理位置的特殊性，导致冬季漫长多雪，现场施工的难度被大大地增加，建筑的预制化也因此显得尤为重要，这也在很大程度上促使了包含丰富数据的 BIM 技术的发展。

早在 20 世纪 90 年代，芬兰政府就 BIM 方向研究提供了大量的资金支持，最近几年，芬兰更是提出了国际性 BIM 指南，得到了各个国家大力的推行。芬兰政府的支持使 BIM 技术在北欧国家得以飞速发展，芬兰最大的国有物业资产管理公司 Senate Properties 也在 2007 年发布了《建筑设计 BIM 要求》。该要求指出，从 2007 年起，Senate Properties 旗下的所有项目，建筑设计软件包都需要通过行业基础类(IFC)认证。这里，IFC 是一种供应商中立的文件格式，它能够让模型独立于任何特定的软件进行共享和处理。为了让 BIM 技术能够在全国范围内达到广泛的运用，设计招标也将对 BIM 有强制性要求，BIM 要求将成为项目合同的一部分，具有法律约束力。

丹麦政府也是 BIM 技术在丹麦发展的强有力后盾，政府在 BIM 技术研究和发展方面投入了大量的资金。丹麦政府的相关部门，例如房屋财产局、物业局以及国防建设服务中心，都要求建设单位采用 BIM 技术。通过一系列的企业措施推进，BIM 技术在丹麦得到了广泛的应用。与此同时，Cuneco 团队提出“Cuneco 计划”，该计划被测试开发并应用于丹麦通用 BIM 标准。这个标准在很大程度上影响了欧盟 BIM 标准的制定。

挪威房屋建筑商协会与挪威公共建筑和财产局是挪威主要的 BIM 技术推进机关，主要负责管理和规划挪威的公共建筑项目。自 2010 年起，在挪威房屋建筑商协会的要求下，所有建筑工程的整个生命周期中都需要使用 IFC 文件格式或者 BIM 文件格式。作为挪威国家研究与开发计划的一部分，一个名为 SINTEF 的组织也在政府鼓励下，积极地对 BIM 进行研究，该组织的重点研究方向是关于通过采用 BIM 技术改善建筑施工和管理。

在北欧四国，政府并没有强制要求使用 BIM 技术，但是，由于北欧当地的气候条件以及劳动力缺乏，先进的建筑信息技术软件能在很大程度上解决这类问题，因此 BIM 技术在北欧发展迅速，并且建筑项目被分为了四个阶段，分别为：Spatial Group BIM，Spatial BIM，Preliminary Building Element BIM，以及 Building Element BIM。通过这四个阶段，建筑结构与模型内部的碰撞都可以得到存档。在软件使用方面，芬兰的建筑工程多以 ArchiCAD 建筑模型为主导，而瑞典、丹麦和挪威多以 Autodesk Revit 为主导。

1.2.5 日本

BIM 技术在日本的发展开始于 1996 年，当时，日本建设省（日本国土交通省的前身）致力于推动日本建造业的标准化以及电子商务化，为此发布了三期的 Construction CALS 计划，这些计划都为之后的 BIM 应用提供了坚实的基础。

2007 年，BIM 应用技术的概念在日本被广为周知，2008 年，日本国土交通省提出了 CAL/EC 行动计划，该计划目的是在官厅营缮工程的设计部分导入 BIM 技术，希望建筑的设计内容可以达到可视化，同时建筑信息能够被进一步地整合管理，建筑资产信息也能够达到统一化。2013 年，日本国土交通省开始推行在所有公共工程中采用建筑施工信息模型（Construction Information Modeling，简称 CIM）试行计划，为了推行计划有效地实施，在计划初期，采用了 11 个计划针对于建筑施工方向。随后，日本国土交通省官厅营缮部发布了关于 BIM 方针的拟定和应用计划，其中强调了 BIM 的使用目的以及各种应用使用方案，以提高 BIM 导入效率。2014 年，《BIM 指引》正式发布，此书分为三册，设计人员可参考书中对应的设计业务篇，施工单位可参考对应的工事篇，并且此书建议所有政府工程都可以采用书中对应的准则，并非强制实施。

除了政府部门以外，从 2009 年起，日本的许多建筑与建筑营造公司都开始使用 BIM 技术，为此，日本建筑师商会（JIA）也在 2012 年 7 月推出了《BIM 指引》（JIA BIM ガイドライン），为日本建筑施工单位以及设计单位在执行 BIM 项目时提供了 BIM 团队规划、信息处理指引、设计流程规划以及估算和仿真指引等。

在日本建筑师协会最近发布的 BIM 技术应用统计报告表明，ArchiCAD 的使用率高达 43%，Autodesk Revit 的使用率为 33.2%，GLOOBE 的使用率为 17.5%，其他的 BIM 软件，例如 Vectorworks、Tekla Structures 也占有一定的比例。2016 年的报告显示，BIM 技术在日本的普及率高达 80%，63.9%的日本建筑企业已经建立了推广组织，能够在整个公司的范围内形成一套 BIM 体系。

1.2.6 中国

中国的 BIM 研究及应用首先是在部分相关高校研究机构中开始的，然后是少数建筑设计单位、业主单位在重大工程中进行了 BIM 应用。针对 BIM 技术的推广应用，住建部非常重视，2010 年后，密集出台了一系列政策和指导文件，随后，全国各地政府也积极跟进，在全国开始大力推进BIM技术的研发和应用。在政策的大力推进下，全国越来越多的设计企业、施工企业及设施管理企业纷纷响应，积极开展BIM技术的应用，取得了丰硕的成果。从BIM技术在我国土木工程领域的推广应用来看，大型公用建筑起步早，推广也快，水电、市政、交通及公用工程紧随其后，铁路、公路等行业的BIM应用目前也在积极推广。

下面分别从BIM应用的产生、BIM应用的政策推进、BIM应用的现状、BIM应用存在的问题等方面进行分析和论述。

1. BIM应用的产生

2004年，中国首个建筑生命周期管理（Building Lifecycle Management，简称BLM）实验室在哈尔滨工业大学成立，并召开BLM国际论坛会议。清华大学、同济大学、华南理工大学在2004—2005年间先后成立BLM实验室及BIM课题组，BLM正是BIM技术的一个应用领域。国内先进的建筑设计团队和房地产公司也纷纷成立BIM技术小组，如清华大学建筑设计研究院、中国建筑设计研究院、中国建筑科学研究院、中建国际建设有限公司、上海现代建筑设计（集团）有限公司等。

2008年北京奥运会场馆的建设开始使用BIM技术优化项目管理信息化过程，成为国内使用BIM的开端。之后，上海中心大厦、上海世博会的部分场馆在设计、施工、运维阶段都曾使用BIM技术，这也为BIM技术的进一步广泛应用提供了实践的依据。

2008年，中国BIM门户网站（www.chinabim.com）成立，该网站以“推动发展以BIM为核心的中国土木建筑工程信息化事业”为宗旨，是一个为BIM技术的研发者、应用者提供信息资讯、发展动态、专业资料、技术软件以及交流沟通的平台。

2010年1月，欧特克有限公司（“欧特克”或“Autodesk”）与中国勘察设计协会共同举办了首届“创新杯”BIM设计大赛；2012年12月，中国图学学会举办了首届“龙图杯”BIM大赛。这些大赛此后每年举办一次，极大地推动了建筑行业更广泛、深入地参与和应用BIM技术。

2. BIM应用的政策推进

2011年5月，住建部发布的《2011—2015建筑业信息化发展纲要》明确指出：在施工阶段开展BIM技术的研究与应用，推进BIM技术从设计阶段向施工阶段的应用延伸，降低信息传递过程中的衰减；研究基于BIM技术的4D项目管理信息系统在大型复杂工程施工过程的应用，实现对建筑工程有效的可视化管理等，这拉开了BIM在中国应用的序幕。

2012年1月，住建部《关于印发2012年工程建设标准规范制订修订计划的通知》宣告了中国BIM标准制定工作的正式启动，其中包含五项BIM相关标准：《建筑工程信息模型应用统一标准》《建筑工程信息模型存储标准》《建筑工程设计信息模型交付标准》《建筑工程设计信息模型分类和编码标准》《制造工业工程设计信息模型应用标准》。其中，《建筑工程信息模型应用统一标准》的编制采取“千人千标准”的模式，邀请行业内相关软件厂商、设计院、施工单位、科研院所等近百家单位参与标准研究项目、课题、子课题的研究。至此,工程建设行业应用的 BIM 热度日益高涨。

2013 年 8 月,住建部发布《关于征求关于推荐 BIM 技术在建筑领域应用的指导意见(征求意见稿)意见的函》,征求意见稿中明确,2016 年以前政府投资的 2 万平方米以上大型公共建筑以及省报绿色建筑项目的设计、施工采用 BIM 技术;截至 2020 年,完善 BIM 技术应用标准、实施指南,形成 BIM 技术应用标准和政策体系。

2014 年开始,各地方政府关于 BIM 的讨论与关注更加活跃,上海、北京、广东、山东、陕西等地区相继出台了各类具体的政策,推动和指导 BIM 的应用与发展。

2015 年 6 月,住建部发布的《关于推进建筑信息模型应用的指导意见》中,明确了发展目标:到 2020 年末,建筑行业甲级勘察、设计单位以及特级、一级房屋建筑工程施工企业应掌握并实现 BIM 与企业管理系统和其他信息技术的一体化集成应用。

2016 年 8 月,住建部发布《2016—2020 年建筑业信息化发展纲要》,明确指出:在工程项目勘察中,推进基于 BIM 进行数值模拟、空间分析和可视化表达,研究构建支持异构数据和多种采集方式的工程勘察信息数据库,实现工程勘察信息的有效传递和共享。在工程项目策划、规划及监测中,集成应用 BIM、GIS、物联网等技术,对相关方案及结果进行模拟分析及可视化展示。在工程项目设计中,普及应用 BIM 进行设计方案的性能和功能模拟分析、优化、绘图、审查,以及成果交付和可视化沟通,提高设计质量。推广基于 BIM 的协同设计,开展多专业间的数据共享和协同,优化设计流程,提高设计质量和效率。研究开发基于 BIM 的集成设计系统及协同工作系统,实现建筑、结构、水暖电等专业的信息集成与共享。

2016 年 12 月,中国勘察设计协会发布《"十三五"工程勘察设计行业信息化工作指导意见》,明确指出:有条件的企业应积极探索"互联网 + "环境下管理和运营的新模式,推进 BIM、虚拟现实、仿真模拟、大数据、云计算、智能化、移动通信和物联网等信息技术的创新应用;实际运用云计算技术,搭建云服务平台,增强企业信息系统功能,提高信息资源使用效率,降低运营成本;开发建立基于 BIM 的数字化成果交付、审查和存档管理系统,逐步实现白图替代蓝图;提升企业为工程建设项目全生命周期提供信息化服务的能力,促进企业经营和管理创新发展。

2017 年 2 月,国务院办公厅发布《关于促进建筑业持续健康发展的意见》,强调加快推进建筑信息模型(BIM)技术在规划、勘察、设计、施工和运营维护全过程的集成应用,实现工程建设项目全生命周期数据共享和信息化管理,为项目方案优化和科学决策提供依据,促进建筑业提质增效。

2017 年 2 月,交通运输部发布《推进智慧交通发展行动计划(2017—2020 年)》,计划明确到 2020 年逐步实现以下目标:在基础设施智能化方面,推进建筑信息模型(BIM)技术在重大交通基础设施项目规划、设计、建设、施工、运营、检测维护管理全生命周期的应用,基础设施建设和管理水平大幅度提升。

2017 年 4 月,住建部发布《"十三五"装配式建筑行动方案》,方案明确到 2020 年逐步实现以下目标:在基础设施智能化方面,推进建筑信息模型(BIM)技术在重大交通基础设施项目规划、设计、建设、施工、运营、检测维护管理全生命周期的应用，基础设施建设和管理水平大幅度提升。

2017年4月，住建部发布《建筑业发展“十三五”规划》，规划明确加快推进建筑信息模型(BIM)技术在规划、工程勘察设计、施工和运营维护全过程的集成应用，支持基于具有自主知识产权三维图形平台的国产BIM软件的研发和推广使用。

2018年3月，交通运输部发布《关于推进公路水运工程BIM技术应用的指导意见》，意见明确指出：到2020年，相关标准体系初步建立，示范项目取得明显成果，公路水运行业BIM技术应用深度、广度明显提升。行业主要设计单位具备运用BIM技术设计的能力。BIM技术应用基础平台研发有效推进。建设一批公路、水运BIM示范工程，技术复杂项目实现应用BIM技术进行项目管理，大型桥梁、港口码头和航电枢纽等初步实现利用BIM数据进行构件辅助制造，运营管理单位应用BIM技术开展养护决策。

2018年5月，为推动城市轨道交通工程BIM应用，提升城市轨道交通工程质量安全管理水平，住建部发布了《城市轨道交通工程BIM应用指南》，指南适用于城市轨道交通工程新建、改建、扩建等项目的BIM创建、使用和管理。该指南规定：城市轨道交通工程应结合实际制定BIM发展规划，建立全生命期技术标准与管理体系，开展示范应用，逐步普及推广，推动各参建方共享多维BIM信息、实施工程管理。

2019年2月，住建部发布《关于印发〈住房和城乡建设部工程质量安全监管司2019年工作要点〉的通知》，通知指出：推进BIM技术集成应用；支持推动BIM自主知识产权底层平台软件的研发；组织开展BIM工程应用评价指标体系和评价方法研究，进一步推进BIM技术在设计、施工和运营维护全过程的集成应用。

2019年3月，国家发改委与住建部联合发布《关于推进全过程工程咨询服务发展的指导意见》，意见指出：大力开发和利用建筑信息模型(BIM)、大数据、物联网等现代信息技术和资源，努力提高信息化管理与应用水平，为开展全过程工程咨询业务提供保障。

3. BIM应用的现状

近些年来，我国的BIM应用发展速度很快，许多企业有了非常强烈的BIM意识，出现了一批BIM应用的标杆及示范项目，同时，BIM的发展也逐渐得到了政府的大力推动。

应用BIM的相关企业主要分为三类：设计企业、施工企业及设施运营管理企业。总体上讲，目前，BIM应用上还处在初级阶段，BIM应用以项目级应用为主，应用点还较为分散，应用体系也还在摸索当中，企业级BIM应用还很不成熟、顶层设计有较大欠缺，BIM应用以技术应用为主，数据应用和协同管理应用少。目前绝大部分央企、大部分地方国企、一些大型民营企业以及少部分有战略眼光的中型民营企业都在进行BIM应用，其他中小企业的BIM应用基本处于起步阶段。企业间的BIM应用水平差距很大，大多数企业对BIM还了解不多，处于被动应付状态；部分领先企业将BIM技术列为企业发展战略，已做了大量试点项目，有了大量投入，也获得不少成果。

BIM应用在设计企业相对多一些，BIM能够为协同设计、优化设计、性能分析、碰撞检查和工程量统计等提供有效的手段，实现了设计从二维转变为三维、从平面设计到空间设计、从粗放设计到集成设计的转变。设计阶段采用BIM模型，能够使工程项目的各参与方之间的联系更加紧密，提高决策的正确性和效率，为项目提供一致、相互协调以及可运算的工程信息。目前，BIM应用主要集中在实力较强的大型设计单位的大中型项目，基本处于从BIM示范应用到逐步推广阶段，从项目级应用向企业级应用的过渡，以BIM技术应用、数据应用为主，协调管理应用较少。目前设计企业BIM应用主要有以下一些。

（1）方案设计：使用BIM技术能进行造型、结构、空间分析、交通仿真和总体布置分析，还可以同时进行方案可视化展示、能耗分析、建造成本分析等，使得初期方案决策更具有科学性。

（2）初步设计：各专业建立BIM模型，利用模型信息进行能耗、结构、交通、声学、热工、日照等分析，进行各种碰撞检查、规范检查及工程量统计。

（3）施工图设计：各种平面、立面、剖面图纸和统计报表可以从BIM模型中得到，对项目关键施工工序进行动态模拟，各种市政管线迁改模拟。

（4）设计协同：可以对各设计专业技术沟通衔接进行协调，包括设计计划、互提资料、校对审核、版本控制等。

施工企业BIM应用相对少一些，主要集中在少数大型项目的示范应用，以项目级的BIM技术应用为主，数据应用和协同管理应用为辅，极少数企业正尝试开展企业级的BIM应用，推进数据应用和协调管理应用。目前施工企业BIM应用主要有以下一些。

（1）碰撞检查，减少返工。利用BIM的三维技术在实施前进行碰撞检查，直观检查空间关系冲突，避免建筑施工阶段可能存在的错误和返工，而且可以优化净空，优化管线排布方案，提高施工质量，同时也提高了与业主沟通的能力。

（2）三维渲染，宣传展示。三维渲染动画，可通过虚拟现实让客户有代入感，给人以真实感和身临其境的体验，配合投标演示及施工阶段调整实施方案。建好的BIM模型可以作为二次渲染开发的模型基础，提高了三维渲染效果的精度与效率，给业主更为直观的宣传介绍。

（3）进度管理，有效协同。三维可视化功能再加上时间维度，进行进度管理，根据工作任务分解，分级定制项目进度计划。随时随地直观快速地将施工计划与实际进展进行对比，同时进行有效协同，项目参建方能方便地了解工程项目的各种问题和情况，减少建筑质量问题、安全问题，减少返工和整改。

（4）造价管理，成本控制。以BIM模型为基础，从构成造价基本要素管理开始，对每种构件所需资源规格、数量、单价等与BIM模型关联，为项目材料采购、入库管理提供基础数据，实时进行BIM模型、产值、成本、资源用量对应分析，实现BIM的5D管理。

（5）质量管理，提高工程品质。以BIM模型为对象，对影响工程质量的人员、材料、机械等基本元素进行管理，对工程施工准备、施工过程、竣工验收进行综合管理。

设施管理企业BIM应用处于起步阶段，部分发达地区的政府不断尝试对公用设施进行基于BIM技术的资产管理及运营维护管理，少数设施管理企业成功地进行了项目级的BIM应用，设施管理企业BIM应用主要还是以数据应用和协调管理为主、BIM技术应用为辅。目前设施管理企业运维阶段BIM应用主要有以下一些。

（1）空间管理。空间管理主要应用在监控、照明、消防等各系统和设备空间定位。获取各系统和设备空间位置信息，把原来编号或者文字表示变成三维图形位置，直观形象且方便查找。

（2）设施管理。主要包括设施的装修、空间规划和维护操作。美国国家标准与技术协会（NIST）于2004年进行了一次研究，业主和运营商在持续设施运营和维护方面耗费的成本几乎占总成本的2/3。而BIM技术的特点是，能够提供关于建筑项目的协调一致的、可计算的信息，因此该信息非常值得共享和重复使用，且业主和运营商便可降低由于缺乏互操作性而导致的成本损失，此外还可对重要设备进行远程控制。

（3）隐蔽工程管理。在建筑设计阶段会有一些隐蔽的管线信息是施工单位不关注的，或者说这些资料信息可能在某个角落里，只有少数人知道。特别是随着建筑物使用年限的增加，人员更换频繁，这些安全隐患日益显得突出，有时直接导致悲剧酿成。基于BIM技术的运维可以管理复杂的地下管网，如污水管、排水管、网线、电线以及相关管井，并且可以在模型上直接获得相对位置关系。当改建或二次装修的时候可以避开现有管网位置，便于管网维修、更换设备和定位。内部相关人员可以共享这些电子信息，有变化可随时调整，保证信息的完整性和准确性。

（4）应急管理。基于BIM技术的管理不会有任何盲区。公共建筑、大型建筑和高层建筑等作为人流聚集区域，突发事件的响应能力非常重要。传统的突发事件处理仅仅关注响应和救援，而通过BIM技术的运维管理对突发事件管理包括预防、警报和处理。通过BIM系统我们可以迅速定位设施设备的位置，避免了在浩如烟海的图纸中寻找信息，如果处理不及时，可能酿成灾难事故。

（5）节能减排管理。通过BIM结合物联网技术的应用，使得日常能源管理监控变得更加方便。通过安装具有传感功能的电表、水表、燃气表后，可以实现建筑能耗数据的实时采集、传输、初步分析、定时定点上传等基本功能，并具有较强的扩展性。系统还可以实现室内温湿度的远程监测，分析房间内的实时温、湿度变化，配合节能运行管理。在管理系统中可以及时收集所有能源信息，并且通过开发的能源管理功能模块，对能源消耗情况进行自动统计分析，如各区域、各户主的每日用电量和每周用电量等，并对异常能源使用情况进行警告或者标识。

4. *BIM应用存在的问题*

BIM在实践过程中也遇到了一些问题和困难，主要体现在以下五个方面。

（1）BIM应用软件方面。目前，市场上的BIM软件很多，涵盖设计、施工及运营管理三个阶段，适用于运营管理阶段的应用软件相对少些，适用于全过程的软件几乎没有。大多数BIM软件以满足单项应用或几项应用为主，集成性高的BIM应用系统不多，与项目管理系统的集成应用更是匮乏。此外，软件商之间存在的市场竞争和技术壁垒，使得软件之间的数据集成和数据交换共享困难，制约了 BIM 的应用与发展。

（2）BIM 数据标准方面。随着 BIM 技术的推广应用，数据孤岛和数据交换难的现象普遍存在。作为国际标准的 IFC 数据标准在我国的应用和推广不理想，而我国对国外标准的研究也比较薄弱，结合我国建筑工程实际对标准进行拓展的工作更加缺乏。在实际应用过程中，不仅需要像 IFC 一样的技术标准，还需要更细致的专业领域的技术标准和应用标准。

（3）BIM 应用模式方面。一方面，BIM 的专项应用多，集成应用少，而 BIM 的集成化、协同化应用，特别是与项目管理系统结合的应用更少；另一方面，一个完善的信息模型应能够连接建设项目生命周期不同阶段的数据、过程和资源，为建设项目参与各方提供了一个集成管理与协同工作的环境，但由于 BIM 应用的目的不同，BIM 模型标准不完善，支撑应用的软件不同，BIM 模型的数据共享存在很大的技术障碍，模型直接利用或模型转换实现困难，往往不同阶段的 BIM 模型需要重新建立，导致 BIM 的深入应用和推广遇到了障碍。

（4）BIM 人才方面。BIM 从业人员不仅应掌握 BIM 工具和理念，还必须具有相应的工程专业或实践背景，不仅要掌握一两款 BIM 软件，更重要的是能够结合企业的实际需求制定 BIM 应用规划和方案，但这种复合型 BIM 人才在企业中还比较缺乏。

（5）BIM 应用的市场价值方面。进行 BIM 应用会给使用者和业主方带来一定的好处，如提高设计、施工及运维的质量，并且还可以降低建设成本。但是进行 BIM 应用还会产生一些成本，如购置 BIM 软件及相应设备，增加一些人力成本。目前，国家在 BIM 应用方面还没有十分明确的刚性收费标准，并且许多业主还没有形成为 BIM 应用付费的习惯。因此，提供 BIM 应用服务的企业付出了成本，实现了 BIM 应用的技术价值，也为业主带来了更好的技术服务并降低了建造成本，但业主单位难以为此付费，因此，BIM 的市场价值体现比较困难。

1.3 BIM 标 准

国际上，BIM 标准可分为三个主要体系：美国体系、欧洲体系和亚洲体系。欧洲体系的标准发展最早，细化且深入，操作性较强，数据标准采用国际 IFC 体系。1995 年，buildingSMART 的前身国际数据互用联盟（IAI-International Alliance of Interoperability）首次提出面向建筑对象的工业基础类数据模型标准 IFC，目的在于促成建筑业中不同专业以及同一专业中的不同软件可以共享统一的数据源，从而达到数据的共享及交互；从 1997 年发表 IFC 的第一个完整版本一直到现在的 IFC4x3 版本，其覆盖范围、模型框架、应用领域等各个方面都在不断地改进。

美国体系的标准覆盖范围较全面，国家和地方互相配合，侧重基于 COBie（Construction Operations Building Information Ex-change）的交付标准。

亚洲体系的标准偏向项目应用层面，数据标准层面较弱，如新加坡、韩国、日本等。

国际上已经发布的 BIM 标准主要分为两类：第一类是基础数据标准，通常由行业性协会或机构提出的推荐做法，主要分为 IFC（Industry Foundation Class）、IDM（Information Delivery Manual）、IFD（International Framework for Dictionaries）三类，它们是实现 BIM 价值的三大支撑技术。第二类为执行应用标准，各个国家针对自身发展情况制定的指导本国实施 BIM 的操作指南，是针对 BIM 项目应用的指导性标准，包含项目分类、模型等级、项目交付、协同工作、IT 管理等内容。

1.3.1 美国体系

2004 年，美国编制了基于 IFC 的《国家 BIM 标准》（*National Building Information Model Standard*，简称 NBIMS），目前为止已发布至第三版，NBIMS 从软件技术和工业实施两方面对 BIM 提出标准和指导（图 1-7）。

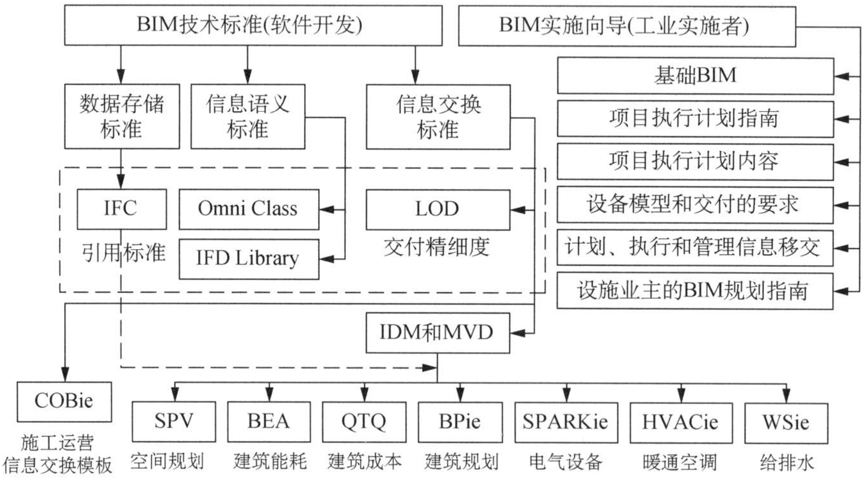

图 1-7　美国国家 BIM 标准（NBIMS）V3 版内容框架

NBIMS 是一个完整的 BIM 指导性和规范性的标准，它规定了基于 IFC 数据格式的建筑信息模型在不同行业之间信息交互的要求，实现信息化促进商业进程的目的。在美国，BIM 的普及率与应用程度较高，政府或业主会主动要求项目运用统一的 BIM 标准，甚至有的州已经立法，强制要求州内的所有大型公共建筑项目必须使用 BIM。

目前，美国所使用的 BIM 标准包括 NBIMS、COBie、IFC 等，不同的州政府或项目业主会选用不同的标准。例如，2006 年，美国承包商协会发布了《承包商 BIM 使用指南》；2008 年，美国建筑师学会颁布了 BIM 合同条款 E202—2008“Building Information Modeling (BIM) Protocol Exhibit”；2009 年，美国洛杉矶大学制定了面向 DBB 工程模式的 BIM 实施标准 *LACCD Building Information Modeling Standards For Design-Bid Build Projects*，但是他们的使用前提都是要求通过统一标准为利益相关方带来最大的价值。

在美国公路交通行业应用的 BIM 相关信息标准与建筑方向有一定的不同。由美国联邦高速公路管理局和红方程公司联合开发的一种开放式桥梁信息模型标准——开放式桥梁信息模型(OpenBrlM 2.0),在美国交通行业使用频繁,同时,LandXML、美国国家桥梁数据库(NBL)以及 Bentley OpenBridgeiModel 等桥梁信息建模标准也被广泛采用。

1.3.2　欧洲体系

英国是目前全球 BIM 应用增长最快的地区之一,也是最早把 BIM 应用在各项政府工程上的国家之一,英国颁布了各项规定并制定了相关标准。

在英国,多家设计与施工企业共同成立"AEC(UK)BIM 标准"项目委员会,于 2000 年发布了《建筑工程施工工业(英国)CAD 标准》[AEC(UK)CAD]来改进设计信息交付、管理和交换过程,随着设计需求和科技的发展,此标准逐渐扩大涵盖了设计数据和信息交换的其他方面。在 2010 年和 2011 年,针对 Autodesk Revit 和 Bentley Building 两种软件发布了相应的 BIM 使用标准,具有很强的社会实践性。2009 年 11 月和 2012 年先后发布了《建筑工程施工工业(英国)建筑信息模型规程》[AEC(UK)BIM 标准]第一版和第二版(图 1-8),与 NBIMS 的不同之处在于,英国的 BIM 标准只着眼于设计环境下的信息交互应用,基本未涉及 BIM 软件技术和工业实施。

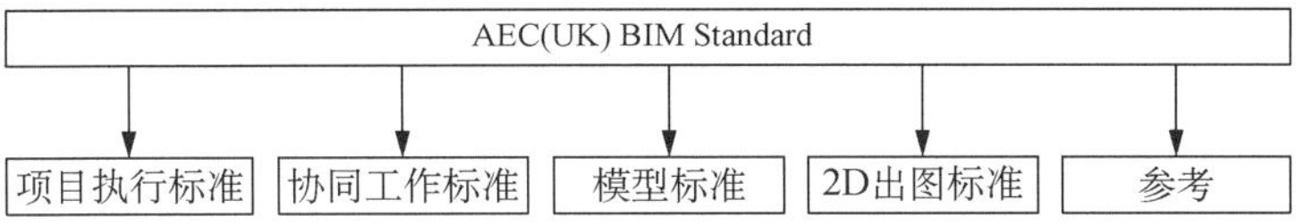

图 1-8　《建筑工程施工工业(英国)建筑信息模型规程》内容框架

英国标准协会 BSI 发布实施的工程应用方面的 BIM 国家标准 BS1192,该标准覆盖了工程项目不同阶段(图 1-9)。

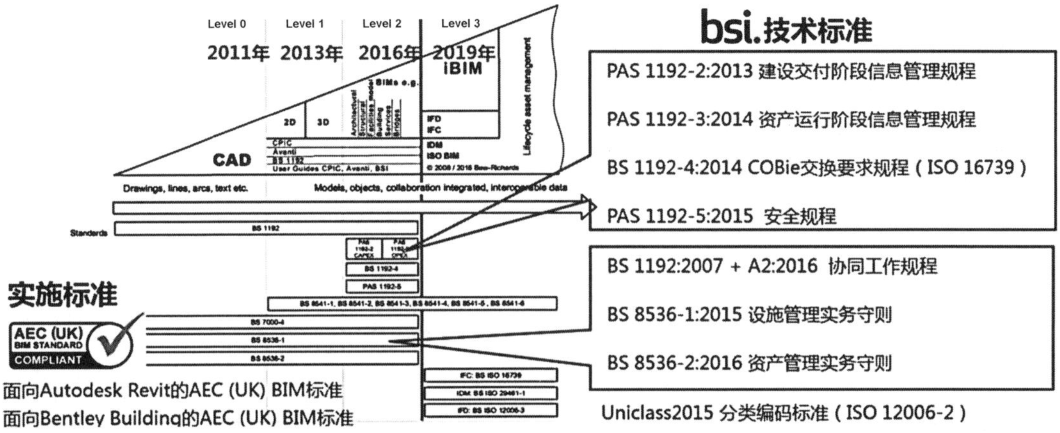

图 1-9　英国国家 BIM 标准体系

2011 年，英国政府发布了 Bew-RichardsBIM 应用图表，将 BIM 应用分为了以下 4 个等级。

BIM Level 0：仅仅使用 2D 的 CAD 绘图，意味着没有协作，主要是用于生产信息，输出和分发是通过纸张或电子打印，或二者的混合。

BIM Level 1：2D 与 3D 相结合的形式。在内部使用 BIM 软件和流程来提高设计质量或更有效地生成设计文档，但不与外部合作伙伴共享其图形模型。传统的图纸构成了项目协作、协调和交付的基础。

BIM Level 2：包含一系列特定领域的模型组合，能作为一个完整的生态系统进行数据的存储和共享。设计方需建立共享文件，任何项目的各参与方都有权查看最新的设计进展。

BIM Level 3：项目能建立完全的协同合作关系，BIM 会真正应用到智慧城市的方方面面。英国政府规定，2019 年前达到 Level 3。

2016 年 4 月 4 日起，英国所有建筑项目的招投标必须满足 BIM Level 2；所有投标供应商必须具备"在项目上使用 BIM Level 2 的协同能力"，包括所有相关符合信息和数据。BIM Level 2 要求政府施工项目的各相关方——建筑方、承包方或供应方能通过通用文件模型，例如施工运营建筑信息交换（COBie）或 IFC 进行项目数据交换。

德国也于 2013 年发布了 *BIM-Leitfaden für Deutschland*，为所有项目参与者提供了 BIM 初步设计介绍，该规范把工程项目措施分为了两个部分并用不同的颜色表示出来，其中蓝色部分表示在今后将会强制实施的部分，橘色部分则仅为参考实施。

在北欧国家中，挪威于 2013 年颁布了《BIM 手册》，用于规范全国的应用 BIM 技术。芬兰的 BIM 应用主要由国有物业部门来推动，从 2007 年起，该部门下发文件，要求在建筑工程项目中全国采用 BIM 文件格式。2012 年，《通用 BIM 技术要求》正式在芬兰颁布，此书共分为 13 册，并用提供 3 种语言版本，为 BIM 项目工程师的共同作业提供了标准。

1.3.3 亚洲体系

在亚洲，日本、韩国和中国香港地区是最早进入 BIM 实践的国家和地区，也都致力于 BIM 标准的制定和改进。日本制定了建筑信息化标准《Continuous Acquisition and Lifecycle Support/Electronic Commerce》（CALS/EC），2012 年 7 月，日本建筑学会发布了《BIM 指南》，从 BIM 团队建设、BIM 数据处理、BIM 设计流程、应用 BIM 进行预算、模拟等方面为日本的设计院和施工企业应用 BIM 提供了指导。在韩国，韩国公共采购服务中心下属的建设事业局制定了 BIM 路线图和实施指南；国土海洋部于 2010 年 1 月发布了《建筑领域 BIM 应用指南》，编制了《土木领域 3D 设计指南》；2010 年 3 月，韩国虚拟建造研究院制定了《BIM 应用设计指南——三维建筑设计指南》；2010 年 12 月，韩国调达厅颁布了《韩国设施产业 BIM 应用基本指南书——建筑 BIM 指南》。新加坡也在 2012 年发布了《BIM 指南》，第二年，又推出了新加坡 BIM 指南的第二版。此外，新加坡又发行了BIM指引细则，将BIM应用于各工程专用的做法具体描述出来，迄今为止，已发行了9本相关细则。中国香港地区的房屋署制定了建筑信息模拟的内部标准，包括使用指南、组件库设计指南和参考资料，2009年发布了《BIM用户指南》。

中国内地现有BIM标准基本可分为四类。

第一类：CBIMS标准（图1-10）。2011年，清华大学BIM课题组主编的《中国建筑模型标准框架研究》正式发行，主要是从信息化的角度，从理论层面论述BIM标准体系的框架和方法论。CBIMS分为技术规范、解决方案和应用指导三大类。从CBIMS标准体系框架来看，CBIMS体系与NBIMS体系有一定的类似性，从基础数据和应用层面均作了相关规定。然而不同的是，CBIMS的应用层面更多强调的是打破BIM的数字化资源瓶颈，将数字化图元的建立和组装标准化。

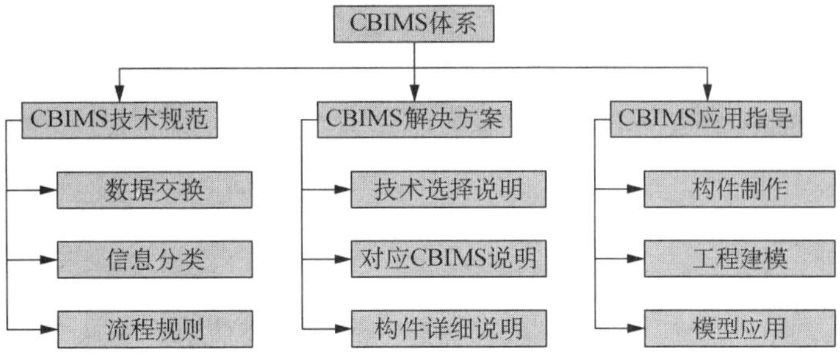

图1-10 CBIMS标准框架体系

第二类：中国国家BIM标准（图1-11）。住建部主持编写的建筑领域国家BIM标准，研究思路参照借鉴国际BIM标准的同时兼顾国内建筑规范规定和建设管理流程要求，共分三个层次：第一层为最高标准，建筑工程信息模型应用统一标准；第二层为基础数据标准，建筑工程设计信息模型分类和编码标准，建筑工程信息模型存储标准；第三层为执行标准。住建部目前在编或已经颁布的BIM国家及行业标准共有7部，其中，《建筑信息模型应用统一标准》(GB/T 51212—2016)、《建筑信息模型施工应用标准》(GB/T 51235—2017)、《建筑信息模型分类和编码标准》(GB/T 51269—2017)、《建筑信息模型设计交付标准》(GB/T 51301—2018)、《建筑工程设计信息模型制图标准》(JGJ/T 448—2018)、《制造工业工程设计信息模型应用标准》(GB/T 51362—2019)等均已颁布。其中，《建筑工程信息模型应用统一标准》对建筑信息模型在工程项目全生命期的各个阶段建立、共享和应用进行了统一规定，其他标准应遵循该标准的要求和原则。

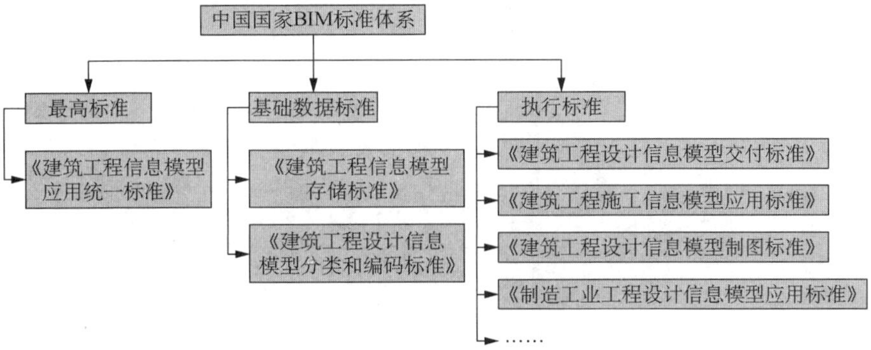

图1-11 中国国家BIM标准框架体系

第三类:行业类 BIM 标准。国内外 BIM 标准研究基本上都在建筑行业,包括的主要专业领域有建筑、结构、暖通、电气、设备、建筑施工管理、物业管理。现有的国内外 BIM 标准不能涵盖铁路、公路、市政等专业领域。目前,国内铁路行业逐渐形成完整的 BIM 标准体系,按照中国国家的铁路建设管理模式,既有铁路定额体系以及中国国家 BIM 标准体系的要求,参考美国的 NBIMS 标准体系,发布了中国铁路 BIM 标准体系的框架(图 1-12)。目前,《铁路工程信息模型数据存储标准》已发布,在 IFC4x1 基础上进行扩展,涵盖和涉及了线路、轨道、路基、桥梁、隧道、站场、路基排水、地质 8 个铁路专用领域。《铁路工程信息模型分类和编码标准》也正式发布,主要技术内容包括铁路工程信息模型分类和铁路工程信息模型编码。

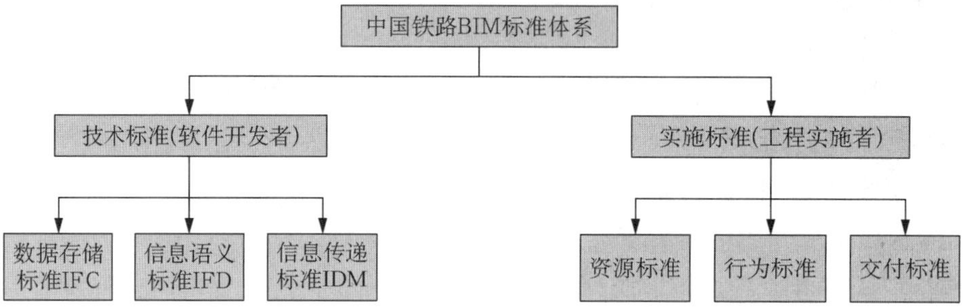

图 1-12　中国铁路 BIM 标准框架体系

第四类:地方 BIM 标准。主要是各地对地域内 BIM 应用的统一规定。例如北京市《民用建筑信息模型(BIM)设计基础标准》、上海市《建筑信息模型应用标准》及《市政道路桥梁信息模型应用标准》。上海市提出了本地 BIM 标准体系(图 1-13),厘清了本地标准与国外、国家及行业规范间的关系以及基础标准与应用标准之间的关系。

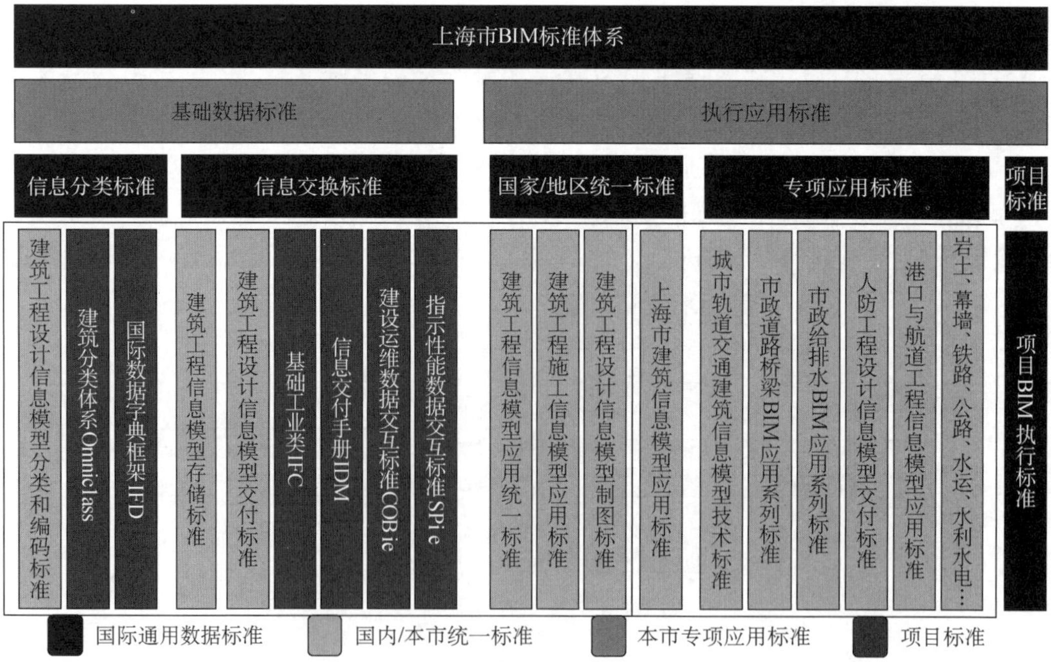

图 1-13　上海市 BIM 标准体系

1.4 BIM 软 件

BIM 工作是需要通过软件来实现的,BIM 软件的发展始终伴随着 BIM 的发展。BIM 工作需要依赖于多种软件产品的相互协作,优秀的 BIM 软件都应该依据 BIM 的理念进行数据交流,以支持 BIM 流程的实现。

BIM 软件的分类有多种方法,从功能角度来分类,可以分为 BIM 建模软件、应用软件(图 1-14);从应用场景角度来分类,可以分为 BIM 建模软件、BIM 性能分析软件、BIM 展示软件、BIM 管理软件;从应用阶段角度而言,可以分为设计类 BIM 软件、施工类 BIM 软件、运营管理类 BIM 软件。

图 1-14 基于功能角度的 BIM 软件分类

随着 BIM 的发展,工程各阶段的应用软件都在逐步成熟,其中最成熟的就是设计阶段的 BIM 软件。总体来说,主流 BIM 软件的研发主要还是美国、法国、匈牙利等国家,代表的软件平台公司包括 Autodesk、Bentley、Dassault Systèmes、GRAPHISOFT 等。中国国内的 BIM 软件主要是围绕上述平台级软件的二次开发。

1.4.1 Autodesk BIM 平台

Autodesk 公司是三维设计、工程及娱乐软件的领导者,其产品和解决方案被广泛应用于制造业、工程建设行业和传媒娱乐业。其旗下的设计软件众多,能适应各领域用户的各方面的设计需求,同时为更好地服务工程建设领域,该公司推出了面向工程建设领域的 AEC 软件集。该软件集提供了涵盖概念设计到施工的设计技术,可有效支持建筑生命周期所有阶段的设计工作,从而形成了独具特色的 Autodesk BIM 平台解决方案。该平台解决方案(AEC 软件集)由 Autodesk Revit、Autodesk Navisworks、Autodesk Civil 3D、Autodesk InfraWorks 等软件组成。

1. Autodesk Revit

Revit 是国内民用建筑领域里最为常用的 BIM 建模软件,是 Autodesk 公司针对工程建设行业开发的三维参数化设计软件平台。该软件还提供大量的插件,包括自动化桥梁建模程序、Dynamo 参数化建模工具等。在基础设施领域,Revit 被广泛用于道路、桥梁、隧道、地铁车站、水厂、大坝等各类构筑物设计。

Revit 中包含 Revit Architecture（Revit 建筑模块）、Revit Structure（Revit 结构模块）和 Revit MEP（Revit 设备模块——设备、电气、给排水）三个专业设计工具模块，可以利用参数化设计，快速创建任意三维体量，为建造和施工准备模型，支持可持续设计、碰撞检测、施工规划和建造，同时帮助工程师、承包商与业主更好地沟通协作，可以满足设计中各专业的应用需求。在 Revit 模型中，所有的图纸、二维视图和三维视图以及明细表都是同一个基本建筑模型数据库的信息表现形式。在图纸和明细表中操作时，Revit 可收集有关建筑项目的信息，并在项目的其他所有表现形式中协调该信息。Revit 参数化修改引擎可自动协调在任何位置（模型视图、图纸、明细表、剖面和平面）中进行的修改。

此外，Revit 独有的族库功能把大量 Revit 族按照特性、参数等属性分类归档而成数据库；相关行业企业或组织随着项目的开展和深入，都会积累一套自己独有的族库，并可在以后的工作中直接调用族库数据，从而提高工作效率。

2. Autodesk Navisworks

Navisworks 是 Autodesk 出品的一个建筑工程管理软件套装。Navisworks 软件能够将 AutoCAD 和 Revit&reg 系列等应用创建的设计数据，与来自其他设计工具的几何图形和信息相结合，将其作为整体的三维项目，通过多种文件格式进行实时审阅，而无须考虑文件的大小。Navisworks 软件产品可以帮助所有相关方将项目作为一个整体来看待，从而优化从设计决策、建筑实施、性能预测和规划直至设施管理和运营维护等各个环节。

Navisworks 软件系列包括三款产品：Manage、Simulate 和 Freedom，能够帮助团队加强对项目的控制，使用现有的三维设计数据透彻了解并预测项目的性能，即使在最复杂的项目中也可提高工作效率，保证工程质量。Manage 软件是设计和施工管理专业人员使用的一款全面审阅解决方案，用于保证项目顺利进行。Manage 将精确的错误查找和冲突管理功能与动态的四维项目进度仿真和照片级可视化功能完美结合。Simulate 软件能够精确地再现设计意图，制定准确的四维施工进度表，超前实现施工项目的可视化，可以在真实的环境中体验所设计的项目，更加全面地评估和验证所用材质和纹理是否符合设计意图。Freedom 软件是 NWD 文件与三维 DWF 格式文件浏览器。

3. Autodesk Civil 3D

Civil 3D 是 Autodesk 公司推出的一款面向基础设施行业的 BIM 专业软件。该软件广泛适用于勘察测绘、岩土工程、交通运输、水利水电、市政给排水、城市规划和总图设计等众多领域。

Civil 3D 架构在 AutoCAD 之上，包含 AutoCAD 的所有功能；同时，还提供了测量、三维地形处理、土方计算、场地规划、道路和铁路设计、地下管网设计等专业设计工具。用户可以使用这些工具创建和编辑测量要素、分析测量网络、精确创建三维地形、平整场地并计算土方、进行土地规划、设计平面路线及纵断面、生成道路模型、创建道路横断面图和道路土方报告、设计地下管网等。

另外,Civil 3D 还集成了 Autodesk 公司的一款地理信息系统软件——AutoCAD Map 3D。Map 3D 提供了基于智能行业模型的基础设施规划和管理功能,可集成 CAD 和多种 GIS 数据,并为地理信息、规划和工程决策提供必要信息。

4. Autodesk InfraWorks

InfraWorks 软件为台式机、Web 和移动设备提供了突破性的三维建模和可视化技术,该软件通过更加高效地管理大型基础设施模型和加速设计流程,可帮助土木工程师和规划师交付各种体量规模的项目。适用于前期方案设计和后期设计成果整合、展示,主要功能为创建基础模型、方案设计及分析、漫游浏览及展示。此外,用户还可以通过 InfraWorks 随时随地了解项目方案,从而与更广泛的受众进行交流。InfraWorks 除了基础设计功能之外,还包含了道路设计、桥梁设计和排水设计三个专业设计模块,可供土木工程设计师在真实的项目环境中开展方案和详细设计。InfraWorks 支持导入使用各类模型及 GIS 数据文件,如 FBX、DEA、DWG、IMX、Revit 及其族文件、DGN、IFC、CityGML、LandXML、Point Cloud、多种光栅图片格式等。

1.4.2 Bentley BIM 平台

Bentley 公司是全球领先的致力于基础设施领域的软件解决方案提供商,其核心业务是满足负责建造和管理全球基础设施,包括公路、桥梁、机场、摩天大楼、工业厂房和电厂以及公用事业网络等领域专业人士的需求。Bentley 在市政道路、地下管网、公路、铁路、建筑、桥隧等方面的设计软件较为完善,围绕其 MicroStation 三维模型基础平台和 ProjectWise 工程项目内容管理及协同平台,Bentley 为市政行业提供了面向全专业、全生命周期的 BIM 平台解决方案。该平台解决方案由 MicroStation、ProjectWise、OpenRoads ConceptStation、CNCCBIM OpenRoads、OpenBridge Designer、AECOsim Building Designer、ProStructures、GINT、Context Capture、LumenRT 等软件组成(图 1-15)。

1. MicroStation(三维模型基础平台)

MicroStation 是世界领先的信息建模环境,专为公用事业系统、公路和铁路、桥梁、建筑、通信网络、给排水管网、流程处理工厂、采矿等所有类型基础设施的规划、设计、施工和运营而开发。该软件既是一款软件应用程序,也是一个技术平台,它可以集二维绘图、三维建模和工程可视化为一体。

2. ProjectWise(工程项目内容管理及协同平台)

ProjectWise 是唯一一款专门针对基础设施项目的工程建设全生命周期进行开发的项目协同工作和工程信息管理软件。以 ProjectWise 为核心建立的项目信息管理中心和协同工作环境,可在确保信息唯一性、安全性和可控制性的前提下,方便、准确、迅速地实现设计信息的传递。

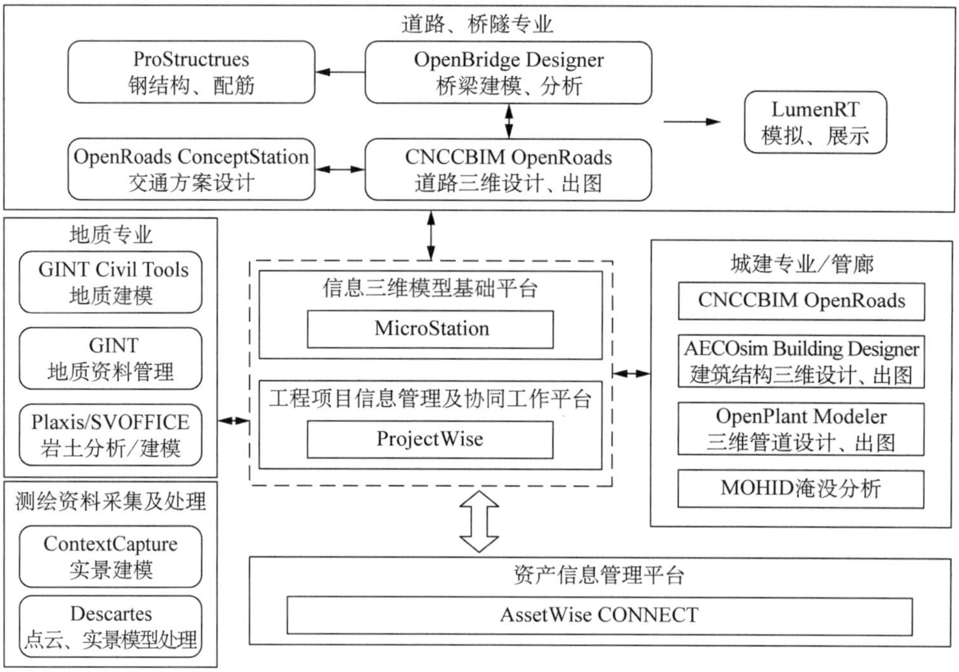

图 1-15 Bentley 平台构架

3. OpenRoads ConceptStation(方案设计软件)

OpenRoads ConceptStation 用于公路和桥梁的方案设计,可在项目规划阶段和预先投标阶段用于多方案评估,并可识别高风险项目及最大程度降低成本。

4. CNCCBIM OpenRoads(道路详细设计)

CNCCBIM OpenRoads 是一款功能完善、全面详细的设计应用程序,适用于勘测、排水、地下设施和道路设计。CNCCBIM OpenRoads 引入全新的综合建模环境,提供以施工驱动的工程设计,有助加快路网项目交付,统一从概念到竣工的设计和施工过程。

5. OpenBridge Designer(桥梁详细设计、结构计算)

OpenBridge Designer 是一款专业智能的桥梁三维参数建模、分析和额定载荷分析软件。该软件可以直接根据地形、道路、入口坡道以及相关基础设施来校准桥梁设计,同时还提供了桥梁的上下部模板库,让复杂的桥梁模型设计能够高效智能地完成。

6. AECOsim Building Designer(建筑结构三维设计、出图)

AECOsim Building Designer 是 Bentley 集成化的建筑设计软件,可完成建筑设计、结构设计、电气设计、暖通设计、给排水设计等三维设计及二维详图生成。该软件具有面向对象的参数化创建工具,能实现智能的对象关联,参数化门窗洁具等;能够实现二维图纸与三维模型的智能联动。

7. ProStructures(钢结构、配筋)

ProStructures 是专为资深设计工程师研发的用于钢结构设计和配筋设计的综合软件,包含 ProSteel 和 ProConcrete 两大组件。该软件可以高效创建精确的钢结构、金属结构和钢筋混凝土结构三维模型。此外，ProStructures 可用于创建设计图纸、制造详图和钢筋表，它们会随着设计师对三维模型的更改自动更新；提供的自定义用户标准和开放工作环境，可大大提升项目完成速度。

8. GINT（岩土工程与地质环境数据管理）

GINT 通过自定义报告，包括图片、照片、图表和地图等，对地下数据进行报告和管理，从而提供远超基本日志的强大功能。通过自定义报告，设计师几乎能够使用图片、照片、图表和地图等任何方式，对地下数据进行报告和管理。该软件还可以帮助设计师管理钻孔、测井、CPT 和地理物理日志，以及创建围栅图、图片、表格和其他任何报告。

9. Context Capture（实景建模）

Context Capture 是 Bentley 公司在 2015 年收购实景建模技术全球领导者 Acute3D 公司后研发的一款专业实景建模软件。借助该软件，设计师可以利用普通照片快速为各种类型的基础设施项目生成极具难度的现状环境三维模型。

10. LumenRT（动画渲染）

LumenRT 是一款功能相当强大的可视化实景建模工具，它可以为数字化的基础设施信息模型创建一个真实的场景，从而将数字化的模型和“逼真”的场景结合起来。它可供工程建设行业专业人士轻松使用，还能制作极其精美、电影级别的图片和视频。在 LumenRT 中，设计师可运用包括各式车辆在内的运动元素以及使用各类车辆、移动的人、随风而动的植物、在某个季节微风吹拂下摇曳的树木、云卷云舒、潺潺流水以及更多元素模拟交通实况，让基础设施模型更有生气。

1.4.3 Dassault Systèmes（达索）BIM 平台

法国达索系统公司（Dassault Systèmes）是 PLM（Product Lifecycle Management，产品生命周期管理）解决方案的主要提供者之一，与达索宇航公司（Dassault Aviation）同属于法国达索集团。2013 年全球营收额 25 亿美元，大部分来源于 PLM 领域。达索系统专注于产品生命周期管理（PLM）解决方案已有超过 30 年的历史。在这 30 年间，达索系统一直是与全球各个行业中的领袖企业合作，行业跨度从飞机、汽车、船舶直到消费品、工业装备和建筑工程。达索系统帮助客户实现重大的业务变革，带来战略性的商业价值，包括缩短项目实施周期、增强创新、提高质量。

2014 年，达索系统在 V6 平台的基础上推出了全新整合的 3DE 平台，以及基于该平台的一系列行业解决方案，如土木行业解决方案。在 3DE 平台上，达索系统实现了前台和后台的双重整合：后台的所有数据存储在同一套数据库内，不同人员、不同软件模块都共享同一数据，不再需要交换数据或者转换格式；而前台的各个应用模块都基于同一个 3D 图形平台，因此可实现同样的操作方式和图形效果，不需要在不同的图形平台之间切换。

1. ENOVIA(BIM项目管理)

ENOVIA是一套基于B/S架构的异地多项目协同管理系统,实现了项目管理与BIM信息的集成整合,以及单一数据源的信息共享,并用于服务整个项目。在应用BIM的建筑业项目中,传统的管理软件要么侧重于时间进度和成本管理,要么侧重于模型质量和文档管理。而ENOVIA的最大特点是把这三者有机结合起来,形成一个整合的BIM项目管理系统。

ENOVIA还提供了商业智能与大数据分析工具,能够将项目的所有信息集成汇总成动态图表看板,直观展示给项目经理以掌控全局。同时,它还具有高度灵活的可定制能力与扩展接口,能够根据企业的需求进行个性化的定制以及与ERP等第三方系统的集成整合。

2. CATIA(BIM工程设计)

CATIA是达索系统的CAD/CAE/CAM一体化集成解决方案,它覆盖了众多产品设计与制造领域,并被广泛应用于航空航天、汽车制造、船舶、机械制造、消费品等诸多行业。在建筑行业,CATIA常常被应用于复杂造型、超大体量的项目设计,其强大的曲面建模功能及参数化能力,为设计师提供了丰富的设计手段。同时,CATIA也非常适合于设计与建造集成的一体化项目,并具有良好的二次开发扩展性。

针对建筑与土木工程行业,达索系统还建立了专门的研发团队,并已发布针对建筑幕墙和土木工程两个子行业的设计/建造集成解决方案。主要功能包括数字地形模型、建筑/结构的概念设计、手绘草图、土木工程建模、钢混构件设计、钢结构设计、建筑精细化设计、设计校审等。

3. DELMIA(BIM施工仿真)

DELMIA致力于复杂制造/施工过程的仿真和相关的数据管理。在制造业,DELMIA是最强大的3D数字化制造和生产线仿真解决方案。而在建筑业,DELMIA被用作建筑施工规划的虚拟仿真解决方案,具有帮助用户高效利用时间、优化施工、降低风险等诸多优点。借助于3DE平台的集成数据环境和直观的3D场景,DELMIA可以协助设计、施工、业主进行良好的沟通与分享。

DELMIA包含如下功能:施工模型的组织、施工计划的编制、复杂工艺的验证、施工资源的优化、极具真实性的人机模拟等功能。此外,DELMIA可与CATIA无缝衔接,从而省去数据转化工作及数据处理带来的数据损失,节约数据转换时间,也更便于上下游的沟通与协作。

尽管很多软件都可以进行一定程度上的施工仿真模拟,但能够做到DELMIA这样精细化仿真同时符合工程真实性的软件并不多。在DELMIA中,企业可以根据项目中的不同场景实现不同的精细度的仿真模拟:总体上的施工规划可能只需要做到工序级别,而复杂的施工环节可能需要工艺级别甚至人机交互级别的仿真。借助DELMIA平台,无论是工序级别的进度规划还是工艺级别的操作流程,都可以在虚拟环境下得以验证。

4. SIMULIA(BIM 仿真分析)

达索 SIMULIA 品牌(前身为 ABAQUS 公司)是世界知名的计算机仿真软件,创立于 1978 年,其主要业务为世界上最著名的非线性有限元分析软件 ABAQUS 进行开发、维护及售后服务。2005 年 5 月,前 ABAQUS 软件公司与达索系统合并,共同开发新一代的模拟真实世界的仿真技术平台 SIMULIA。

SIMULIA 不断吸取最新的分析理论和计算机技术,领导着全世界非线性有限元技术和仿真数据管理系统的发展,目前产品线包括统一有限元技术(UnifiedFEA)、多物理场分析技术(Multiphysics)和仿真生命周期管理平台(Simulation Lifecycle Management)三部分内容。

ABAQUS 是 SIMULIA 旗下统一有限元技术(Unified FEA)的一款重要产品,该软件已成为国际上最先进的大型通用非线性有限元分析软件,被全球工业界广泛接受,并引领制造业最真实模拟世界的仿真技术平台的发展。ABAQUS 软件以其强大的非线性分析功能以及解决复杂和深入的科学问题的能力,在结构工程领域得到广泛认可,除普通工业用户外,也在以高等院校、科研院所等为代表的高端用户中得到广泛称誉。研究水平的提高引发了用户对高水平分析工具需求的增加,作为满足这种高端需求的有力工具,ABAQUS 软件在各行业用户群中所占据的地位也越来越突出。

1.4.4 GRAPHISOFT BIM 平台

GRAPHISOFT 公司隶属于德国 Nemetschek 国际集团旗下,由 Gabor Bojar 和 Istvan Gabor 于 1982 年在匈牙利首都布达佩斯创建。GRAPHISOFT 凭借其卓越的产品以及创造力成为专门为建筑师、工程师以及施工人员设计的众多软件中的领先者。其主打产品是由建筑师开发设计,专门针对建筑师的三维软件产品 ARCHICAD。

GRAPHISOFT 通过行业内第一款为建筑师打造的 BIM 软件 ARCHICAD 引领 BIM 变革;通过创新的解决方案持续引领行业进步,比如革命性的 GRAPHISOFT BIM ServerTM,提供了全球第一个实时的 BIM 协作环境;GRAPHISOFT EcoDesigner 是世界上第一款完全整合的建筑能耗分析模型软件;GRAPHISOFT BIMx 是一款旗舰的 BIM 交流工具;著名的 Open BIM 概念,亦由 GRAPHISOFT 提出。

1. GRAPHISOFT ARCHICAD

GRAPHISOFT 旗舰产品 ARCHICAD 是由建筑师开发、为建筑师服务的全球第一款建筑设计类 BIM 软件。该软件为建筑方案设计、施工图设计、施工管理到后期运维提供一个可实施的 BIM 解决方案,帮助用户更有效地提高企业的生产效率,为项目缩短工期,节约资金,提高建筑品质。

ARCHICAD 丰富的造型能力让设计师可以自由释放他们的创造性,并将 BIM 工作流延伸到翻新改造工程项目。ARCHICAD 软件扩展了其 BIM 工具的设计能力,包括新的壳结构、变形体工具,以此支持古典与现代建筑中更广泛的建筑外观与造型。

ARCHICAD 推出的 3D 辅助线和编辑平面革新了 3D 空间的定义，为建筑设计提供真实的透视图及 3D 环境。

此外，ARCHICAD 能快速准确的生成符合国标的图纸和文档。源于 20 世纪 80 年代的 ARCHICAD，在很多年里，一直是苹果个人电脑上唯一的一款建筑 CAD 软件。因此，ARCHICAD 不仅具有自由设计、形体建模方面的强大功能，在绘图、出图等二维工具上，也有多年积累的独特优势。

2. GRAPHISOFT MEP Modeler

MEP Modeler 是 ARCHICAD 的一个扩展功能，可以用来创建、编辑或者导入 3DMEP 管网，并通过 ARCHICAD 进行碰撞检测和专业协调。使用这个工具，建筑师和工程师们可以在设计和建造过程中得到更多的预知结果，缩短时间，减少浪费，控制成本，能更好地协调建筑项目。

3. GRAPHISOFT EcoDesigner

能效分析是设计的一个关键因素。EcoDesigner 使得建筑师可以在设计早期和最方便的阶段，积极地优化设计。80%有关可持续设计的决策发生在早期设计阶段。

4. GRAPHISOFT BIM ServerTM

ARCHICAD 推出的 BIM ServerTM 是基于模型的团队协同解决方案中的先行者。通过互联网的实时异地协同，既提高了工作效率，也打破了地理位置的限制。通过行业领先的 Delta Server 技术，在服务器和客户端之间传输的不再是文件，而是仅修改的元素。通过网络传输的文件量，由 100M 级字节，缩减为 100K 级字节，瞬间流量降低至最小，确保了在办公室内或通过互联网的协同工作和数据交换的速度及可靠性。

5. GRAPHISOFT BIMcloud

它由最初为 GRAPHISOFT 的 BIM 服务器建立的 Delta-Server 技术发展而来。BIMcloud 不仅仅是一个简单的云技术 BIM 服务器，它能够充分利用其自身优势将之前在传统 IT 设置中无法做到的资源管理和工作流进行整合。

6. GRAPHISOFT BIMx

BIMx 支持在移动设备上浏览，为 GRAPHISOFT 用户提供独有的竞争优势。新版本的 BIMx 提供即时交互功能，可以使远在施工现场的设计师能实时反馈变更修改信息，与其他相关设计师进行交流，提高工程沟通效率。

最新发布的 BIMx Docs 和 BIMx Pro，引入了超级模型和在线沟通的理念。不仅可以对模型进行浏览漫游，随意查看各个角度、视点对应的图纸文档，自由进行剖切，而且可以将移动端的批注、意见等通过网络发回到 ARCHICAD 里，真正实现无缝沟通。

1.4.5 北京鸿业同行科技有限公司 BIM 平台软件

鸿业科技是国内最早专业从事工程设计软件开发的公司之一，一直致力于市政、建筑、工厂和城市信息化建设领域应用软件的研发，拥有多项自主知识产权，参与制定多套国家与行业标准，承担多项国家创新基金项目、省火炬计划项目、省高新技术产业化项目和市区级科技项目。

鸿业科技融合二十多年工程设计软件的开发经验，结合市政、建筑设计规范和中国本地化设计习惯，在市政、建筑设计领域全面推广基于BIM核心的产品解决方案。在建筑领域，鸿业科技基于Revit平台推出了涵盖建筑、给排水、暖通空调、电气等专业的BIM设计软件；在市政领域，鸿业科技基于AutoCAD平台推出涵盖城市规划、市政道路、交通设施、三维管线、综合管廊等专业的一系列BIM设计软件。

1. 路立得——道路设计软件介绍

路立得是基于AutoCAD研发的道路设计软件，该软件覆盖了市政道路设计和公路设计的各个层面，能够有效地辅助设计人员进行地形处理、平面设计、纵断面设计、横断面设计、边坡设计、交叉口设计、立交设计、三维漫游和效果图制作等工作。结合市政道路设计软件，路立得可以完成平、纵、横、土石方等二维施工图设计和各类表格工程量统计。

另外，路立得的桥隧设计模块，可自动根据设计参数生成三维数据，在设计过程中可以随时查看当前的三维模型。可实现常规桥梁和隧道三维设计、互通立交桥三维设计、带辅路的跨线立交及下穿立交三维设计，还支持特殊桥梁（如拱桥、斜拉桥、悬索桥）的三维建模。

鸿业交通设施设计软件是严格遵循《道路交通标志和标线》（GB 5768—2009）开发的新版交通设施设计软件。可以进行图面布置，快速生成大样图和各种工程量表，标志杆和标志牌布设可智能关联道路方向，支持标志牌版面多语言文字，进行标志杆结构计算和绘制结构大样图，可辅助快速完成交通设施的设计工作。

2. 管立得——室外管线设计软件介绍

管立得三维管线设计系统包括给排水管线设计、燃气管线设计、热力管网设计、电力管线设计、电信管线设计、管线综合设计。管道支持直埋、架空和管沟等埋设方式，电力电信等支持直埋、管沟、管块、排管等埋设方式。软件可进行地形图识别、管线平面智能设计、竖向可视化设计、自动标注、自动表格绘制和自动出图，支持平面、纵断、标注、表格联动更新。可自动识别和利用鸿业三维总图软件、鸿业三维道路软件路立得以及鸿业市政道路软件的成果，管线三维成果也可以与这些软件进行三维合成和碰撞检查，实现三维漫游和三维成果自执行文件格式汇报，满足规划设计、方案设计、施工图设计等不同设计阶段的需要。

3. 综合管廊设计系统

鸿业综合管廊设计系统基于AutoCAD和Revit双平台，可以进行综合管廊工艺设计、机电设计、结构设计和管道设计。通过系统提供的系列工具快速建立管廊BIM模型，并可以根据BIM模型生成施工图以及工程数量表。该系统所建立的管廊BIM模型可以与鸿业路立得、管立得结合，生成完整的地形、地上道路、桥梁与建筑、地下管网、综合管廊的合成模型。

4. 鸿业 BIMSpace 管理平台

鸿业 BIMSpace 完全实现了从工具软件向平台软件转变的质的飞跃。鸿业 BIMSpace 从工程项目管理的全生命周期出发，设置族库管理、文件管理和资源管理三大基础模块。其中，族库管理将 3 000 多种类型的族直接提供给用户使用，同时将全面的管理机制一并提供给用户使用；文件管理则将中心文件的创建、备份、存档流程化，为设计单位的快速应用提供帮助；而资源管理中涵盖常见的各专业样板和几十种视图模板，将设置界面化，便于终端用户的直接使用。从三大基础模块到建筑软件、性能分析、机电软件、管线综合等六个方面入手，一方面，着力解决了设计人员使用 Revit 软件常见的上手慢、效率低、出图难的问题；另一方面，对三维建模的实际效果进行价值分析的同时，特别针对深化设计部分，提供了管道调整、对齐、加套管、开组合洞和支吊架等系列功能。

第 2 章　BIM 相关技术

2.1　倾斜摄影技术

2.1.1　技术简介

倾斜摄影技术是国际测绘遥感领域近年发展起来的一项高新技术，它打破了以往正射影像只能从垂直角度拍摄的局限，通过在同一飞行平台上搭载多台传感器，同时从垂直、倾斜等不同角度采集影像，再通过几何校正、平差、多视影像匹配、数字表面模型生成、影像纠正等一系列处理获取地面物体完整准确的信息(图 2-1)。倾斜摄影技术的主要目的是获取地物多个方位(尤其是侧面)的信息并可供用户进行多角度浏览、实时量测、三维浏览等操作。

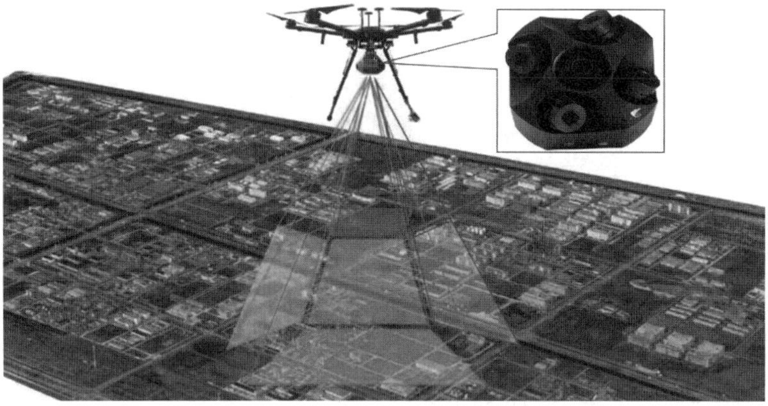

图 2-1　无人机倾斜摄影

倾斜摄影技术的发展不仅扩展了遥感和摄影测量技术的应用领域，也使得三维城市建模的成本大大降低。目前，倾斜摄影技术被广泛应用于城市管理、国土资源管理、智慧城市、应急指挥、国土安全、地质防治等领域。

2.1.2　技术特点

倾斜摄影可以一次性获取几十平方千米的城市建筑物及地形模型，并可同时获得影像和数字高程模型，具有测量速度快、模型真实性强、地表信息还原程度高等特点。该技术有如下优点。

（1）真实性：根据采集数据所构建模型的形状、大小、纹理、色彩等与真实地表地物一致。

（2）高精度：测量精度可达到厘米级，满足 1∶500 比例尺地图的精度要求。

（3）可测量：每个点都有准确的三维坐标，方便测量距离与面积。

（4）高效性：模型处理可借助于计算机进行自动化处理，效率远超传统勘测技术。

同时，该技术也存在以下一些局限性：

（1）倾斜摄影技术构建的三维实景模型还存在部分缺陷，主要体现在：在建筑物密集区的被遮挡或截面过小的地物，因特征点匹配较少造成模型缺失；在水面、玻璃等反射区域、无纹理区域，因无法匹配特征点而产生模型孔洞等。

（2）无人机飞行高度过高会造成地表细节损失严重，飞行高度过低单次采集区域又过小，需要花费更多的采集时间。

（3）对前期数据采集人员的操作水平以及设备性能有较高的要求。

（4）后期处理软件需要高性能的硬件支持。

2.1.3 常用软件

目前比较流行的倾斜摄影后期处理软件主要有以下一些。

1. Smart3D(ContextCapture)

Smart3D 是 Acute3D 公司主打的具有突破传统摄影测量技术的软件产品。它能够处理手机、单反相机、激光雷达等多种来源的数据，处理模型的效果在所有三维软件中名列前茅。现在，Acute3D 公司已被 Bentley 公司收购，Smart3D 也被整合为 ContextCapture，支持摄影测量、3D 扫描、CAD 建模技术的融合使用。

这款软件的建模优势有四个方面。

（1）快速、简单、全自动。前期输入需要处理的照片，设置好参数后便可完成空三加密、三维建模重建、DOM（Digital Orthophoto Map，数字正射影像图）和 DSM（Digital Surface Mode，数字表面模型）生成等工作。

（2）支持多种三维数据格式，如 OSGB、OBJ 等。其中，OSGB（Open Scene Graph Binary）是 Smart3D 生成的三维模型格式，以二进制存储的带有嵌入式链接纹理的数据；OBJ 是国际通用的标准 3D 模型格式。

（3）支持多种设备获取的数据，包括固定翼无人机、载人飞机、旋翼无人机甚至手机数据都可以进行建模运算。

（4）三维模型效果逼真。

2. Pix4Dmapper

Pix4Dmapper 是一款专门用作测绘的软件，从数据采集（Pix4Dcapture）到 DOM、

DSM及三维模型生成都有涉及。三维效果相对于Smart3D来说还是有些差距，但DOM正射影像生成更胜一筹。Pix4Dmapper生成的DOM导出时是已经做好镶嵌的，因此省去了在GIS软件中做镶嵌的步骤(Smart3D生成的DOM需要在GIS软件中再做处理)。

3. Photoscan

Photoscan是由Agisoft LLC研发生产的一款全自动生产三维模型的建模软件。这款软件操作简单，无特殊和难理解的参数需要设置，但是对于数据处理的容错率较低，易报错，三维效果还有待提高。

4. Inpho

Inpho摄影测量系统是由测绘学家Fritz Ackermann教授在德国斯图加特创立的，并于2007年2月加入国际知名的Trimble导航公司。该系统可进行空三加密、DTM(Digital Terrain Model，数字地面模型)自动提取、正射纠正等，其在自动匹配有效连接点方面的功能非常强大，在水域、沙漠、森林等纹理比较差的区域也可以很好地进行匹配。

5. Skyline PhotoMesh

PhotoMesh是SkylineGlobe旗下的倾斜摄影自动批量建模软件，是基于图形运算单元GPU快速三维模型的构建软件。其通过对获得的倾斜影像、街景数据、拍摄照片等不同数据源数据进行同名点选取、多视匹配、TIN(Triangulated Irregular Network，不规则三角网)构建、自动赋予纹理等步骤，最终得到三维模型。

2.2 三维激光扫描技术

2.2.1 技术简介

三维激光扫描技术，又称为"实景复制技术"，是一种通过激光扫描快速建立物体三维影像模型的全新技术手段(图2-2)。它利用高速激光大面积、高分辨率快速地获取物体表面各个点的坐标、反射率、颜色等信息，最后利用后期处理软件对数据进行处理分析，转换成真实坐标系的三维空间模型。

图2-2 三维激光扫描

三维激光扫描技术的原理是利用设备内部的激光脉冲发射器，向相关目标物体发射一束激光脉冲，并通过反光镜旋转使发射出的激光脉冲扫描过目标，信号接收器接收反射回来的激光脉冲，并对相关数据进行记录。设备通过记录每个激光脉冲从发射到返回设备所经过的时间以计算目标到扫描中心的距离，同时还记录下每一个激光脉冲的水平扫描角 α 和竖向扫描角 β，所得数据经后期处理软件自动解算后，得出目标的相对三维坐标(即点云)，并最终转换为绝对坐标系下的三维空间模型。

三维激光扫描仪按用途可分为室内型和室外型，按搭设平台可分为定点激光扫描器、车载激光扫描器、机载激光扫描器、船载激光扫描器和手持激光扫描器等，按测量原理可分为基于脉冲式、基于相位差和基于三角测距原理。一般，基于相位差原理的三维激光扫描仪测程较短，只有百米左右；而基于脉冲式原理的三维激光扫描仪测程较长，最远的可达 6 千米。

2.2.2 技术特点

与传统测量技术相比，三维激光扫描技术具有以下一些优点。

(1) 数据采样率高。传统的测绘仪器(如经纬仪、全站仪等)很难采集高密度、高分辨率的海量点云数据。

(2) 精确度高。传统的摄影测量是根据像控点的坐标来建立模型上点的坐标，容易产生误差和错误。而激光扫描测量获得的测点精度不但高于摄影测量中像控点的解析精度，而且精度分布方差小。

(3) 受外界影响小。传统摄影测量只可在白天进行作业，而三维激光测量则不受时间约束。

(4) 非接触测量。三维激光不需要接触即可直接完成对危险目标和环境的数据采集，而这是传统测量方法无法完成的。

(5) 兼容性好。三维激光扫描采集到的是具有全数字特征的数字信号，该数据经后期处理后，可与其他常用软件实现交换共享。

三维激光扫描作为一项新兴技术，也存在以下一些不足之处。

(1) 设备价格昂贵。激光扫描仪市场定位为高档设备，其中主流扫描仪售价在几十万元人民币以上。

(2) 扫描易，处理难。点云数据后期处理费时费力，其处理时间是数据采集时间的 10 倍以上，同时对数据的合理利用还有待开发。

(3) 数据兼容难。扫描后处理软件技术不够完善，缺乏统一的行业标准，造成各厂家的技术自成一体，互不兼容。

2.2.3 常用仪器

自 20 世纪 80 年代三维扫描仪被成功用于影视特效制作以来，经过三十余年的发展，目前市面上有代表性的三维激光扫描仪品牌和型号有以下六种。

1. 法如(Faro)

法如是美国大牌企业，以其产品性价比高、携带方便和简单易用等特点成为应用范围最广的扫描仪品牌。法如扫描仪的扫描范围为中短距离。

2. 徕卡(Leica)

徕卡是瑞士的老牌企业,品牌知名度高,但价格也相对比较高。徕卡扫描仪的扫描范围为中短距离,其优点是物理性能好,对抗恶劣天气(如严寒阴雨雾霾)能力强,缺点是体积大。

3. 天宝(Trimble)

天宝是GPS领域的著名品牌,来自美国。其三维扫描仪配备的GPS功能强大,能进行GPS导航、精确授时、无线网同步等。天宝扫描仪的扫描范围是中短距离。

4. Z+F(全称Zoller+Froehlich)

Z+F来自德国,其开发的具有防爆性能的三维激光扫描仪(Z+F 5006EX),可用于有爆炸威胁的危险环境(如化工厂、煤矿等)。其产品适用于工业,优点是精度高,缺点是设备较重、价格较高。

5. 拓普康(Topcon)

拓普康是日本的老牌企业,以其全站仪产品为人所熟知。拓普康三维扫描仪的优点是物理性能较好,缺点是体积较大。

6. 雷格(RIEGL)

雷格来自奥地利,拥有长达30年的脉冲激光测距设备研发经验。其长距离扫描仪扫描距离可远达6千米,但价格昂贵。

2.3 3D打印技术

2.3.1 技术简介

3D打印技术是一种快速成型的“增材制造”技术(图2-3),它以数字模型文件为基础,运用粉末状金属或塑料等可粘合材料,通过逐层打印的方式来构造物体。

3D打印机最早出现在20世纪90年代中期,实际上是一种利用光固化和纸层叠等技术的快速成型装置。它与普通打印机的工作原理基本相同,打印机内装有液体或粉末等“打印材料”,通过电脑控制把“打印材料”一层层叠加起来,最终把计算机上的模型变成实物。

图2-3 3D打印机

2.3.2 技术特点

3D打印有助于减少主要的成本、时间和复杂性障碍，它有以下一些优点。

(1) 制造成本低。在传统制造中，物体形状越复杂，制造成本就越高；而对于3D打印来说，制作复杂项目的成本不会增加很多。传统的设备制造种类有限，而3D打印机理论上可以打印出无限多的各种形状，因此可节省购买新设备的成本。此外，3D打印对原材料的利用率远超传统加工方法，能够节省材料费。

(2) 无须组装。在现代工厂里，零件需要由机器或人工组装；而3D打印支持组件的集成，通过分层制造的方式完成产品一体化打印，无须组装。

(3) 精确实体复制。3D打印能完全按照三维模型复制生产出成品。

但是目前的3D打印技术还未成熟，仍面临以下一些问题。

(1) 材料限制。虽然高端工业打印已实现塑料、金属或者陶瓷打印，但很多材料还是比较昂贵和稀缺的。

(2) 机器限制。3D打印对机器的要求很高，相应的费用也是高昂的。要想成为主流技术，进入普通家庭，并成为每个人都能随意打印想要的东西，3D打印技术还有很长的一段路要走。

(3) 知识产权的忧虑。在过去的几十年里，音乐、电影和电视产业中对知识产权的关注变得越来越多，3D打印技术也会涉及这一问题。随着3D打印技术的发展，人们可以随意复制任何东西，并且数量不限，因此如何制定相关的法律法规用来保护知识产权，是目前业内面临的问题之一。

2.3.3 常用技术

目前比较流行的3D打印技术主要包括立体光固化成型技术(SLA)、熔融层积成型技术(FDM)、3DP技术、选区激光烧结技术(SLS)、分层实体制造法技术(LOM)、连续液体界面提取技术(CLIP)等。

1. SLA立体光固化成型技术

SLA(Stereo Lithography Appearance)技术是最早实用化的快速成形技术，它采用液态光敏树脂原料，用特定波长与强度的激光聚焦到光固化材料表面使其按顺序凝固。SLA主要用于制造多种模具、模型等。SLA技术的成形速度较快，精度较高，但由于树脂固化过程中产生收缩，不可避免地会产生应力或引起形变。

2. FDM熔融层积成型技术

FDM(Fused Deposition Modeling)技术一般采用热塑性材料(如ABS、PC、尼龙等)，以丝状供料，将材料在喷头内加热熔化后挤出，使材料与周围的材料粘结并迅速固化。FDM的每一个层片都是在上一层上堆积而成。这种工艺不用激光，使用、维护简单，成本较低。用ABS制造的原型因具有较高强度而在产品设计、测试与评估等方面得到广泛应用。近年来开发出的PC、PC/ABS、PPSF等高强度成形材料，使得该工艺有可能直接制造功能性零件。这种工艺因为具有显著的技术优点，所以发展极为迅速。

3. 3DP技术

3DP(3D Printing)技术使用标准喷墨打印技术，通过将液态连结体铺放在粉末薄层上，以打印横截面数据的方式逐层创建各部件的三维实体模型。采用这种技术打印成型的样品模型与实际产品具有同样的色彩，还可以将彩色分析结果直接描绘在模型上，模型样品所传递的信息较大。

4. SLS选区激光烧结技术

SLS(Selective Laser Sintering)技术与3DP技术相似，同样采用粉末为材料。不同的是，这种粉末在激光照射高温条件下才能融化。喷粉装置先铺一层粉末材料，将材料预热到接近熔化点，在采用激光照射时，将需要成型模型的截面形状扫描，使粉末融化，被烧结部分粘合到一起。

激光烧结技术是成型原理最为复杂、成型条件最高、设备及材料成本最高的3D打印技术，但也是目前对3D打印技术发展影响最为深远的技术。目前，SLS技术材料的种类多元化，可以是尼龙、蜡、陶瓷、金属等。

5. LOM分层实体制造法技术

LOM(Laminated Object Manufacturing)又称层叠法成形，它以片材(如纸片、塑料薄膜或复合材料)为原材料，按照计算机提取的横截面轮廓线数据，通过激光切割系统将背面涂有热熔胶的片材切割出工件的内外轮廓。激光切割系统切割完一层后，送料机构将新的一层纸叠加上去，再利用热粘压装置将已切割层粘合在一起，然后一层层地切割、粘合，最终成为三维实体。

LOM常用材料是纸、金属箔、塑料膜、陶瓷膜等，此方法除了可以制造模具、模型外，还可以直接制造构件或功能件。该技术的特点是工作可靠、模型支撑性好、成本低、效率高，缺点是前、后处理费时费力，且不能制造中空结构件。

6. CLIP连续液体界面提取技术

CLIP(Continuous Liquid Interface Production technology)技术使用特殊材料，并从底部投影使光敏树脂固化，不需要固化的部分通过控制氧气，形成死区，抑制光固化反应而保持稳定的液态区域，这样就保证了固化的连续性。该技术由于无须在打印分层时花时间等待和处理粘连的部分，所以能够数十倍乃至上百倍地提升3D打印的速度。

2.4 VR与AR技术

2.4.1 技术简介

VR(Virtual Reality，即虚拟现实技术)是利用电脑模拟产生一个三维空间的虚拟世

图 2-4 虚拟现实技术(VR)

界,提供用户关于视觉等感官的模拟,让用户感觉仿佛身历其境,可以即时、无限制地观察三维空间内的事物。通过戴上虚拟现实眼镜、手套等特制的传感设备,使用户可以置身于一个具有视觉、听觉、触觉甚至嗅觉的三维模拟世界,并且可以通过相应的设施进行信息交互(图 2-4)。

AR(Augmented Reality,即增强现实技术)是通过电脑技术,将虚拟的信息应用到真实世界,将真实的环境和虚拟的物体实时地叠加到了同一个画面或空间。这是一种将真实世界信息和虚拟世界信息“无缝”集成的新技术,它能把原本在现实世界的一定空间、时间范围内很难体验到的实体信息(视觉信息、声音、味道、触觉等),通过电脑等科学技术,模拟仿真后再叠加,将虚拟的信息应用到真实世界,被人类感官所感知(图 2-5)。通过这样的虚实融合来增强用户对真实环境的理解和感受,以此来达到“增强”的效果。

通过 VR 技术看到的场景和人物全是假的,是把用户的意识代入一个虚拟的世界,而通过 AR 技术看到的场景和人物一部分是真的、一部分是假的,是把虚拟的信息带入到现实世界中。可以简单地理解为:VR 是将真实的用户带到虚拟世界中去,而 AR 则是将虚拟影像放到真实世界中。

图 2-5 增强现实技术(AR)

2.4.2 技术特点

VR 技术具有以下几方面的特点。

(1) 沉浸性。这是 VR 技术最主要的特征。当用户感知到虚拟世界的刺激(包括触觉、味觉、嗅觉、运动感知等)时,便会产生思维共鸣,感觉如同进入真实世界。

(2) 交互性。当用户进入虚拟空间,相应的技术让用户跟环境产生相互作用,而用户进行某种操作时,周围的环境也会做出某种反应。

(3) 多感知性。理想的 VR 技术应该提供一切人所具有的感知功能,由于相关技术,特别是传感技术的限制,目前 VR 技术所具有的感知功能仅限于视觉、听觉、触觉、运动等几种。

(4) 构想性。当用户进入虚拟空间,可根据自己的感觉与认知能力,发散拓宽思维,创立新的概念和环境。

AR 技术具有以下几方面的特点。

(1) 虚实结合。AR技术将计算机窗口与图标叠映于现实对象，并可由用户进行手势指点等操作。此外，可让三维物体根据需要交互地改变其形状和外观；可对现实目标通过叠加虚拟景象产生类似于X光透视的增强效果；可将地图信息直接插入现实场景辅助驾驶；可通过虚拟窗口调看室外景象，使墙壁仿佛变得透明。

(2) 实时交互。AR技术让用户可通过交互设备直接与虚拟物体或虚拟环境进行交互，增强用户对环境的感知，从而使简单的人面对屏幕交流发展到将用户融合于周围的空间与对象中。

(3) 三维定位。AR技术通过虚、实两个摄像机的全方位对准，使虚、实场景融合一体，可让用户在三维空间中自由增添、定位虚拟物体。

2.4.3 常用产品

目前支持生成VR体验系统的平台主要有以下3D游戏开发平台以及实时效果展示平台。

(1) Unity3D及UE4等

它们将BIM源模型导出的FBX等中间格式文件载入平台进行效果编辑、渲染，继而生成可供效果展示与场景互动的VR体验系统。其应用形式属BIM+VR。

(2) Enscape

Enscape无须使用中间格式进行模型传递，可直接将BIM源模型(如Revit模型)一键加载，进行材质、场景效果编辑调节，然后可一键启动VR体验系统，利用HTC VIVE及Oculus等主流VR设备进行体验，但不可在虚拟现实环境中进行BIM数据源的读取与操作。其应用形式属BIM+VR。

(3) Twinmotion

Twinmotion内置插件选项丰富，兼容性与模型识别读取度较高，既可进行较为完善的FBX格式模型导入与优化，又可一键无缝加载BIM模型，其材质、场景、光线等实时效果也非常优秀，堪比Lumion等软件下的渲染后效果，并可快速生成高清全景及效果图和漫游模型。另外，Twinmotion还内置了一些模型分析工具(如剖切面、测量等功能)，可一键启动VR体验系统或者打包生成VR-EXE体验系统，还可利用HTC VIVE及Oculus等主流VR设备进行体验。目前Twinmotion的最新版本支持BIM数据读取，但不可进行沉浸环境下的数据功能，后续版本或继续丰富数据功能。其应用形式介于BIM+VR与BIMVR之间。

(4) Fuzor

Fuzor是一款丰富完整的BIM设计施工协同软件平台，对施工项目针对性较高。其基于设计与施工的功能众多，兼容性与模型识别读取度较高，可一键进行无缝加载BIM模型，而且可以进行模型同步反向调整，还可一键启动VR体验系统或者打包生成VR-EXE体验系统，并可利用HTC VIVE及Oculus等主流VR设备进行体验，支持在眼镜设备中沉浸式读取与分析 BIM 数据，以及进行多项调整操作。Fuzor 模型显示实时效果较好，沉浸式效果优，但材质效果精度不如 Twinmotion，属于目前少有的能够无缝链接 BIM 模型及数据的专业 BIMVR 平台。

目前的 AR 软件主要有以下一些。

(1) ARKI

ARKI 能提供建筑模型的增强现实可视化服务。它整合了 3D 建筑模型与 AR 技术，为设计和展示目的提供具有多层次的互动功能。ARKI 可以在任何 IOS/Android 设备上使用。它可将三维模型简单地覆盖到现有的二维平面图上，还提供了其他几种互动功能，包括实时阴影分析和材料选择。

(2) Storyboard VR

Storyboard VR 是一款免费的可视化工具。它允许用户运用拉入、排列和缩放生成简单的二维对象。用户可以从现有的图形工具上建立或上传图面及环境地图到 Storyboard VR，然后选择对象并构建 Storyboard。

(3) Pair

Pair(以前叫作 Visidraft)使用专有的计算机场景和增强现实技术来构建一个应用程序。用户可使用 iPhone 或 iPad 将 3D 型家具和家电拖放到他们的设计中。与其他 AR 解决方案不同的是，他们专注于产品和消费者，允许用户像在自家办公空间的环境中在虚拟 3D 产品上检视对象。

(4) SmartReality

SmartReality 是一个增强现实的移动应用程序，使用移动设备的相机影像与 BIM 模型产生 3D 互动重叠的可视化方案。它允许用户通过触控屏幕进行缩放，显示结构图层，随着时间推移来进行工程阶段的展现，并记录用户的体验图像和影像。SmartReality 应用程序也有由 JBKnowledge Labs 研发团队开发的 VR 版本，该版本同时提供用户虚拟现实解决方案构建模型。

2.5 物联网技术

2.5.1 技术简介

物联网(The Internet of Things，简称 IOT)是指通过信息传感器、射频识别技术、全球定位系统、红外感应器、激光扫描器等各种装置与技术，实时采集任何需要的物体或过程，采集各种需要的信息，通过各类可能的网络接入，以实现智能化识别、定位、跟踪、监控和管理的一种网络(图 2-6)。概括而言，物联网就是把所有物体通过信息传感设备与互联网连接起来，进行信息交换，以实现智能化识别和管理。

图 2-6　物联网技术

2.5.2　技术特点

物联网的基本特征从通信对象和过程来看，物与物、人与物之间的信息交互是物联网的核心，它的基本特征可概括如下。

（1）感知物体——可以利用射频识别、二维码、智能传感器等感知设备感知获取物体的各类信息。

（2）信息传输——通过对互联网、无线网络的融合，将物体的信息实时、准确地传送，以便于信息交流、分享。

（3）智能处理——使用各种智能技术，对感知和传送到的数据、信息进行分析处理，实现监测与控制的智能化。

根据物联网的以上特征，可以归纳出物联网处理信息的功能如下。

（1）获取信息——主要是信息的感知和识别。

（2）传送信息——主要是信息发送、传输和接收等环节。

（3）处理信息——指信息的加工过程。

（4）施效信息——指信息最终发挥效用的过程。

虽然物联网近年来的发展已经渐成规模，但仍然存在许多需要攻克的难题，具体分析如下。

（1）技术标准。目前，传统互联网的标准并不适合物联网。物联网不同的设备有不同的接口、不同的技术标准；网络层、应用层也由于使用的网络类型不同、行业的应用方向不同而存在不同的网络协议和体系结构。建立统一的物联网体系架构、统一的技术标准是物联网正在面对的难题。

（2）管理平台。物联网自身就是一个复杂的网络体系，遍及各行各业，存在很大的交叉性。如果没有一个专门的综合平台对信息进行分类管理，就会出现大量信息冗余、重复工作，造成资源浪费。每个行业的应用各自独立，成本高、效率低，体现不出物联网的优势，势必会影响物联网的推广。

(3) 成本。目前真正能投入并大规模使用的物联网项目少之又少，在成本没有达到普遍可以接受的范围内，物联网的发展只能是空谈。比如，实现射频识别技术最基本的电子标签及读卡器，其成本价格一直无法达到企业的预期，性价比不高；传感网络极易遭到环境因素或人为因素的破坏，而且网络的维护成本高。

(4) 安全性。传统的互联网发展成熟、应用广泛，尚存在安全漏洞。物联网作为新兴产物，体系结构更复杂、没有统一标准，各方面的安全问题更加突出。

2.5.3 常用技术

1. 射频识别技术

射频识别技术(Radio Frequency Identification，简称 RFID)，是一种简单的无线系统，由一个询问器(或阅读器)和很多应答器(或标签)组成。每个标签具有扩展词条唯一的电子编码，附着在物体上标识目标对象，它通过天线将射频信息传递给阅读器，阅读器就是读取信息的设备，人们可以随时掌握物品的准确位置及其周边环境。

2. 微机电系统

微机电系统(Micro-Electro-Mechanical Systems，简称 MEMS)的作用是把信息的获取、处理和执行集成在一起，组成具有多功能的微型系统，集成于大尺寸系统中，从而大幅度地提高系统的自动化、智能化和可靠性水平。

3. M2M 系统框架

M2M(Machine-to-Machine/Man)是一种以机器终端智能交互为核心的、网络化的应用与服务。它将使对象实现智能化的控制。基于云计算平台和智能网络，可以依据传感器网络获取的数据进行决策，改变对象的行为进行控制和反馈。

4. 云计算

云计算旨在通过网络把多个成本相对较低的计算实体整合成一个具有强大计算能力的完美系统，并借助先进的商业模式让终端用户可以得到这些强大计算能力的服务。云计算的一个核心理念就是通过不断提高“云”的处理能力，不断减少用户终端的处理负担，最终使其简化成一个单纯的输入输出设备，并能按需享受“云”强大的计算处理能力。

2.6 云计算

2.6.1 技术简介

云计算是指通过网络“云”将巨大的数据计算处理程序分解成无数个小程序，然后通过多部服务器组成的系统进行处理和分析这些小程序，得到结果并返回给用户（图2-7）。它是一种基于互联网的计算方式，以这种方式共享的软硬件和信息资源可以按需提供给计算机和其他终端使用。

图2-7　云计算示意

狭义上讲，云计算就是一种提供资源的网络，用户可以随时获取“云”上的资源，按需求量使用，只要按使用量付费即可。从广义上说，云计算是与信息技术、软件、互联网相关的一种服务，这种计算资源共享池叫作“云”，云计算把许多计算资源集合起来，通过软件实现自动化管理，只需要很少的人参与，就能让资源被快速提供。也就是说，这种计算能力作为一种商品，可以在互联网上流通，就像水、电、煤气一样，可以方便地取用。

2.6.2　技术特点

云计算与传统的网络应用模式相比，具有如下特点。

（1）虚拟化。包括应用虚拟和资源虚拟两种，云计算支持用户在任何位置、使用任意终端获取应用服务，突破了时间、空间的界限。物理平台与应用部署的环境在空间上是没有任何联系的，是通过虚拟平台对相应终端操作完成数据备份、迁移和扩展等。

（2）可靠性高。单点服务器出现故障可以通过虚拟化技术将分布在不同物理服务器上的应用进行恢复，也可以利用动态扩展功能部署新的服务器进行计算。

（3）性价比高。通过虚拟资源池的统一管理在一定程度上优化了物理资源，用户不再需要昂贵的大存储空间主机，可以选择相对廉价的电脑但计算性能不逊于大型主机。

（4）可扩展性高。云平台规模可根据其应用的需要进行调整和动态伸缩，从而满足用户应用和大规模增长的需要。

云计算在带给用户便捷的同时，它的发展问题也成为业界关注的焦点，具体有以下一些。

(1) 技术保密问题。当资源可以被共享时,资源泄漏是难以避免的。因此,信息保密性是云计算技术的首要问题,也是当前云计算技术的主要问题。

(2) 访问权限问题。相比于传统利用自己电脑存储的方式,在云计算平台上,用户需要建立账号和密码,在服务商处上传自己的数据资料,完成虚拟信息的存储和获取。这种方式虽然方便,但用户失去了对数据源的控制,而服务商则可能存在对数据源的越权访问现象,安全难以保障。

(3) 数据完整问题。在云计算技术的使用中,用户的数据被分散地存储在云计算数据中心的不同位置,数据资源的整体性受到影响,使其作用难以有效发挥。此外,若服务商没有妥善、有效地管理用户的数据信息,也会影响数据存储的完整性。

(4) 法律法规不完善。当前云计算技术仍缺乏完善的安全性标准、服务管理标准、安全管理的损失计算机制和责任评估机制、责任人承担安全问题的法律责任等,也在一定程度上制约了云计算技术的发展。

2.6.3 常见平台

云计算平台可以划分为以数据存储为主的存储型云平台、以数据处理为主的计算型云平台以及计算和数据存储处理兼顾的综合云计算平台三类。国内常见的云计算平台有以下一些。

(1) 阿里云。阿里云创立于 2009 年,是全球领先的云计算及人工智能科技公司,以在线公共服务的方式,提供安全、可靠的计算和数据处理能力。阿里云服务着制造、金融、政务、交通、医疗、电信、能源等众多领域的领军企业,包括中国联通、12306、中石化、中石油、飞利浦、华大基因等大型企业客户,以及微博、知乎等明星互联网公司。

(2) 百度云。百度云是百度推出的一项云存储服务,为用户提供多元化数据存储服务,支持最大 2T 容量空间,用户可自由管理网盘存储文件,目前已覆盖主流 PC 和手机操作系统。2016 年 10 月,百度云改名为百度网盘,更加专注发展个人存储、备份功能。

(3) 新浪云。新浪云是新浪公司开发和运营的开放云计算平台的核心组成部分。作为典型的云计算,新浪云采用的"所付即所用,所付仅所用"的计费理念,通过日志和统计中心精确地计算每个应用的资源消耗。它为开发者提供稳定、快捷、透明、可控的服务化平台,减少开发和维护成本;为普通上网人群提供一键安装 Web 应用,无须会编码,也可以在瞬间拥有自己的团购、微博等。

(4) 腾讯云。腾讯云有着深厚的基础架构,并且有着多年对海量互联网服务的经验,可以为开发者及企业提供云服务、云数据、云运营等整体一站式服务方案。具体包括云服务器、云存储、云数据库和弹性 Web 引擎等基础云服务,腾讯云分析、腾讯云推送等腾讯整体大数据能力,以及 QQ 互联、QQ 空间、微云、微社区等云端链接社交体系。

(5) 华为云。华为云立足于互联网领域,依托于华为公司雄厚的资本和强大的云计算研发实力，面向互联网增值服务运营商、大中小型企业、政府、科研院所等广大企事业用户提供包括云主机、云托管、云存储等基础云服务以及超算、内容分发与加速、视频托管与发布、企业IT、云电脑、云会议、游戏托管、应用托管等服务和解决方案。

（6）盛大云。盛大云隶属于上海盛大网络发展有限公司，是在整合盛大集团资源的基础上，自主技术研发而成的公有云平台。盛大云提供企业级私有云、混合云产品，根据企业不同的业务特点量身定制专业的云解决方案。产品以按需使用、弹性扩展、高可靠、高安全、高可控为核心特点。

（7）微软云。微软云为开发者提供一个平台，帮助开发可运行在云服务器、数据中心、Web和PC上的应用程序。云计算的开发者能使用微软全球数据中心的储存、计算能力和网络基础服务。

2.7 GIS 技 术

2.7.1 技术简介

GIS(Geographic Information System，地理信息系统)技术是一种为地理研究和地理决策服务的计算机技术系统，它以地理空间为基础，采用地理模型分析方法，实时提供多种空间和动态的地理信息(图2-8)。其基本功能是将表格型数据转换为地理图形显示，然后对显示结果浏览、操作和分析。

图2-8　基于GIS的施工管理平台

2.7.2 技术特点

GIS技术从外部来看表现为计算机软硬件系统，而其内涵是由计算机程序和地理数据组织而成的地理空间信息模型，是一个逻辑缩小的、高度信息化的地理系统，其特点可概括为以下几个方面。

（1）具有采集、管理、分析和输出多种地理信息的能力，具有空间性和动态性。

（2）以地理研究和地理决策为目的，以地理模型方法为手段，具有区域空间分析、多要素综合分析和动态预测能力，可产生高层次的地理信息。

（3）由计算机系统支持进行空间地理数据管理，并由计算机程序模拟常规的或专门的地理分析方法，可作用于空间数据，产生有用信息，完成各种任务。

但目前 GIS 技术的应用还存在一些问题，具体如下。

（1）应用水平低。一些地理信息系统还停留在简单的资源浏览查询、制图及简单的分析水平，而真正意义上以资源环境合理配置、决策支持方面的专业应用系统仍十分缺少。

（2）标准规范不统一。由于专业性比较强，在相应 GIS 建立的过程中技术标准、数据交换标准、元数据标准等方面存在着很大的差别，使不同的信息系统之间难以共享。

（3）集成化程度低。许多资源管理 GIS 功能单一，系统结构开发性差，没有实现与其他技术集成应用，难以满足现代管理向集成化、综合化方向发展的需要。

2.7.3 常用平台

目前，市场上商用的 GIS 平台软件产品主要有 SuperMap、MapGIS、MapInfo 和 ArcGIS 四种。其中，SuperMap 和 MapGIS 是国产的 GIS 软件平台，MapInfo 和 ArcGIS 则是美国产品。

1. SuperMap

SuperMap 是北京超图软件股份有限公司开发的，具有完全自主知识产权的大型地理信息系统软件平台，包括云 GIS 平台软件、组件 GIS 开发平台、移动 GIS 开发平台、桌面 GIS 平台、网络客户端 GIS 开发平台以及相关的空间数据生产、加工和管理工具。经过不断技术创新、市场开拓和多年技术与经验的积累，SuperMap 已经成为产品门类齐全、功能强大、覆盖行业范围广泛、满足各类信息系统建设的 GIS 软件品牌，并深入到国内各个 GIS 行业应用，拥有大批的二次开发商。

2. MapGIS

MapGIS 是武汉中地信息工程有限公司自行研制开发的大型基础地理信息系统软件平台。MapGIS 是具有国际先进水平的完整的地理信息系统，它分为“输入”“图形编辑”“库管理”“空间分析”“输出”以及“实用服务”六大部分。MapGIS 已广泛用于测绘、土地管理、电信、交通、环境、地质勘查、资源管理、房地产等领域。

3. MapInfo

MapInfo 是美国 MapInfo 公司的桌面地理信息系统软件，能将所需要的信息资料形象、直观地与地理图形紧密地联结起来，能提供大量常用的分析、查询功能，能将结果以图形或表格的方式显示出来。MapInfo 适用于军事、市场营销、城市规划、市政管理、公安交通、邮电通信、石油地质、土地资源、人口管理、金融保险等各个应用领域，能对用户管理、决策提供有力支持与帮助。

4. ArcGIS

ArcGIS 是美国 ESRI 公司推出的一个为不同需求层次用户提供的全面、可伸缩的 GIS 产品线和解决方案。ArcGIS 是世界上应用广泛的 GIS 软件之一，它由数据、数据服务器 ArcSDE，以及 4 个应用基础框架（桌面软件 Desktop、服务器 GIS、嵌入式 GIS 和移动 GIS）组成。

2.8 智慧城市

2.8.1 技术简介

智慧城市就是运用信息和通信技术手段感知、分析、整合城市运行核心系统的各项关键信息，从而对包括民生、环保、公共安全、城市服务、工商业活动在内的各种信息进行感知、传输、处理、决策和发布，对各种需求做出智能响应，实现城市智慧式管理和运行（图 2-9）。智慧城市是人类社会发展的高级阶段，能有效促进城市可持续发展，可全面提升城市的核心竞争力，为城市中的人创造更美好的生活。

图 2-9　智慧城市概念图

2.8.2 技术特点

1. 广泛覆盖

广泛覆盖的信息感知网络是智慧城市的基础。智慧城市的信息感知网络覆盖城市的时间、空间、对象等各个维度，能够采集不同属性、不同形式、不同密度的信息。当然，“广泛覆盖”并不意味着对城市的每一个角落进行全方位的信息采集，这既不可能也无必要，智慧城市的信息采集体系应以系统的适度需求为导向，过度追求全面覆盖既增加成本又影响效率。

2. 深度互联

智慧城市的信息感知是以多种信息网络为基础的。“深度互联”指多种网络形成有效连接，实现信息的互通访问以及信息资源的一体化和立体化。在智慧城市中，将多个分隔独立的小网连接成互联互通的大网，可以大大增加信息的交互程度，使网络对所有成员的价值获得提升，从而使网络的总体价值显著提升，并形成更强的驱动力，吸引更多的要素加入网络，形成智能城市网络节点扩充与信息增值的正反馈。

3. 协同共享

在传统城市中，信息资源和实体资源被各种行业、部门、主体之间的边界和壁垒所分割，资源的组织方式是零散的。智慧城市"协同共享"的目的就是打破这些壁垒，形成具有统一性的城市资源体系，使城市不再出现"资源孤岛"和"应用孤岛"。在协同共享的智慧城市中，任何一个应用环节都可以在授权后启动相关联的应用，并对其应用环节进行操作，从而使各类资源可以根据系统的需要，发挥最大的价值。

4. 智能处理

智慧城市拥有体量巨大、结构复杂的信息体系，这是其决策和控制的基础，而要真正实现"智慧"，城市还需要表现出对所拥有的海量信息进行智能处理的能力，这要求系统根据不断触发的各种需求对数据进行分析，产生所需知识，自主的进行判断和预测，从而实现智能决策，并向相应的执行设备给出控制指令，这一过程中还需要体现出自我学习的能力。在技术上，以云计算为代表的新的信息技术应用模式是智能处理的有力支撑。

5. 开放应用

智能处理并不是信息使用过程的终结，智慧城市还应具有信息的开放式应用能力，能将处理后的各类信息通过网络发送给信息的需求者，或对控制终端进行直接操作，从而完成信息的完整增值利用。智慧城市的信息应用应该以开放为特性，并不仅仅停留在政府或城市管理部门对信息的统一掌控和分配上，而应搭建开放式的信息应用平台，使个人、企业等个体能为系统贡献信息，使个体间能通过智慧城市的系统进行信息交互，这将充分利用系统现有能力，大大丰富智慧城市的信息资源，并且有利于促进新的商业模式的诞生。

目前在实际运作过程中，我国的智慧城市建设仍存在以下三个方面的问题。

(1) 建设流程中环节缺失，影响建设效果的及时反馈和改进

智慧城市建设应包括项目规划、筹资、建设、运营、监控、评估、反馈等一系列流程。目前，国内智慧城市建设流程中环节的缺失主要涉及监控不到位、绩效评价指标不完善等问题，这在很大程度上会影响智慧城市建设效果的及时反馈和改进。

(2) 信息的整合与共享不充分，加剧了"数字鸿沟"

在智慧城市规划和建设的具体实践中，不同区域、人群、城乡之间对智慧城市的认知接受程度不同、信息不对称、资源获取不平衡，使得信息交流与共享渠道不畅通，阻碍了信息技术的整合与共享，加速了信息的碎片化和孤岛现象，导致智慧城市建设中"数字鸿沟"现象的产生。

(3) 参与主体的单一化，抑制了智慧城市建设流程的完善

国内智慧城市建设刚刚起步，缺乏全国性的统筹规划。首先，各地各部门在规划结构、建设思路和实施方案上存在趋同现象，没有根据本地区的实际情况来进行相应的调

整与优化。其次，政府在推进智慧城市建设的过程中力量有限，造成智慧城市建设筹资、投资和建设主体的单一化。最后，在智慧城市建设评价和反馈等环节，缺乏科学、统一的评价指标体系和权威的评价机构，使得智慧城市建设的实施效果难以得到合理的衡量和评价。

2.8.3 典型案例

2019年，中国信息通信研究院从典型解决方案和地区实践成果中择优遴选出十大智慧城市建设示范案例，涵盖了城市服务、城市治理、城市设施、城市产业和城市生态等解决方案。

1. 直辖市：上海市推进智慧城市建设系列实践

为打造世界级的城市应用标杆，上海市采取了三大举措：一是实施AI应用场景建设计划，引导社会开放场景，面向全球征集城市管理、教育、社区等十大领域的AI解决方案；二是开展"智慧工匠"选树活动，挖掘、树立一批智慧城市领域的工匠标兵；三是聚焦在技术创新、组织管理、带人育人上发挥先锋模范作用的领军人物，举办"领军先锋"评选活动。

2. 直辖市：重庆市新型智慧城市建设

重庆市委、市政府将大数据智能化作为重庆发展的战略选择，在2019智博会开幕式上，重庆市委书记陈敏尔提出要集中力量建设"智造重镇"和"智慧名城"。重庆提出四项举措：一是开展机制创新；二是开展顶层设计创新；三是实施路径创新；四是开展模式创新。

3. 省会城市：贵阳市数博大道产城融合新型智慧城市

作为首个国家级大数据综合试验区核心区，以数字孪生规划建设数博大道是贵阳市探索智慧城市建设的又一新尝试。贵阳数博大道提出三项举措：一是构建一个数字孪生平台、一个运营管理中心、三类基础设施、四大数字空间的数字孪生城市发展框架，推动全域时空数据的汇聚与交融，助力实现物理空间与数字空间的孪生共存；二是全面建成数博大道核心区，打造"百亿大道，千亿大城"、全球大数据产业发展合作交流等功能为一体的"中国数谷"的核心区和"永不落幕的数博会"；三是打造展示全球最前沿、最先进技术的国家大数据（贵州）综合试验区展示中心。

4. 地级市：潍坊市新型智慧城市建设项目

潍坊市以"物联潍坊"为基础、"城市大脑"为主线，争创国家新型智慧城市样板。潍坊市采取了多项措施：一是率先制定出台数字经济规划和实施意见，以及一系列智慧项目建设规范标准，实现智慧城市一体化推进；二是打造国内首个基于NB-IoT新一代标准的"物联潍坊"，建设了8 600多个NB-IoT基站和3万个物联网设备；三是通过整合市政务、司法、市政等多个热线和互联网涉潍舆情等全量民意数据，搭建起民意舆情大数据平台和民意数据城市治理动态演进模型；四是集聚一批高端信息化企业和优质资源，激活全市创新创业活力。

5. 智慧园区：青岛市基于CIMOS平台的数字生态园区

青岛市打造的城市智能管理操作系统（City Intelligent Management Operating System，简称CIMOS），是基于多维数据分析引擎驱动构筑的城市智能管理决策平台，对城市多维信息进行智能收集、分析和协同，形成城市时空大数据模型和城市动态信息的有机综合体。CIMOS打造四项服务：一是城市时空大数据服务，基于BIM/GIS等技术构建园区城市二维、三维可视化数字模型底板，实现园区地理信息数据的一图多层可视化管理；二是园区经济运行管理服务，实现园区税收、产值、固定资产投资和企业与项目运行情况监测与整合分析；三是园区智能监督管理服务，搭建覆盖园区的物联网感知体系，实现城市建设、环境、能源、交通、安全等多领域数据的实时传输与分析预警；四是园区智慧政务管理服务，开展具备政务督查督办、融媒体服务、人才引进服务、行政审批、外事接待等服务。通过CIMOS的建设，青岛数字生态园区将在招商引资、招财引智和数字经济等领域持续发力，有效拉动地方经济的增长。

6. 城市服务：深圳市统一政务服务APP——“i深圳”

2019年3月，深圳市启动编制《深圳市新型智慧城市暨“数字政府”专项规划（2019—2021）》，“i深圳”作为深圳智慧城市建设的重要载体和成果，推动深圳市民“一屏智享生活、一号走遍深圳”。深圳市重点提出三项举措：一是通过构建“一站式”掌上城市服务门户，整合各部门系统及应用，深化高频政务服务事项改革，推动服务事项掌上办；二是打造区块链电子证照应用支撑平台，推动电子证照信息可信共享，提高办事效率；三是以多技术融合推动个性化便捷服务，分析用户习惯和潜在需求，提供精准推送、个性化资源订阅等服务，实现无人干预自动化审批。截至2019年12月1日，“i深圳”实现掌上秒报秒批服务150多项，高频政务事项基本实现了掌上办理。

7. 城市治理：浙江省“城市大脑萧山平台·一键护航”

萧山区“一键护航”通过创新机制、理念、技术和方法，建立了城市治理新格局，实现了“路是走出来的”到“路是算出来的”的飞跃。“一键护航”有三项创新：一是机制理念创新，建立了政府主导、政企合作、社会支持的三大主体参与的城市治理新格局；二是技术创新，历经上万次算法迭代和230次数源解析，保证“一键护航”毫秒级响应；三是方法创新，摄像头与信号灯互联互通，实现摄像头到信号灯的“零距离”。目前，“一键护航”已实现萧山区全覆盖，实战救援平均提速50%，平均节省时间30%，平均控灯率90%以上，使杭州成为全国第一个实现“救护车不必闯红灯”的城市。

8. 城市产业：福建省武夷山市武夷山全域智慧旅游通

武夷山市以全旅通“1369”工程构建了一个跨平台、跨网络、跨终端的一体化旅游服务平台。武夷山打造全域智慧旅游通主要得益于搭建了一套高效务实的政企运营体系，涉及管理、服务、游客大数据的三大智慧平台，开展覆盖旅游全过程的六大特色智慧应用，满足九大功能的完整智慧全域游体系。目前，武夷山全域智慧旅游通平台已实现年服务游客1 000万人次，旅游大数据采集分析监控31个旅游点人流、840名导游等信息，为市政府及市旅发委、公安局、景区等有关部门提供了实时信息和服务。

9. 城市生态：北京市智慧园区能源互联与数据应用解决方案

北京经开产业园区能源互联应用作为12个园区能源互联示范项目，以数据化、智能化应用为核心，初步实现了园区节能、绿电、感知设备隐患等主要功能。经开产业园区通过将智慧能源运营上升为园区整体运营战略，建设互联网+“源—网—荷—储—控—用”全周期能源综合智慧管理服务解决方案和综合智慧运营服务商业运营模式，以园区为载体打造产、研、金融服务能源互联网产业集群，树立了智慧园区绿色、节能、安全的建设典范。

10. 城市设施：城市空中交通无人机物流自动化配送系统

杭州部分区域初步建立了空中交通无人机物流自动化配送系统，在城市建立低于300米、覆盖城市主要区域的低空无人机物流配送航线网络；在核心商圈、写字楼、社区等设立与无人机接驳的自动化存储柜；使用无人物流配送车完成最后100米的配送，最终达成同城即时物流配送的全流程自动化运行。无人机配送系统将为陆路交通不便的地区尤其是农村地区提供站点到站点的物流运输服务，较一般快递员配送能将运送时间缩短30%～50%。无人机物流自动化配送系统已于2019年10月获得全球首个由中国民航局颁发的城市物流运行许可“牌照”，已完成1万多单无人机配送订单。

第 3 章　BIM 技术在市政交通中的应用

3.1 概　　述

BIM 技术以其可视化、协调性、模拟性、优化性及可出图性等特点，能够在项目的规划、设计、建造、运营管理等全生命周期过程中进行数字模型、工程建设、运营维护等信息的获取、编辑、传递和应用，实现各专业和各参与方之间的模型集成与协同工作，减少传统设计施工的局限，提高工程建设质量，目前已经成为市政交通领域的重要技术基础。

综合国内外的发展情况来看，随着各项 BIM 技术、BIM 标准、BIM 规范的发展，BIM 被广泛应用于市政交通项目各阶段，从点到面形成了众多应用点，其中包含场地分析、设计协同、方案展示与比选、结构分析、施工方案模拟、数字建造与预制拼装、资产管理、病害监测与评估等(图 3-1)。

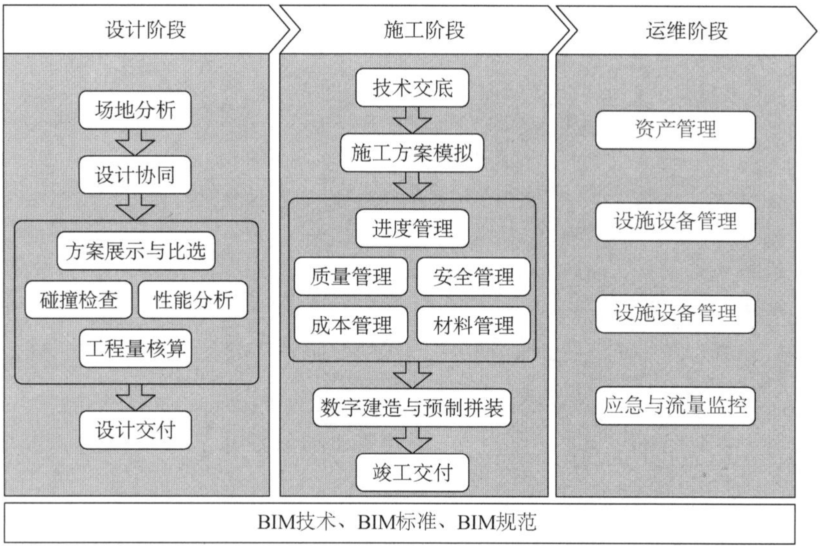

图 3-1　BIM 在市政工程建设领域各阶段的应用

3.2 设计阶段的 BIM 应用

在设计阶段，协同设计也成为业内关注的焦点，呈现三维参数化、可视化设计等技术特点，同时，基于BIM技术的场地分析、碰撞检查、性能分析、工程量核算、设计交付等应用也在如火如荼地进行。

3.2.1　场地分析

场地分析是研究影响建筑物定位的主要因素，是确定建筑物的空间方位和外观、建筑物与周围景观的联系的过程。在工程的规划阶段，场地的地貌、植被、气候条件都是影响设计决策的重要因素，往往需要通过场地分析来对景观规划、环境现状、施工配套及建成后的交通流量等各种影响因素进行评价及分析。场地分析有一套比较完整的分类方法，主要包括四个方面：场地的自然条件、场地的建设条件、场地的公共限制和场地的建筑艺术元素。

传统的场地分析存在诸如定量分析不足、主观因素过重、无法处理大量数据等弊端，而采用基于BIM技术及GIS数据的原始场地模型构建技术，可基于地形条件分析、模型定位、交通组织联系、场平成本控制等多维度进行统筹规划分析，为建设实施决策提供有力的数据支撑。

目前，基于BIM的场地分析常用的技术途径为：先利用GPS全站仪、无人机、激光点云扫描系统等外业测绘技术进行数据采集，然后将实时可信的地形、地物数据录入GIS系统，再从BIM平台中导入道路、桥梁、隧道、管线、景观等设计模型，将二者叠加后进行相关的量化分析。由于BIM+GIS能清晰地表达三维空间信息，因此可精确测量各个平场方案的土石方量，并通过量化分析进行平场方案比选和支护方案对比(图3-2)。

图3-2　场地分析

3.2.2　设计协同

协同设计是企业内不同设计部门、不同专业方向上或者同一项目的不同设计企业之间进行协调和配合，本质上是基于计算机支持的协同工作。由于这种跨专业、跨地域的网络化协同设计方式可极大地缩短产品设计和研发周期，并使企业快速地研发适应市场变化和需求的产品、提高企业的竞争能力，因此，国内外优秀企业产品研发工作正在从个体化、串行流程的产品研发模式，转向上、下游多方协同的并行产品设计。“协同”已经成为当代产品研发策略的重点方向之一。

就 IT 技术领域而言，从最早的二维协同到之后的三维协同，到近期常提到的基于 MBD、MBE 的设计协同，都已经在市政交通行业得到运用。传统的 CAD 二维协同设计基于二维图纸的数据协同，各专业按顺序进行协同，其工作流程呈线性，工作逆向返回易产生较大的设计变更工作量。由于协同工作的载体为二维图纸，因此多版本的图纸管理难度大，信息传递效率低，在设计频繁修改、多项目交叉设计等情况下易造成数据的无序或无效的流转。在三维设计之初，制造业基于产品生命周期管理（Product Lifecycle Management，PLM）系统进行数据协同。其中各种类型的 BOM（原型 BOM、EBOM、MBOM、SBOM）是 PLM 的灵魂，是驱动产品开发的结构化主线。BOM 中的每一个项目（零件），是各种文档的容器；因而，在以零件为中心的 PLM 中，产品定义等信息具有高度的结构化。而 MBD 技术是一种新的产品数字化定义技术，是指用集成的三维实体模型来完整表达产品定义信息的方法。该技术是将原来定义在二维图纸上的几何结构设计信息、生产工艺制造信息和产品属性管理信息，共同集成定义在三维数字化模型中。基于 BIM＋MBD 技术的协同设计实现了并发式的同步分工协作，通过创建中心文件的形式关联专业间的设计工作，各专业设计工作基本平行展开，专业间设计意见可提前沟通反馈。其中数据载体通常为双向同步的唯一的三维模型，不仅能直观表达不同专业的设计意图，还能提高设计过程中文件的管理效率。

以 3DE 平台为例，该平台全面整合了 CATIA、DELMIA、ENOVIA 等软件产品，形成了统一的设计过程数据源、统一的设计视图、并行的基于 BIM＋MBD 的实时协同平台，从而使分散在不同地域的企业管理人员、设计人员、制造人员、服务人员、供应商等不同角色用户都能够共享单一数据源和并行的协同设计环境（图 3-3）。

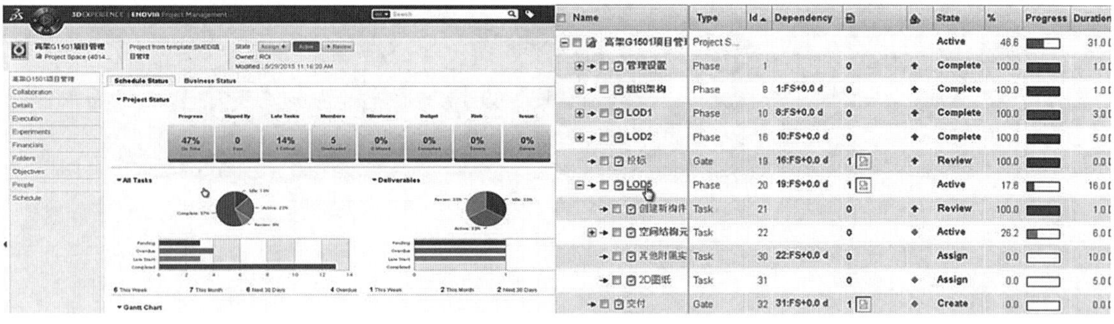

图 3-3　3DE 平台协同管理

3.2.3　方案展示与比选

随着现代城市的发展、路网的完善，以及空间、生态、环保要求的提高，城市交通规划者和设计者所面对的各类地理空间信息量与日俱增，所处理的空间关系也更加错综复杂，例如新建道路与现有道路的净距、隧道洞口的零开挖要求、山区城市道路的地形限制等，这就需要规划设计者和政府决策者对城市的地理空间及规划方案有充分的了解。

而传统的二维空间表达方式在空间认知模式方面，以二维电子地图将空间信息通过符号化进行表达，阅读者需要进行符号解译才能形成空间认知，因此，空间认知效率较低，阅读规划方案的门槛较高，不利于公众参与。相反，基于 BIM 技术的空间表达方式，以数模、动画、视频、模型、实景等方式直接呈现在观察者面前，无需符号解译过程，因此可以更加快捷、直接地获取所需的空间信息，认知代价更小、认知效率更高。同时，基于 BIM 技术，可从多角度、沉浸式地进行方案的观察、测量、比较，对方案的优劣比选更方便、准确。在工程规划、方案决策阶段，BIM 技术能让业主和设计者身临其境地感受各方案，比传统的文本、图纸、效果图等方式更直观，决策更高效。在工程设计阶段，通过 BIM 技术建立虚拟环境，能方便设计人员直观地对工程设计成果进行设计优化和设计审核，提升设计质量。

在方案展示和比选方面，目前常用的做法有以下五种：①将 BIM 模型与正射或倾斜摄影获取的地模数据融合，利用 VR 进行展示和比选；②将 BIM 模型叠加到真实场景中，利用 AR 进行沉浸式的展示和比选；③利用 AE 视频处理技术，将 BIM 模型和实景场地视频融合后进行展示和比选；④利用 3D 打印技术，将 BIM 模型和地模打印成实体模型后进行展示和比选；⑤利用交通仿真技术，基于 BIM 模型的设计数据进行 Vissim 交通建模，并对设计方案进行交通流量模拟和方案比选(图 3-4)。

图 3-4　方案展示与比选

3.2.4 碰撞检查

市政交通工程专业繁杂，各专业设施、管线较多，要想在有限的空间内达到安装排列有序、清晰明朗，必须要进行碰撞检测，发现施工过程中可能出现的“碰、漏、错、缺”问题，做到消除隐患、予以整改、优化方案、减少返工、提高施工效率。因此，有必要进行各专业间及专业内部的碰撞检查，提前发现设计可能存在的碰撞问题，减少施工阶段因设计疏忽造成的损失和返工工作，提高施工效率和施工质量。

以往在二维图纸上很难表达设计结果的空间关系，造成碰撞检查工作很难开展。而 BIM 技术使各专业构件间的干涉检查成为可能。通常进行的碰撞检查包括：①硬碰撞，即当两个或以上的构件在空间位置上出现了相交、包含、重叠的情况；②软碰撞，即当两个及以上的构件在空间上未发生相交、包含、重叠，但是相互之间的间距小于最小设计预设值的情况，也称为间隙碰撞；③机构重复，即当构件在三维模型建立过程中发生多次绘制，导致构件在空间上完全重叠的情况。此外，还可以对安全距离、视线距离等内容进行检查。针对碰撞检查问题，很多 BIM 软件已提供了碰撞检查功能和检查结果输出功能。

以项目为例，上海某项目对改建的立交匝道与现有周边环境之间(现状地铁、铁路)进行安全距离控制；嘉兴某项目对匝道净空进行了检查；宁波某项目对各管线专业间，管线与隧道、桥梁下部结构等地下结构之间的净距进行检查；嘉兴某项目对盖梁钢筋与钢束、盖梁钢筋笼预制吊装与立柱直筋及预制梁桥面连续端预埋钢筋进行了冲突检查(图 3-5)。

图 3-5 碰撞检查

3.2.5 性能分析

桥梁、挡土墙等结构的 FEM 有限元力学性能分析是 BIM 三维正向设计的关键环节(图 3-6)。就目前而言，大部分 BIM 建模软件不具备有限元仿真分析的功能，而有限元仿真分析软件在模型可视化展现和信息管理方面又存在很多不足。同时，由于BIM建模软件和有限元仿真分析软件数据存储格式的不同，导致BIM模型建立和有限元模型建立需分开进行，造成时间浪费和查错困难。

目前常用的方法是：①人工从BIM模型中提取相应的有限元建模信息，再在有限元分析软件中利用传统建模方法进行力学模型建立和进行计算分析；②通过编程手段，提取BIM模型中的参数信息，并基于参数生成有限元分析所需的命令流或执行脚本，提交有限元进行计算分析；③将BIM模型直接导入有限元软件中，在有限元软件中通过预处理生成计算模型，并进行计算分析。

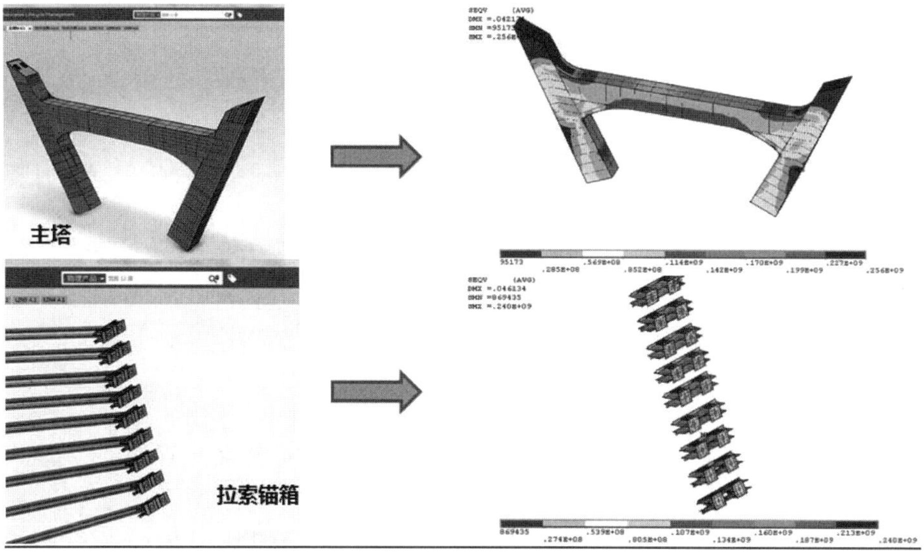

图3-6　性能分析

3.2.6　工程量核算

在建筑工程项目中，工程量造价是非常重要的，只有做好工程量造价管理工作，工程量的预算和结算工作才能够顺利进行，而最终工程量和造价的管理也会影响企业的经济效益。为了避免出现超额结算的情况，需要做好工程量的精细化工作，而做好精细化工作的意义也在于为现场施工提供明确的清单，便于编制施工方案，使得整个施工过程流畅、合规。

设计费率为总造价的3%左右，但是，设计图纸对项目的造价影响大约为总价的90%以上。因此，为了保证整个项目的工程造价，需要对设计阶段的造价工作进行科学管理，保证设计阶段的精细化。传统的造价模式占用了大量的人力资源去理解设计、读图识图和算量建模。得益于BIM在模型表达和数据管理方面的优势，采用基于BIM的造价模式能够提取工程项目的历史数据，对数据分类和筛选，还能够设计参数化模型，将工程量定额导入软件，实现工程项目的工程量和造价的计算与管理，从而掌握工程造价是否满足实际投资情况。最后，BIM 技术还能够对工程施工的工期和施工条件进行模拟，为后期的施工工作开展提供依据，保证提高各部门的效率。

目前，常用 BIM 技术对土石方工程、基础、混凝土构件、钢筋等进行工程量核算。各主流 BIM 建模软件也都具有统计构件信息的功能。以 3DE 平台为例，工程量可以在设计建模过程中在结构树上的参数里新建几何关系，以测量数据为纽带，将模型的真实尺寸信息、对应的材料等需要统计的属性信息在结构树上体现出来。设计模型完成后，设计构件的几何和属性信息可以统计及导出相关的工程量信息，并可以通过定义的构件类型、材料种类、实施阶段等多种属性进行分类、筛选和统计。此外，还可以通过定义构件的自动命名模板，在各构件的名称中以特定字符串的形式记录构件的工程量信息，通过导出和抓取关键词，间接筛选和统计工程量（图 3-7）。

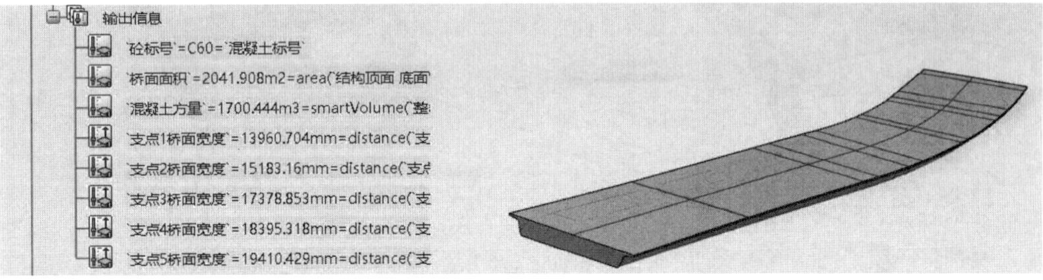

图 3-7 构件工程量信息输出

工程量统计的准确度与构件模型的几何精度和模型完整性直接相关。值得一提的是，通过模型手段得到的工程量通常为工程净量，因开槽、开孔等工艺造成的材料损失可以在构件模型中单独定义、提取和统计，而因在建造、运输等过程中的材料损失则需要通过对工程量统计数据进行分类，或根据经验值加权等手段进行工程量的估算。

3.2.7 设计交付

设计交付是设计阶段最后一个环节，也是最重要的环节。二维图纸是目前最为常见的交付方式，即便目前三维模型已经制作得很精细，但大多数项目仍要求提供二维图纸。

对 BIM 来说，最直观的出图方式之一就是对三维模型进行投影、剖切和标注，但由于各出图对象很难用一个统一的标准和方式进行出图，需要对投影、剖切面进行分别定义，对图面、标注内容和方式等出图模板进行大量的定制，影响了出图率和出图的效率。因此，部分设计单位通过定制开发的程序，基于设计数据进行二维出图，或者通过程序自动剖切、标注进行二维出图，解决了上述通过三维模型投影二维图纸带来的局限，可以有效地提高出图率和出图效率。

此外，对于空间关系较复杂的构件，二维图纸很难将其简便地表现出来，因此可采用构件三维模型（或三维截图）加配置技术要点说明的形式进行三维可视化交底，方便施工人员理解和作业，提高信息传达效率。

目前虽受限于上下游设计、施工各方技术水平的参差不齐，二维图纸仍是行业唯一认可的设计交付方式，但从长远看，三维信息模型交付是最理想的交付方式。施工方在接收了承载设计数据的三维信息模型后，可以在设计信息模型的基础上针对施工需求进行进一步的应用。且这种方式既能保证交付内容的准确性和唯一性，也能减少重复建模的问题。而针对跨平台交付过程存在的几何信息或属性信息丢失问题，随着相关交付标准(如IFC标准)的完善，必将得到有效解决。

3.3 施工阶段的BIM应用

在施工阶段，通常借助基于BIM技术的施工管理平台可以进行施工过程的协同管理，将各专业、各环节的工作人员有效地协同统一起来，使各参建方能够在模型、资料、管理、运营上协同工作，减少各方的沟通成本和沟通时间。同时，通过需求定制管理平台的功能，统计、汇总现场采集的材料、问题、表单、资料等数据，建立信息库，并借助平台的移动终端实时录入和上传质量、进度、安全、文明等问题，使管理人员可以根据数据同现场客观情况对现阶段工作进行分析总结，发现工程管理上存在的不足和漏洞，并及时提出行之有效的预控方案，从而达到控制项目进度和成本、降低项目质量安全风险、提高项目管理水平的目的。

针对施工单位常面临的工艺认识不全面、专业配合不到位、设计考虑不彻底、图纸优化参差不齐等问题，施工人员可通过基于BIM的技术交底、施工方案模拟、数字建造等工作环节，使项目有效避免图纸变更频繁、施工方案不完善、返工和整改过多、项目工期延后、投资追加等一系列问题。

3.3.1 技术交底

在开展道路桥梁施工前，需要工程项目施工单位确保道路桥梁施工人员对道路桥梁整体结构和建设施工要求等方面有所掌握。基于BIM技术的施工项目技术交底，使模型与VR、AR等三维可视化技术相结合，配以相关动态或文字说明，真实再现施工过程，将每个施工细节通过三维软件展现出来，有效地将施工技术传递给施工人员，可极大地提高项目交底的质量。

工程项目施工单位也可结合三维模型对道路桥梁施工图纸实施有效分析，及时有效地解决道路桥梁施工图纸中不合理的地方，为后期道路桥梁施工顺利开展提供有效的参考依据。对于道路桥梁施工来说，其中涉及的施工部件也比较多，这就需要通过BIM模型分析各类部件在道路桥梁施工中的作用效果，并按照施工图纸和BIM模型对道路桥梁施工中不合理的结构部件实施优化调整。

3.3.2 施工方案模拟

市政交通项目特别是位于城市核心区内的新建、改建项目通常会因施工场地周边的环境而受到空间或时间的限制，因此需根据项目情况和工程施工部署，事先模拟出各个施工阶段已有和拟建的构筑物、各场地实体、临时设施、库房、材料堆放及加工区等现场实施环境，以便合理、高效地完成现场场地布置。基于 BIM 技术，可针对施工现场的临时设施、生产操作区域、大型构件进场路线、大型设备安装，通过 3D 模型直观地展示施工场地的布局，并以动态的方式对施工场地布置方案进行优化，从而提高现场机械设备的覆盖率、减少材料的二次搬运时间、降低运输费用。

此外，还可用 BIM 技术对虚拟建造过程进行提前预演，对施工的流程、工序以及施工时的环境进行真实模拟与分析，从而为施工方提供数据报告，使施工人员能够更清楚、更透彻地掌握施工流程。在市政交通领域，常见的施工方案模拟包括管线搬迁模拟、道路翻交模拟、顶管施工模拟等。其具体过程通常是在三维模型建立后，利用 BIM 软件平台的动作制作功能完成施工动作的设定，以此完成施工工艺、施工流程在计算机中的虚拟建造，从而对方案进行验证和模拟。在模拟时，应充分考虑施工过程中的各种不利因素，比如施工期间的保通方案、设备和构件的进场路线、临时结构的安装拆除时间、构件吊装安装的操作空间等，以合理规避风险。通过对施工全过程或关键过程进行模拟，可以验证施工方案的可行性，并加强可控性管理、提高工程质量、保证施工安全，进而可以制定出详细的施工方案和精细的施工进度计划。

针对可能的设计变更，可以使用 BIM 技术进行快速响应，通过相应的技术调整在虚拟过程中修订施工方案，从而保证施工质量，达到省工、省料、省时的目的(图 3-8)。应该注意的是，施工模型需要在设计交付模型的基础上进行优化，在设计模型的基础上加入模板、支架、设备等设施，因此施工单位应注意设备模型的积累和设备库的建设；同时，在模型构建阶段，要确保模型精度满足项目虚拟建造的要求，并对可能存在的问题进行预估，同时在施工过程中进行验证和记录，将施工模拟与实际施工进行比对和定量分析，以更科学的手段提升模拟的质量。

图 3-8 施工方案模拟

3.3.3 进度管理

项目进度管理是施工阶段最重要的工作之一。基于 BIM 的施工进度管理通过将 BIM 模型与施工进度计划链接，将空间信息与时间信息整合在模型中，可直观、精确地反映整个项目施工的施工过程和进度，对施工阶段各个环节的资源配置、场地布置、物料配额等进行精确计划、跟踪和管控，通过动态分配各种施工资源和场地，保证资源供给充沛、工作环境安全、物料领取有度，减少物料损耗、资源浪费等情况，加强了管理者对施工的进度、资源、成本的控制(图 3-9)。

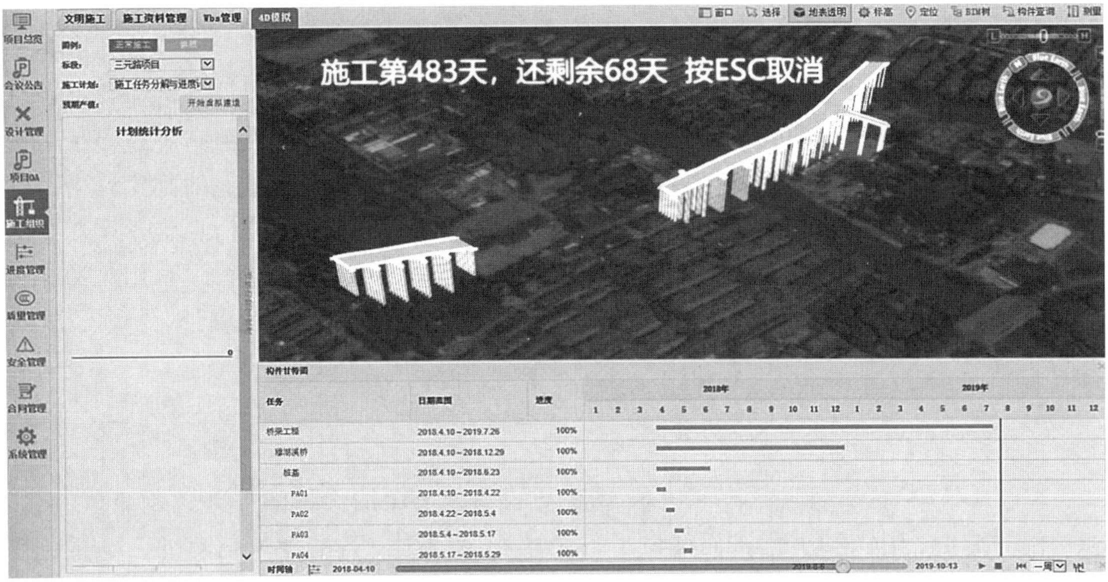

图 3-9 进度管理

此外，通过实时跟踪工程项目的实际进度，并通过计划进度与实际进度相比较，可实时地用三维可视化手段监控进度进展，并以高亮显示当前或之后的工序，做到及时预警。对于发生偏差的工序，平台亦可通过施工计划中的各工序的逻辑关联，及时分析该工序滞后对后续相关工序的设备、材料、人员、空间甚至对整体项目的进度影响及原因，采取有效措施，实现对项目进度的合理控制，保证项目能按时竣工。

3.3.4 质量管理

基于 BIM 的质量管理主要通过在施工未开始前对有技术难度的施工过程进行施工模拟，以便于更好地预防质量问题。如通过模拟解决复杂节点的施工粗糙、现场施工精度不够、钢筋下料不准确、砌体排布通缝等细节质量问题；通过创建基于 BIM 技术的质量管控平台，实现信息有效集成和实时共享，提高信息传递和协调的效率；通过设置施工规范预警并结合物联网技术对施工工艺进行检测(如通过监控设备对钢筋的施工质量自动检测,通过温度传感器对大体积混凝土的温度进行监控等)。

3.3.5 安全管理

基于 BIM 的施工安全管理则是在市政交通项目的施工过程中采用应力计等各种监测仪器对各关键部位的各项控制指标进行监测,如钢结构的应力监测、大体积混凝土浇筑温度监测、基坑岩土性状和支护结构变位监测、沉降监测等。施工监测平台可以与 BIM 模型相结合,通过数据接口实时接收各仪器的监测结果,统计和分析监测结果,对超过阈值的数据进行告警。

此外,还可将传统监测方式与激光扫描采样等手段结合,通过高精度逆向重构被测对象的几何信息,与设计施工模拟所预期的几何信息相对比,监测项目安装进度和施工过程中的结构安全性。激光扫描的非接触性使其在测量时无需对被测对象进行表面处理,也无须近距离接触被测对象,进而免去了项目施工中和竣工后可能的高空作业或进入高危区域。特别是对于隧道、管廊等工程,自身发射的激光的回波信息也不受扫描环境光照条件的影响,高数据采样率能减少在较危险环境下的外业时间。而相关数据和仪器,也可在项目竣工后移交并整合到项目运维阶段的健康监测系统中。

3.3.6 成本管理

基于 BIM 的成本管理是在三维模型信息的基础上增加大量的非几何信息,如材料和构件的造价、采购信息等,进而提供了一个单一、完整、一致的建筑信息库。通过施工过程中在移动端实时的进度录入,或通过月报、周报和日报进行 4D 进度控制,与工程量统计结合,即所谓 BIM 在施工中的 5D 应用,可以真实地提供造价管理需要的工程量信息。借助这些信息,计算机可以快速地对各种构件进行统计分析,从而保证工程量信息与设计方案的一致性。在设计出现变更时,该变更将自动更新到所有相关的施工文档和明细表中去。平台可以自动处理繁琐的数量计算工作,协助进行精准的成本核算。不仅如此,随着项目数据的积累,还可对指标数据进行定量化的评价,从而提高成本预算的精度,提高管理水平。

3.3.7 材料管理

建筑工程材料是整个工程项目的重要组成部分,在工程建设过程中,对建筑材料的有效管理,不仅能够保证建筑对象的质量,还能够降低建设成本。在传统施工管理中,材料的分配和领取主要依赖于负责人的经验,往往会造成在施工过程中无法及时、准确获取分项工程所需材料的实物量,无法实现过程管控。基于 BIM 技术的材料管理,通过模型、计划和关联数据库,可以快速、准确地统计到每个区域、每个构件的材料用量,随时为限额材料提供及时、准确的数据支撑;快速、准确地获得过程中工程基础数据拆分实物量;随时为采购计划提供准确的数据支撑。此外,还可通过施工管理平台使材料实现点对点运输,做到材料运输一次性到位,减少材料的二次搬运,从而有效地提高各工序配合,加快施工进度。

3.3.8 数字建造与预制拼装

在建筑材料或构件的加工制造、安装过程可以采用基于 BIM 的数字建造与预制拼装技术,提高加工精度和出场精度。数字建造主要应用在钢结构板件制造、钢筋切割弯折、管道切割、设计意图评审原型等方面。借助数字建造技术,通过优化板材套料、优化线材管材切割组合等方式,可确保制造的下游阶段具有最小的模糊性和足够的信息,从而以最小的浪费进行制造。同时,数字建造通过确保信息质量,并利用机器制造最小化公差,提高制造生产率和安全性,缩短交付周期,并可以及时适应设计的最新变化,减少对二维图纸的依赖。

预制钢结构的制造精度会极大影响结构的安装线型和安装效率。此时,可利用激光三维扫描技术,在钢结构加工厂对钢结构进行三维扫描,将采集的点云数据模型化后进行数字化预拼装,并将预拼结果与 BIM 设计模型进行对比分析,检查拼接的偏差,有效控制构件的出厂精度。

以某大桥项目为例,为应对海洋环境高腐蚀速率,大桥的钢结构使用了全焊接工艺。由于场地、吊装及运输设备、吊装时间周期等方面的限制,大桥钢结构采用了加工厂预制大节段、现场整体吊装的施工方案。多接口对接对预制结构的接口精度有很高的要求,现场调整焊口不但会影响施工进度,更会影响大桥的安装线型精度及施工质量。项目应用上述数字化预拼装技术,以毫米级扫描拼装精度,对偏差较大的安装面直接在厂内微调,有效控制了构件的出厂精度,提高了桥体整体安装精度,压缩了现场吊装工期(图 3-10)。

图 3-10 数字化预拼装

3.3.9 竣工交付

基于BIM的施工项目管理系统，保证了项目数据库与施工的进度与变更的过程同步，随项目从始至终逐步开展，数据库中包含了项目最全面、最精确的原始数据信息，最终形成了综合施工阶段的工程模型、信息和资料的模型文件。该模型文件可与手工测量、三维扫描等方式得到的准确数据进行对比和验收，并可在复核后作为竣工数据进行归档。

同时，该数据库集成的大量的信息，如项目的构件信息、设备信息、空间布局等，管养单位通过对这些信息的查询、统计、分析，可用于项目的运营维护，从而避免了运维管理方再次搜集工程信息的额外工作。

3.4 运维阶段的BIM应用

传统的市政项目建设和施工过程中都会产生的大量信息，这些信息通常以设计图纸、竣工图、施工资料等形式交付到业主手中，再由业主根据具体的数据建立模型进行运营养护工作，因此，运营养护模型所用的数据并不完整，这一方面使得运营养护成本上升，另一方面也造成了信息资源的浪费。此外，国内路桥管理养护部门的工作手段、管理体系、技术水平相对滞后，路桥管养还处在手动检测、记录、静态储存及被动采集状态阶段，对于道路桥梁的管养工作主要是针对路面铺装状况、桥梁重要构件的应力应变等监测，从而评估道路桥梁的健康状态。

目前，BIM+GIS集成成为市政交通工程运维应用的一个重要方向。通过将区域级的GIS技术与项目级的BIM信息模型集成，并将人工巡检、电子巡检、安全管理等传统运营养护工作中获取的数据直接传输或键入到集成模型中，经更新、过滤、计算和分析等一系列自动化处理，并根据分析数据的变化而自动做出判断，实现运营养护的自动化、高效率的管理。此手段不仅能应用在路桥的运营养护，还能广泛应用在宏观城市规划、路网管理、流量预测、环境评估、市政管网管理、数字防灾等诸多领域。

3.4.1 资产管理

近年来，基于射频识别的系统已经在施工和维护阶段有了不同的应用，如设备定位、库存管理、设备监控、设施维护管理、物料管理和质量控制等。如果在资产上永久附加RFID标签，在标签内记录资产的维护信息，并将维护信息与BIM模型同步，从而建立RFID标签、BIM模型、资产之间的联系，可以实现资产的可视化管理。

3.4.2　设施设备管理

在资产管理的基础上，可将维护计划和BIM模型相关联，将问题节点3D可视化呈现，更可通过调取问题构件、设备的关联信息，如相关图纸、原构件的采购安装日志、施工和拆装工法、设备型号、备件规格等信息，从而更容易制订维修方案。

维护工作可使用基于BIM技术的运维管理平台，对养护人员的日常巡查、经常检查以及定期检查等工作进行管理(图3-11)。根据养护计划，可在运维平台设置特定的启动时间或者启动前提，实现养护计划的自动预警，可以根据实际要求精确有序地进行维修养护。在检查前，利用BIM技术的可视化特点，检查内容、模拟路线的图片或视频指示都可以在手持终端上查询，方便桥梁养护人员的巡查。检查过程中，检修人员通过手持终端，使用构件二维码、GPS定位方式采集、记录现场病害信息，并通过软件中设置类别提示减少人为的信息遗漏，提高信息采集的准确性和完备性。检查完成后，检修人员可直接对检查结果数据进行上报，由系统及时提醒主要负责人处理，再由负责人逐级处理反馈给相关同事，及时处理问题。每一个问题的记录，还能为下一次相似的问题，或者其他项目近似的问题提供参考经验，节省人力、物力，使桥梁养护工作更加高效。

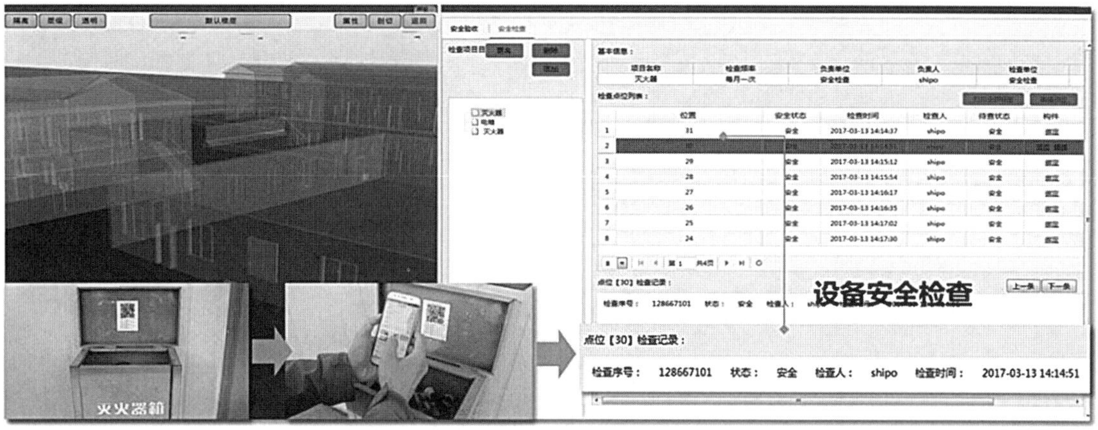

图3-11　设施安全检查

3.4.3　病害监测与评估

在病害监测与评估方面，可将健康监测平台和BIM模型相结合，通过数据接口接收各仪器的监测结果。根据各数据的监测计划，可分为实时监控分析(如桥梁的应力应变、桥梁箱室的温湿度等)和定期检测录入(如基础沉降等)，将检查出的病害情况进行保存和分析，并且拟合出部件病害发展的过程，评估病害状况，并对超过阈值的数据以表单或图形化的形式进行告警(图3-12)。

图 3-12 理论桥形状与三维激光扫描数据对比

3.4.4 应急与流量监测

在应急处理方面，可在实景地图上实时显示各管养车辆位置，平台或管理者可根据需要及时通知最佳车辆上的人员，布置任务，以最快速度进行车辆调度，从而提高应急反应速度。

在流量监测方面，可将各路桥节点的交通流量监测、监控数据与 GIS 技术结合，进行宏观集成、分析和预测，对近远期交通规划、用户出行建议、信号灯配时、绿波带设置等提供准确的数据基础，缓解城市交通拥堵等难题。

第 4 章　BIM 在市政交通工程领域的展望

4.1　BIM 技术研究热点

目前，随着 BIM 技术在市政交通工程行业的不断普及，业内已形成以下共识：BIM 技术的发展为市政交通工程行业带来的利好是革命性的，BIM 技术作为行业的未来发展方向仍有非常大的发展空间。经过近十年的努力，市政交通工程行业在正向设计、协同设计、工程算量、二维出图、虚拟建造等常规 BIM 技术应用方面积累了一定的工程应用经验，挖掘出了一些具备市政交通工程行业特点的新的应用方向，但同时也暴露出了一些 BIM 技术在市政交通工程领域的技术短板。这些新方向和短板成为了当下和今后一段时期内 BIM 技术研究的热点。

4.1.1　市政交通工程 BIM 基础数据标准的研究

目前，国内外的 BIM 标准体系基本上都局限于建筑行业，较少涵盖市政交通工程行业领域（如地理信息、工程地质、道路、桥梁、隧道、市政管线以及新兴的海绵城市等）。同时市政交通工程不同于建筑工程，具有“线路长、区域范围广、与周边环境结合紧密”等特点，因此国内外在此领域的 BIM 应用标准基本上还是空白。由于缺少相关标准的约束，造成 BIM 模型的建立仍有着极大的随意性，在设计过程中无法实现真正的信息共享。因此，市政交通工程行业现阶段急需可实施的 BIM 标准来明确各阶段、各专业的角色与信息传递内容，建立有效的 BIM 协同工作模式。

4.1.2　市政交通领域 BIM 软件的研发

目前，国内外的 BIM 软件基本上是依托于建筑行业进行开发的，在市政交通领域，无论是设计阶段、施工阶段，还是运维阶段，BIM 的专业软件还不成熟。正是由于这一原因，在市政交通领域的 BIM 应用落后于建筑行业。现在已有一些软件开发商和研发实力领先的市政交通领域的企业开始在研发市政交通专业软件，相信在不久的将来，技术领先、符合市政交通行业特点的 BIM 专业软件会给行业的技术进步带来惊喜。

4.1.3 BIM 技术对市政交通工程工业化的支撑

“工业 4.0”概念由德国联邦政府于 2011 年提出，并带来了国际上对工业化新的思考和研究。“建筑工业 4.0”作为“工业 4.0”的一部分，是在建筑行业细分下的具体应用，包含了传统建筑行业人工的操作方式向建筑自动化转变，由集中式控制向分散式增强型控制的基本模式转变。“建筑工业 4.0”的目标是建立一个高度灵活、个性化和数字化的建筑产品与服务的生产模式，可以称为是以智能制造为主导的建筑行业第四次工业革命，也是对生产方式产生技术性的革命。

在建筑业产业升级的大背景下，市政交通工程向工业化转变是必然的趋势，其中 BIM 技术是工业化过程中的核心环节。采用 BIM 技术可以比较容易地实现产品的模块化设计、构件的零件化以及构件的标准化，同时，建筑工业化的管理要求也与 BIM 技术的全生命周期管理理念相符合。

4.1.4 BIM 技术助力现有道路、桥梁改造升级

经过几十年的使用，很多道路、桥梁逐渐难以满足现有交通需求，对现有道路、桥梁的改造升级将是未来若干年中研究的热点。一方面，部分项目竣工资料的缺失使得改造升级过程较为困难；另一方面，如何将新建结构与既有结构进行有效的融合也是一大难点。采用 BIM 技术可以在一定程度上帮助解决这些问题。一方面，可以通过对现有结构进行数字化还原得到精确的数字化资料以对现有道路、桥梁进行评估；另一方面，通过将新建道路、桥梁的 BIM 模型和现有道路、桥梁的数字化模型进行虚实结合，可更有效地帮助升级改造。

4.1.5 BIM 应用向集成化方向的发展

随着 BIM 技术的发展和逐步成熟，市政交通领域的 BIM 应用逐渐向集成化方向发展，主要体现在全过程、多业务、高度协同和普及化四个方面。

BIM 技术在设计阶段的应用起步较早，近几年在施工阶段的应用也逐渐增多，BIM 技术和工程项目管理相结合正成为当前的一个发展热点。另外，在市政交通项目的运维阶段的应用也开始兴起，市政交通项目的运营周期在全生命周期的时间占比高达 90%以上，BIM 应用直接运用于项目的健康监测、保养和维修以及改扩建等，BIM 技术在提高项目的运营管理效益、使用性能、降低维护成本方面可以发挥巨大的作用。可以预期的是，BIM 技术在市政交通领域全过程的应用正成为一个发展趋势。

目前，BIM 应用大多通过一系列的单个 BIM 软件解决局部的业务应用，多业务模式下的集成应用还比较少、效率较低，主要原因是缺少高效的 BIM 集成平台以及软件

间模型共享和交换的数据标准，导致基于 BIM 技术的多业务应用很难大面积推广。未来，随着 BIM 平台的完善以及 BIM 模型标准的逐步建立，多业务集成应用会越来越广泛。

目前许多 BIM 的应用是基于单机应用，用户之间数据共享、任务协同存在瓶颈。随着 BIM 集成平台、物联网、移动应用等技术的迅速发展，依托网络化、云计算、大数据等服务端技术，开始逐步实现信息的采集、传输、分析、发布以及任务高度协同。BIM 应用的高度协同正是未来的发展方向。

随着 BIM 技术的发展以及智慧城市建设的推进，BIM 应用最初从大体量的重大项目，逐渐开始应用到中小项目，BIM 技术也逐渐普及到广大专业技术人员。另外，随着市政交通领域的 BIM 软件的逐渐成熟，BIM 应用的普及化也将成为一大趋势。

4.1.6　BIM＋GIS 技术与物联网和智慧交通的结合

BIM 技术和 GIS 技术的结合是目前 BIM 技术应用的新方向，二者相结合可以为交通设计及智慧交通提供各种应用支撑。例如，二者结合可用于前期交通规划，利用倾斜摄影与激光扫描数据构建周边真实地表模型，比传统的规划设计更加直观高效；前期勘察人员也可以通过 BIM＋GIS 系统直接查看周边建筑物属性信息及钻探点位置，减少前期投入的人力物力，可有效缩短工期，节省成本；将 BIM 模型与地表三维模型、设备模型、土地利用规划数据、交通线路等数据相结合，共同搭建虚拟三维场景，可打造准确、直观的市政交通工程虚拟环境。

在物联网诞生之前，物理的基础设施和 IT 基础设施之间是完全分离的，一端是各种实体，另一端是数据中心和网络等。在物联网时代，大部分的产品都可以实现与网络的连接，随着处理芯片和网络流量费用越来越便宜，加上带有传感器的可穿戴设备的普及，物联网正在实现跨越式的发展，这点从目前的可穿戴设备、智能汽车、智能家居设备等都能看出。

BIM＋GIS 技术的出现，加快了将物联网技术与市政交通工程的融合。BIM＋GIS 技术是物联网技术应用的基础数据模型，借助于 BIM＋GIS 模型，物联网能深入结构的每一个细节。同时，借助于感应器等芯片嵌入桥梁、隧道、公路、管线等各种市政交通实体中，使得每一个构件都拥有自己的身份，让它们在自己的岗位上发挥更大的价值。

未来最有前景的应用即为 BIM＋GIS 和智慧交通的结合，智慧交通是智慧城市远景规划中非常重要的一环（图 4-1），通过人—车—路的互联互通，智能识别，立体感知实时的环境、状态、位置等信息，对感知数据进行汇总、分析和处理，并与业务流程智能化集成，促进交通系统更加高效运行。BIM＋GIS 技术作为全开放的可视化多维数据库，是智慧交通应用的极佳基础数据平台。

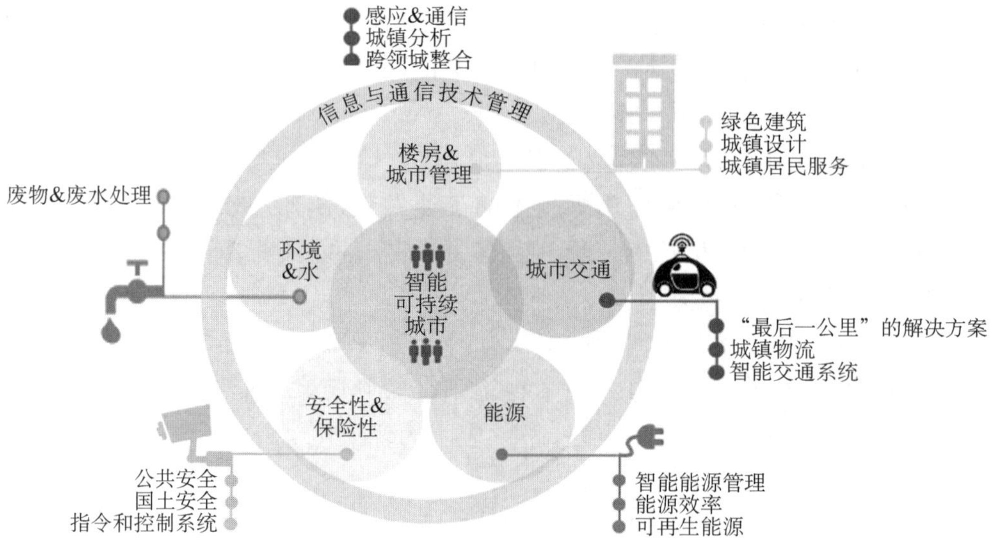

图 4-1 智慧城市总体架构

4.2 市政交通工程 BIM 基础数据标准的全面形成与执行

中国 BIM 标准体系从上而下可分为四个层级：国家 BIM 标准、行业 BIM 标准、企业 BIM 标准和项目级 BIM 标准。

2012 年住建部正式开始进行国家 BIM 标准的制定，这些标准包含有应用标准和基础数据标准。目前，正式发布的有《建筑信息模型应用统一标准》(GB/T 51212—2016)、《建筑信息模型分类和编码标准》(GB/T 51269—2017)、《建筑信息模型施工应用标准》(GB/T 51235—2017)、《建筑信息模型设计交付标准》(GB/T 51301—2018)、《建筑工程设计信息模型制图标准》(JGJ/T 448—2018)、《制造工业工程设计信息模型应用标准》(GB/T 51362—2019)，另外即将发布的还有《建筑信息模型存储标准》等，已经基本形成国家级 BIM 标准体系。但这些标准主要适用于建筑工程，无法直接用于指导市政交通工程行业领域的 BIM 研发及应用，因此急需研究制定市政交通行业的 BIM 系列标准。

目前，行业标准体系发展较为完全的为铁路行业。从 2016 年起，铁路联盟陆续发布了《铁路工程信息模型数据存储标准》《铁路工程信息模型分类和编码标准》《铁路工程实体结构分解指南》等 11 项标准，建立了较完整的 BIM 标准体系，特别是铁路 IFC 中心线标准纳入了国际 IFC 4.1 版本，使得铁路行业的 BIM 应用在国际上已经处于一定领先地位。

而市政交通行业内部 BIM 标准目前还未形成标准体系，其中数据存储标准的缺失导致数据存储格式的混乱，不同软件之间难以全信息传递模型；而信息语义标准的缺失导致不同使用者对同一类型构件编码的混乱;信息传递标准的缺失导致各使用阶段信息及模型传递受阻。虽然市政交通行业 BIM 应用可部分参考国家标准,但仍然缺少很多交通行业特有构件类型和属性类别,因此,形成行业层面的 BIM 标准体系并有效付诸执行是近期的研究方向。

上海市政总院针对市政交通行业的特点,先后编写了《中国市政设计行业 BIM 指南》等系列丛书,并在大量工程项目中开展了 BIM 应用,制定了市政交通领域的企业 BIM 标准,主编和参编完成了多部团体、协会及地方 BIM 标准。在这些工作的基础上,提出城市道路设施 BIM 标准体系,并积极开展相应标准的编制工作。

城市道路设施信息模型标准体系框架分为基础数据标准和应用标准两大部分,具体如图 4-2 所示。

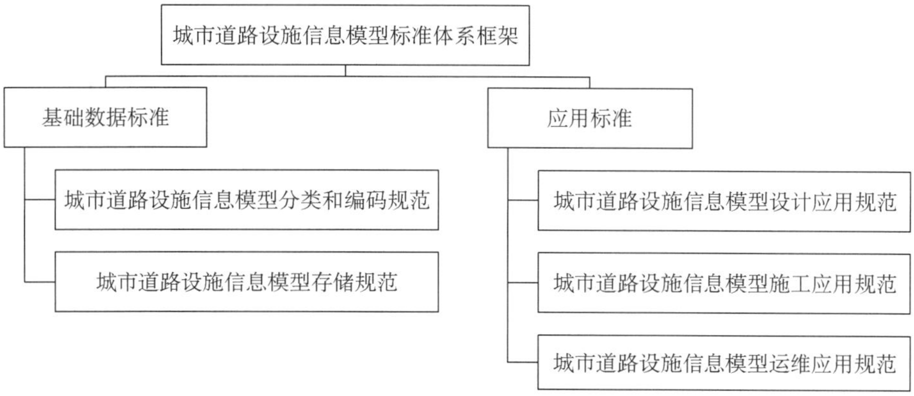

图 4-2　城市道路设施信息模型标准体系框架

基础数据标准包括《城市道路设施信息模型分类和编码规范》《城市道路设施信息模型存储规范》。这两个标准主要针对软件开发人员,目的是确保项目各参与方基于 BIM 软件和模型数据的互操作性,也是城市道路工程 BIM 体系的核心标准。

应用标准包含《城市道路设施信息模型设计应用规范》《城市道路设施信息模型施工应用规范》《城市道路设施信息模型运维应用规范》,为城市道路工程各参与方和 BIM 应用人员提供 BIM 应用的统一规范,对城市道路工程全生命周期不同阶段模型创建、使用、交付和管理提出了具体要求。基础数据标准为 BIM 软件开发人员和软件商提供软件需求和开发规范,并为应用标准的制定提供必需的技术依据。因此,在城市道路设施信息模型标准体系中,应确保模型中需要共享的数据能在工程全生命周期各个阶段、各项任务和各相关方之间交换和使用,并且共享的模型元素能在建设工程全生命周期内被唯一识别。

建立城市道路设施信息模型标准体系是一项复杂的系统工程,需要顶层规划,分步实施。从已有城市道路工程项目 BIM 应用反馈情况上看,模型分类编码和数据格式是所有 BIM 工作开展的共同基础,设计阶段又是 BIM 模型创建和 BIM 应用落地的关键阶段,因此可首先编制《城市道路设施信息模型分类和编码规范》《城市道路设施信息模型存储规范》《城市道路设施信息模型设计应用规范》，然后进行《城市道路设施信息模型施工应用规范》和《城市道路设施信息模型运维应用规范》的编制。

4.3 市政交通工程 BIM 软件的研发逐渐完善

BIM 技术在国内发展至今，在建筑设计行业的应用较为成功，但在市政交通领域的应用一直多多少少存在着水土不服的问题。究其原因，最主要的是因为在市政交通工程领域缺乏专业性强且 BIM 能力突出的市政交通 BIM 软件。

4.3.1 设计阶段

国内应用较早的市政交通类的 BIM 设计软件主要有 Autodesk 公司开发的 Autodesk Civil 3D、Autodesk InfraWorks(AIW)，Bentley 公司开发的 PowerCivil，鸿业科技公司开发的 RoadLeader(路立得)及南京狄诺尼公司开发的 EICAD 等。这些软件平台的特点各有不同，其中，Autodesk InfraWorks(AIW)较侧重于基础设施 BIM 概念设计与演示；Autodesk Civil 3D 可完成道路工程、场地、雨水/污水排放系统以及场地规划设计；PowerCivil 可以用来做场地、道路和隧道的设计；RoadLeader(路立得)是鸿业科技开发的基于 BIM 理念的三维道路设计软件，适用于城市道路、公路设计的方案设计，可快速生成三维效果图；狄诺尼集成交互式道路与立交设计系统 EICAD 汇集了近十年来公路与城市道路设计领域的理论创新成果，初步具备三维成果的可视化展示功能，主要在公路行业设计邻域应用；Hint(维地道路交通辅助设计系统)系列软件是中交一院自主开发的设计软件，基本具备三维成果的可视化展示功能，在公路行业设计领域应用很广。但这些市政交通 BIM 软件普遍存在重视三维的表达，在基于市政交通设计和表达要求的三维设计和协同设计等方面存在明显不足。

随着市政交通工程对 BIM 技术需求日益增加，各大主流软件厂商均加大了对适用于市政交通 BIM 软件的研发，同时行业内部研发实力较强的企业也投入了巨大的研发和应用人员进行了适合本行业的二次开发。

作为老牌建筑工程软件商，Autodesk 公司近年来加大了适合交通行业的软件功能扩展包的研发，同时，将旗下的几个主要软件如 Revit、Civil 3D、InfraWorks、Navisworks 等进行了进一步整合，以期从应用层面最大化挖掘 BIM 模型带来的效益。而深耕交通行业多年的 Dassault Systèmes 公司利用其 3DE 平台强大的整合能力和工业化底蕴，形成了适用于交通工程的一整套工作架构，在协同设计、深化设计、数字化交付、模型数据管理等方面都有着出色的表现。Bently 公司更是在其前期软件基础上发布了 OpenRoads、OpenBridge 和 ProStructure 等一系列专门适用于交通行业路桥设计、建模、计算分析等功能的专业软件。

在企业层面,部分实力较强的企业在基于主流软件平台基础上已经积累了一定的二次开发经验,且目前已经发布了一批适合于各企业的 BIM 软件。例如,上海市政总院的 SMEDI-RDBIM 和 SMEDI-BDBIM(本书第 3 篇将重点介绍),华东勘测设计研究院基于 Bently 二次开发的三维设计平台,涵盖地质、枢纽、工厂、配筋等,另外还有大量国内软件代理商在进行着二次开发工作。相信在不久的将来,技术领先、符合市政交通行业特点的 BIM 专业软件将会给行业的技术进步带来惊喜。

4.3.2　施工及运维阶段

国内基于 BIM 技术面向建设项目的施工管理的平台的深入应用也只有 5 年左右的时间,并且主要是面向建筑工程项目。国内使用较多的主要有广联达协筑云平台、广联达质量安全管理系统、广联达 BIM5D、品茗 BIM 云平台、毕埃慕 BDIP 平台。在市政交通及其他领域的有蓝色星球、云建信 4D-BIM 云平台、上海巨一科技 BIMRun 协同管理平台等。总的来说,这些管理平台在房屋建筑方面运用相对成熟,但对于交通类别的线路工程的适用性相对而言显得不足。

针对市政交通行业的特点,上海市政总院基于多年来在市政行业设计、施工和 BIM 应用经验和技术的积累,自主开发了 SMEDI-CBIM 平台,这是一款面向市政基础设施行业建设管理方的 BIM 管理平台产品(图 4-3)。SMEDI-CBIM 建设管理平台可满足传统建设单位、PPP 项目公司、总承包公司等各类型项目业主的建设管理需求,有效组织建设、设计、施工、监理等参建各方在平台上开展工程进度、费用、质量、安全等多方面的协同化、精细化、标准化管理。SMEDI-CBIM 建设管理平台部署 PC 端(浏览器)、移动端

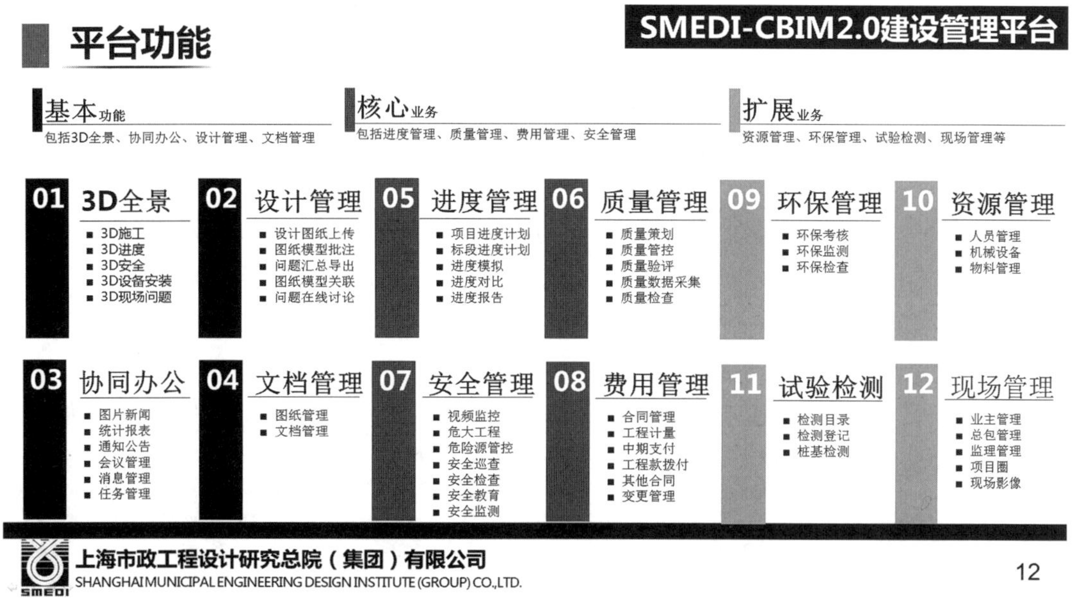

图 4-3　SMEDI-CBIM2.0 建设管理平台

(APP)两大终端,满足用户随时随地利用平台开展项目管理工作的需要。平台可实现对传感器、视频监控、检测设备等多源数据的集成,帮助参建各方及时掌握项目各类信息;施工管理信息采集可借助二维码、APP 等技术手段,简化数据采集流程,确保平台适用多种工作环境和各类使用对象,有效提高项目沟通效率和管理水平。

随着 BIM 平台研发技术的提高,期待将来会有更好的 BIM 技术的施工及运维管理平台的出现。

4.4 BIM 技术与市政交通工程工业化

采用 BIM 技术能比较容易实现模块化设计、构件的零件化和构件标准化,在市政交通工程工业化中应用有着极大的优势。另外,工业化的管理要求与 BIM 技术所强调的全生命周期管理理念也是不谋而合的。未来,BIM 技术在市政交通工程工业化的发展上可以概括为:数字化交付、数字化加工、数字化管理。其中,数字化交付为基于标准化设计交付 BIM 模型,数字化加工为基于交付的 BIM 模型通过数据转化进行工厂化加工及装配,数字化管理为将 BIM 的信息化与工业化管理相结合的过程。

4.4.1 基于 BIM 技术的构件设计标准化

这是市政交通工程工业化的基本前提,要求设计标准化与多样化相结合,构件设计在标准化的基础上做到通用化。

而影响 BIM 标准化设计的最大制约因素在于,虽然从技术上证明是可行的,但不同于汽车工程、航天工程甚至房建工程,市政交通工程的独特性非常大,即使是同一家设计院,不同时期做的项目,细节上也会差别较大,这就出现了建设工程的独特性与设计标准化之间的矛盾,这个矛盾也是导致在市政交通领域标准化推进程度较为缓慢的原因之一。

然而,虽然不同的市政交通工程差异性很大,但不同项目的细节构造必然是相似的,尤其是在同一地区的类似项目中这种相似性更加明显。而且经过多年的发展,同类型的结构基本趋于标准化,并且很多地方已经出版了地方性的标准图集,是标准化得天独厚的条件。

因此,将设计的标准化与 BIM 构件的标准化有机结合,以现有标准化图集为先导,并结合 BIM 技术进行改良,与工厂加工结合,在未来可有效提高设计的标准化水平。

4.4.2 基于 BIM 技术的工厂化生产

在深化设计后,BIM 模型本身即含有构件加工的必要信息,如钢筋加工的实际尺寸、混凝土模板的尺寸等。在工厂化生产方式中，将 BIM 信息通过合适的方式与加工设备联系，如自动生成构件下料单、模具规格参数等生产表单，或加工设备直接读取 BIM 模型，便可实现自动化生产，这种 CAM 数字化建造的方式可大大提高生产效率和生产质量。

此外，在加工生产过程中利用激光扫描等三维还原技术，将得到的点云数据模型化后进行预拼装，并与 BIM 模型对比分析，检查拼接误差，可以达到快速拼装的效果，有效控制关键构件的制造精度。

4.4.3　基于 BIM 技术的工业化管理

运用信息化手段，从设计、制作到施工现场安装，全过程实行科学化组织管理，这是工业化的重要保证，其中最重要的则是复杂的施工现场的工业化管理。

在实际施工前，利用 BIM 技术可以将工程现场在计算机中进行虚拟展现，并模拟和分析，如果发现问题，可以方便解决，减少返工，并可以对不同的施工方案进行比选；还可以通过 4D 虚拟建造的方式，将预制构件的空间信息与时间信息整合，可以直观、精确地反映预制构件装配的过程。

另外，通过对预制 BIM 构件进行唯一的编码，将编码和信息接入施工监控平台，可实现 BIM 与施工监控平台的无缝对接。

4.5　BIM 技术助力现有道路桥梁改造升级

对有一定使用年限的既有道路桥梁结构，竣工资料普遍缺乏，可结合 BIM 技术对其进行数字化还原。一般可通过如下方式进行：现有场地模型和大范围结构模型利用倾斜摄影技术采集，新、老结合段结构可采用点云扫描和根据现有的竣工资料还原的方式结合完成。

倾斜摄影是国际测绘领域近年来发展起来的一项新技术，它通过在同一飞行平台上搭载多台传感器，同时从垂直、侧视和前后视等不同角度采集影像，获取高精度影像数据，通过对影像数据进行自动化处理和人工干预得到的高精度三维模型，称为“倾斜摄影模型”。与传统测量方式相比，倾斜摄影更加高效、直观和全面(图 4-4)。倾斜摄影的精度一般可以达到厘米级。

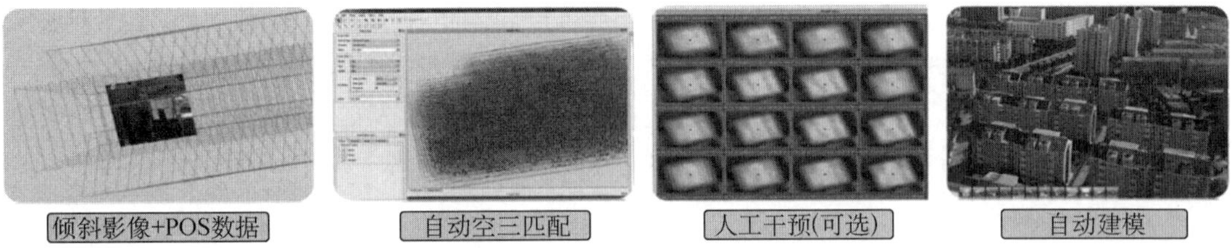

图 4-4　倾斜摄影建模过程

对于新建结构与既有结构的连接，需要采用更加精细化的还原，一般可根据竣工资料进行人工建模还原。实际上，考虑到施工误差、结构在使用过程中的沉降和变形等不可预见的因素导致实际结构与竣工资料的不一致，还宜结合激光点云扫描等高精度测量手段对人工建模进行干预和修正。通过新建结构和既有结构的虚实结合，可提供给设计人员及决策者以直观的认识。

随着现有道路桥梁使用年限的增加，未来若干年内针对既有道路桥梁的改造升级必定会迎来一波高峰，利用 BIM 技术辅助升级改造，并有效建立全国范围内的现有道路桥梁的三维数字化数据库有着更加深远的意义。

4.6 BIM 技术向集成化方向发展

随着 BIM 技术的发展和逐步成熟，市政交通领域的 BIM 应用逐渐向集成化方向发展，主要体现在全过程、多业务、高度协同和普及化四个方面。

4.6.1 BIM 技术向全过程拓展

BIM 技术在设计阶段的应用起步较早，近几年在施工阶段和运维阶段的应用也逐渐增多，BIM 技术和工程项目施工管理和运维管理相结合正成为当前的一个发展热点。

近年来，在大型工程中建立智慧工地管理平台已成为趋势，通过同一个平台整合“人、机、料、法、环”五大因素，在同一个平台中集成 BIM 模型应用、物联网管理系统、可视化远程监测系统、环境检测系统和 VR 体验系统等。项目管理人员只需要通过一个平台的不同模块就可以查看到施工现场的物料情况、人员和设备投入情况，现场进度与 BIM 模型施工模拟对比情况，现场采集的扬尘噪声数据等，所有采集到的数据可在同一个界面反映，便于管理人员实时掌握现场情况，做到决策有依据。

在占据全生命周期 90%以上时间的运维阶段，BIM 技术的应用能带来巨大的长期价值。中国基础设施的平均寿命只有 40～50 年，而国外发达国家则远远超过中国，中国基础设施的短命现象很大程度上是因为在运维阶段管理不到位造成的。根据国外咨询机构的相关研究表明，设施运行费用的 70%左右与生命周期管理有关，其中运维人员约有 60%的时间在查询各种信息，而超过 20%的时间浪费在对过时信息的处理上。通过建设 BIM 智慧运维管理平台，大幅度提高了运维信息化的水平，实现空间、资产、维保等各类信息的关联，实现信息化查阅，管理效能得到极大提升，同时可以与数字城市和电子政务相对接；通过智慧运维管理平台，接入相关监测数据和报警系统，实现对应急情况的高效处理。

4.6.2 BIM 模型向多业务应用拓展

在 BIM 技术刚刚起步时，各软件厂商针对不同的应用需求，开发或收购了不同了软件，通过一系列的单个 BIM 软件解决局部的业务应用，如 Autodesk 平台中 Revit 和 Civil 3D 主要进行建模应用、Navisworks 进行施工模拟、InfraWorks 进行效果展示等。但由于各个软件之间在开发之初就未统一开发标准，同时缺乏统一的模型数据传递标准，使得在应用过程中需要不断单向传递模型数据，直接导致数据在业务流前后模型无法协同，也极易导致模型无法无损传递。同时，大部分软件厂商提供的基本都是以建模和展示为主的功能模块，没有考虑在项目整个建设过程中所涉及的有限元计算、数字化施工交付、运维管理等真正能带来生产力的功能，导致基于 BIM 技术的多业务应用很难大面积推广。

未来，随着 BIM 平台的完善以及 BIM 模型标准的逐步建立，多业务集成应用会越来越广泛。以近年来逐渐发展成熟的达索系统 3DE 为例，其将数据管理 ENOVIA、三维协同设计 CATIA、有限元分析 SIMULIA、生产制造施工安装 DELMIA 等集成到同一个平台，采用统一数据源进行应用，打通了不同业务应用之间的壁垒(图 4-5)。

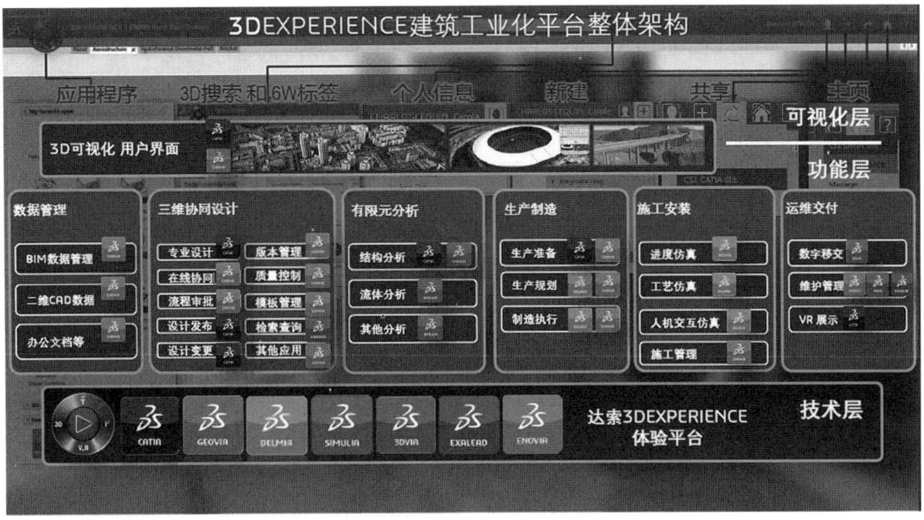

图 4-5　3DE 平台整体构架

4.6.3　BIM 应用过程向高度协同方向发展

随着国家“一带一路”倡议的深入发展和全国各地优秀企业的崛起，越来越多项目需要全国化甚至全球化的多方参与。BIM 应用过程对协同化作业提出了越来越高的需求。随着 BIM 集成平台、物联网、移动应用等技术的迅速发展，依托网络化、云计算、大数据等服务端技术，开始逐步实现信息的采集、传输、分析、发布以及任务高度协同。

未来的协同作业，将不再是单纯意义上的设计交流、模型交流，它将与 BIM 融合在一起，成为 BIM 应用本身的一部分。尤其是对于复杂的市政交通类项目，所涉及的专业细分程度和各方数量将越来越多，采用协同作业的模式，才能带来综合效率的提升。

4.6.4 BIM 应用向中小型项目普及

在 BIM 应用初期，其所带来的价值还并不凸显，且基本只有大型项目才能够搭建成本较为昂贵的 BIM 设计和施工平台，导致 BIM 应用停留在部分标杆项目上。随着 BIM 技术的成熟和智慧城市建设的推进，大部分项目的 BIM 模型最终将会被纳入智慧城市的大数据信息化系统中。例如，在 2018 年进行的“智慧临港”项目中，通过 GIS 卫星底图与 BIM 模型大数据系统进行信息化整合。城市基础建设部门花费了大量资源进行现有建筑和市政交通设施的数字化工作，意图将整个城市信息数据进行整合；未来在各类大中小型项目均应用 BIM 技术后，带来的价值将是长远的和无法计量的。

4.7 BIM＋GIS 技术与智慧交通及智慧城市的融合

GIS 和 BIM 的结合，可以把地理空间元素引入 BIM 中，以具体环境为背景，更好地规划和设计市政交通工程。

从规模上看，GIS 信息以城市、地区和国家等大尺度规模运行，而 BIM 数据则针对具体的项目和构件，如一个路口、一个桥墩等，通过与 GIS 系统相结合，可以把具体构件放置于更大型、更智能的周边环境中，将项目与其所在位置的基础设施如道路、桥梁、水电等进行配套连接。

BIM 技术需要三维 GIS 数据，在前期设计过程中，将 BIM 模型放置于 GIS 系统中的实际位置，可帮助在规划阶段借助 GIS 系统进行环境影响评估和空间分析等；另外，GIS 也需要 BIM，对于三维 GIS，BIM 是 GIS 的重要数据来源，能够让 GIS 从宏观走向微观，实现精细化管理(图 4-6)。

图 4-6 GIS＋BIM 技术

BIM＋GIS 技术与智慧交通具有以下几个吻合点。

(1) 全面感知：智慧交通系统在搭建过程中需要利用各类感知设备和智能化系统，

以便智能识别、立体感知城市交通的环境、状态和位置等信息，需要全方位、动态的了解变化特征，对感知数据进行汇总、分析和处理。BIM 作为全开放的可视化多维数据库，是智慧交通应用的极佳基础数据平台。

（2）智能融合的应用：对城市交通海量数据的集成、分析和计算，是智慧交通系统的大脑，大数据是提出正确决策支持的基础。BIM 基于海量数据的可视化、开放共享性，以及与云计算的无缝对接，可保证数据随时、随地、随需、随意的决策和应用。

（3）信息的共享互联：智慧交通建设的基础是网络互联互通、信息共享，主旨在于建立人与车、车与路、车与车之间的全面互联、互通和互动。BIM 开放的数据结构结合 IT 技术，可以提供多维度的数据基础，提供自适应系统的信息获取，为智能服务提供有力的数据支撑。

（4）可持续的拓展应用：BIM 技术作为可以不断进行多维数据拓展的载体，可以为智慧交通系统拓展提供基础。

BIM＋GIS 技术提供了智慧城市的基础设施模型和地理空间模型这两块最基础的内容。以车辆自动驾驶技术为例，通过智慧城市发布的信息，结合 BIM 与 GIS，识别出风险较高的区域（如因施工造成的车道封闭或改线），实现车辆的精确驾驶与导航，同时通过车载传感器不断搜集实时信息（如需要维修的路段），反馈给智慧城市系统，使得交通维修部门的工作及时而有效。2018 年 6 月，我国正式发布国家标准《智慧城市顶层设计指南》（GB/T 36333—2018），加上之前已发布的《新型智慧城市评价指标》（GB/T 33356—2016）、《智慧城市技术参考模型》（GB/T 34678—2017）、《智慧城市评价模型及基础评价指标体系　第 1 部分：总体框架及分享评价指标制定的要求》（GB/T 34680.1—2017），共 4 部国家层面对智慧城市指导的标准规范。作为智慧城市模型建立的基础，将建筑信息模型 BIM、地理空间模型 GIS 和城市业务模型进行的结合，也将是未来 BIM 技术发展的一大热点（图 4-7）。

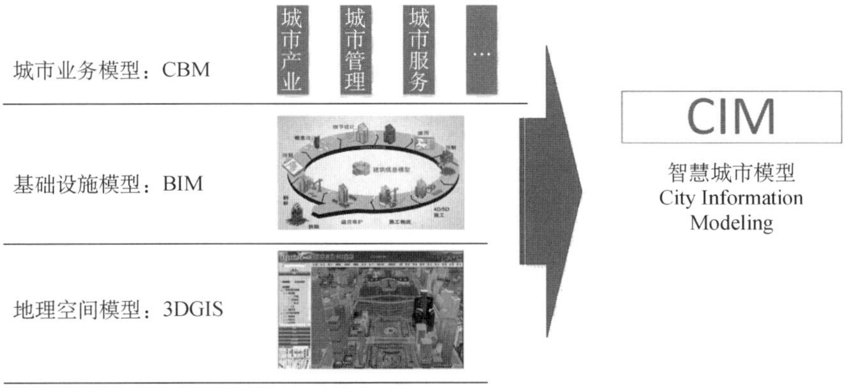

图 4-7　智慧城市的组成

第 2 篇 DIERPIAN ▶

3D EXPERIENCE 平台的 BIM 技术

第 5 章　3D EXPERIENCE 平台

5.1　平 台 介 绍

5.1.1　平台概况

3D EXPERIENCE 即 3D 体验平台(简称为 3DE 平台),是达索公司使用云端技术、基于浏览器开发的三维设计与管理平台(图 5-1)。此外,3DE 平台还基于建筑工程行业特点提供了一系列解决方案。3DE 平台的主要特征如下。

(1) 完全基于云的系统架构:3DE 平台既提供企业云也提供公有云服务,用户可根据企业需求进行灵活快速的部署。面向中国市场,达索系统目前提供的主要是 3DE 的企业云版本,即将数据库部署在企业自身的服务器上。

(2) 众多行业解决方案:3DE 平台基于一系列的三维设计、分析、仿真和商业智能软件工具为各行业提供专业解决方案,并服务于企业的业务流程,其中提供的服务既包括工程设计、分析、建造,也包括项目管理、商业运营以及供应链管理。

(3) 统一用户界面:3DE 平台为所有软件产品设计了简单一致、易于使用的用户界面。

此外,3DE 平台为不同角色的使用者提供了协同工作环境,解决了以往企业不同平台间相互协作的问题。

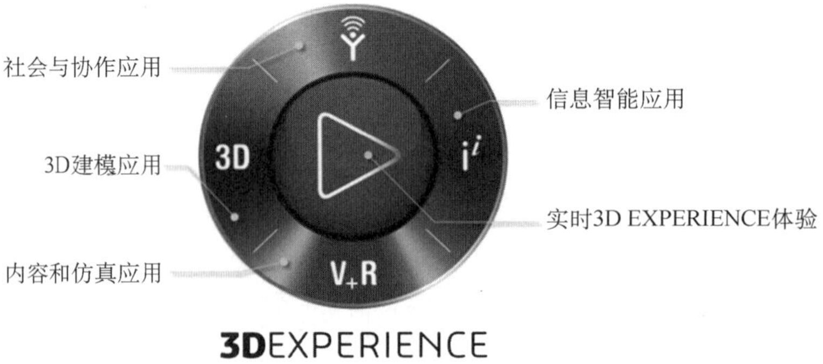

图 5-1　3DE 平台图标

5.1.2　平台架构

在 3DE 平台上，达索实现了前台和后台的双重整合：后台的所有数据存储在同一套数据库内，不同人员、不同软件模块都共享同一数据，不再需要进行数据交换或者格式转换；前台的各应用模块都基于同一个 3D 图形引擎，使用统一的操作方式和图形展现方式，不需要在不同的图形平台之间切换（图 5-2）。

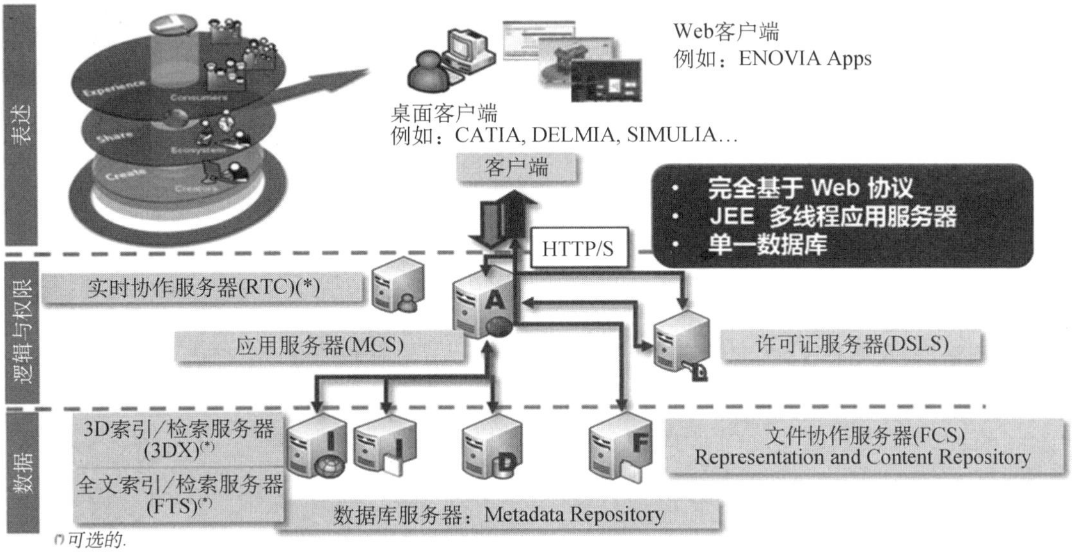

图 5-2　3DE 平台架构

从平台框架看，3DE 平台分为企业数据中心和客户端两部分。在企业中部署系统时，须首先安装服务器作为企业数据中心，然后为每个使用者安装客户端。通常而言，每个使用者都需要先安装平台基础模块，再根据各自的需求安装相应的行业应用模块。平台基础模块和行业应用模块内容如下。

(1) 平台基础模块：为用户提供统一的用户界面和数据管理机制。同时，支持所有的数据保存在同一个数据库中，并提供基础数据管理工具，以及人员权限、版本管理等一系列协作机制。

(2) 行业应用模块：为用户提供数百种丰富多样的应用工具。用户可根据具体的业务需求，选择不同的模块进行组合配置。

大致而言，达索的行业应用模块可分为以下四个大类（图 5-3）。

① 协同管理类：以 ENOVIA 品牌为主，是项目管理和协同工具。

② 设计建模类：以 CATIA 品牌为主，是参数化 3D 建模设计工具。

③ 施工仿真类：以 DELMIA 品牌为主，是施工仿真和优化工具。

④ 计算分析类：以 SIMULIA 品牌为主，是通用有限元计算工具。

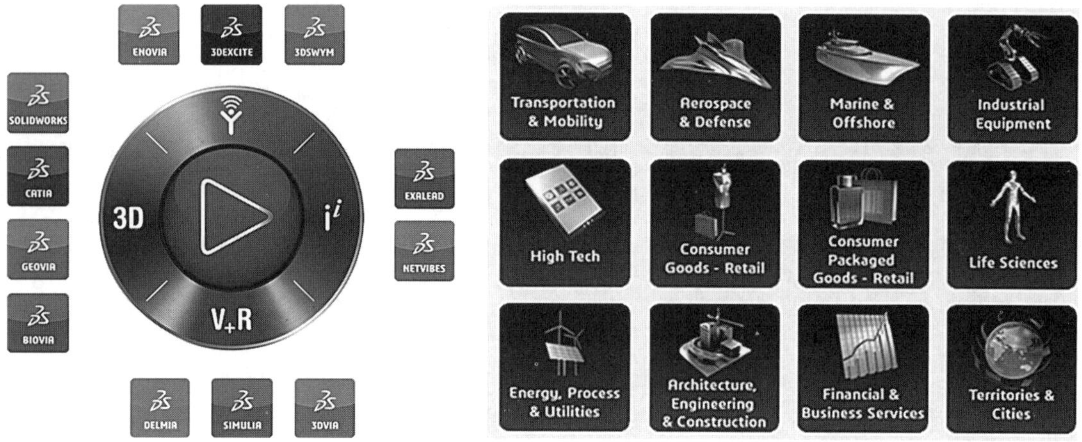

图 5-3　3DE 行业应用模块

5.1.3　平台角色与应用

1. 角色(Role)

角色是具有相同行为或工作内容的一类用户的统称。角色的不同代表着用户具有不同的权限范围,以及可以使用不同的应用。当选中了角色后,对应的应用就会展示在“我的应用”栏中(图 5-4)。

2. 应用(Application)

应用是角色下各相关命令的集合,比如工程图应用、3D 标注应用等。应用与角色不是唯一对应的关系,如工程图应用就可以出现在建筑师与机械工程师两个角色中。

3DE 平台通过罗盘布置不同角色的人员使用的应用,通过分类布置的方式便于不同的人员查找自己常用的应用。

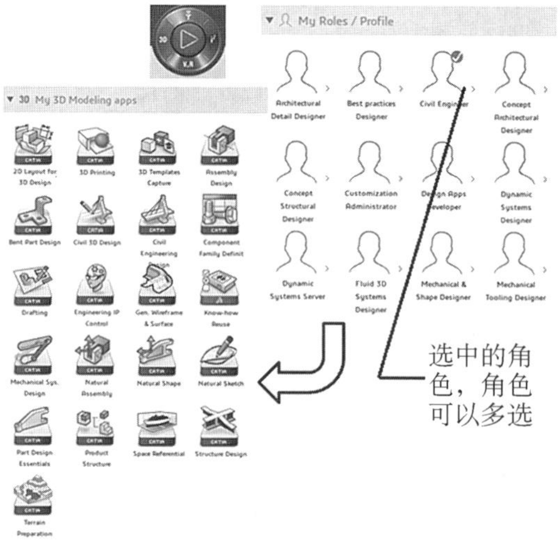

图 5-4　3DE 平台角色与应用

5.1.4　平台数据

3DE 平台上所有的数据都存储在协同空间中,协同空间是组成安全环境定义的重要组成部分。协同空间和组织一起可以定义出复杂的组织架构和权限。用户被加入协同空间中的同时,就已经获得了读取的权限。当用户在协同空间中创建数据,用户自动获得数据在协同空间中的对应权限,随着数据成熟度不断变化,数据的权限也不断变化。协同空间按照保密等级分为四种:私有的、受保护的、公共的和标准的。

此外，3DE 平台数据的成熟度有五种状态（图 5-5），分别如下。

（1）私有状态（PRIVATE）：由用户创建并拥有。

（2）工作中状态（IN_WORK）：IN_WORK 数据完全可以被修改、被删除。

（3）冻结状态（FROZEN）：FROZEN 数据可以部分修改。

（4）发布状态（RELEASED）：RELEASED 数据不能被修改，除了 Owner 可以受限地进行局部属性更新。同时 RELEASED 数据不能被删除。

（5）废弃状态（OBSOLETE）：OBSOLETE 数据不能被修改、不能被删除。

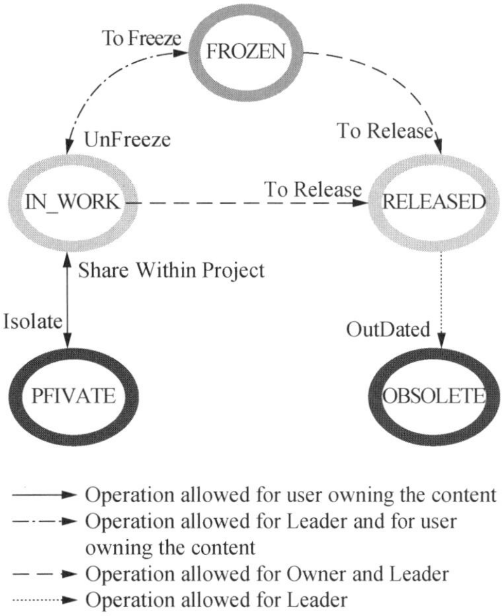

图 5-5　3DE 平台数据状态转换

5.2　CATIA 基础

5.2.1　CATIA 界面介绍

CATIA 主界面如图 5-6 所示，界面内包含如下元素。

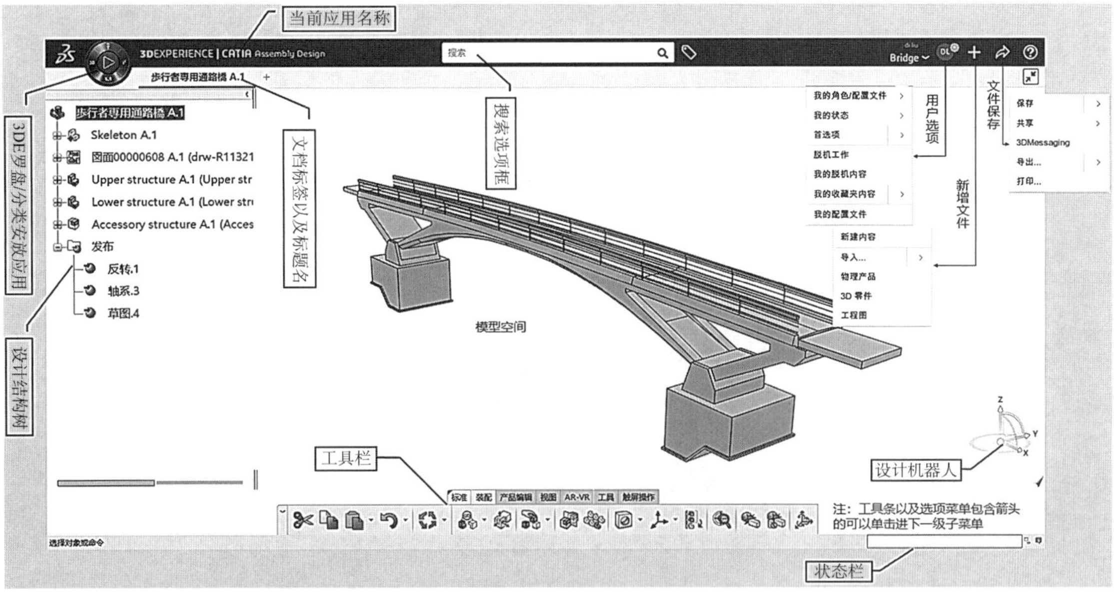

图 5-6　CATIA 主界面

(1) 3DE 罗盘:3DE 平台通过罗盘布置不同角色的人员使用的应用,并以分类的方式布置,方便用户使用。

(2) 设计结构树:表达模型上特征/技术对象的组织方式/状态等。

(3) 文档标签:代表当前打开的文档。

(4) 工具栏:当前应用提供的命令的集合地。

(5) 状态栏:设计过程中使用命令时显示提示信息。

(6) 设计机器人:在某些特殊的应用中,通过拖拽机器人到 3D 模型上可以配合其他命令来完成特定的操作。

5.2.2 CATIA 文档搜索

3DE 平台提供搜索功能来查找并打开文件资料(图 5-7)。

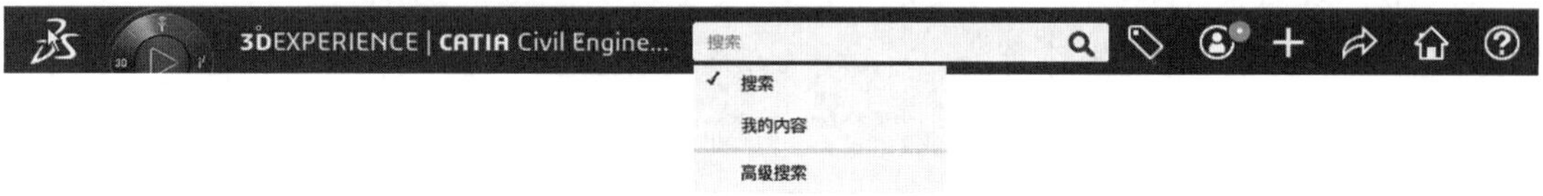

图 5-7 主界面顶部区域

搜索窗口可以定义以下多种搜索类型:

➢ 快速搜索支持关键字和标题搜索,支持全文搜索。

➢ 搜索“我的内容”可以查询当前用户创建的内容。

➢ 高级搜索可设置更多限制条件,根据数据属性进行查询(图 5-8)。

此外,6W 搜索可以在搜索结果里使用多重过滤减少搜索结果,单击 6W 下的标签以设置过滤条件(图 5-8)。

图 5-8 高级搜索与 6W 搜索

5.2.3　CATIA 文档浏览与设计模式

CATIA 的设计文档可以用浏览模式或设计模式展示，用于满足对不同搜索结果的查看需要。

(1) 浏览模式：该模式下 CATIA 只显示轻量化的 3D 模型，详细的设计过程将不会被展现在结构树上。该模式通过搜索窗口右键点击装配对象选择“浏览”进入(图 5-9)。

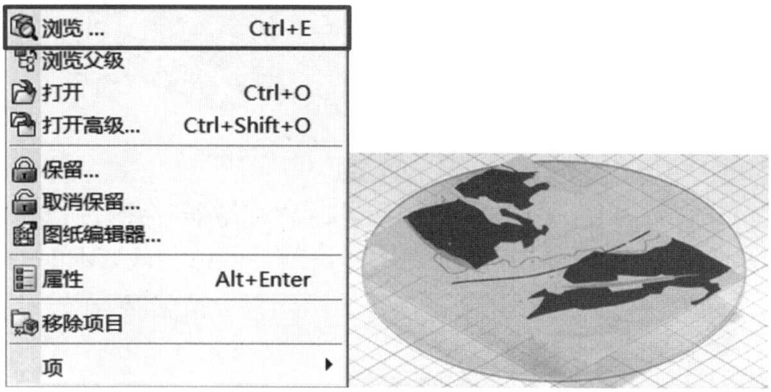

图 5-9　浏览模式

(2) 设计模式：该模式下 CATIA 显示完整 3D 模型，详细的设计过程将被展现在结构树上。该模式通过搜索窗口右键点击对象选择“打开”进入(图 5-10)。零件模型只有设计模式。

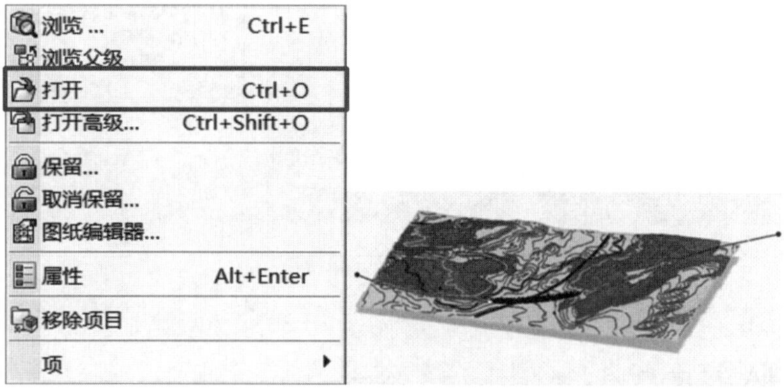

图 5-10　设计模式

(3) 浏览模式：该模式下，结构树可以起到辅助选择的作用。在浏览模式的结构树上右键选择不同的对象，可以在弹出上下文菜单中选择“保留”或者“移除”。在后续的打开窗口中移除的元素就不会被打开(图 5-11)。

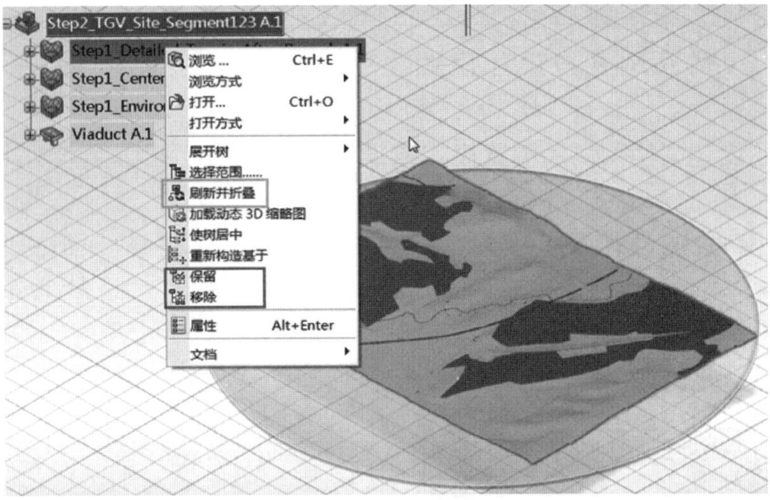

图 5-11　浏览模型右键显示窗口

在浏览模式下，进入 Product Finder 应用，选择“过滤器”命令进行模型的过滤。例如，在过滤器窗口定义体积过滤，并在绘图空间绘制过滤体积块，用以过滤块中选中的对象(图 5-12)。没有被过滤到的对象在打开的时候将会被忽略，而被过滤掉的对象也可在右键菜单中被取消。

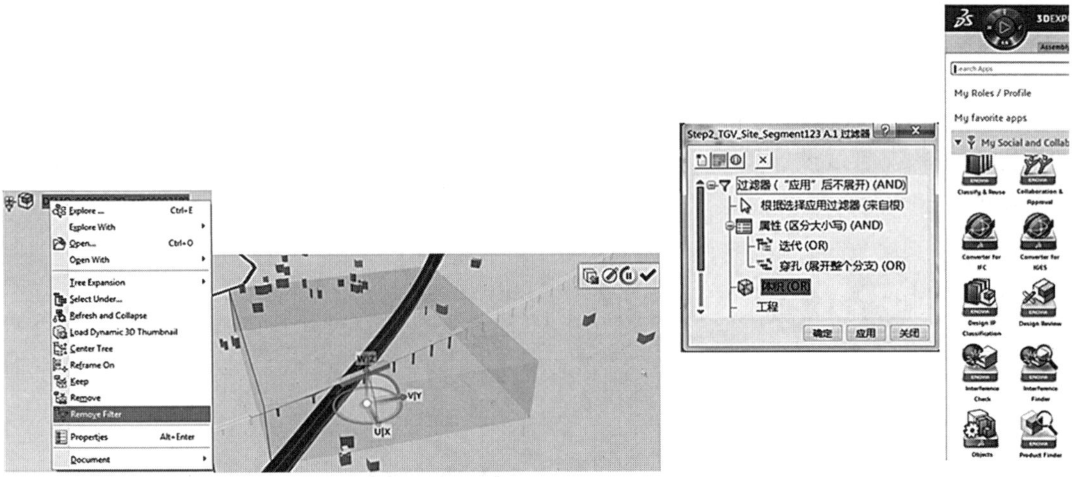

图 5-12　体积过滤与取消

5.2.4　CATIA 新建内容

新建内容功能位于主界面右上角，选中后可选择“新建内容”，并设置“在创建时设置所有类型的属性”选项，以允许在新建窗口设置文件名称和设计范围等(图 5-13)。新建 VPM 文档时，须从本地导入 doc、ppt、pdf 及图片等。

所建文件的标题前缀可在首选项里进行设置(图 5-14)。

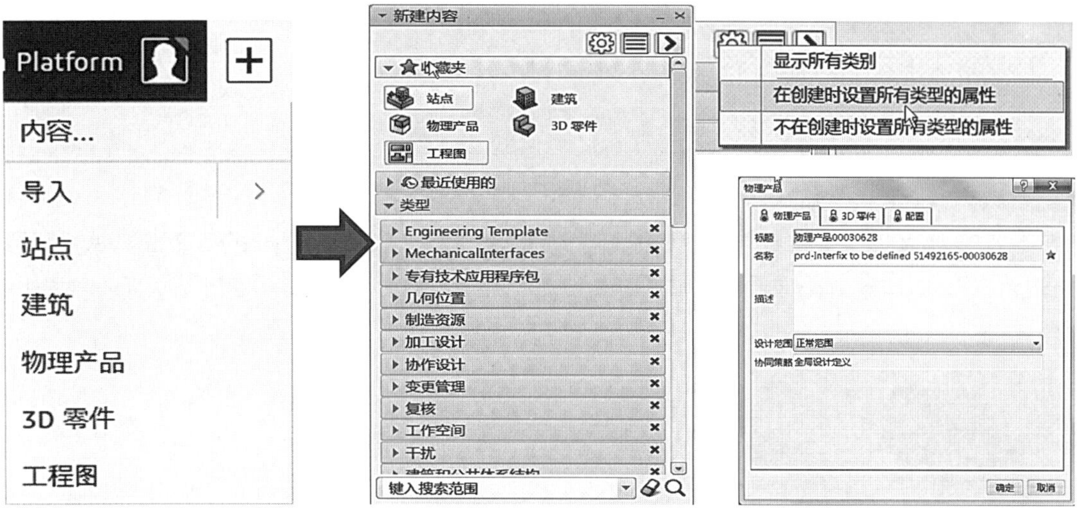

图 5-13　新建文件流程

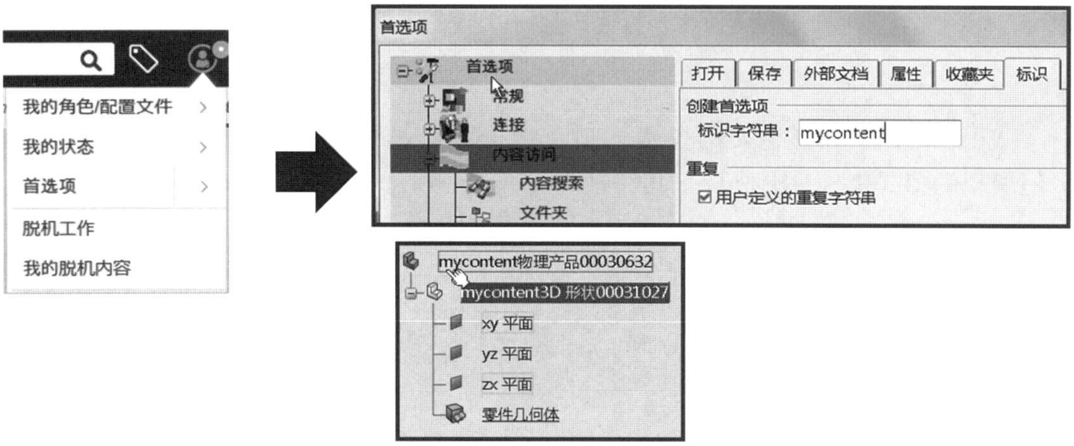

图 5-14　设置文件前缀

5.2.5　CATIA 基础操作

CATIA 中鼠标操作最为常用(图 5-15)，其常用方法如下。

(1) 左键点击：用于选择对象。

(2) 中键点击：用于将鼠标指针处的对象放到视图窗口的中心。

(3) 右键单击：用于显示对象的上下文菜单。

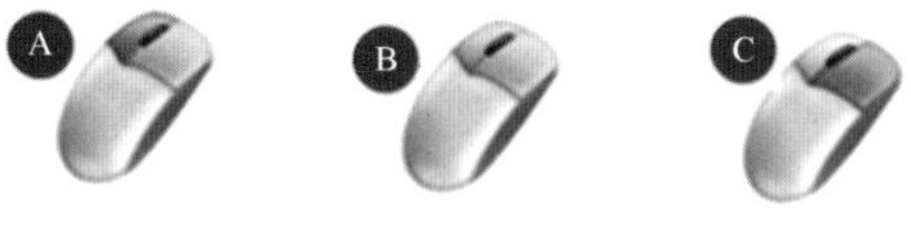

图 5-15　鼠标操作示意

（4）同时按住中键和右键：用于使当前窗口绕窗口中心旋转。

（5）按住中键同时点击右键：此时拖动鼠标用于缩放当前窗口。

（6）Ctrl＋鼠标左键点击：用于复选多个对象。

（7）在绘图空间空白处，点击鼠标右键，在菜单上下文选“显示应用”选项，并在鼠标指针图标出现“多选”选项。

（8）鼠标点选三维模型某元素后，立刻按键盘“/”键，视图中出现预选列表以及窗口，用户可以用鼠标选择列表里面的元素。同时，用户可在首选项里进行与预选择相关的设置（图 5-16）。

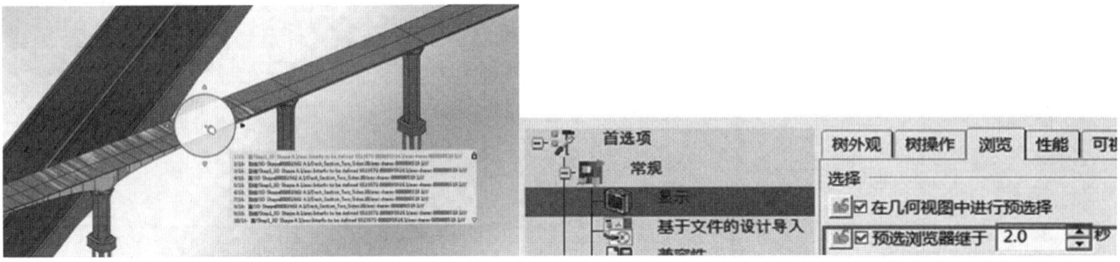

图 5-16　鼠标预选及设置示意

CATIA 中结构树是重要的操作入口。结构树在不同的应用中展现的内容稍有不同，但展现的形式类似（图 5-17），其特性如下。

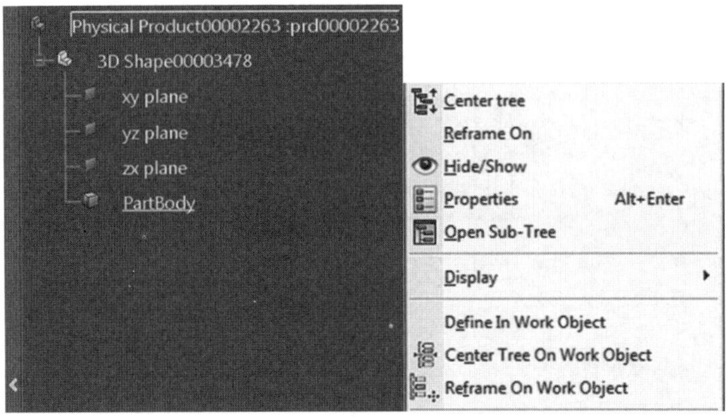

图 5-17　物理产品结构树与鼠标右键单击示意

（1）结构树的构成。结构树由根节点与子节点组成，其中节点可以嵌套更多的子节点，各节点可以是不同类型的对象。

（2）节点包含激活与非激活两种状态。双击节点元素用于激活该节点，节点显示转为蓝底白字，此时，CATIA 的应用转为支持该类型节点的应用。

（3）结构树可隐藏。通过键盘 F3 键或者左侧小箭头可以隐藏结构树。

（4）可用于定位对象。在结构树上右键单击元素，选中上下文菜单中的“Reframe On”选项，可将该元素在绘图工作区中置于中间位置并放大到合适的比例。

CAITA 的工具图标栏中图标右边有小三角符号的，代表该图标有折叠功能可供选择，按下三角符号会有功能相近的图标命令弹出(图 5-18)。

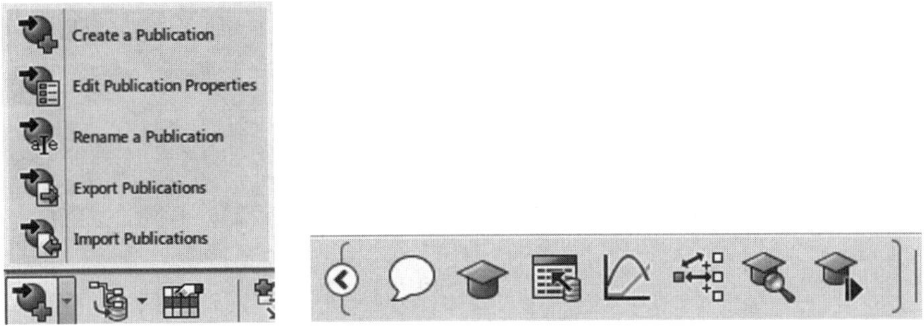

图 5-18　展开与折叠功能

工具图标栏中有箭头圆圈，表示有一些不常用的命令被隐藏了，点击即可展开。如果希望将这些命令移到外面，可以右键单击图标，在上下文菜单中选择定制，即可进入工具条编辑模式。拖动图标到外面，然后在上下文菜单中退出工具条编辑模式。

5.2.6　CATIA 常用选项设置

CATIA 为用户提供了众多设置选项，较常用的内容为帮助、显示精度、单位、属性显示、可自定义相关内容进行设置。具体如下。

(1) 帮助路径设置：可在首选项的帮助页中设置 3ds.com 联机帮助文档和本地路径帮助文档(图 5-19)。

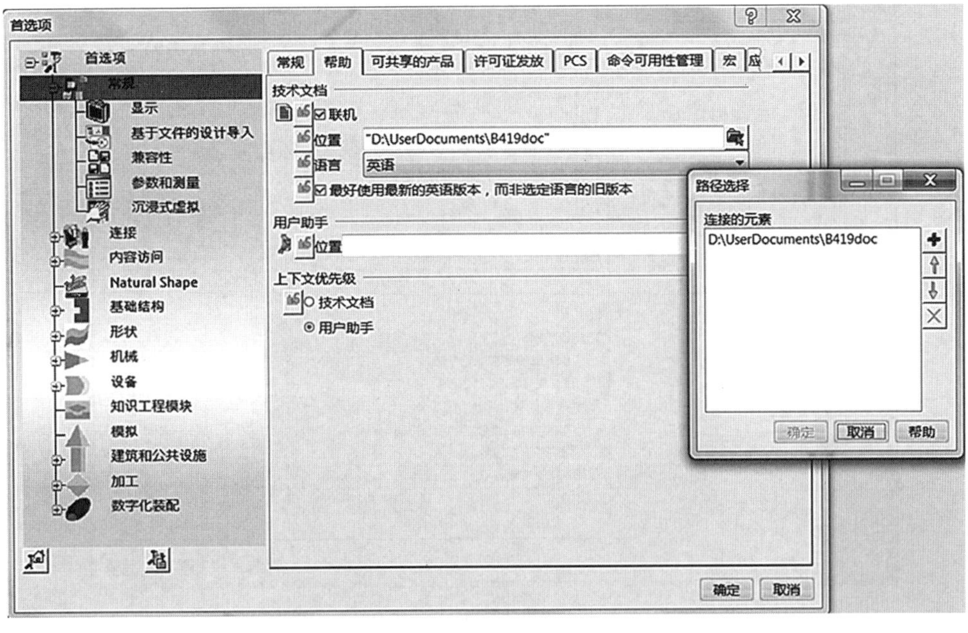

图 5-19　设置帮助文档

(2) 显示精度设置:可在首选项的性能页中设置模型精度。数值越小,精度越高,消耗计算机资源越多,大尺寸的模型建议选择比例调整精度(图 5-20)。

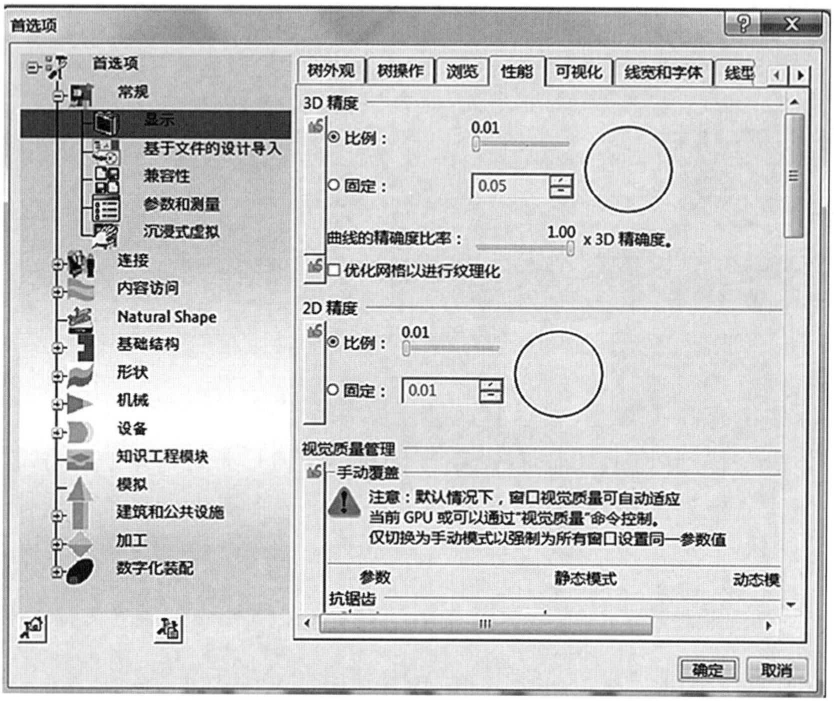

图 5-20 设置显示精度

(3) 设计单位设置:可在首选项的单位页中设置当前设计环境的单位和精度(图 5-21)。

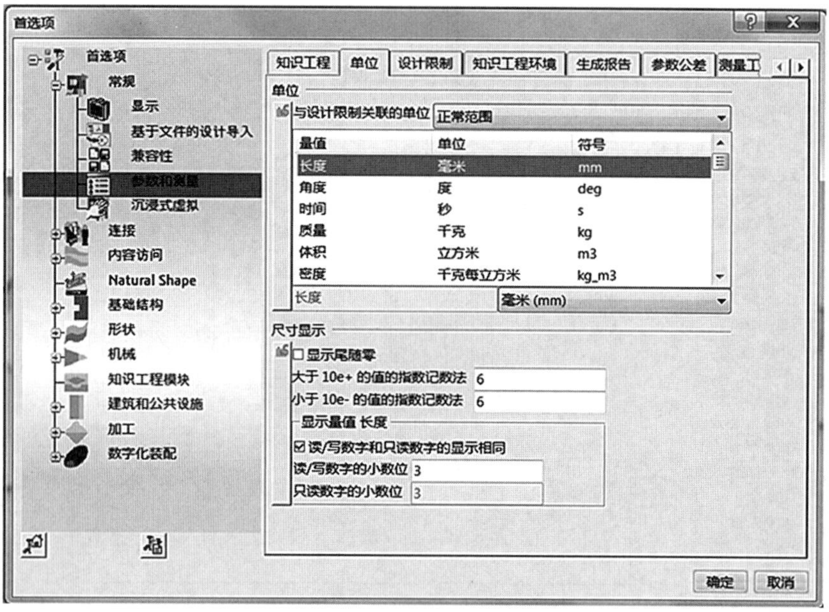

图 5-21 设置单位

(4) 结构树显示属性设置:可在首选项的属性页中设置结构树各节点的显示属性(图 5-22)。

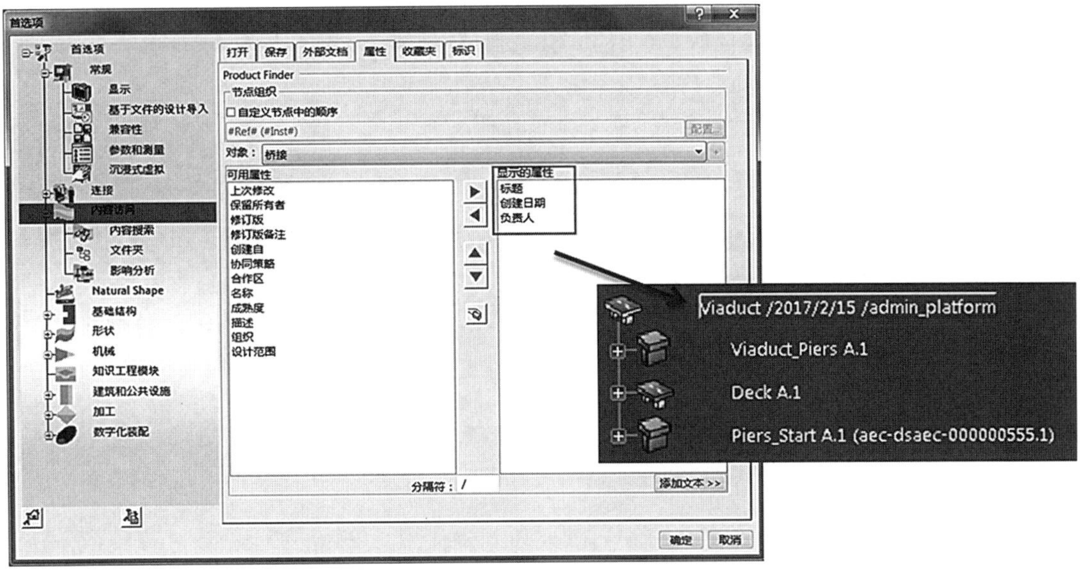

图 5-22　设置新建文件属性

(5) CATIA 提供了众多自定义功能,用于添加常用 APP、定义工具套、定义界面语言等(图 5-23)。

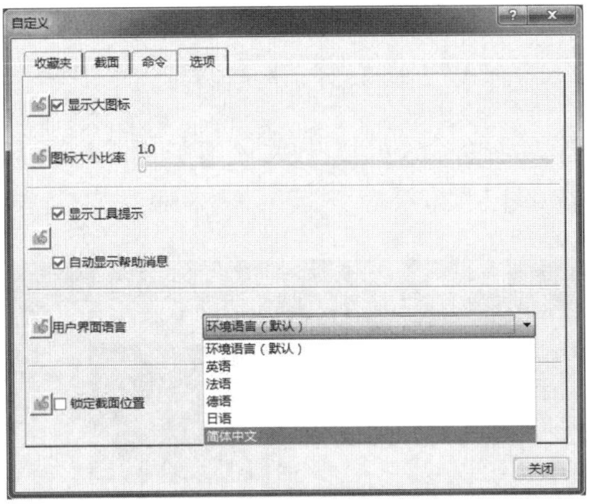

图 5-23　界面语言设置

5.2.7　CATIA 文档保存与删除

CATIA 提供了以下多种文件保存方法(图 5-24)。

(1) 快捷键 Ctrl+S 保存当前窗口。

（2）通过选项保存：通过保存选项保存当前窗口文件。

（3）全部保存：通过保存选项保存所有窗口文件。

（4）本地保存：将数据缓存到本地。

通过选项保存和全部保存时，可借助 BI 基础看板查看保存状态。

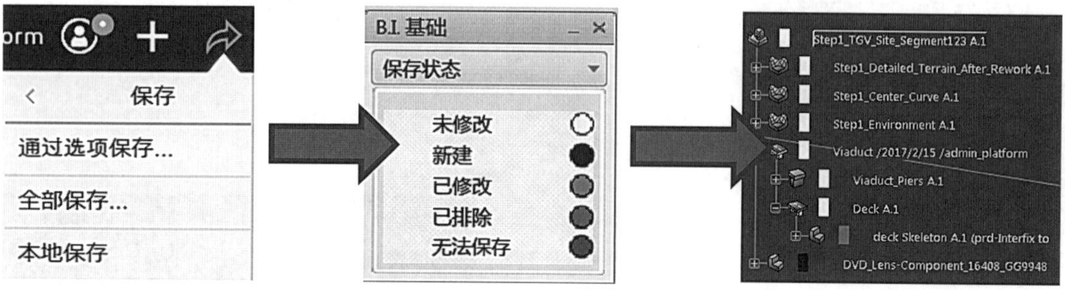

图 5-24　保存文件

当设计还没有完成但不希望创建一个迭代时，可以选择本地保存，此时将不会在服务器上形成新的迭代（图 5-25）。

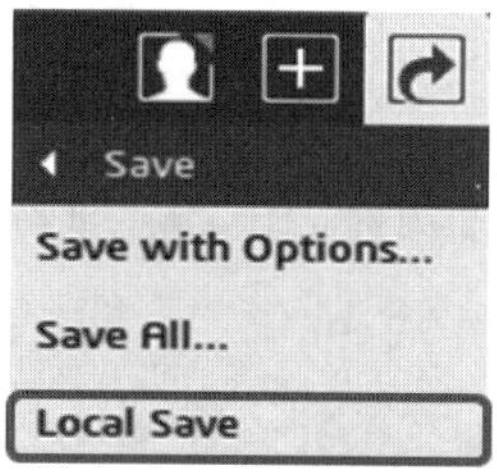

图 5-25　本地保存

当保存时提示没有连接服务器，可以先关闭客户端，并退出前选择本地保存，以便下次开启时恢复设计内容（图 5-26）。

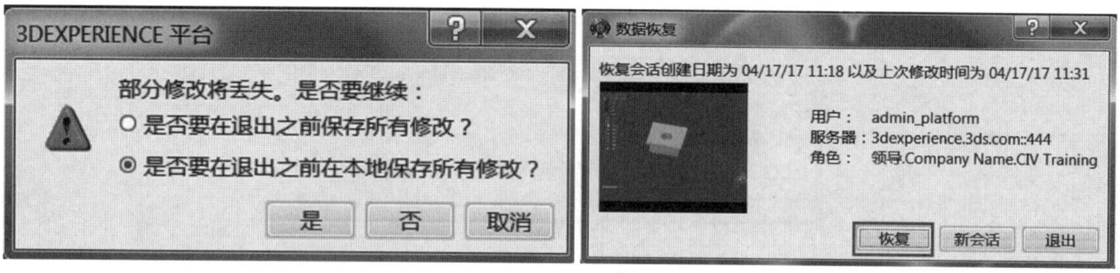

图 5-26　数据恢复

在 CATIA 文档里，从数据库中彻底删除文件的过程比较复杂，需要在搜索结果列表中选中对象，切换到北象限 Collaborative Lifecycle 的生命周期工具条，使用删除命令（图 5-27）。此外，彻底删除数据需要保证被删除的数据与其他数据之间没有链接关系，被删除数据没有在其他地方被实例化或被引用，否则无法删除。

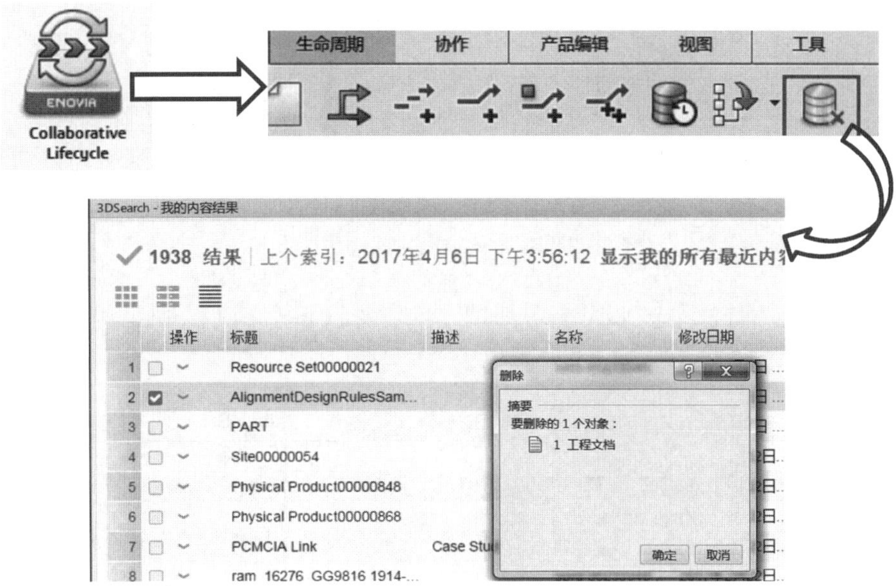

图 5-27　删除文件流程

5.2.8　CATIA 数据导入导出

3DE 平台提供数据的导入导出功能，其中 3DXML 格式较为常用，它具有以下两种导出格式(图 5-28)。

(1) 带创作的 3DXML：导出的文件含可编辑的 3D 数据，内容包含产品结构、展示和可修改的零件特征等。

(2) 用于复核的 3DXML：导出的文件含不可编辑的 3D 数据，内容包含产品结构、3D 几何和图形属性等。导出的数据可用于展示和复核。

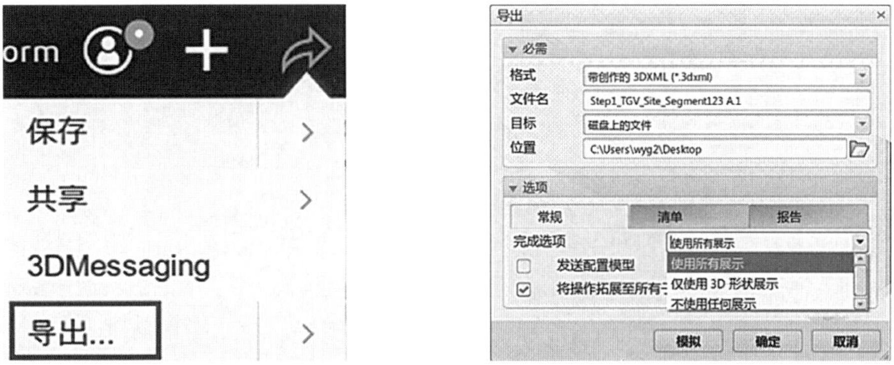

图 5-28　选择文件导出

导出的 3DXML 格式文件可内嵌到 Microsoft Power Point、Word 以及 HTML (图 5-29)。

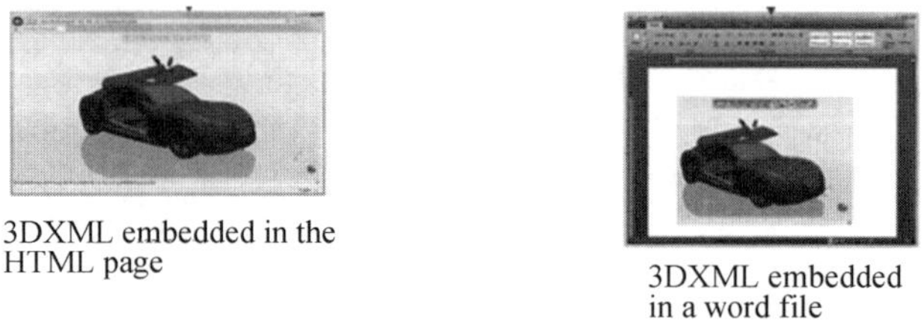

图 5-29　导出文件应用

此外，在 3DE 平台中还可以导入其他 CAD 文件，以 STEP 和 IGES 最为常用(图 5-30)。

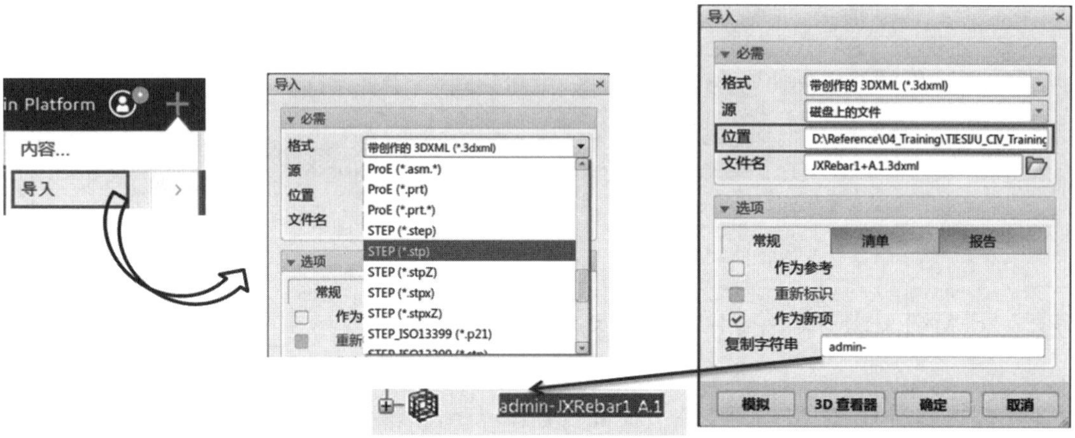

图 5-30　数据导入

5.2.9　CATIA 文件版本管理

CATIA 文件及版本相关概念如图 5-31 所示，各文件图标含义如表 5-1 所列。

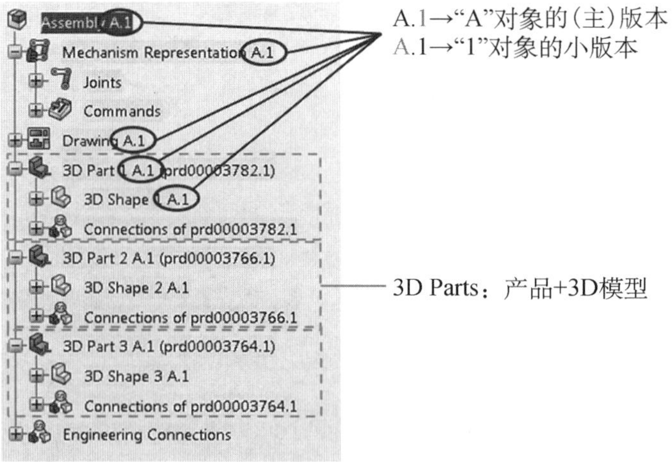

图 5-31　CATIA 文件版本示意

表 5-1　关于文件图标示意

新迭代		ENOVIA Collaborative Lifecycle
主版本		ENOVIA Collaborative Lifecycle/Save with options
小版本		ENOVIA Collaborative Lifecycle/Save with options
新建自		Save with options
复制		ENOVIA Collaborative Lifecycle
评估版		ENOVIA Collaborative Lifecycle
高级复制		ENOVIA Collaborative Lifecycle
New Revision Using Content		ENOVIA Collaborative Lifecycle
成熟度		ENOVIA Collaborative Lifecycle/Save with options

文件的创建新版本操作需在装配体结构内进行(图 5-32)。

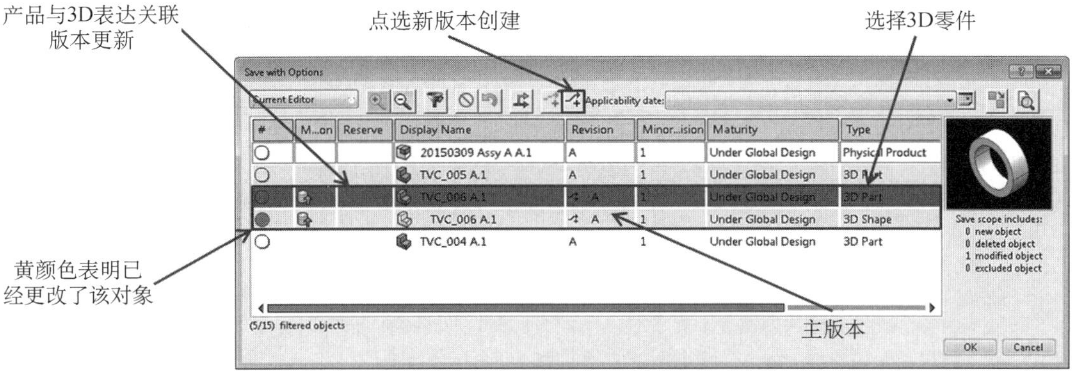

图 5-32　保存窗口图标解析

更改部件版本则需先提升部件成熟度再通过更改部件小版本功能完成(图 5-33)。

任何部件都可以另存或复制为新部件,新部件与当前部件没有历史连接关系(图 5-34)。

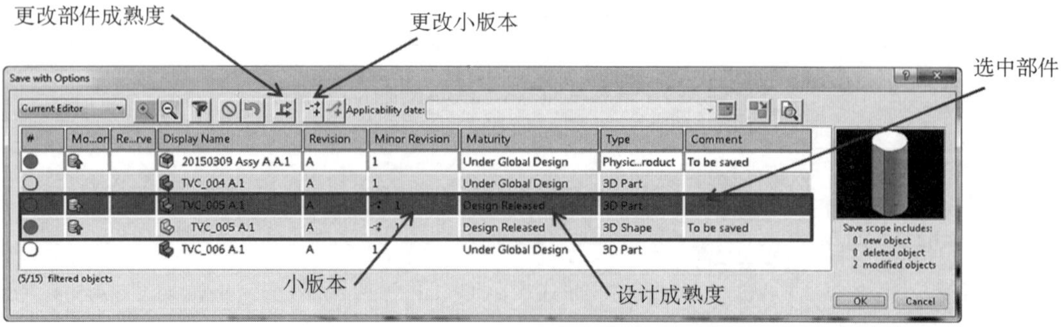

图 5-33 更改部件版本

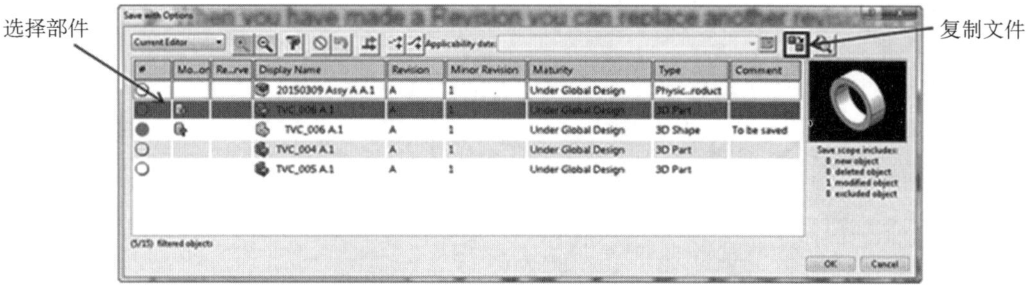

图 5-34 复制文件方式 1

复制操作还可以通过切换到北象限 Collaborative Lifecycle 的生命周期工具条并使用复制命令完成，过程中可选择复制整个结构(图 5-35)。

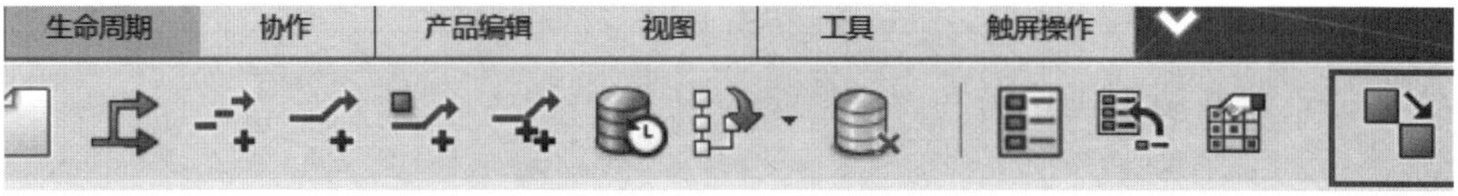

图 5-35 复制文件方式 2

第 6 章　CATIA 基础功能

6.1　草 图 绘 制

草图是 CATIA 软件中创建实体几何的基础，其本质是二维的平面线条。通过专门的草图绘制命令，设计师可创建基于定位平面的二维几何元素即草图，然后基于草图通过建模功能（如实体拉伸、旋转、扫掠等）生成三维实体模型。

草图设计三要素（草图的定位平面、草图的定位原点、草图的方向）可以在几何空间中唯一确定一张草图。三要素中，草图的定位平面在任何情况下都是必需的，而在大部分情况下，并不需要指定草图在平面上的方位。因此，草图的定位原点及草图的方向并不一定需要定义，即默认使用平面本身的零点和 *XY* 轴作为草图的定位参数。

6.1.1　草图几何创建

草图几何是在指定的平面内创建二维平面几何元素，可通过直线、圆弧、矩形等工具组合使用，创建平面的几何图形。草图内几何元素可分为构造元素和参考元素（图 6-1）。其中，构造元素是退出草图编辑后能够看到的元素，在草图编辑环境中显示为实线，并作为后续的特征建模的基础；参考元素是退出草图编辑后看不到的元素，在草图编辑环境中显示为虚线（在参考元素中有一种比较特别的元素——轴线，显示为点划线），不参与后续的建模，但可为构造元素提供辅助约束。构造元素与参考元素通过命令可以互相转换。

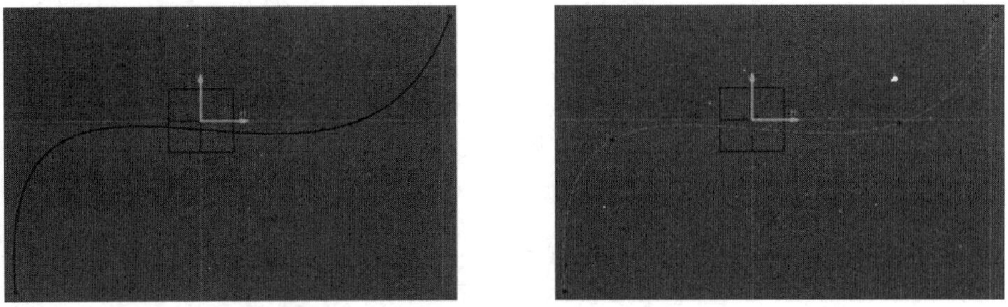

图 6-1　草图几何元素

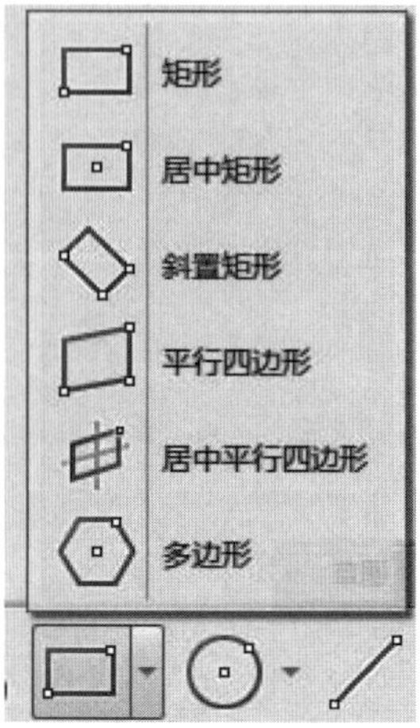

图 6-2　矩形绘制工具

常用的草图几何元素创建命令如下。

(1) 轮廓:该命令用于创建一条由多条直线或圆弧首尾相接构成的多段曲线。绘制轮廓时,可以直接在直线与圆弧之间自由转换。

(2) 矩形(命令组):该命令组用于创建矩形、平行四边形、多边形等二维几何形状,组内包含矩形、居中矩形、斜置矩形、平行四边形、居中平行四边形、多边形等创建命令(图 6-2)。

➢ 一般矩形:通过矩形的对角点确定矩形的大小和位置。

➢ 居中矩形:通过矩形的中心点和任意一个角点确定矩形的大小和位置。例如,垫石的创建。

➢ 斜置矩形:通过矩形的三个角点确定矩形的大小和位置。

➢ 平行四边形:通过三个角点确定平行四边形的大小、形状和位置。

➢ 居中平行四边形:通过依次选择两条直线,然后捕抓任意一点创建居中平行四边形。

➢ 多边形:通过多边形的中心点和多边形顶点确定大小,然后输入边数确定多边形。

(3) 圆弧(命令组):该命令组用于创建圆、圆弧、椭圆等二维几何形状,组内包含圆形、三点圆、使用坐标创建圆、三切线圆、三点弧、起始点受限三点弧、圆弧、椭圆等创建命令(图 6-3)。

➢ 圆形:通过圆心和圆上的点确定圆的大小。

➢ 三点圆:通过捕捉圆上的三点确定圆的大小。

➢ 使用坐标创建圆:通过平面的坐标值和半径确定圆的大小。

➢ 三切线圆:通过三条直线/圆弧创建相切圆。

➢ 三点弧:通过三点创建圆弧。

➢ 起始受限的三点弧:通过起点、终点和弧上的点确定圆弧。

➢ 圆弧:通过圆心和起点、终点确定圆弧。

➢ 椭圆:通过椭圆中心点和长半轴、短半轴上的点确定椭圆。

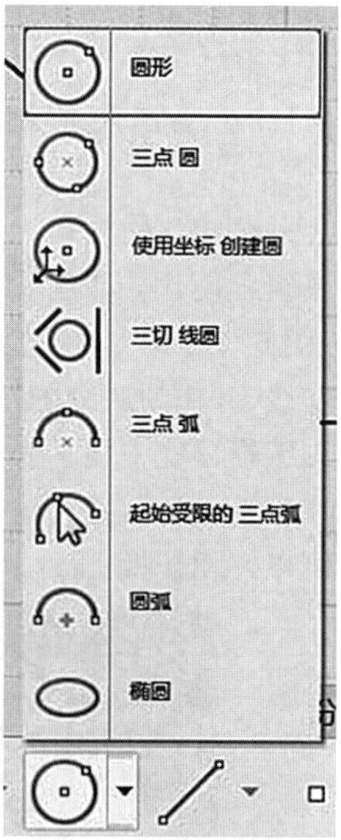

图 6-3　圆弧绘制工具

(4) 直线(命令组):该命令组包含直线、切线、法线、平分线、参考轴等二维几何形状,组内包含直线、无线长线、双切线、角平分线、曲线的法面、轴等创建命令(图 6-4)。

➢ 直线:通过确定起点和终点创建直线。

➢ 无限长线:通过一点创建无限长水平线或无限长垂直线,或者通过两点创建无限长倾斜线。

➢ 双切线：通过两个圆弧创建切线。

➢ 角平分线：通过两条直线，创建出角平分线（须注意的是，创建的角平分线是无限长的线）。

➢ 曲线的法线：创建垂直于曲线的直线。

➢ 轴：轴的创建与直线的创建类似，具体操作请参考直线创建。

（5）点（命令组）：该命令组用于创建坐标点、中点、交点、投影点等二维几何形状，组内包含点、使用坐标创建点、等距点、相交点、投影点、对齐点等创建命令（图 6-5）。

➢ 点：在绘图平面中，任意单击鼠标左键即可创建一个点。

➢ 使用坐标创建点：在绘图平面中，通过输入坐标值创建点。

➢ 等距点：在一个图形上创建多个等距点。

➢ 相交点：为两个相交的元素创建交点。

➢ 投影点：将点投影到元素上。

➢ 对齐点：对齐一组点，可以是沿着某一方向对齐、水平对齐或竖直对齐。

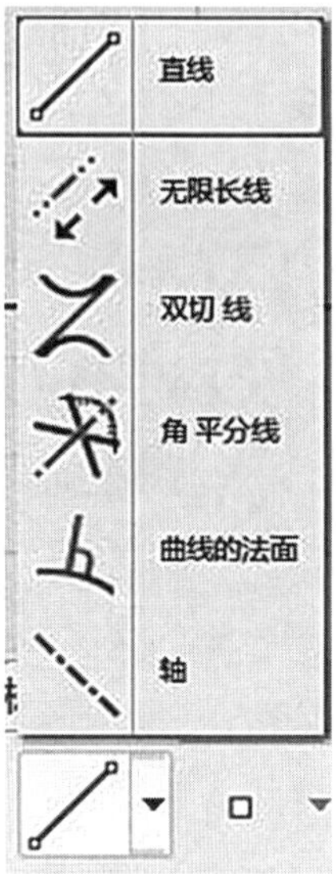

图 6-4　直线绘制工具

（6）曲线（命令组）：该命令组用于创建样条线、连接线、抛物线、双曲线、二次曲线等二维几何形状，组内包含样条线、连接、通过焦点创建抛物线、通过焦点创建双曲线、二次曲线等创建命令（图 6-6）。

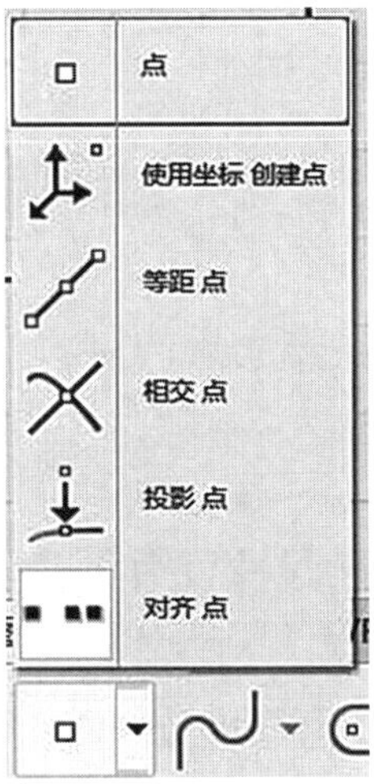

图 6-5　点绘制工具

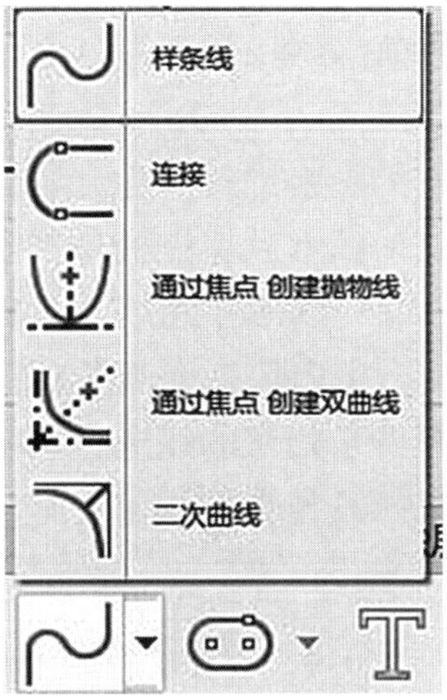

图 6-6　曲线绘制工具

➢ 样条线：样条线是通过指定点的位置来创建的曲线。

➢ 连接：连接曲线就是连接已经断开的曲线。连接方式包括弧连接和样条连接两种，其中样条连接包括点连续、相切连续、曲率连续三种。

➢ 通过焦点创建抛物线：通过捕捉抛物线焦点、顶点、起点、终点确定抛物线大小。

➢ 通过焦点创建双曲线：通过捕捉焦点、中心点、顶点、起点、终点确定双曲线大小。

➢ 二次曲线：通过捕捉起点、终点、起点切线、终点切线、线上点等条件确定二次曲线大小。

(7) 孔(命令组)：该命令组用于创建延长孔、钥匙孔等二维几何形状，组内包含延长孔、圆柱形延长孔、钥匙孔轮廓等创建命令(图 6-7)。

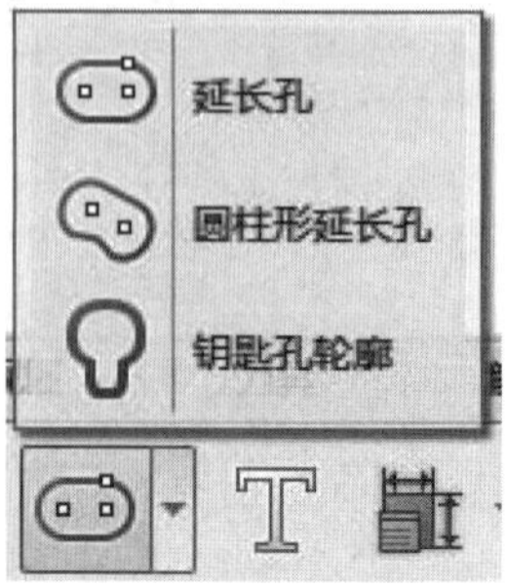

图 6-7 孔绘制工具

➢ 延长孔：通过捕捉中心距离的起点、终点和延长孔上的点确定延长孔的大小。

➢ 圆柱形延长孔：通过圆弧中心点、圆弧起点、圆弧终点和延长孔上的一点确定圆柱形延长孔的大小。

➢ 钥匙孔轮廓：通过大圆中心点、小圆中心点、小圆半径、大圆半径确定钥匙孔轮廓大小。

(8) 文本：该命令用于英文、汉字、符号的轮廓线。当退出草图后，该轮廓线可直接用于拉伸或开槽。

6.1.2 草图几何修饰

使用以上草图几何工具绘制草图后，可能需要对草图进行修饰，包括线段之间的打断、修剪及倒角等。

(1) 修剪(命令组)：该命令组用于对创建好的几何元素进行修剪，组内包含快速修剪、修剪、断开等命令(图 6-8)。

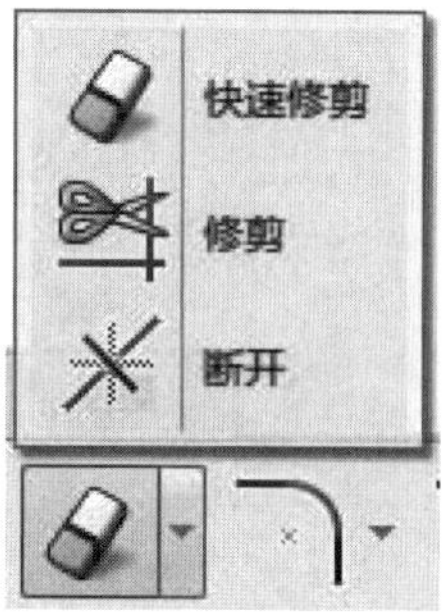

图 6-8 草图修剪工具

➢ 快速修剪：删除点、线的功能，相当于橡皮擦。

➢ 修剪：对相交的图素进行修剪和延伸。

➢ 断开：使相交的图素从交点的位置断开。

(2) 倒角(命令组)：该命令用于对创建好的几何元素之间进行倒圆角或倒直角操作，组内包括倒圆角和倒斜角命令。

➢ 倒圆角：选择两条相交的线进行圆弧过渡。

➢ 倒斜角：选择两条相交的线进行斜角过渡，斜角尺寸可为角度及长度所控制。

(3) 变换(命令组)：该命令组用于对二维图形的位置进行复制和移动等操作，组内包含镜像、对称、平移、旋转、缩放、偏移等命令(图 6-9)。

➢ 镜像：以选定轴线为对称轴镜像图形，并保留原有图形。

➢ 对称：以选定轴线为对称轴镜像图形，不保留原有图形。

➢ 平移：把图形点到点的移动。

➢ 旋转：把图形绕着某一个点旋转。

➢ 缩放：把图形等比例放大/缩小数倍。

➢ 偏移：将图形轮廓偏移一定距离，其中偏移方式有无拓展、相切拓展和点拓展。其中：

● 无拓展仅对选中对象进行偏移(图 6-10)。

图 6-9　草图位移工具

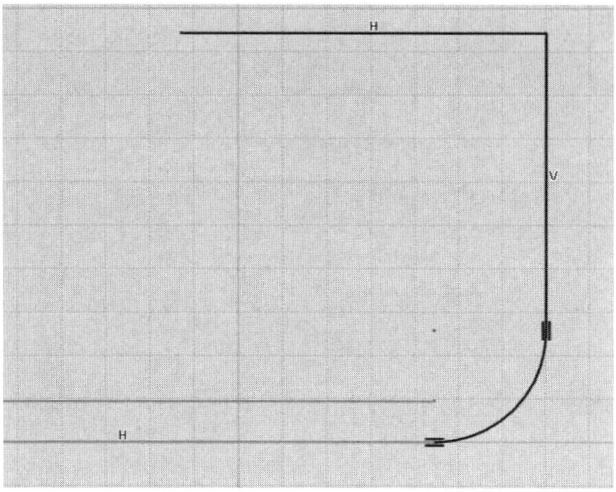

图 6-10　无拓展偏移

● 相切拓展可对与选中对象相切的所有对象进行偏移(图 6-11)。

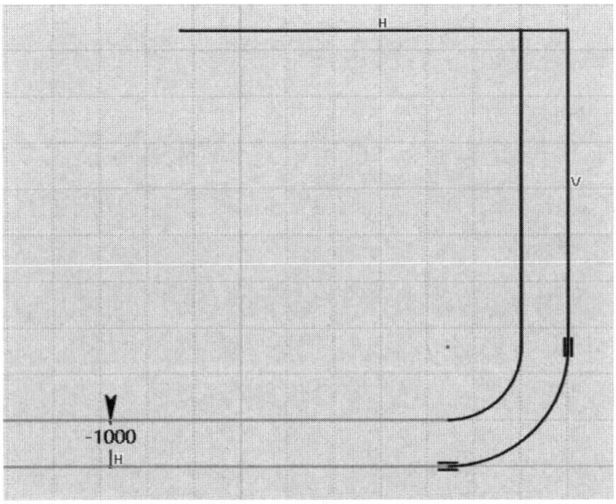

图 6-11　相切拓展偏移

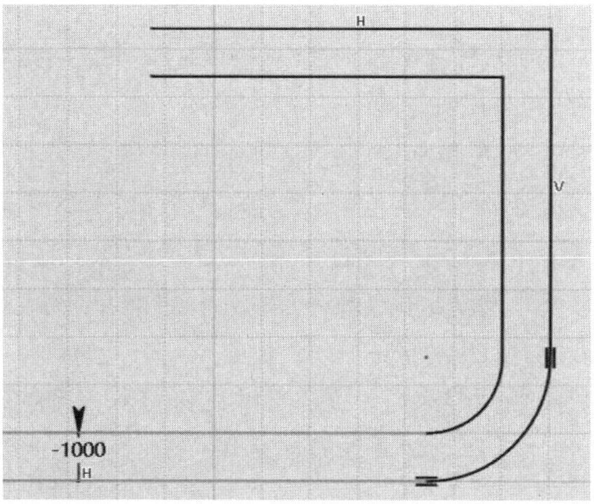

图 6-12　点拓展偏移

● 点拓展为将选中对象相连的所有图形进行偏移(图 6-12)。

(4) 投影(命令组):该命令用于将三维元素在该草图内进行投影、相交、偏移等操作,其结果可作为设计参考或作为几何元素直接使用。组内包含投影 3D 元素、与 3D 元素相交、投影 3D 轮廓边线、投影 3D 标准轮廓边线、偏移、隔离等命令(图 6-13)。

➢ 投影 3D 元素:将 3D 元素投影到草图平面。

➢ 与 3D 元素相交:使 3D 元素与草图平面相交。

➢ 投影 3D 轮廓边线:将 3D 轮廓边线投影到草图平面。

(5) 输出(命令组):该命令组用于将草图内部的元素输出为独立的对象进行操作。组内包含输出特征、3D 轴、3D 平面、3D 轮廓,其中输出特征和 3D 轮廓较为常用(图 6-14)。

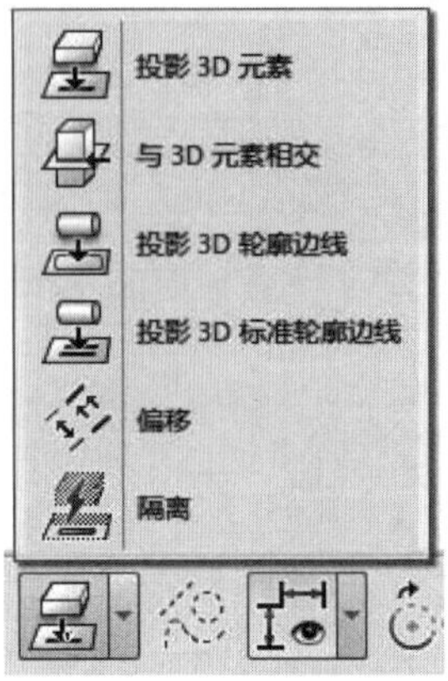

图 6-13 空间几何投影为平面草图工具

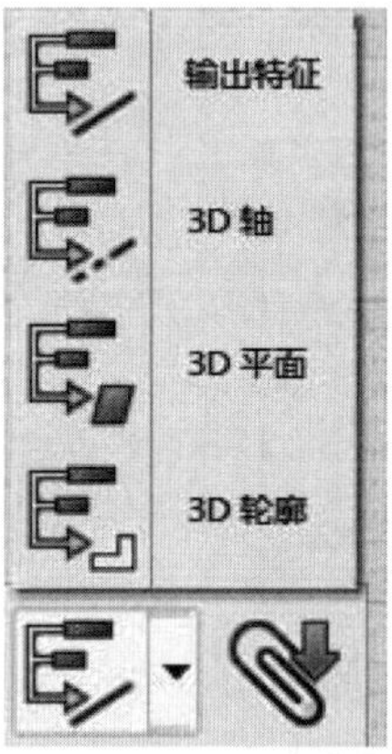

图 6-14 草图几何输出工具

➢ 输出特征：将点和线输出为独立的对象进行后续操作。

➢ 3D 轮廓：可以将互相连接的线输出为独立的对象进行后续操作。

6.1.3 草图约束创建

草图约束是对绘制的草图几何在平面中的位置进行约束定位。草图约束分为位置约束和尺寸约束。

(1) 位置约束：主要用于约束草图元素与其他元素或草图元素之间的相对位置关系，如平行、同心、相合等(图 6-15)。定义位置约束后，相约束的几何元素存在联动关系。位置约束操作方式为选定对象、定义约束类型。

(2) 尺寸约束：主要用于约束草图元素的尺寸。定义尺寸约束后，可通过修改尺寸驱动草图元素的大小、位置等(图 6-16)。尺寸约束操作方式为选定对象，标注长度、角度、半径等尺寸。另外，可在标注尺寸时添加计算公式。

图 6-15 几何约束

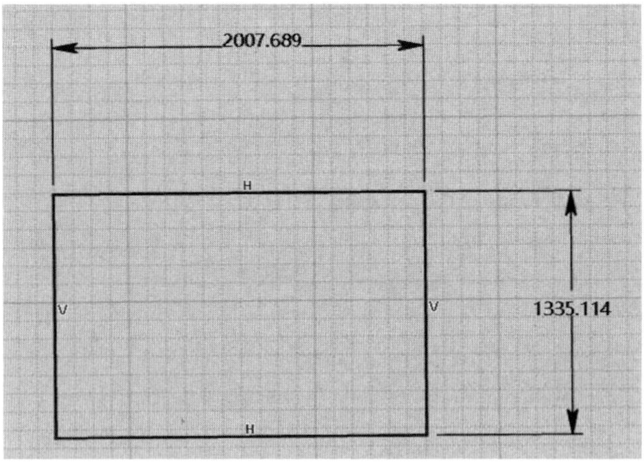

图 6-16 尺寸约束示例

6.1.4　草图实例：箱梁截面

以下案例为箱梁截面，在定义该草图时，须要先确定草图放置的平面。该例草图平面放置在 ZY 平面上，原点及方向保持默认(默认情况下，原点为当前零件的绝对坐标系原点)。

首先，通过轮廓工具，按目标形状创建轮廓形状，准确的尺寸在绘制轮廓时不需要确定，仅需按照目标形状绘制，保持形状一致即可。同时，因为该形状以中心轴为对称轴，左右对称，可先绘制一半轮廓，绘制完成后镜像得到另一半形状。

绘制的过程中，软件默认开启自动捕捉约束，为了减少后续手动添加约束的工作，可以在绘制过程中捕捉需要的位置约束，如轮廓上表面与 H 轴保持相合，并保持各直线段的水平与垂直约束(图 6-17)。

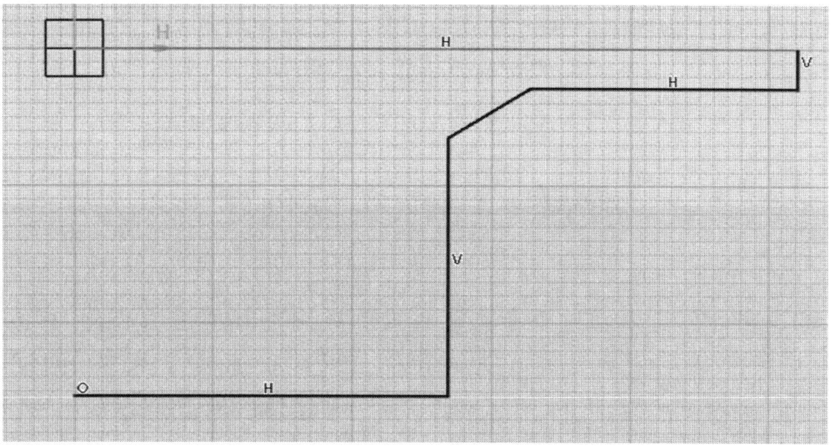

图 6-17　箱梁轮廓几何约束

选择所有线段，以 V 轴为对称轴进行镜像，并绘制中心的矩形，标注尺寸，如图 6-18所示。

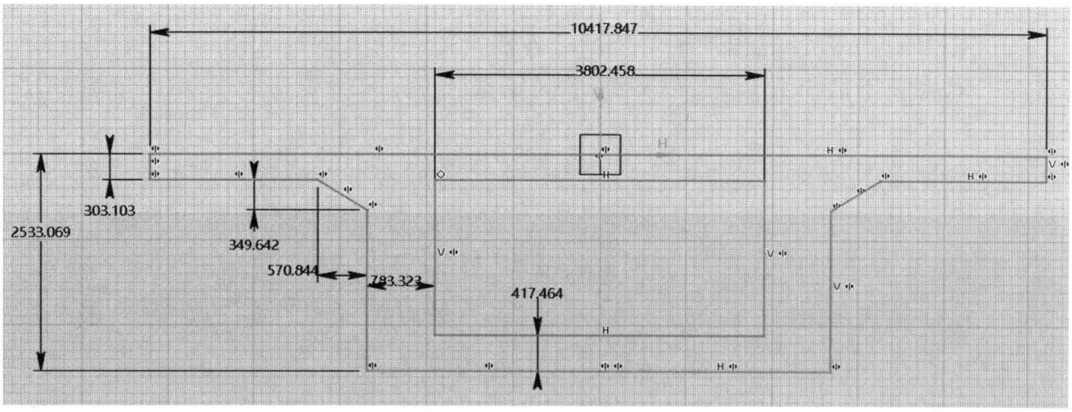

图 6-18　箱梁轮廓尺寸约束

修改所有尺寸为正确值,如图 6-19 所示。

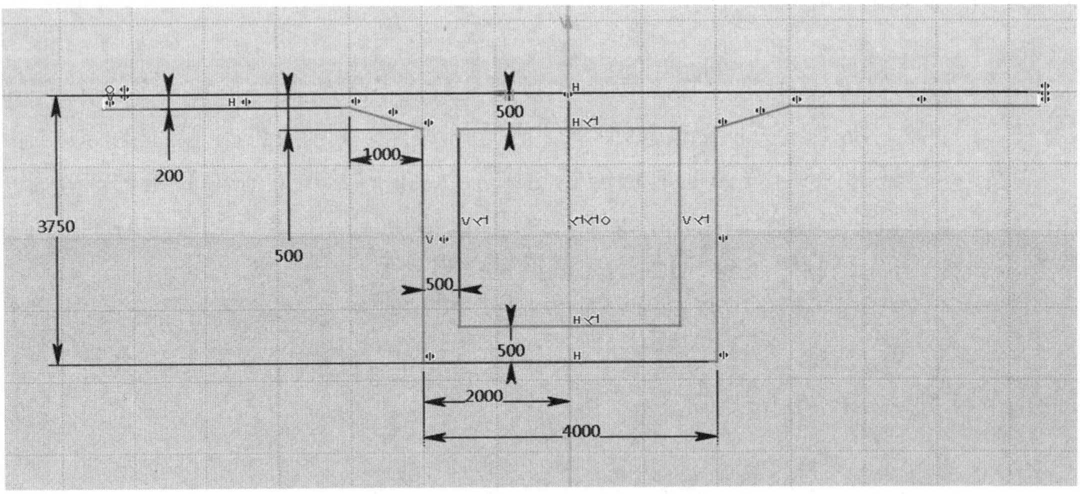

图 6-19 修改箱梁轮廓尺寸约束

6.2 三维实体创建

三维实体是在计算机中通过特定算法对物理世界的几何进行表达,在 CATIA 中三维实体模型可通过对平面几何沿指定方向拉伸、旋转、扫掠等方法进行创建。三维实体模型可以直接表达物体的表面、体积等信息,在三维实体的基础上增加 BIM 相关信息可成为符合 IFC 标准的 BIM 模型。

二维草图是三维建模设计的基础。设计过程一般是先通过草图设计,确定实体的平面图形,再利用设计模块所提供的各种功能创建实体的初步形状,通过各种实体修饰功能对实体做进一步的编辑、修改,最终完成零件实体设计。

实体设计涉及的基本概念有以下三个。

(1) 体(Body):设计过程中集合特征的容器。体内所有的特征作为一个整体表达设计意图。体内的特征有先后顺序,顺序不同结果不同,同时顺序也代表了建模的历史过程。

(2) 工作对象:在体内特征集合中代表正在操作或者查看的特征。在特征树上设置某特征为工作对象后,该特征下面有下划线。工作对象可通过在特征上右键单击进行设置(若该特征后还有其他特征,则后续特征在工作区不显示)。

(3) 设计关联:设计关联是指在设计过程中,特征与特征之间的参考关系。常见参考关系有草图基准、尺寸约束、投影等。一旦参考关系建立,源变动,结果就会一起变动。

6.2.1 实体基础创建功能

实体基础创建功能主要用于基于草图特征创建三维特征，其命令包括凸台、凹槽、旋转体、孔、肋、混合实体、多截面实体、抽壳、加强筋等(图 6-20)。另外，封闭曲面和加厚曲面是由曲面过渡到实体的命令。

图 6-20 实体特征创建工具条

➢ 凸台：凸台是指将封闭线框按指定的方向拉伸得到的实体(图 6-21)。

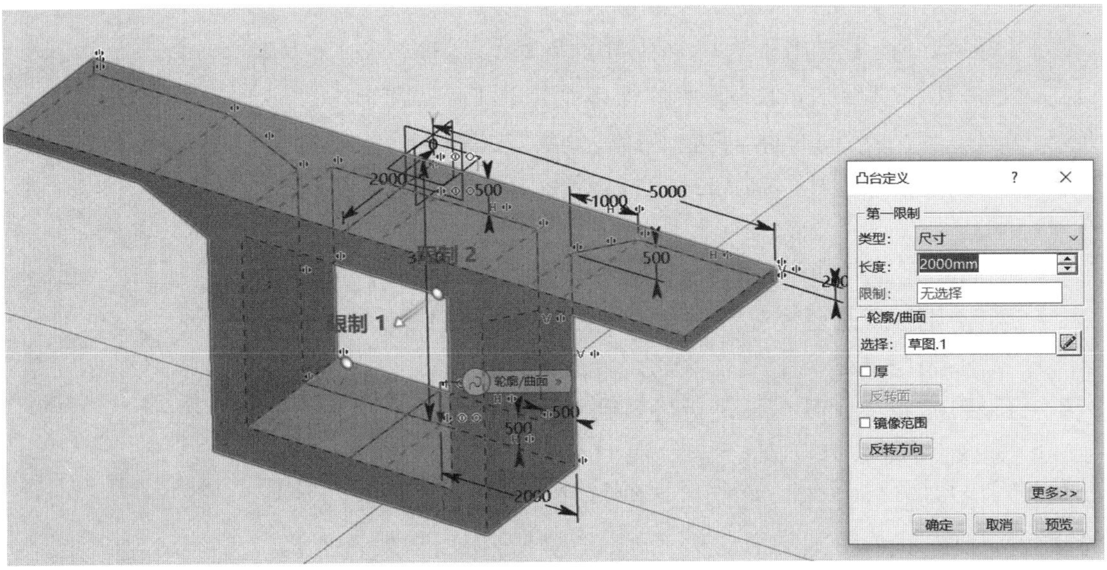

图 6-21 凸台命令

➢ 凹槽：凹槽是指在已有的实体上进行挖槽。
➢ 旋转体：旋转体是把草图截面绕着旋转轴旋转一定角度得到的特征。
➢ 旋转槽：旋转槽是把草图截面绕着旋转轴旋转一定角度切割实体而产生的槽。
➢ 肋：肋就是一条封闭的轮廓线沿着一条中心线扫掠得到模型。
➢ 开槽：指通过沿中心曲线扫掠轮廓在已有的实体上创建的一条槽。
➢ 多截面实体：沿两个或者多个截面放样而成的实体(图 6-22)。
➢ 封闭曲面：将曲面生成实心的实体。
➢ 加厚曲面：将曲面生成有厚度的实体。

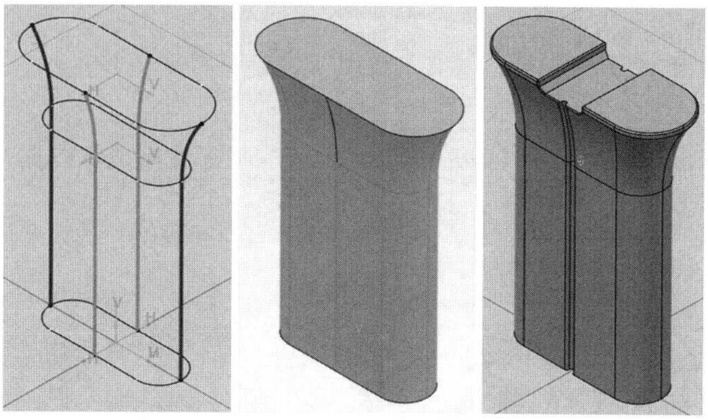

图 6-22 多截面实体命令

6.2.2 实体模型变换

实体模型变换主要用于对已经创建的实体模型进行空间位置的移动、复制或缩放。变换特征包括矩形阵列、圆形阵列、用户自定义阵列、对称、平移、缩放、分割等(图 6-23)。

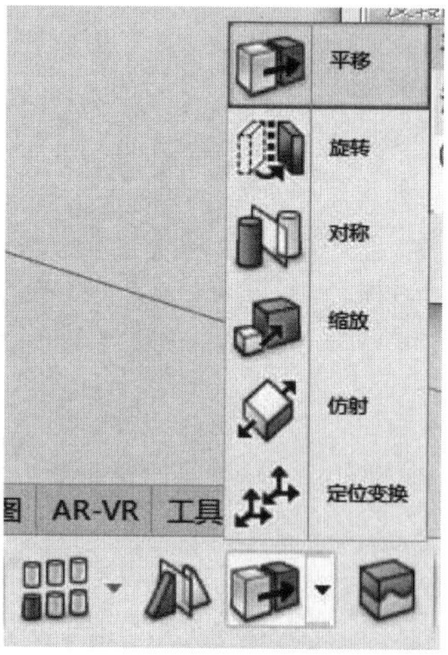

图 6-23 实体模型变换

- 矩形阵列:矩形阵列指的是通过矩形的形状来进行阵列特征。
- 圆形阵列:与矩形阵列类似,仅以矩形阵列为例。
- 镜像:镜像就是通过选定平面对特征进行复制的过程。
- 移动:将特征延某个路径移动到合适的位置。
- 旋转:将特征延某个轴进行旋转到合适的位置。
- 对称:将特征基于某个定位面对称到合适的位置。需注意对称与镜像的区别:对称只是把特征对称过去,原来的特征不保留;镜像是把特征对称后,原来的特征保留下来。
- 缩放:将模型等比例的放大或缩小。
- 分割:用曲面切割实体。需要注意的是,曲面比实体面积大时,才能切割实体。

6.2.3 实体装饰功能

实体模型变换主要用于对已经创建的实体模型进行倒角、拔模、加厚等修饰操作。实体装饰功能包括倒圆角、倒直角、拔模、加厚等(图 6-24)。

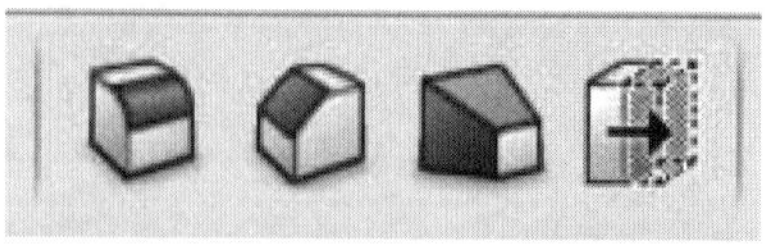

图 6-24 实体修饰工具

- 倒圆角:将特征的棱角位置进行圆弧过渡。倒圆角的方式有 4 种,分别是倒圆角、面与面的倒圆角、三切线内圆角、自动倒圆角。
- 倒直角:将特征的棱角位置按指定的尺寸斜切

棱边。

➢ 拔模：将圆柱体转换成台体的操作。

➢ 加厚：加厚就是实体表面加大一定数值的厚度。

6.2.4　实体布尔运算

实体的布尔运算是指在不同实体模型之间进行并集、差集和交集运算。布尔运算可以在不同的几何体之间进行操作，包含添加、移除、相交、移除块、装配等方法（图6-25）。

➢ 添加：添加是把一个几何体添加到另一个几何体上。

➢ 移除：移除指的是把一个几何体从另一个几何体中移除。

➢ 相交：相交是指两个几何体公共相交的部分。

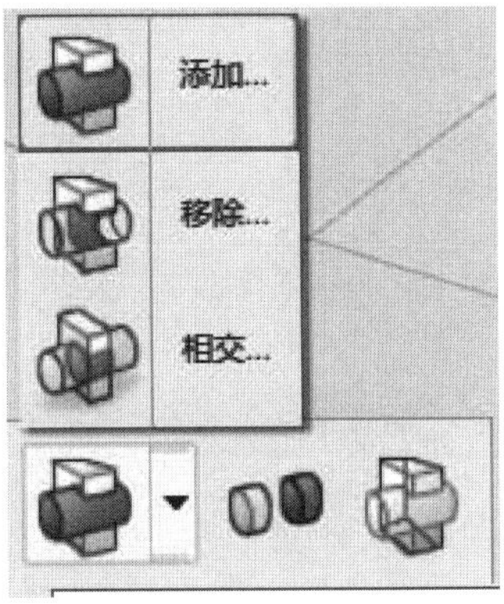

图6-25　布尔运算工具

6.2.5　实体建模实例：桥墩

1. 创建零件

点击“新建内容”，并选择“3D零件”（图6-26）。

2. 创建工作平面

选择平面创建工具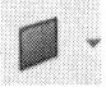，创建工作平面以控制关键位置的高度（图6-27）。

图6-26　新建内容

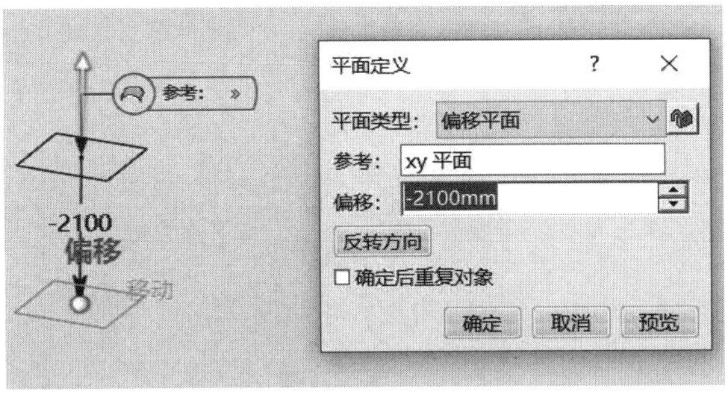

图6-27　定义工作平面

用相同的方法创建其他几个工作平面，为了便于识别，可对工作平面进行特征命名。在选定工作平面上单击右键，在属性中分别定义工作平面的名称：盖梁顶面、盖梁底面、地面、承台表面、承台底面、基桩底面（图6-28）。

3. 创建草图

在YZ平面上创建草图（图6-29）。

在ZX平面上创建草图（图6-30）。

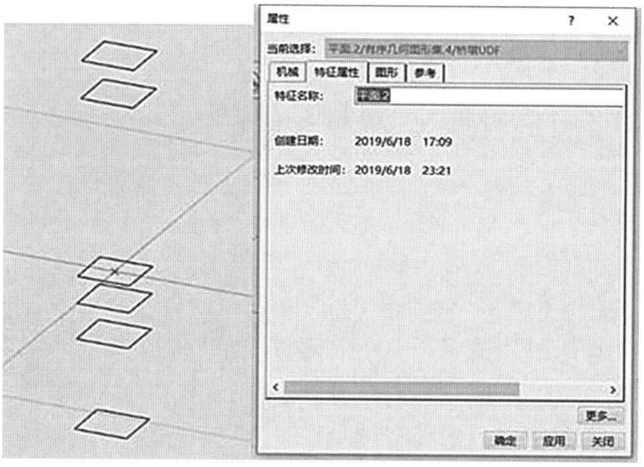

图 6-28　修改工作平面名称

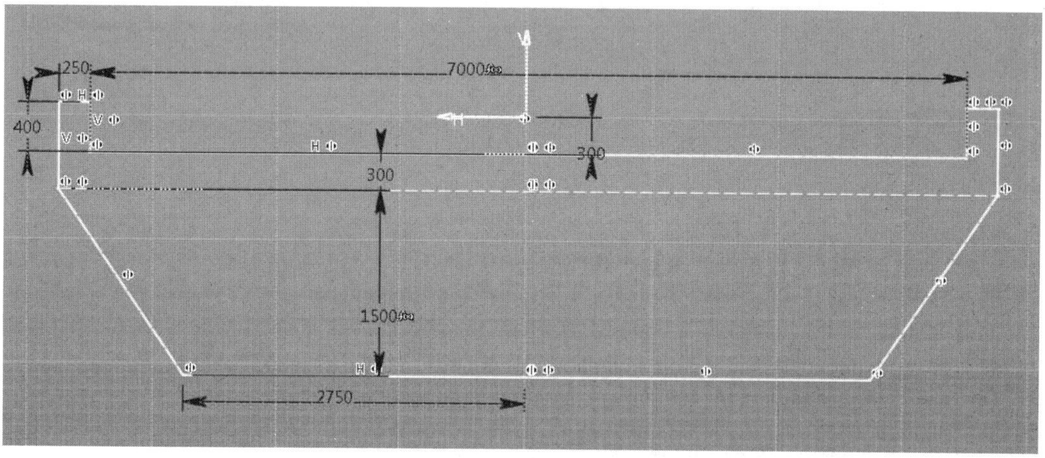

图 6-29　草图轮廓 1

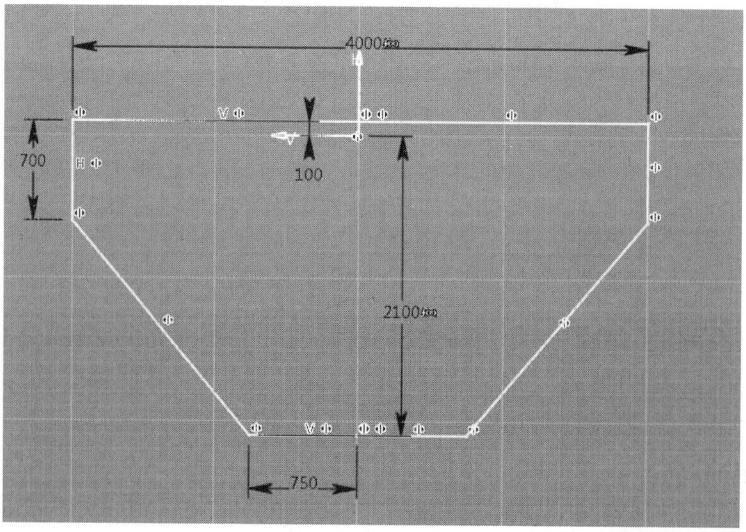

图 6-30　草图轮廓 2

4. 生成盖梁实体

新插入一个几何体，使用实体—混合的命令，选择上述两个草图，创建混合实体(图 6-31)。

5. 创建柱草图

选择立柱表面工作平面，创建草图(图 6-32)。

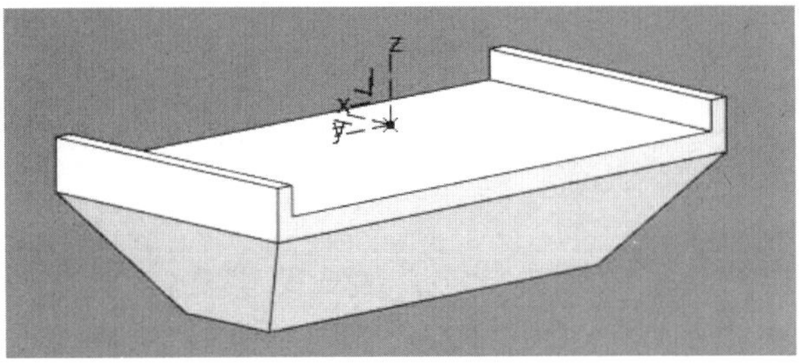

图 6-31　通过混合创建的盖梁实体

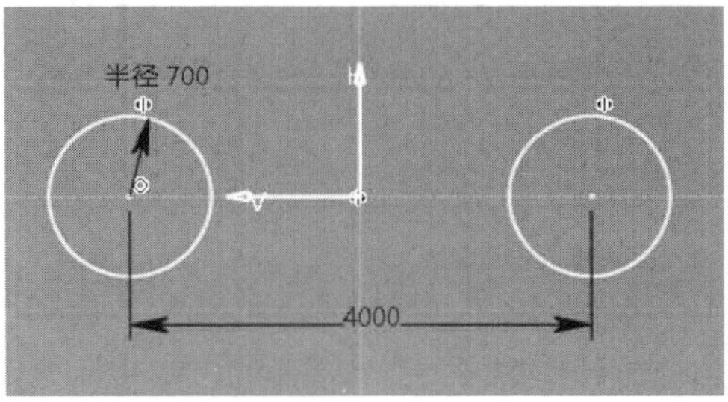

图 6-32　立柱轮廓

6. 生成立柱实体

新插入几何体，命名为“立柱”，选择立柱草图，通过拉伸命令创建柱实体(图 6-33)。

7. 创建承台草图

选择承台表面工作平面，创建承台草图(图 6-34)。

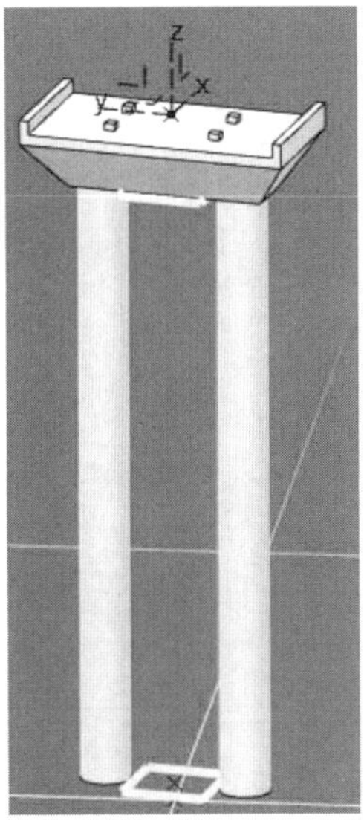

图 6-33　立柱实体

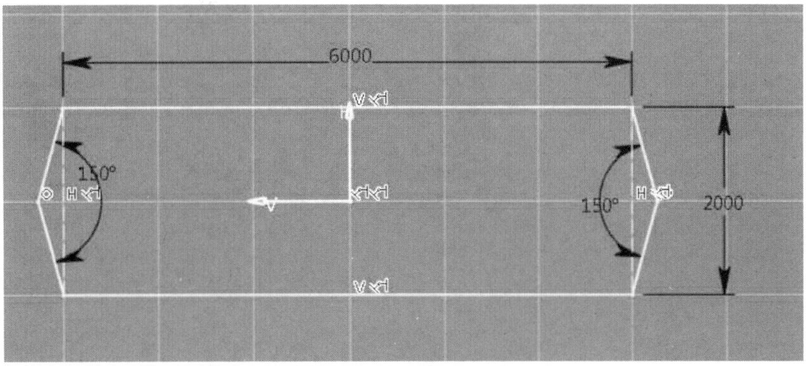

图 6-34　承台草图截面

8. 创建承台实体

新插入一个几何体，命名为“承台”，并选择承台草图，通过拉伸创建承台实体(图 6-35)。

9. 创建桩基草图

在基桩底面的工作平面上创建基桩草图(图 6-36)。

图 6-35 承台实体

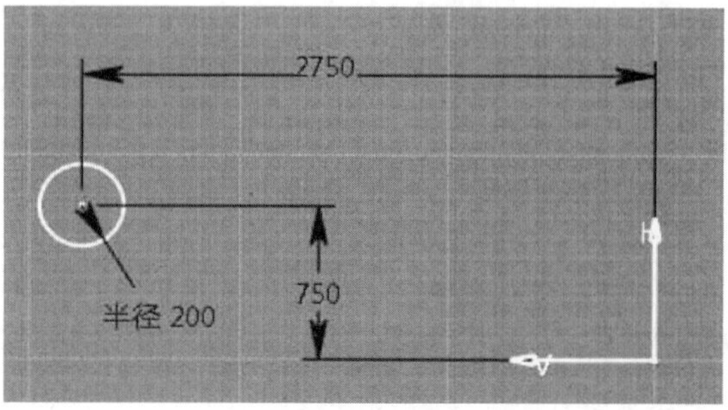

图 6-36 基桩草图截面

10. 创建桩基实体

新建几何体并命名为"基桩",使用创建的基桩草图进行拉伸生成基桩实体,选择拉伸特征,使用矩形阵列命令,选择基桩平面作为参考方向,第一方向阵列 2 个,距离为 1 500 mm,第二方向阵列 5 个,距离为 1 350 mm,生成基桩的阵列模型(图 6-37)。

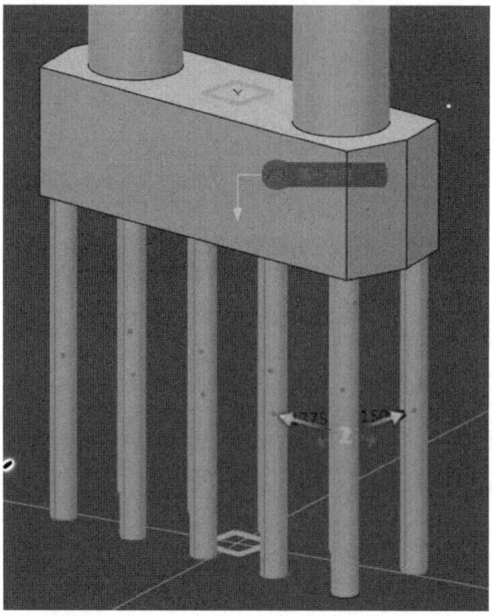

图 6-37 基桩实体

6.3 曲面设计

曲面是在三维软件中表达物体表面的一种片体,与实体相比,曲面没有厚度。曲面的形状可以理解为一条曲线沿指定轨迹运动后形成的片体,其中曲线可以是规则的,也可以是无规则的,形成的曲面片体形状也是规则或不规则片体。CATIA 曲面设计模块中支持创建多种曲面形状,配合实体设计模块中功能,可以满足市政工程中各类型异形构筑物的创建。

6.3.1　参考元素创建

创建曲面需要在空间中先创建参考点、参考线或参考平面，基于以上参考创建的曲面，可以由用户根据各类约束条件进行控制(图 6-38)。

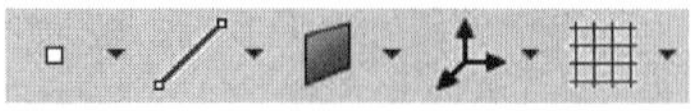

图 6-38　参考元素创建工具

1. 空间点创建

空间点是 CATIA 中的基准特征元素，可以作为在建模过程中的重要参考元素。空间点的创建方式的具体描述如下：

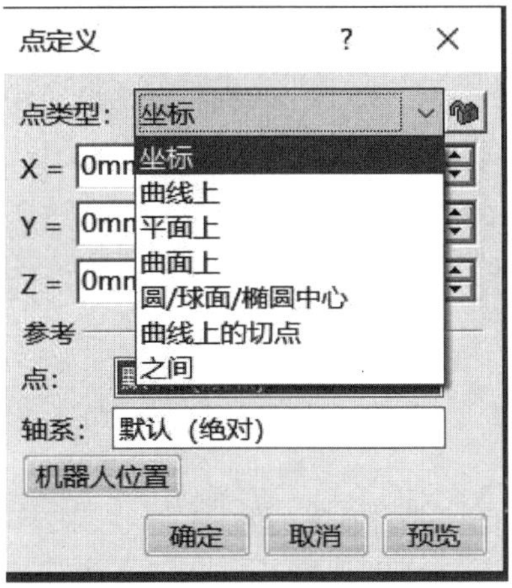

图 6-39　根据坐标创建空间点

- 坐标：根据选定的坐标系(默认情况下为绝对坐标系)，输入 X、Y、Z 值生成空间点(图 6-39)。
- 曲线上：基于选定曲线，在曲线上生成点，可根据曲线的起点和方向确定点在曲线上的位置。
- 平面上：可以在一定距离内从参考点在平面上创建点。
- 曲面上：从参考点的某一指定距离和方向在曲面上创建点。
- 圆/球/椭圆中心：在圆、球面或椭圆的中心创建点。
- 曲线上切点：通过选择曲线和切线方向创建与曲线相切的点。
- 之间：使用比率值在两个现有点之间创建点。

2. 空间直线

空间直线的创建方法主要为点到点、点/方向、与曲线垂直/成角度、与曲线相切、与曲面垂直、相交角平分线等。空间直线的创建方式的具体描述如下：

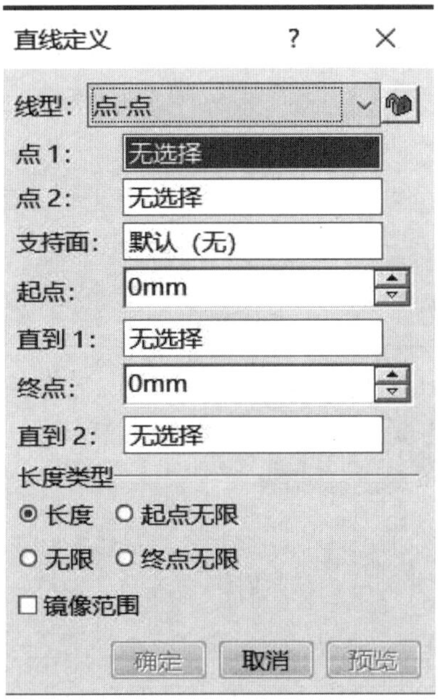

图 6-40　直线创建工具

- 点到点：在两个选定点之间创建直线(图 6-40)。
- 点/方向：基于参考点和已指定方向创建直线。
- 与曲线垂直/成角度：创建与单一曲线、点和一条或两条曲线垂直的直线。
- 与曲线相切：创建与单一曲线、点和一条或两条曲线相切的直线。
- 与曲面垂直：在指定点创建垂直于曲面的直线。
- 相交角平分线：创建平分两条直线之间角度的直线。

6.3.2　常规曲面创建

常规曲面主要指基于草图、定位元素和尺寸约束创建的拉伸曲面、旋转曲面，以及通过扫掠、填充和多截面曲面方式创建的曲面（图 6-41）。各命令的具体描述如下：

➢ 拉伸：沿给定方向拉伸轮廓来创建曲面（图 6-42）。

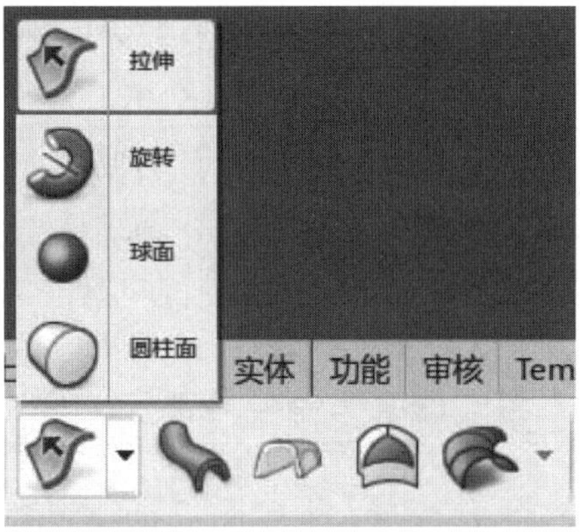

图 6-41　常规曲面创建工具

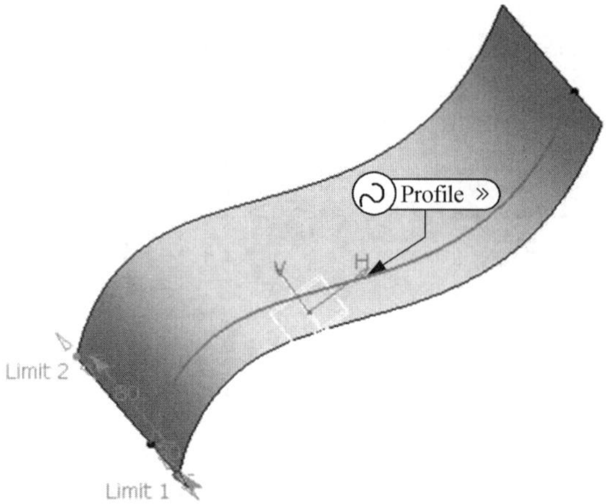

图 6-42　曲线拉伸为曲面

➢ 旋转：通过绕轴旋转平面轮廓来创建曲面（图 6-43）。

➢ 球面：以点为中心创建球面，可根据角度和其他约束条件确定球面尺寸（图 6-44）。

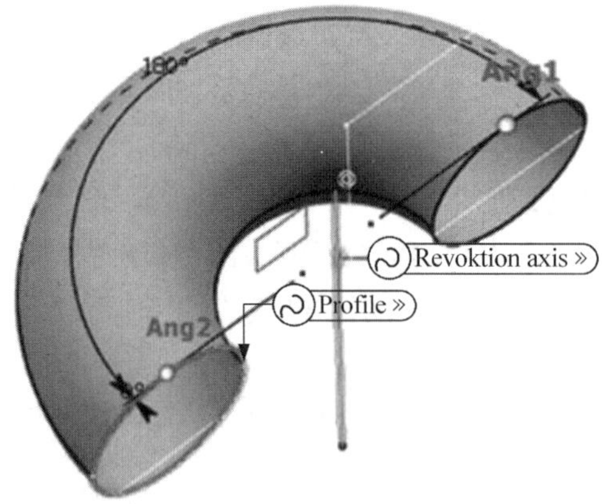

图 6-43　曲线旋转生成旋转曲面

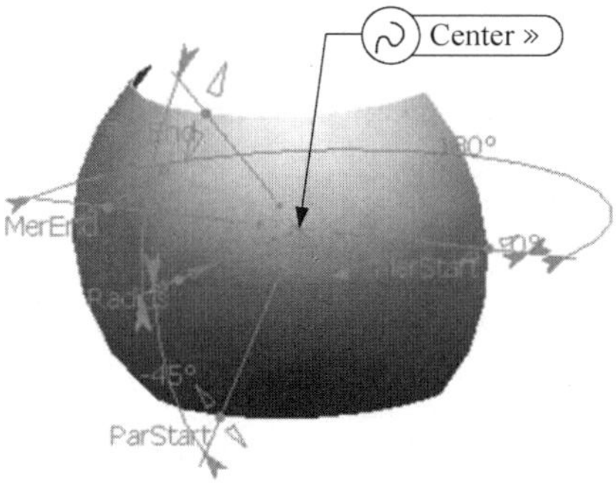

图 6-44　球面创建

➢ 圆柱面：沿给定方向拉伸圆来创建圆柱面（图 6-45）。

➢ 扫掠：可以根据截面和路径生成扫掠曲面（图 6-46）。

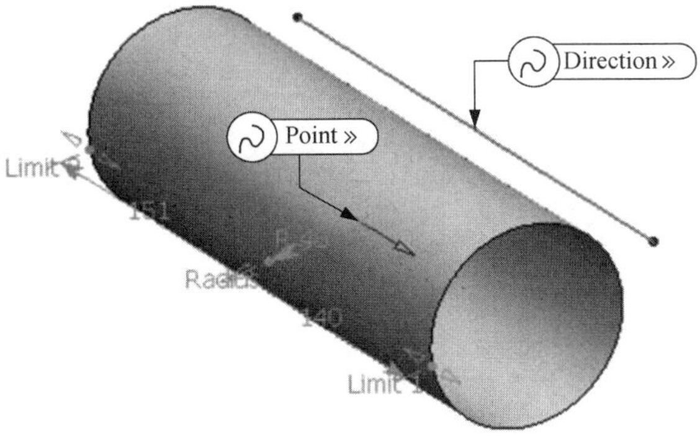

图 6-45 圆柱曲面创建

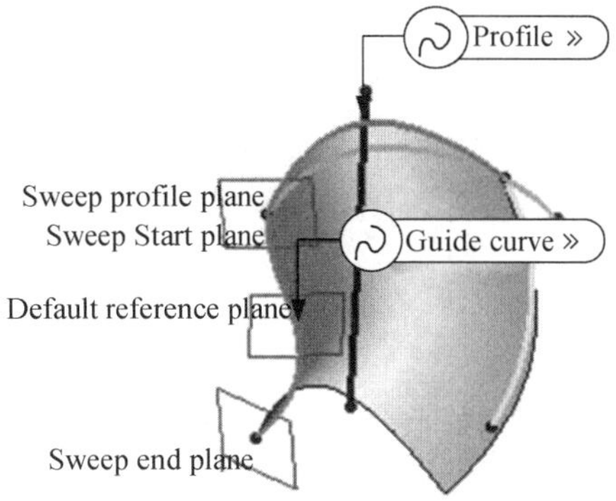

图 6-46 曲线沿引导线生成扫掠曲面

➢ 填充:在多条线形成的封闭区域内填充形成曲面(图 6-47)。

➢ 多截面曲面:通过多个不在同一平面的边界线形成多截面曲面(图 6-48)。

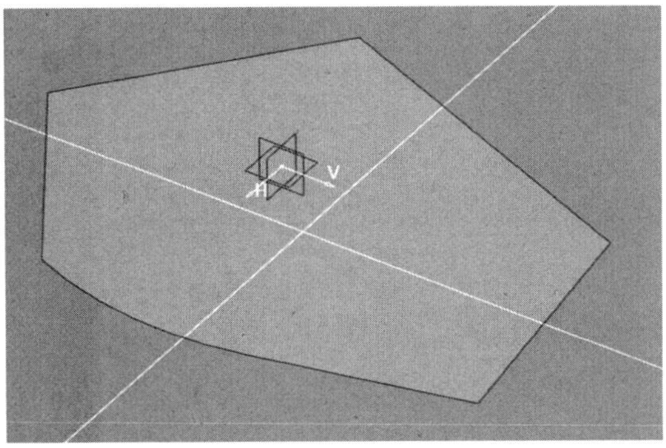

图 6-47 根据封闭轮廓生成曲面

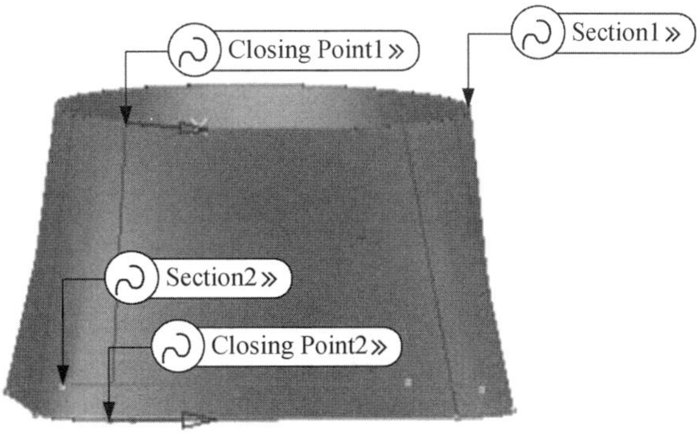

图 6-48 多截面曲面

6.3.3 曲面修饰

矩形曲面修饰命令用于对已创建的曲面进行再加工,其中包括接合、提取边界、平移、矩形阵列、外插延伸、偏移、修剪等(图 6-49)。

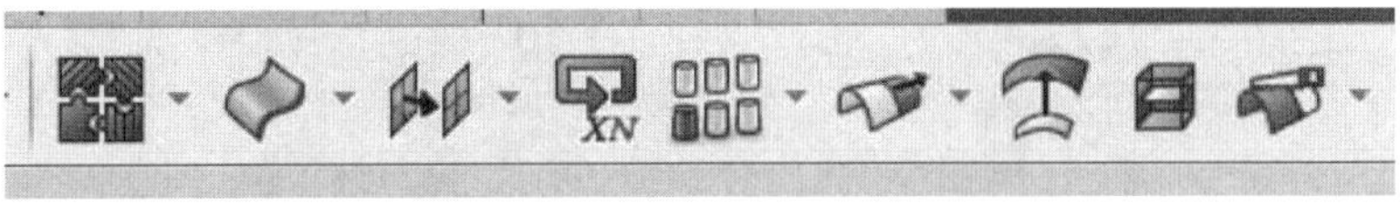

图 6-49 曲面修饰工具条

➢ 接合:将相邻曲线或相邻曲面装配至一个元素(图 6-50)。

➢ 提取边界:选择曲面边线或曲面来创建曲面的边界曲线或曲线的边界点(图 6-51)。

图 6-50 多个曲面接合

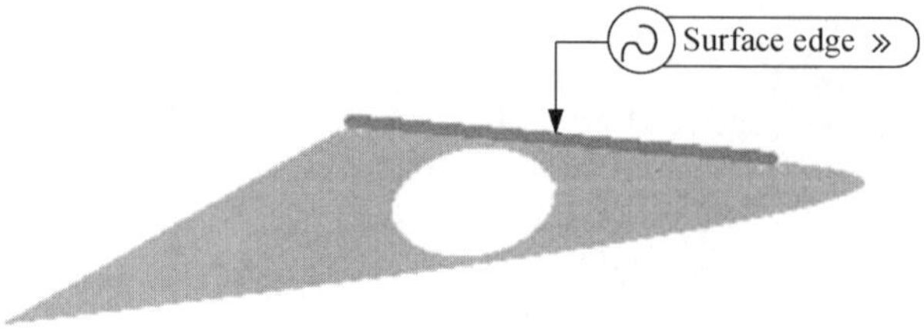

图 6-51 曲面边界提取

➢ 平移:沿向量平移点、直线或曲面元素(图 6-51)。

➢ 矩形阵列:给定方向创建曲面矩形阵列(图 6-52)。

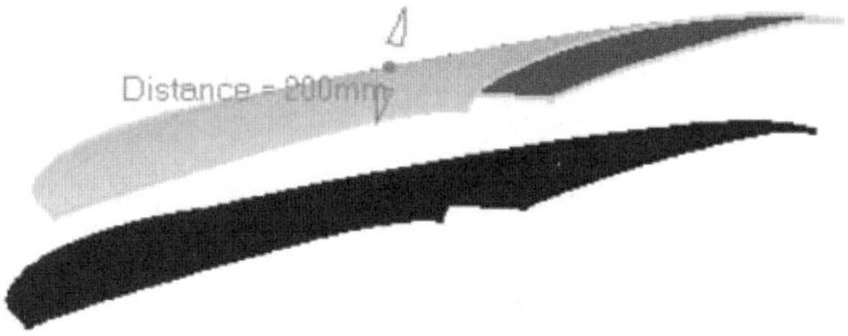

图 6-52 曲面平移

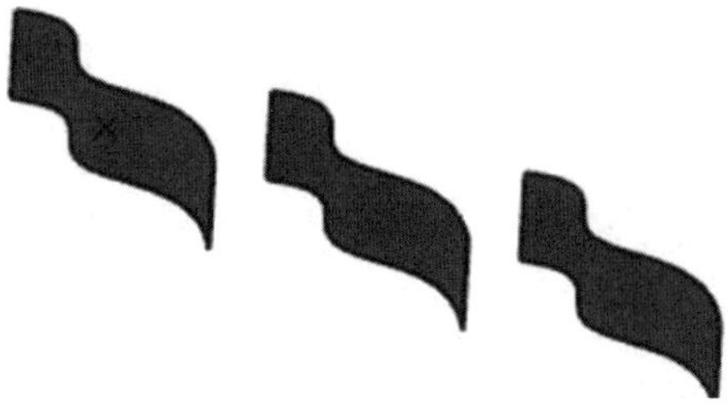

图 6-53 曲面矩形阵列

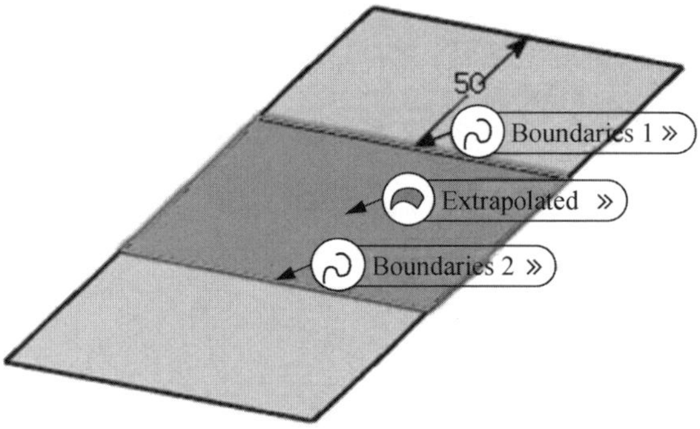

图 6-54 曲面边缘延伸

➢ 外插延伸:在一个或多个边界外插延伸曲面。外插延伸是一项遵守相切和曲率条件的同时,可将元素扩展到指定数量的操作。通常可选择曲面边界以便将曲面外插延伸至指定长度(图 6-54)。

➢ 偏移:针对现有曲面进行偏移,以固定距离法向偏移。

➢ 修剪:通过穿过曲面的其他元素修剪曲面(图 6-55)。

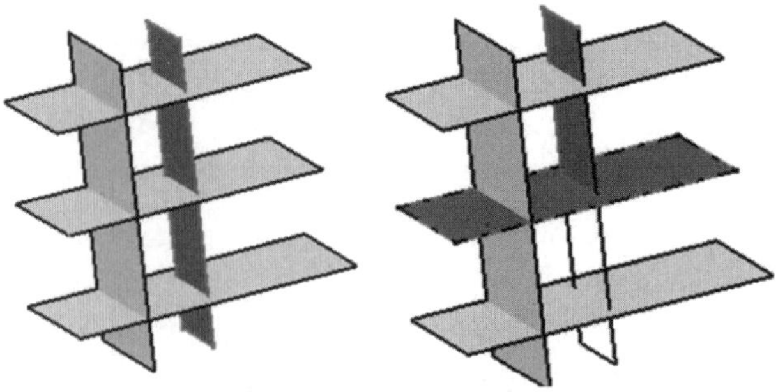

图 6-55 曲面互相修剪

6.4　装 配 设 计

装配设计是将设计对象自顶向下分成简单实体，再通过层次和约束关系自底向上组合成复杂模型的设计过程。在 CATIA 中进行模型创建时，也可先创建各部分构件，然后按照一定的约束关系将各构件装配在一起。

6.4.1　产品装配介绍

装配可以对多个产品/子装配以及这些产品或子装配之间创建相互约束关系（工程链接）。创建产品装配体有以下两种方式。

（1）从开始菜单点选装配设计的 APP 图标

，系统将自动创建一个产品装配。

（2）从新增文件选择产品。如果希望添加新产品时设置属性，可以用鼠标右键点击产品图标，勾选创建选项时，设置属性选项（大型工程时，可以设置尺寸范围）（图 6-56）。

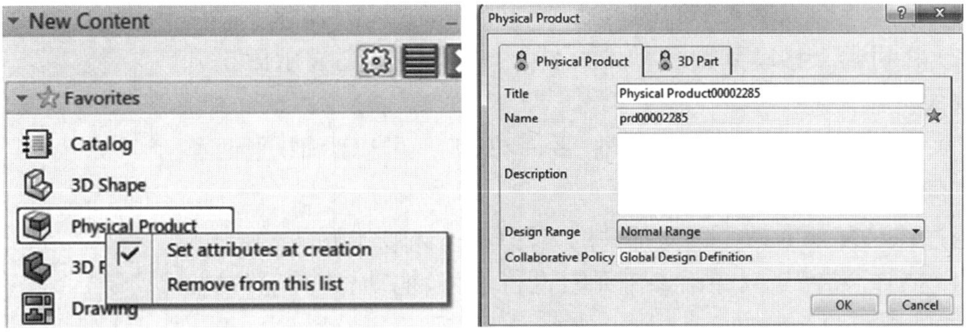

图 6-56　新建物理产品

产品部件添加可以新建产品或添加已有产品（图 6-57）。

图 6-57　在现有装配环境中插入子部件

添加已有部件时，如果该部件已经在 CATIA 中打开，可以直接用鼠标选择。若该部件还没有在 CAITA 中打开，而是存在数据仓库中，需要通过搜索来找到该数据再打开(图 6-58)。

图 6-58 搜索工具栏

搜索窗口可以定义多种搜索类型，也可以通过高级搜索的方式来完成复合条件件的查询。

6.4.2 产品空间定位

在产品装配中部件的定位方式有两种：一种是采用设计机器人对部件进行位置移动；另一种是采用移动部件命令直接移动文档到相应的位置。

通过机器人移动部件的方法(图 6-59)如下。

(1) 鼠标指向机器人中心圆点处，按下鼠标左键拖动机器人。

(2) 将机器人移动到要移动的部件上，等部件高亮显示后松开左键释放机器人。

(3) 拖动机器人的三个坐标轴/平面/圆弧。可以沿轴/平面移动高亮的产品，或者转动产品。

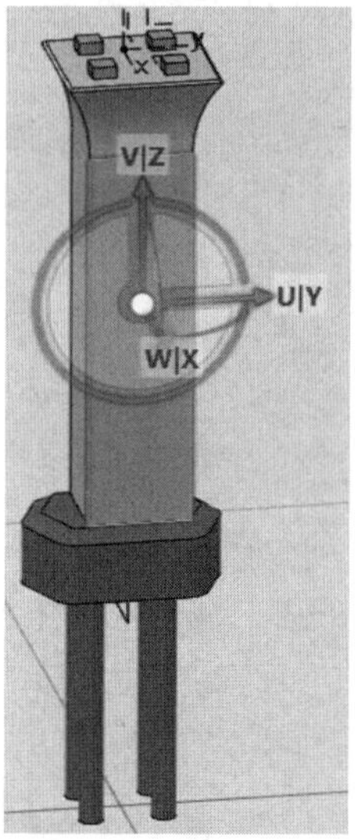

图 6-59 装配环境中移动部件

通过移动部件的命令移动部件的方法(图 6-60)如下。

(1) 操作：将所选对象沿参考元素进行平移、拖动、旋转等位置变换，或随鼠标自由移动。

(2) 捕捉：将所选对象沿捕捉到的对齐对象进行位置变换。

(3) 智能移动：智能计算所选对象和对齐对象的约束关系，并对所选对象进行位置变换。

图 6-60 装配环境中移动部件命令

6.4.3 产品约束

要将产品装配内部件相互之间的位置约束，需要借助工程连接命令(图 6-61)。常规步骤如下。

(1) 选择固定约束命令，然后选择设计的基准零件，将该零件固定下来。

(2) 选择工程链接命令，创建其他部件与基准部件之间的约束关系。

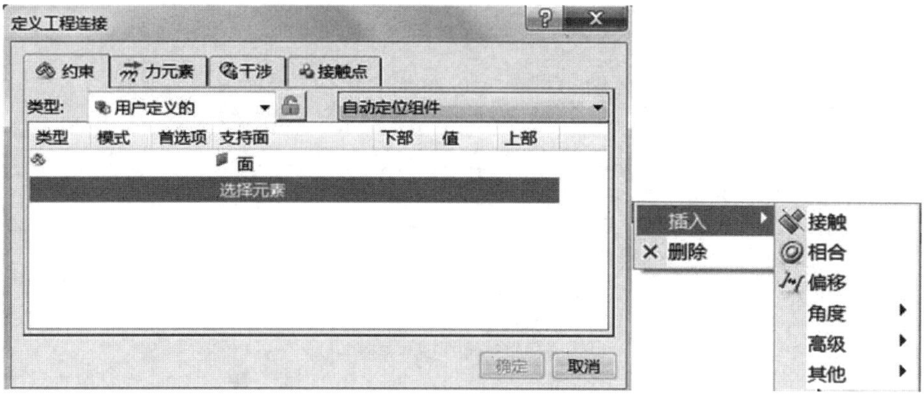

图 6-61　创建工程连接

6.5 知 识 工 程

6.5.1　知识工程概念

知识工程是 CATIA 提供的一种组织、重用和分享设计或企业知识的解决方案。其实质是将一些诸如三维模型、二维图纸、经验公式、规则、分析算法、优化算法等智能知识打包到一个盒子中，只留出几个输入条件与参数接口。设计人员在进行设计时，不需要关心盒子中到底有哪些内容，而只需要知道目标模型所需的类型及确定目标模型具体细节的关键几个输入元素和参数即可。调用模型时，通过选定元素和输入参数，调用打包在模型内部的一系列计算公式及判断条件，自动进行一系列的内部运算与调整，快速生成符合用户设想的几何模型和二维图纸。

CATIA 提供了参数、公式、规则、用户特征、工程模板等一系列设计工具用于简单的知识复用，还提供了知识工程语言相关的工具用作较为复杂的知识复用。同时，3DE 平台支持在设计与施工活动中对专业知识进行全生命周期管理。

6.5.2　参数、公式、规则创建

1. 设置有关知识工程的环境

在 3DE 平台 CATIA 中使用参数功能及在结构特征树上显示，需要在软件中做以下设置。

(1) 点击软件右上角的头像标志，在弹出的菜单栏中点击“首选项”按钮，选择“首选项”→“常规”→“参数和测量”，在“知识工程”页面选项卡中勾选上“带值”和“带公式”选项(图 6-62)。

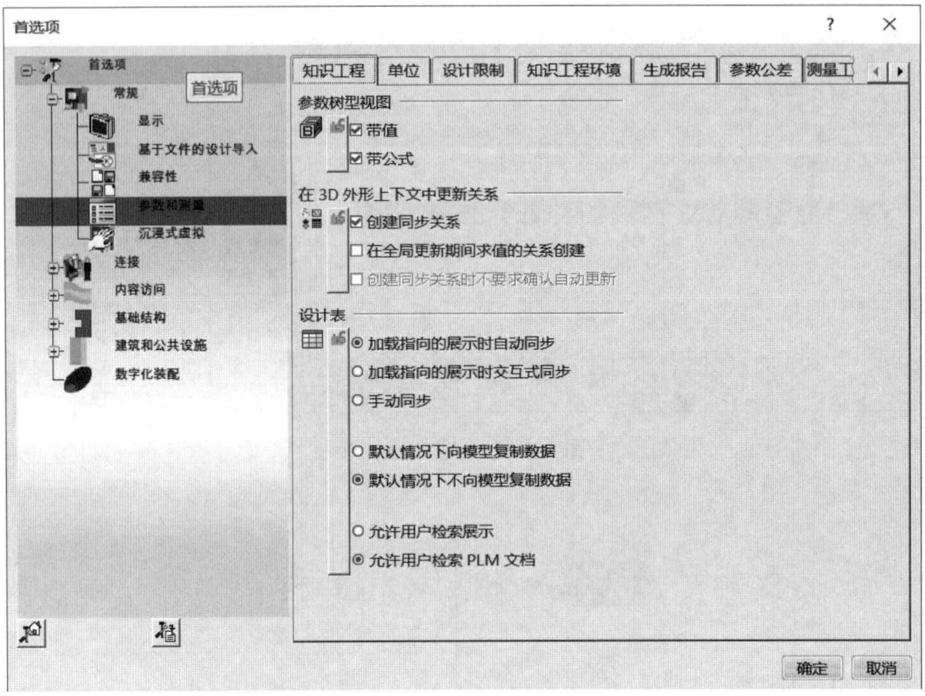

图 6-62 参数显示设置选项 1

(2) 切换选项卡,选择“首选项”→“基础结构”→“3D Shape Infrastructure”,在“显示”页面选项卡中勾选“参数”和“关系”选项,然后单击“确定”按钮(图 6-63)。

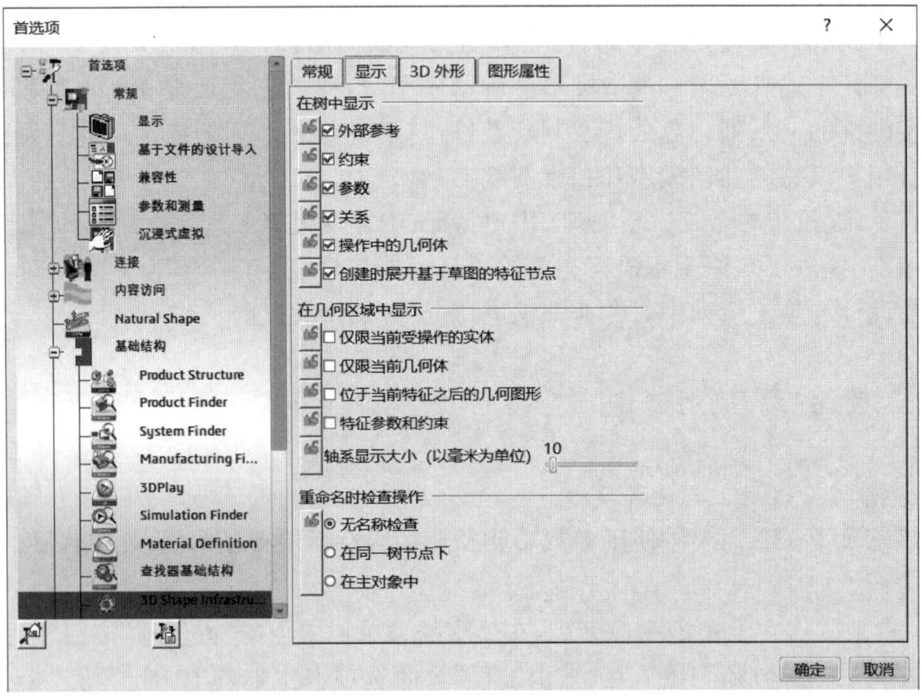

图 6-63 参数显示设置选项 2

2. 参数

参数是 CATIA 的一种特殊的特征，用户可以根据参数的类型赋予参数特定值，可以将其与关系式关联，也可以将其与 CATIA 零件设计中的特征固有参数关联。在 CATIA 中，参数按层级不同可以分为零件级参数、特征级参数和产品级参数(图 6-64)。

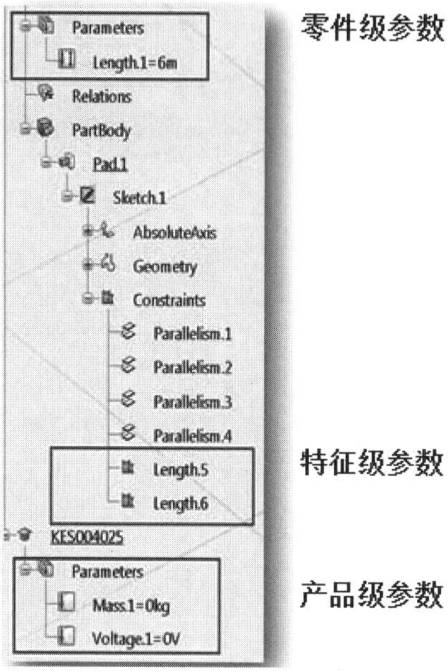

图 6-64　各级别参数在结构树中位置

参数可以分为特征固有的内部参数和用户参数。内部参数是在创建几何特征时自动生成的，用来表示特征的固有属性(如长度、直径等)，一般为特征级参数。用户参数是用户自己创建的，CATIA 中参数有实数、整数、长度、面积、体积、质量、字符串、点、线、面等类型。

参数的创建方式如下。

(1) 通过“公式编辑器”创建参数，点击 *fx* 命令按钮，弹出公式编辑器对话框(图 6-65)。

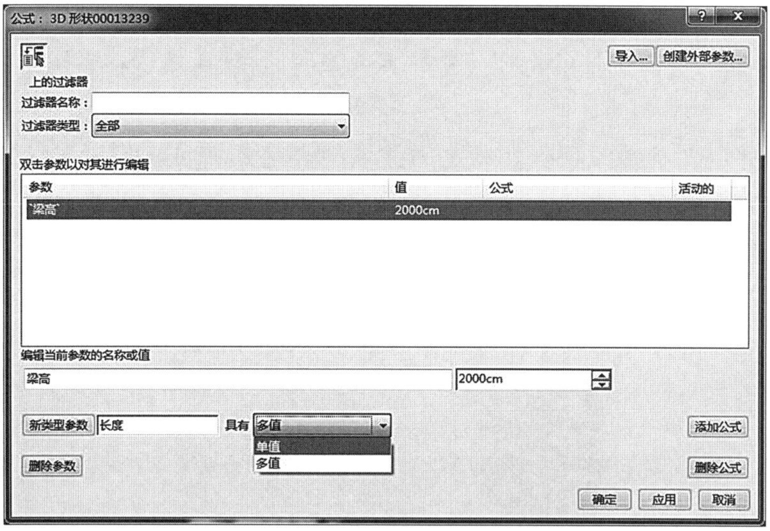

图 6-65　通过“公式编辑器”创建用户参数

在“公式编辑器”页面，用户可以通过选择创建不同类型的参数，同时选择单值或者多值模式，然后点击“新类型参数”即可创建用户所需参数，同时可以修改创建好的参数的名称。通过“公式编辑器”创建的非几何元素类型的参数仅能够显示在零件特征结构树上的系统默认参数列内。

(2) 通过“参数浏览器”创建参数，单击 命令按钮，弹出参数浏览器对话框(图 6-66)。

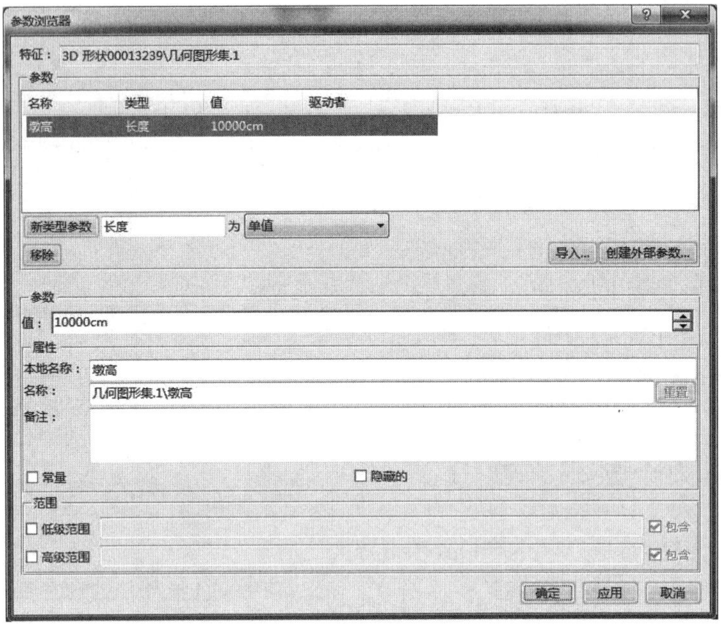

图 6-66　通过“参数浏览器”创建用户参数

在“参数浏览器”对话框，用户可以选择要创建的参数存放的位置(几何图形集、几何元素等 CATIA 中能够点击选择的特征元素)；不选择的话，默认放置在系统参数列表内。

3. 公式

公式是一种定义参数或特征元素之间关系的表达式特征。在 CATIA 中，用户可以使用以下几种方式创建公式。

(1) 通过参数的上下文菜单定义公式

右击选择的内部参数或者用户参数，在弹出的上下文菜单中选择对象—编辑公式(图 6-67)，在公式编辑对话框中输入相关参数组合成的表达式，如：2 * PI * R，或者在特

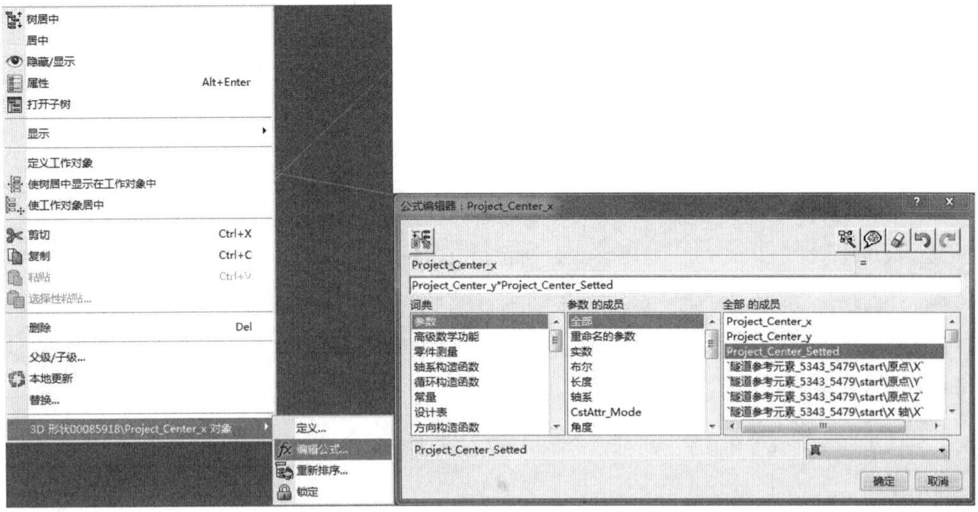

图 6-67　添加公式

征树上选择需要的参数去创建表达式。表达式创建完毕，点击确定，关闭公式编辑对话框，在特征树下产生关系节点，其节点下面包含所有用户创建的公式(图 6-68)。

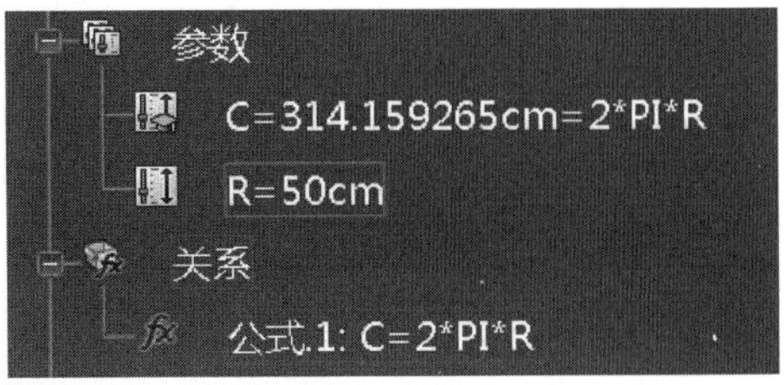

图 6-68 添加公式结果

(2) 通过公式编辑器命令定义公式

单击 *fx* 命令按钮，在弹出的公式对话框中选择参数列下的某个参数，然后单击对话框右下方的“添加公式(Add Formula)”，弹出公式编辑对话框，用户可以定义公式或者修改原有的公式。同时，CATIA 可以提供用户使用自定义的参数去关联相关的模型，如用户在创建拉伸或者凹槽等特征时，可以右击尺寸限制，在弹出的上下文菜单中，用户可以选择对象—编辑公式去定义公式(图 6-69)，这样就实现了模型与参数关联，实现参数化。

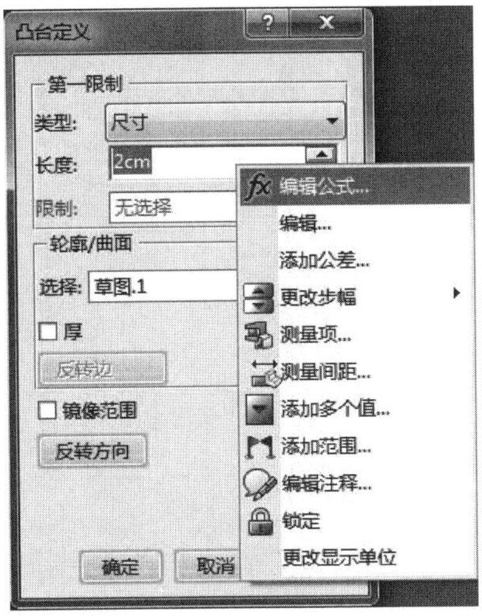

图 6-69 在定义参数栏中通过右键菜单添加公式

用户也可以通过公式编辑对话框，在其右下方的“词典”栏中选择相关函数，通过这些函数去关联模型或者关联参数等(图 6-70)。该函数可计算对象的长度并赋予参数。

4. 规则

规则类似于程序设计语言中的条件语句，在满足条件的情况下执行一些指令，如定义参数或者方程，或者发出提示信息，或者给模型属性赋值。单击规则按钮，弹出定义规则名称的对话框(图 6-71)，用户可以定

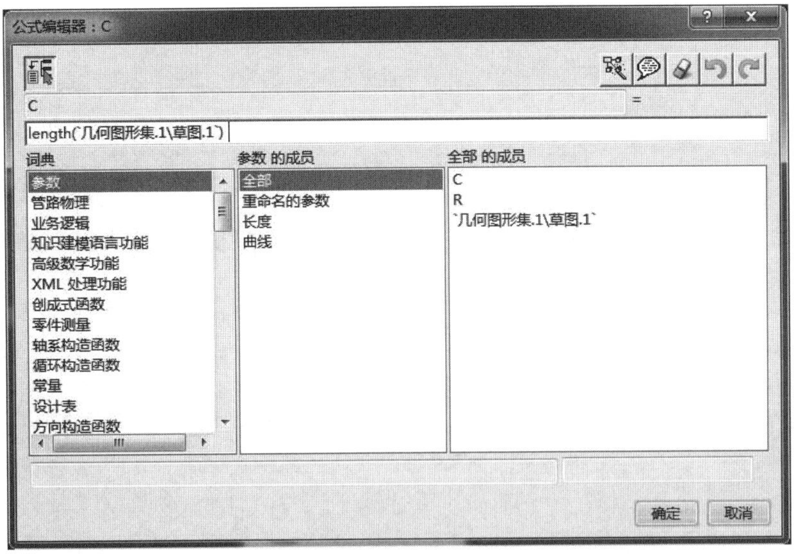

图 6-70 添加公式

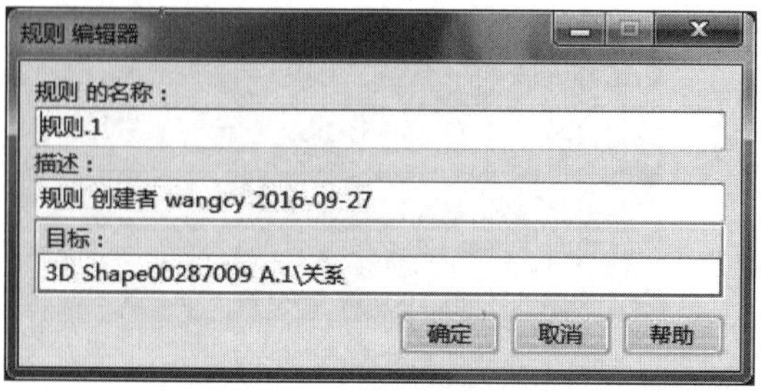

图 6-71 新建规则

义规则的名字、描述规则信息以及规则的目标位置。单击“确定”按钮，弹出规则编辑器对话框。

定义规则时，用户可以交互式的选择所需的特征，如从参数上、几何图形上或者字典参数库中选择参数，也可以选择几何元素等(图 6-72)。

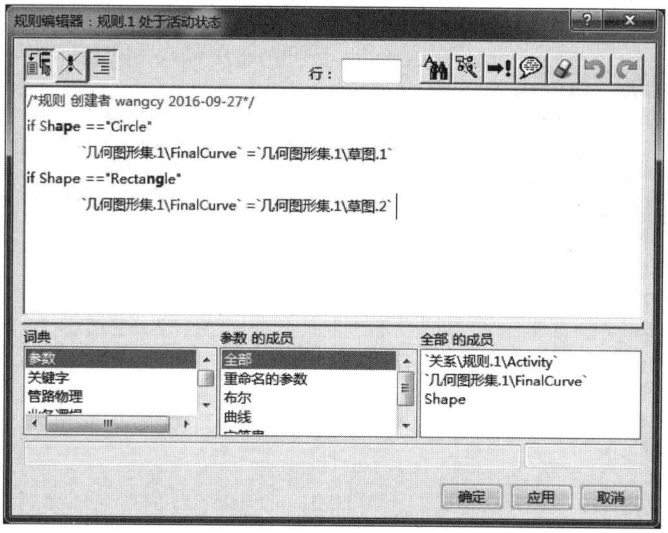

图 6-72 规则定义对话框

具体创建方法如下。

(1) 通过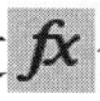命令，创建新参数，参数类型选择曲线，并命名为 FinalCurve(图 6-73)。

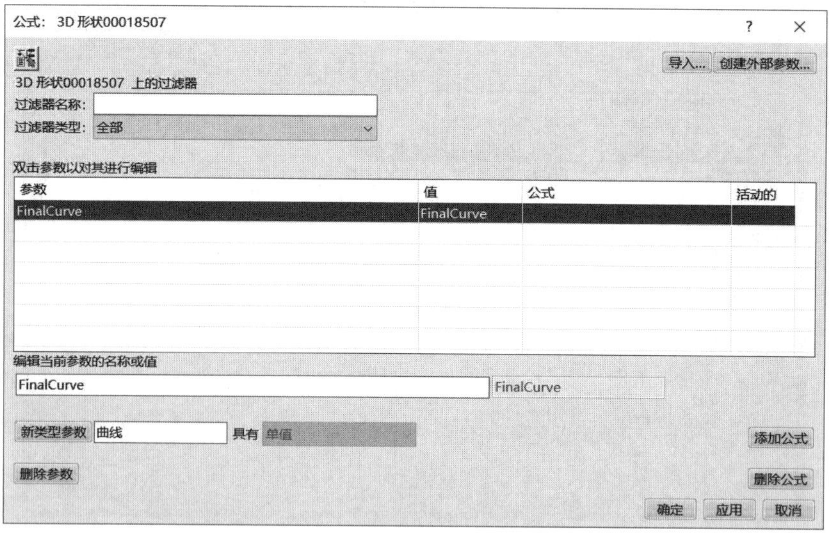

图 6-73 新建曲线类型参数

(2) 分别创建草图1和草图2:草图1为矩形,草图2为圆形(图6-74)。

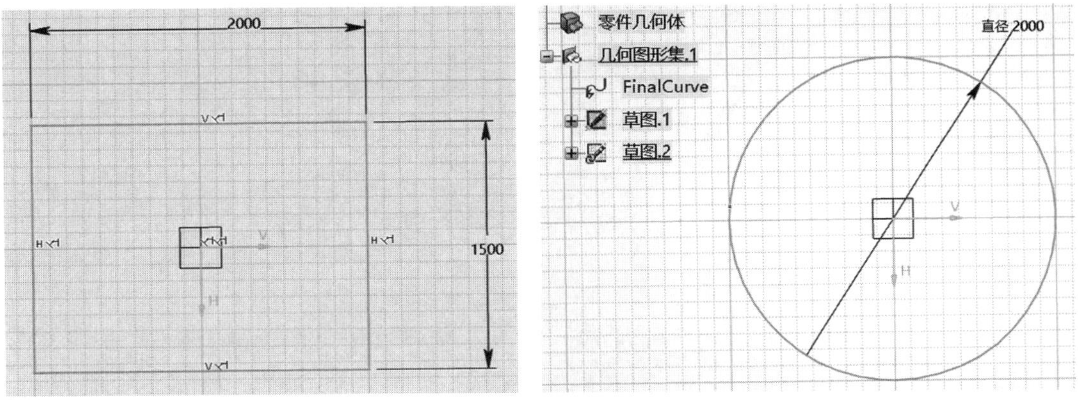

图6-74　分别创建草图截面

(3) 继续通过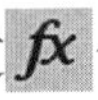命令,创建新参数,参数类型选择字符串,并具有多值,值分别为Circle和Rectangle(图6-75)。

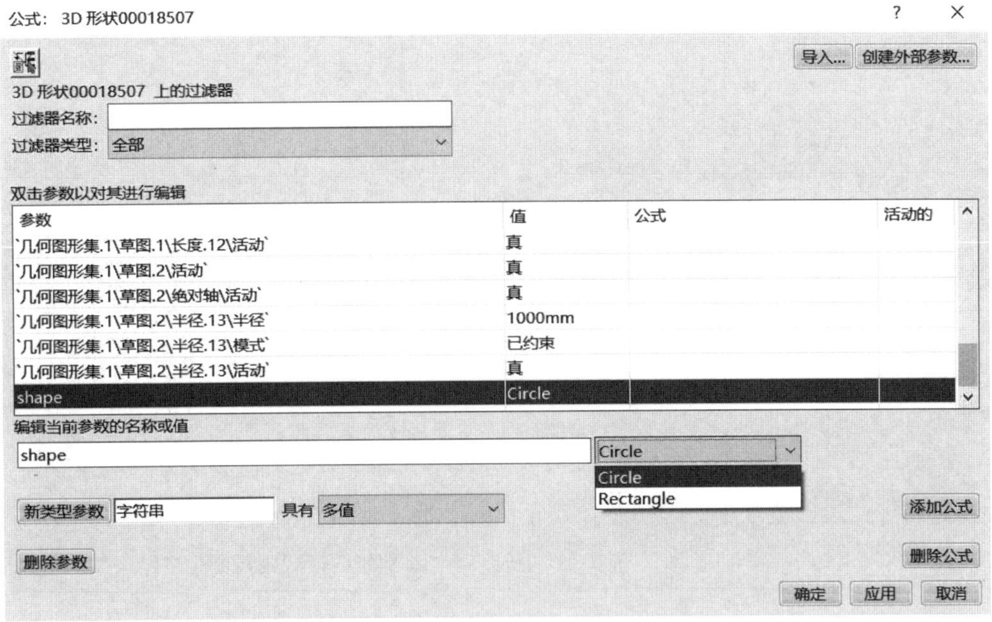

图6-75　为曲线参数定义多个值

(4) 切换APP到

,使用规则命令,创建规则(图6-76)。

(5) 通过凸台命令创建实体,轮廓选择FinalCurve(图6-77)。

(6) 当修改shape参数时,创建的实体模型根据参数自动更新(图6-78)。

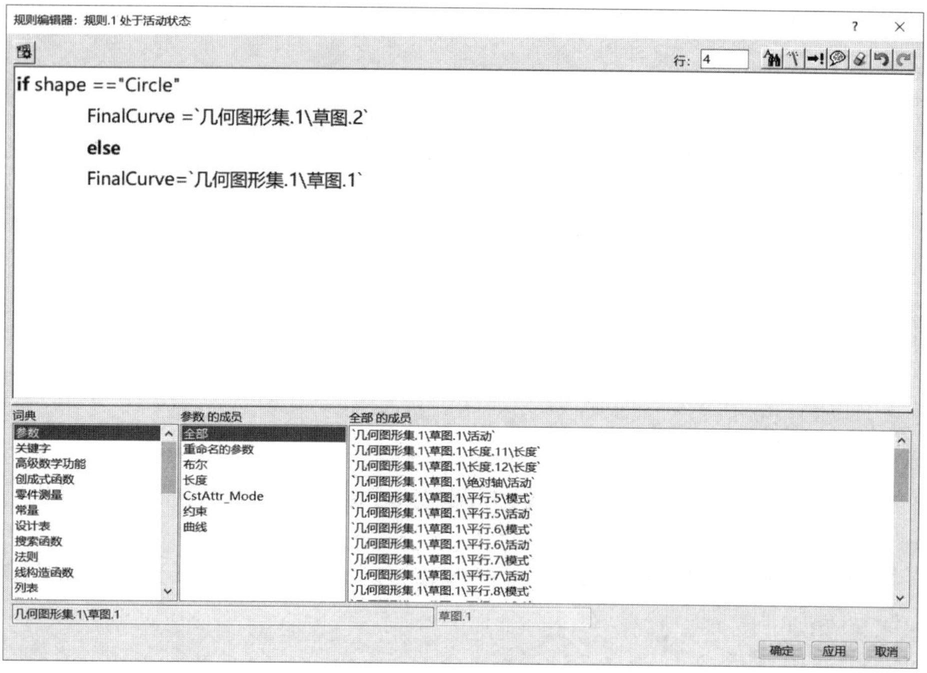

图 6-76 规则编辑对话框

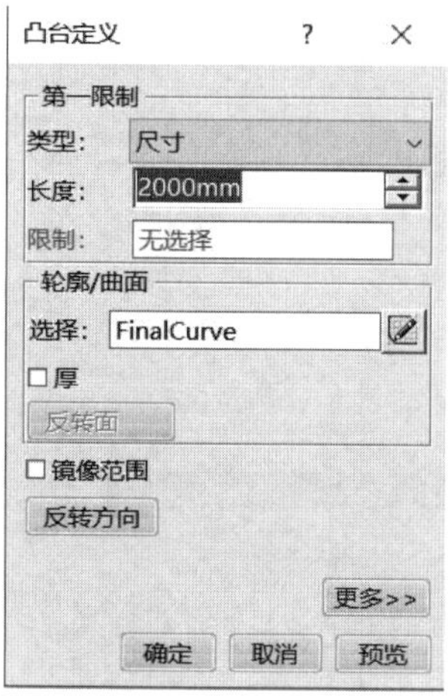

图 6-77 定义凸台

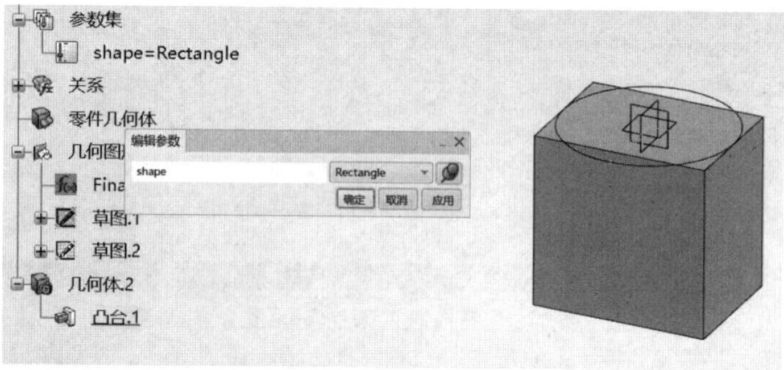

图 6-78 参数修改后规则控制生成结果

6.5.3 用户特征

用户特征(UserFeature)是运行在 3D 形状展示层级的特征级别知识工程模板，用户特征的内部设计过程是封装的，仅显示若干发布的参数或者输出的几何元素，安全性更高，更加有利于保存设计思路及企业知识。用户特征的使用过程包括用户特征定义和用户特征调用。

以下以创建参考轴系为例，描述用户特征的用法。该参考轴系用于在桥梁中心线上定位桥墩位置，且需要被批量创建。通过创建一个参考轴系的用户特征，可在桥梁中心线上进行轴系的快速实例化。

1. 确定输入条件

模板的输入条件一般根据模板的应用场景确定。参考轴系通常应放置在桥梁中心线上，因此，可基于桥梁中心线上的指定点进行创建，并且将轴系的 Z 轴方向设置为铅锤。根据这些分析，可以确定所创建用户特征的输入条件为桥梁中心线以及桥梁中心线上的点。

基于以上分析，用户须先新建空白零件，并在其中创建空间曲线（映射为桥梁中心线）和线上点（映射为桥梁中心线的线上点）作为用户特征的输入条件。因为模板在实例化时会重新选择正确的输入条件进行替换，所以，此处的曲线和线上点可随意绘制但必须去参数（图 6-79）。

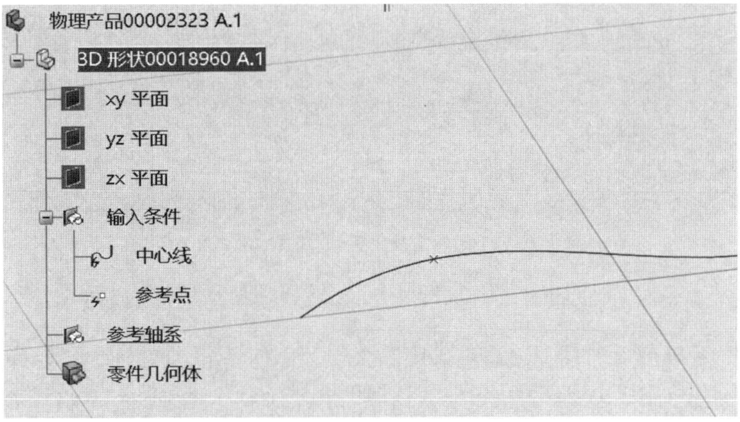

图 6-79　创建输入条件

2. 创建轴系特征

用户在创建模板所需的内容时，需要基于输入条件进行，且除可将已确定的输入条件及绝对轴系参考作为参考外，不可将其他无关内容作为参考。此例中，创建参考轴系的步骤如下（图 6-80）。

- 基于参考点创建铅垂线。
- 创建铅垂线在参考点位置的法向平面。
- 创建参考点位置与中心线的切线。
- 将切线投影到法向平面上得到投影线。
- 以参考点为原点，铅垂线为 Z 轴，投影

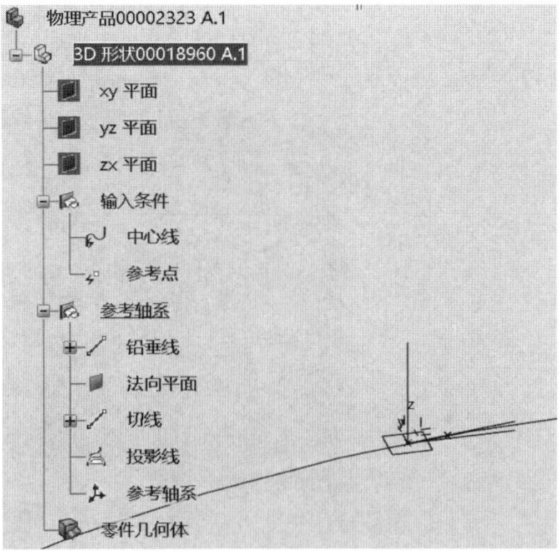

图 6-80　创建参考轴系过程

线为 X 轴，创建参考轴系。

3. 用户特征定义

当用户选择整个参考轴系的几何图形集时，程序将自动列出创建所需的输入条件。用户可在相应的选项卡中调整输入条件的名称、确定输出结果是否准确（图 6-81）。

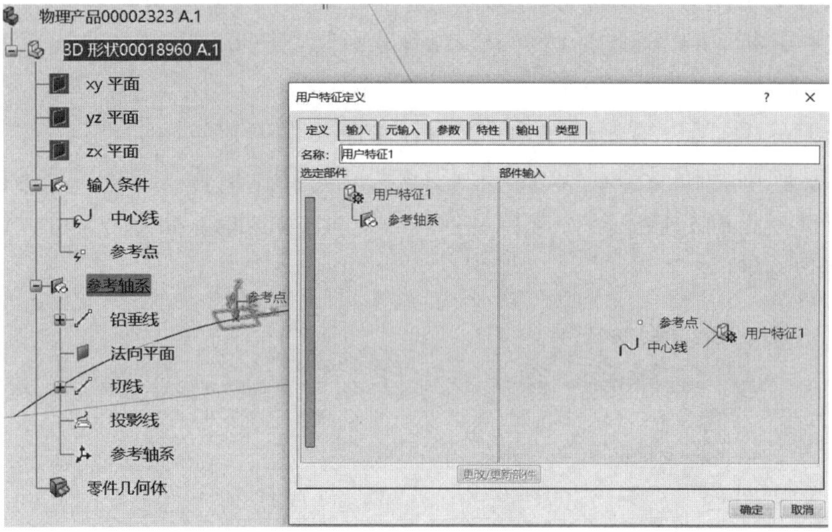

图 6-81　定义参考轴系用户特征

4. 用户特征调用

用户特征调用可使用“从选择实例化”命令，用户特征在实例化会弹出实例化的界面，用户可根据需求选择指定位置的输入条件进行特征的实例化（图 6-82）。

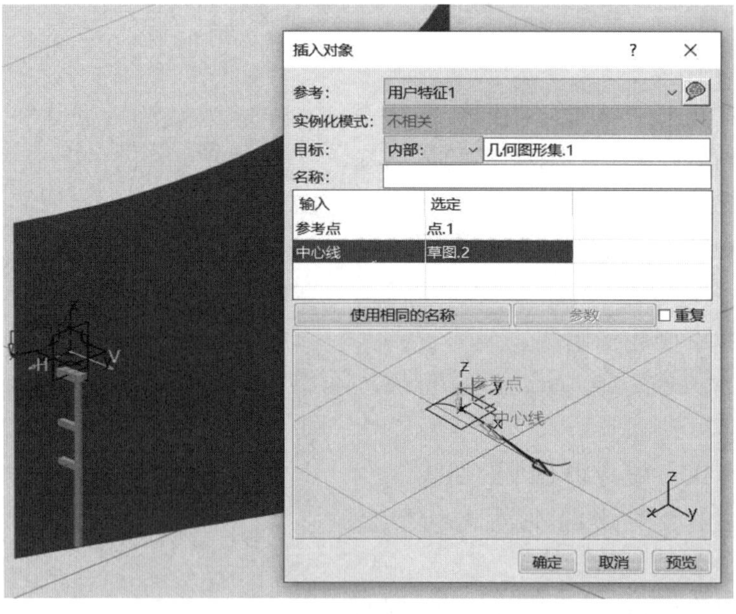

图 6-82　用户特征调用

6.5.4　工程模板

工程模板是将零件或产品以参数化的方式进行建模。工程模板要求在指定输入条件的基础上,创建后续所有的零件或产品,完成后将整个对象进行打包。打包完成的对象可以进行实例化,其实例化结果即为零件或产品。下面以创建桥墩为例,描述工程模板的用法。

1. 定义输入条件

工程模板的输入条件需根据场景确定,此例中以参考轴系作为输入,并定义参数作为后续可修改的对象(图 6-83)。

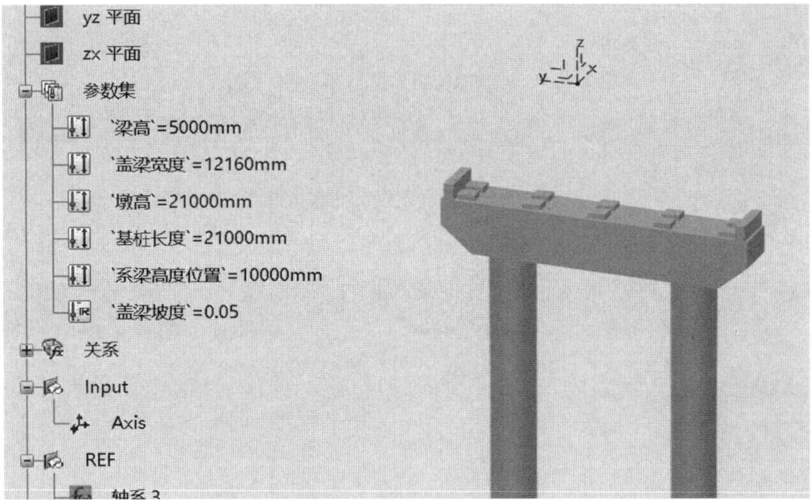

图 6-83　输入条件及参数定义

2. 创建桥墩模型

依据确定好的输入条件,创建桥墩各部分形状。创建的过程中,必须仅基于参考轴系创建所有的特征,不可引用其他多余参考。另外,在创建过程中,引用定义的用户参数(图 6-84)。

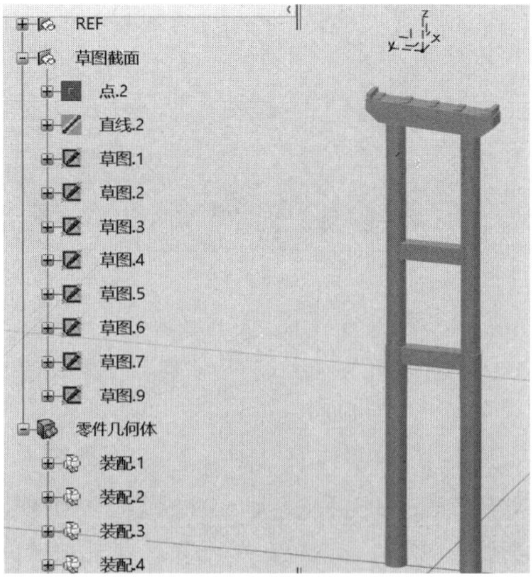

图 6-84　UDF 创建过程

3. 定义工程模板

工程模板是将桥墩作为一个整体进行打包,将输入条件设置为上述参考轴系,并将用户参数作为参数(该参数可用于在实例化时进行手动调整)进行发布。工程模板的定义界面如图 6-85 所示。

定义工程模板实例化的输入元素,如图 6-86 所示。

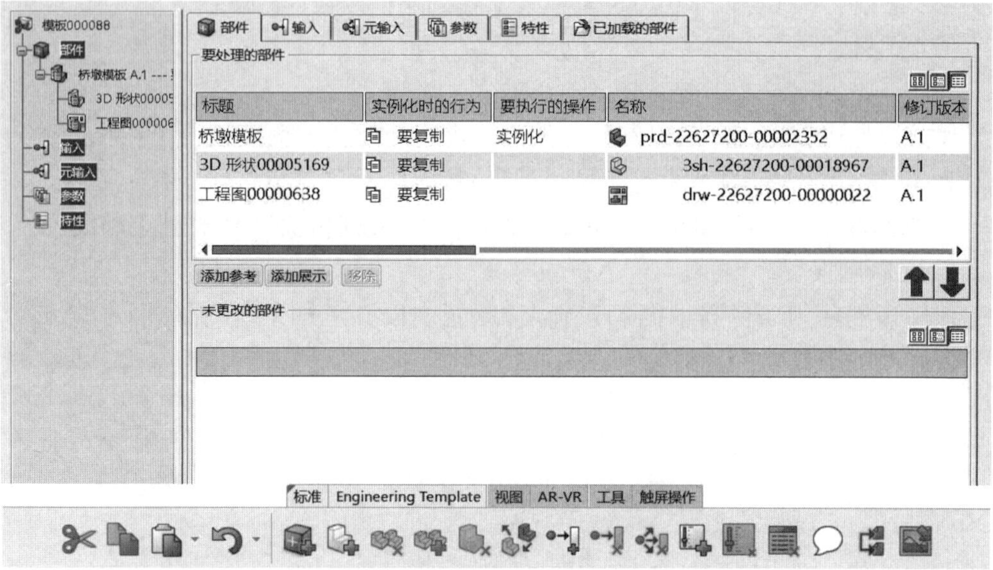

图 6-85　工程模板定义界面

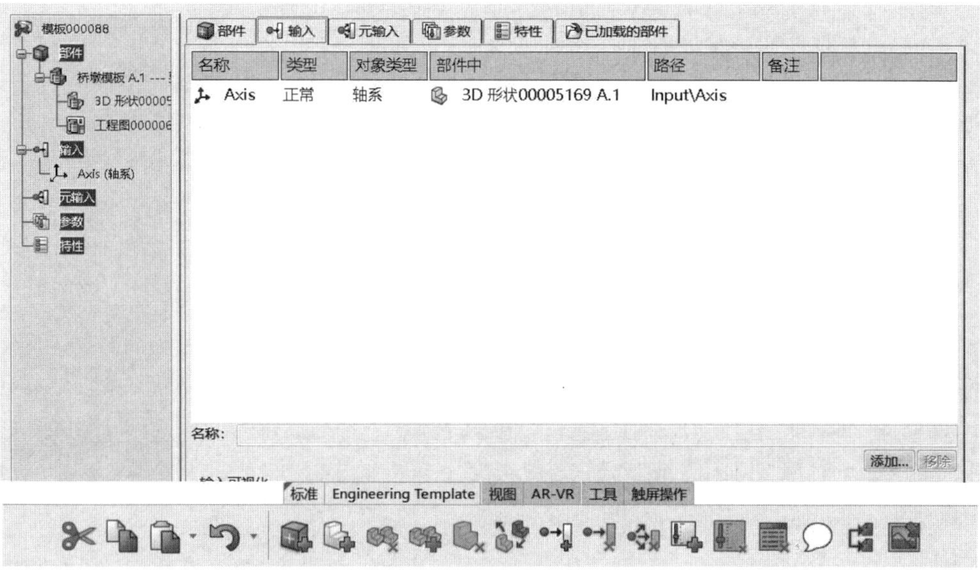

图 6-86　工程模板输入条件定义

工程模板可以发布参数(图 6-87),以便后续实例化时直接定义已发布参数的数值。

4. 工程模板实例化

在桥梁整体环境中,定义桥墩的参考轴系,然后通过工程模板实例化的工具来调用创建完成的工程模板,并将模板实例化至桥梁实例化环境中。实例化时,以参考轴系作为输入条件,并对发布的参数进行调整(图 6-88)。

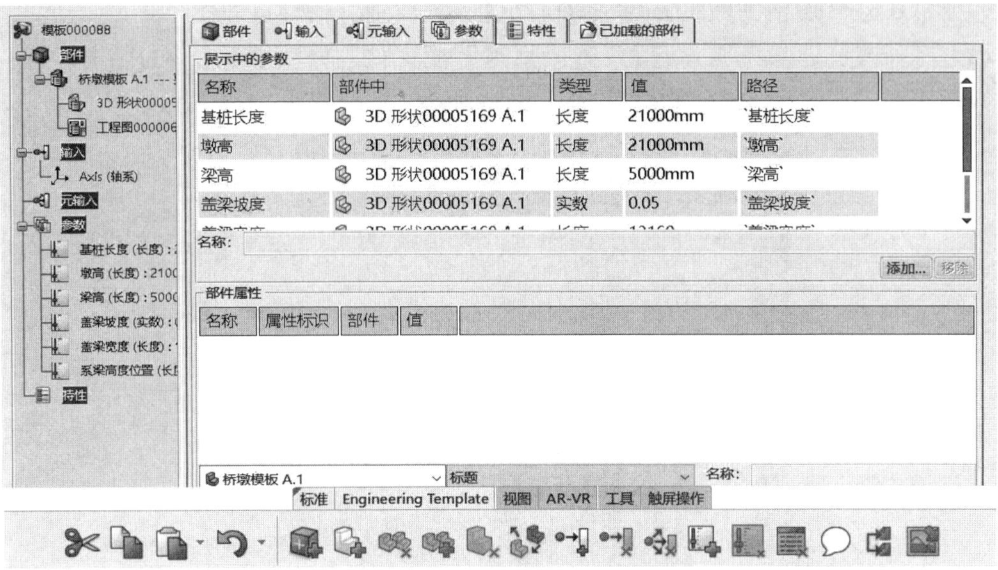

图 6-87　工程模板参数发布

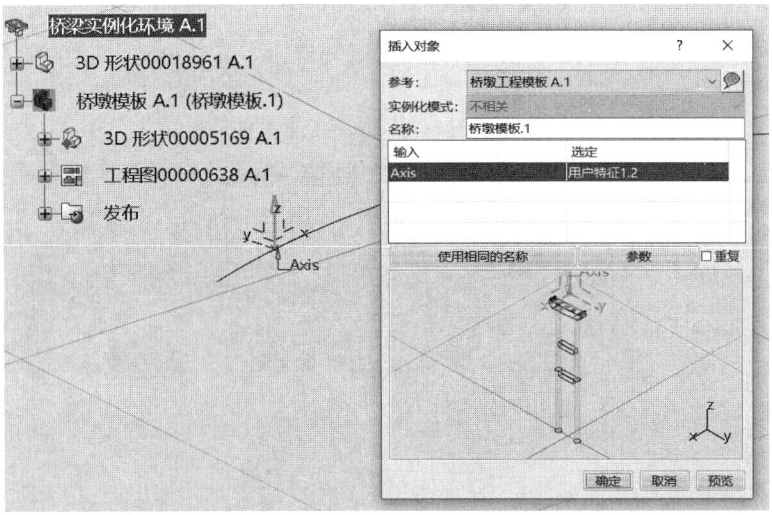

图 6-88　工程模板实例化

6.5.5　模板批量实例化

模板批量实例化是通过编写 EKL（Enterprise Knowledge Language，知识工程语言）程序，以实现批量自动化运行。EKL 的编写可在知识工程阵列和操作（Action）中进行，其中知识工程阵列主要用于用户特征的模板调用，Action 用于工程模板调用。

1. 知识工程阵列实例

该实例通过调用一个参考轴系的 UDF，批量创建一条线路上的多个轴系，创建过程中通过读取 Excel 表格的数据来设置轴系定位尺寸。

（1）打开或创建参考元素：打开桥梁整体环境文件，并整理定位点的位置表格，以便通过知识工程直接读取表格数据，生成定位点和参考轴系（图 6-89）。

	A	B	C	D	E
1	起始里程	终止里程	长度	定位点	桥墩立柱高度(mm)
2	6885	6906	21	21	10000
3	6906	6936	30	51	12000
4	6936	6956	20	71	15000
5	6956	6981	25	96	21000
6	6981	7001	20	116	23000
7	7001	7021	20	136	20000
8	7021	7046	25	161	21000
9	7046	7076	30	191	20500
10	7076	7111	35	226	19000
11	7111	7137	26	252	15000
12	7137	7177	40	292	12000
13	7177	7222	45	337	10000
14	7222	7252	30	367	8000

图 6-89　桥墩定位点数据

（2）创建资源表：将文档要实例化的 UDF 添加到资源表内（图 6-90）。

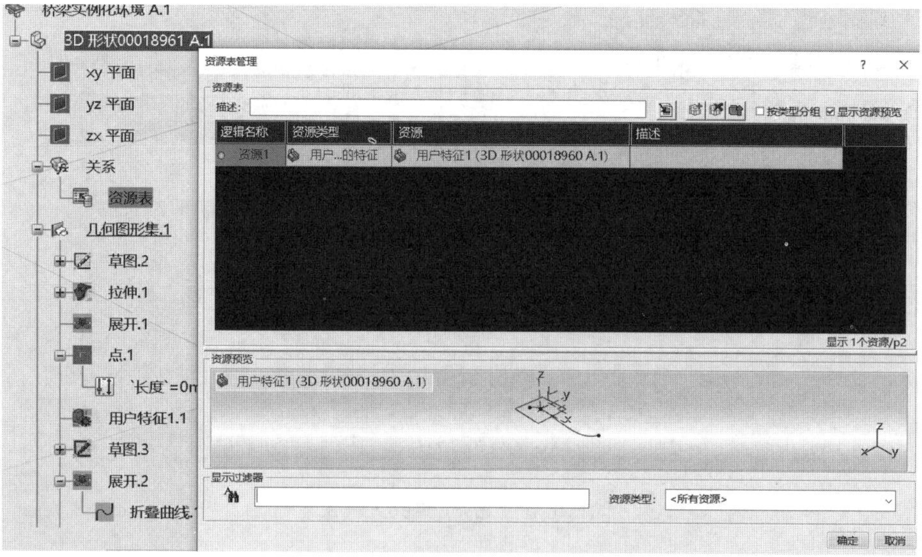

图 6-90　资源表定义对话框

（3）点击知识工程对话框，并编写实例化代码（图 6-91）。代码内容如下：

```
let i(Integer)                //声明整数变量
let Sheet(DTSheetType)        //声明表格变量
let AX(UserFeature)           //声明 UDF 变量
let SheetPath(String)         //声明字符串变量,用于存储表格路径
let RefPoint(Point)           //声明点变量
```

```
let CV(Curve)                    //声明曲线变量

CV =`几何图形集.1\桥梁中心线`          //将桥梁中心线赋值给变量 CV
SheetPath = "E:\AxisSystem.xlsx"    //将表格路径赋值
Sheet = CreateSheet(SheetPath)      //读取表格
i = 1                               //为变量 i 赋初始值
for i while i< = 13                 //i 从 1 开始循环到 13 结束
{
    RefPoint = new("Point","Point_" + i,`参考点`)//新建点并存储在参考点几何图形集中
    RefPoint = pointoncurve(CV,NULL,Sheet.CellAsReal(i,4),true)  //新建点的方式为沿曲线建立,曲线为中心线, 长度读取表格数据
    AX = CreateOrModifyTemplate("资源 1",`参考轴系`,`关系\知识工程阵列.1\列表.1`,i)  //调用资源表中名称为"资源 1"的用户特征
AX.SetAttributeObject("中心线",CV)      //输入条件为"中心线"用 CV 替换
AX.SetAttributeObject("参考点",RefPoint)      //输入条件为"参考点"用 RefPoint 的变量替换
EndModifyTemplate(AX)           //结束模板调用
AX.Name = "AX_" + i          //为用户特征命名
}
```

图 6-91 知识工程阵列定义

(4) 执行知识工程阵列，结果如图 6-92 所示。

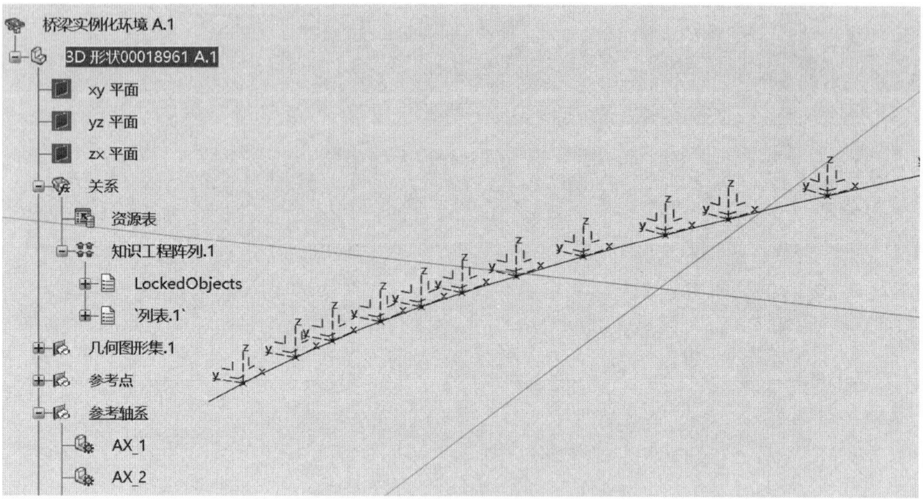

图 6-92 知识工程阵列执行结果

2. 操作(Action)

操作(Action)可调用工程模板来进行批量实例化。工程模板调用时，需要注意实例化目标必须是产品级别。同时，需要考虑模板类型是否符合当前的结构规则，因为在土木工程类型的构件中，父子级按工程规则进行定义。在上述参考轴系环境下，继续进行桥墩的工程模板实例化。

(1) 定义资源表，并在当前环境中进行工程模板的关联(图 6-93)。

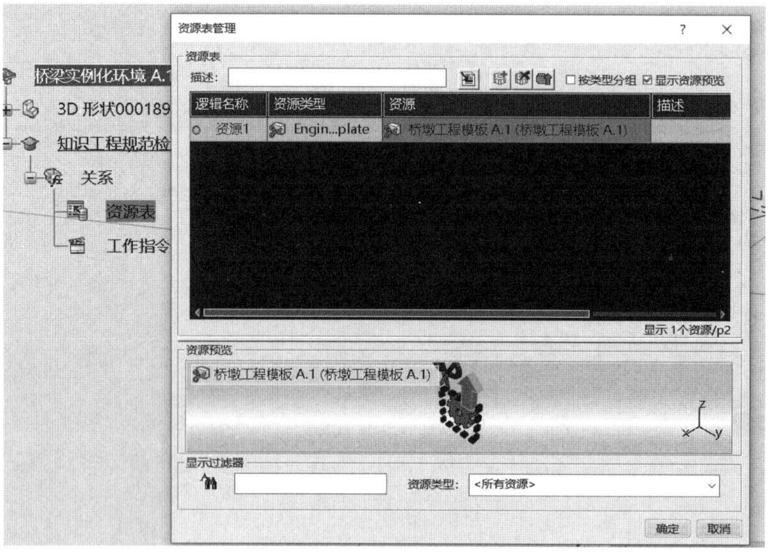

图 6-93 资源表定义

(2) 在 EngineeringRule Capture 模块中选择 Action，进行知识工程语言的编写

(图6-94)。代码内容如下：

```
let i(Integer)                 //声明整数变量
let Fe(Feature)                //声明特征变量
let AXList(List)               //声明列表变量
let DT(DTSheetType)            //声明表格变量
let DTPath(String)             //声明字符串变量,用于定义表格路径

DTPath = "E:\AxisSystem.xlsx"  //为变量赋值为表格路径
DT = CreateSheet(DTPath)       //读取指定路径下表格

AXList = AX.Query("UserFeature","")//为列表变量赋值,值为选择的AX内过滤所有的UDF

i = 1
for i while i< = AXList.Size()  //i从1开始循环到列表最大数量
{
    Fe = InstantiateTemplate("资源1",VP)  //调用工程模板，放置在VP下(VP在运行时选择
指定的产品)
        Fe.SetAttributeObject("Axis",AXList[i])  //定义输入条件，从列表中读取
    Fe.SetAttributeReal("墩高", DT.CellAsReal(i,5))  //从表格中读取参数对墩高进行赋值
    EndModifyTemplate(Fe)
    Fe.Name = "桥墩_" + i  //为产品实例名进行命名
}
```

图6-94　Action中编写EKL

(3) 运行 Action，按提示进行选择和设置。首先选择实例化目标，此处须选择根节点产品，然后选择参考轴系的几何图形集，展开 3D 形状中的轴系几何图形集进行选择，最后点击确定，由程序进行最终的运算。此例的最终运行结果如图 6-95 所示。

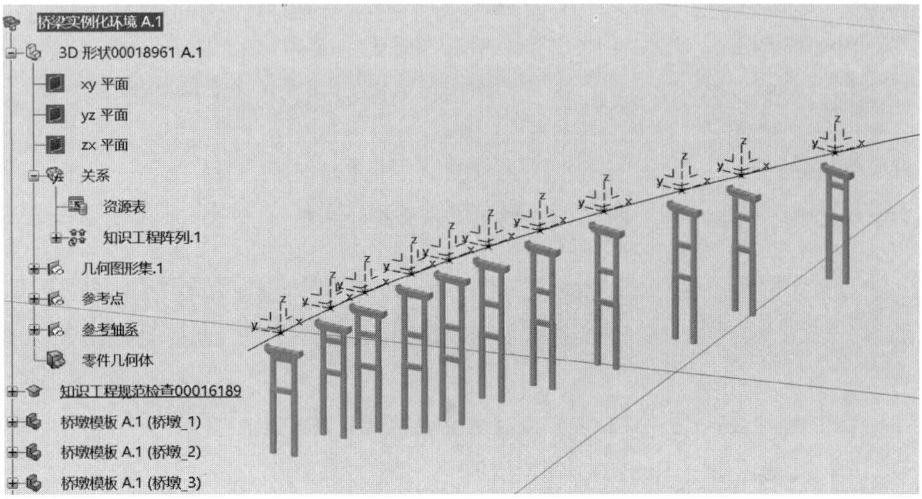

图 6-95 Action 运行结果

第 7 章　CATIA 市政交通功能

7.1 概　述

土木工程行业流程体验以 3DE 平台为基础，可以在集成 BIM 环境中以“端对端”的方式（从规划和设计到建造与执行）高效、统一地满足项目需求，可进行校勘、建模和模拟点云、地形、土方工程、水文、地质、校直等。

土木工程集成 BIM 环境将适当的技术连接在一起，提供了一种高度协作的方法，充分利用人才、技能和技术，实现高性能、高价值和高效率。

CATIA 土木工程协同设计套包主要面向土木工程师，提供专门应用于此的模块集合，其中，平台基础协同包主要应用于平台的数据协同集成，实现独立数据源与数据共享的目的，实现设计数据管理和协同，围绕 PLM 的基础架构进行应用，进行基本的统一数据管理。

在 CATIA 的设计流程中，针对市政工程道路、桥梁和隧道等带状工程，可采用“骨架线＋模板”的设计模式。首先，通过骨架线定义工程结构的基本形态，再通过把构件模板附着到骨架线来创建工程实体模型。通过对构件模板的不断细化，就能实现 LOD 逐渐深化的设计过程。而一旦调整骨架线，所有构件的尺寸可自动重新计算生成，极大地提高了设计效率。

CATIA 的设计环境具有强大的参数化设计能力，设计师只需要决定基本造型特征，并描述构件之间的逻辑关系，然后软件可以自动根据逻辑关系生成参数化的模型细节。当造型特征发生变化时，软件也将自动根据逻辑关系去更新参数化的模型。因此，CATIA 具有在整个项目周期内的强大修改能力，即使是在设计的最后阶段进行重大的修改。

由于 CATIA 和 DELMIA、ENOVIA 等产品都基于统一的 3DE 平台，CATIA 的数据能够直接进入生命周期下游应用的各个模块。三维模型的修改，能完全体现在有限元分析、虚拟施工、项目管理等流程中。

7.2 地形设计

在市政交通设计过程中，需要以现场地形数据作为设计参考。地形数据可通过相关勘察单位或由勘测部门获取，可以是点云、等高线、地形图等各种类型。CATIA 可以将获取的地形数据导入，并创建地形网格曲面。

7.2.1 地形导入

地形是土木工程设计的基础依据，在 CATIA 中创建地形有多种方式进行，可以导入激光点云数据或点坐标文件，也可导入 STL、FBX 或 DAE 格式的数据文件(表 7-1)。用户可基于导入的数据文件创建地形曲面，并对地形曲面进行相应的分析。

表 7-1 可导入的点云格式

格式	文件扩展名	特征类型
ASCII RGB	*.asc_rgb, *.xyz_rgb	点云
ASCII 用户格式	*.asc_fmt	点云
ASCII free	*.asc, *.ascii, *.libre	点云
Cgo	*.cgo, *.cgo_ascii	点云
GoCad(曲面) *	*.ts	网格
LIDAR	*.las, *.laz	点云
Srtm	*.hgt	网格
Stl(包括 ASCII 和二进制)	*.stl	网格

7.2.2 点云过滤

点云数据导入后，须整理点云数据，包括对点云数据进行清理和过滤(图 7-1)，并对冗余点进行删除。

图 7-1 点云过滤

7.2.3　地形曲面生成

选择处理好的点云或等高线，即可根据精度进行设定并创建地形曲面(图 7-2)。

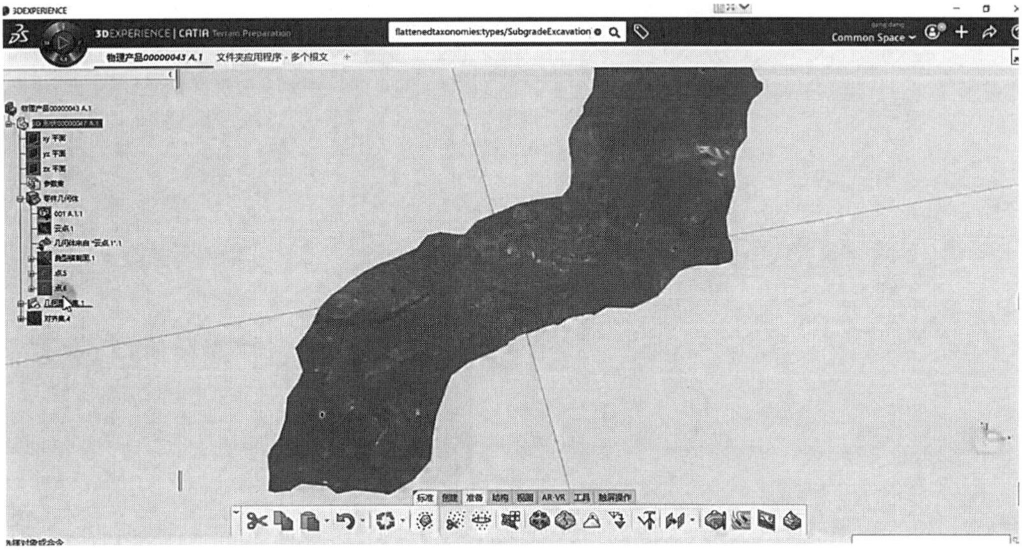

图 7-2　基于点云创建地形曲面

7.2.4　地形分析

创建好的地形曲面是网格面，在地形曲面的基础上可以进行设计相关的分析。CAITA 中可以支持的分析类型有高程分析、水域分析、跌水分析、流域分析等(图 7-3)。

图 7-3　地形分析

7.2.5 地形设计案例

以点云数据导入为例，创建地形曲面主要步骤如下。

（1）新建地形文件，设计范围为大范围，并勾选上创建 3D 零件选项（图 7-4）。

（2）导入点云文件（图 7-5）。

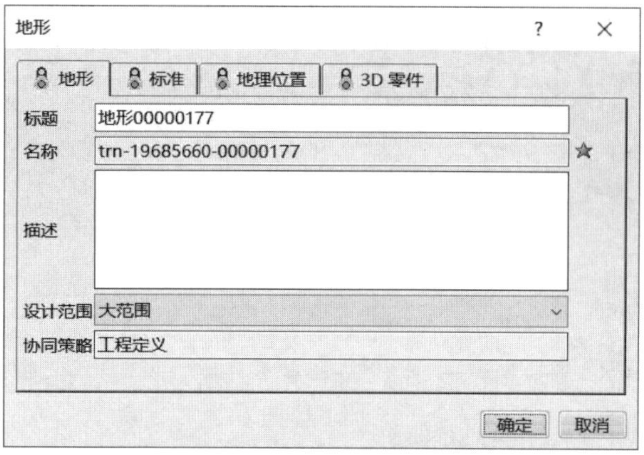

图 7-4 新建地形文件

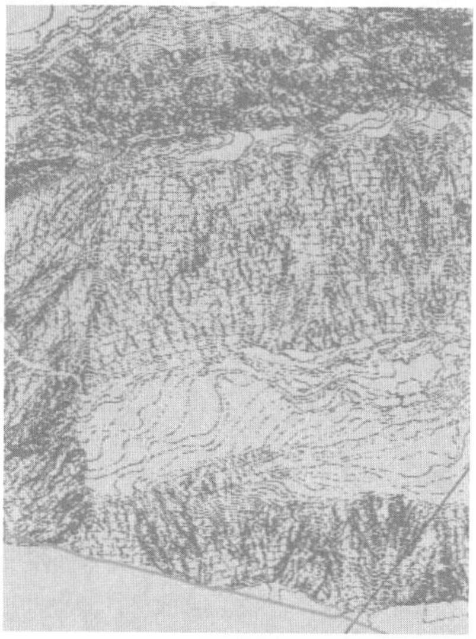

图 7-5 导入点云

（3）生成地形网格曲面。生成时，可在对话框中设置网格面生成的精度（图 7-6）。

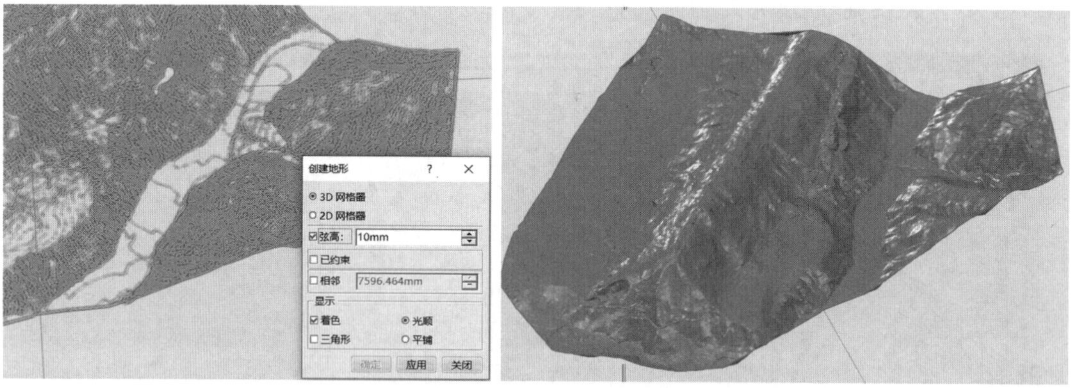

图 7-6 生成地形网格面

（4）地形分析。可以对地形进行高度分析，也可根据高度定义生成等高线（图 7-7）。此外，通过地形拓扑分析功能，对地形进行地形流域分析、跌水分析等（图 7-8）。

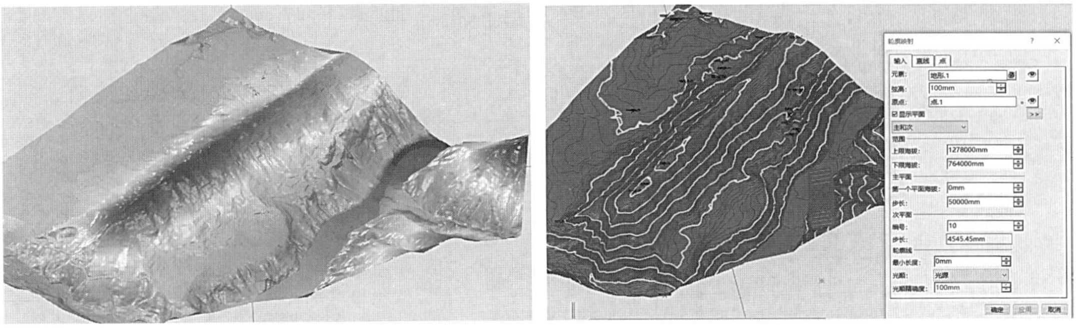

图 7-7　高程分析与等高线

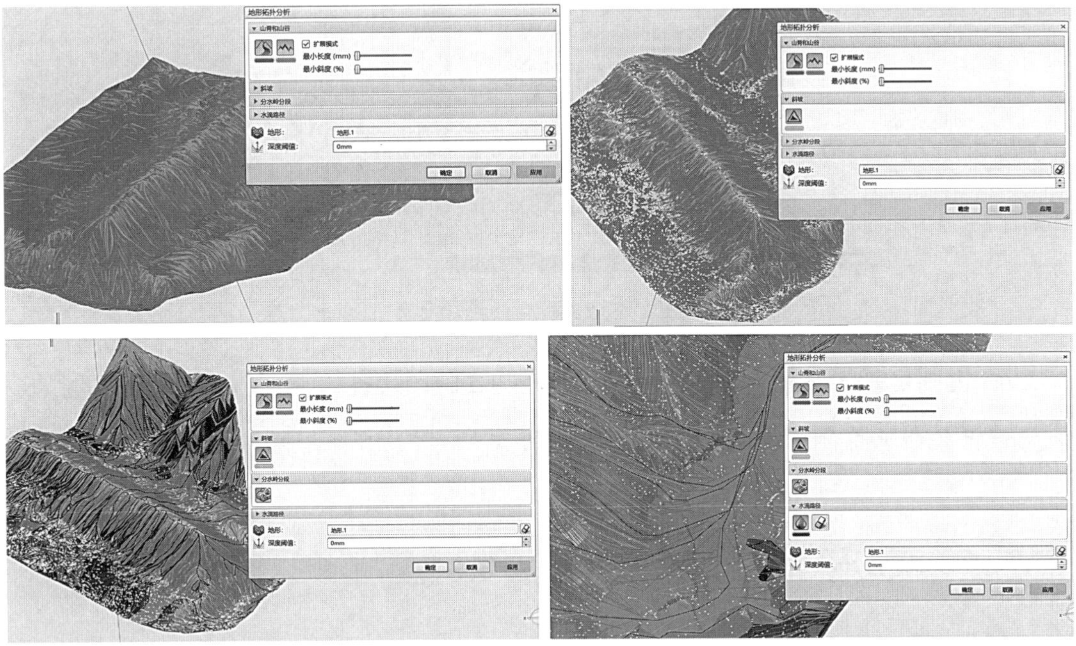

图 7-8　地形拓扑分析

7.3　线 路 设 计

线路设计模块提供了专业化的功能，可实现平曲线、纵曲线的绘制，并将平曲线与纵曲线合成，生成三维的道路中心线。绘制平曲线与纵曲线时，软件内根据设计规则可进行动态的设计检查。

进行设计之前，应在系统中定义设计规则，并由系统在绘制过程中检查是否符合设计规范要求。设计规则用于在创建线路时检查设计的合规性，在 data setup 中设置，并存储于 CATIA 客户端安装路径下\B420\win_b64\startup\Civil\Alignment 样本文件 Alignment design rule sample。

设计规则帮助设计者检查以下设计要素是否符合要求(图 7-9)。

- 圆曲线半径；
- 缓和线、圆曲线和回旋线长度；
- 纵坡。

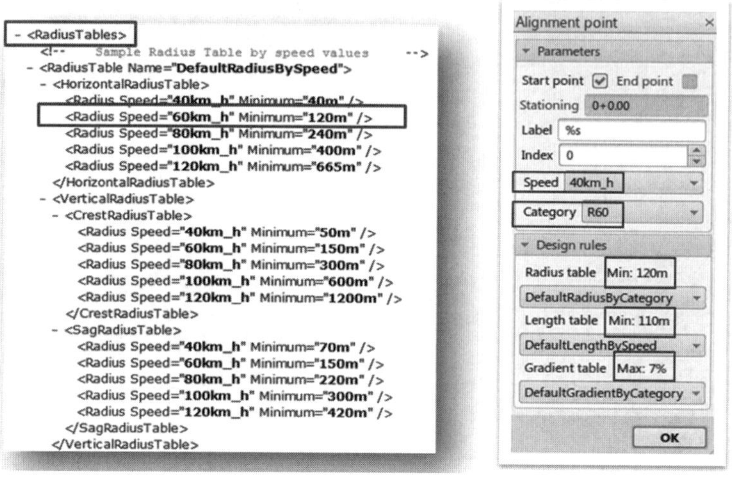

图 7-9 线路检查规则定义

设计规则可基于设计车速和道路类型分类(如国道、省道、县道、乡道等)。例如：在法国，道路分类有 R60、T80 等，数字代表设计车速(km/h)，R 代表公路，T 代表快速路，L 代表高速路。

7.3.1 平曲线设计

基于线路平曲线是位于与 *XY* 面平行的平面上的二维草图，包含二维几何元素，一般绘制平曲线的流程如图 7-10 所示。

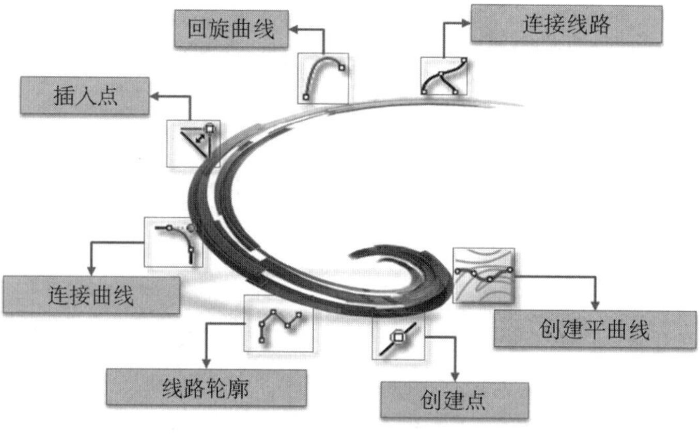

图 7-10 平曲线绘制流程

根据 3D 投影创建点命令创建线路点，并通过线路点创建平曲线（图 7-11）。在线路助手面板上设置"动态检查"，可在创建平曲线过程中由系统自动根据规范进行检查并提示。此外，创建的平曲线能自动生成里程点标注。

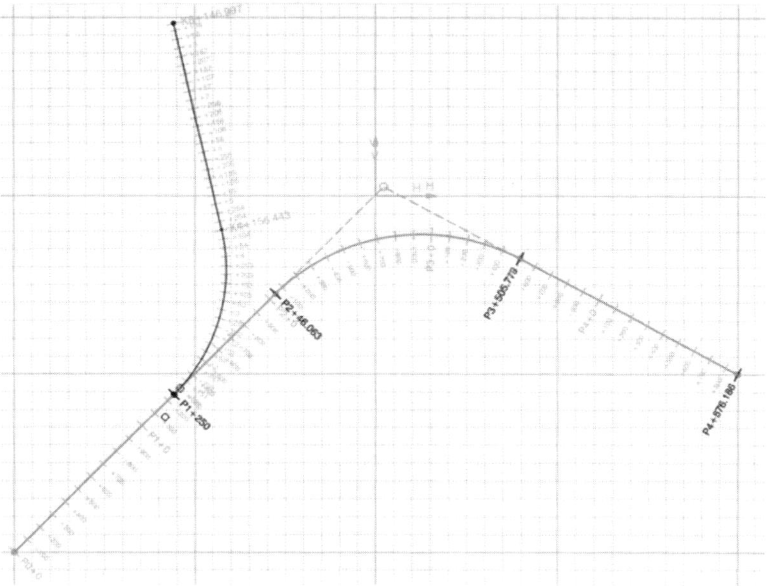

图 7-11　绘制平曲线

7.3.2　纵曲线设计

纵曲线是沿着线路展开在草图平面（该平面与 XY 面垂直）上的，纵曲线设计（Z 轴方向变形，基于多个地质层的开挖计算）的一般流程如图 7-12 所示。

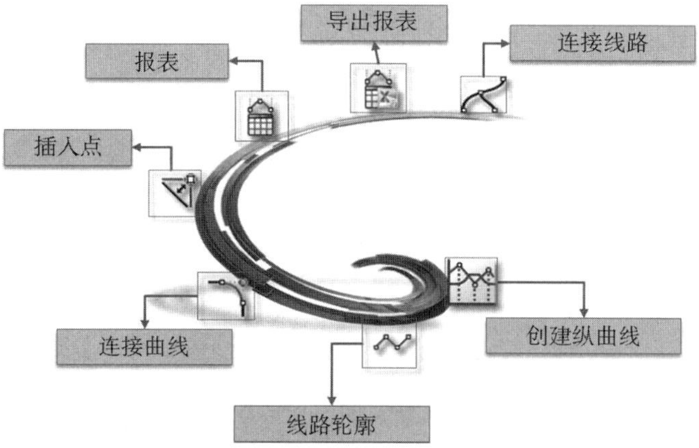

图 7-12　纵曲线绘制流程

使用线路轮廓命令创建线路纵向轮廓（图 7-13）。

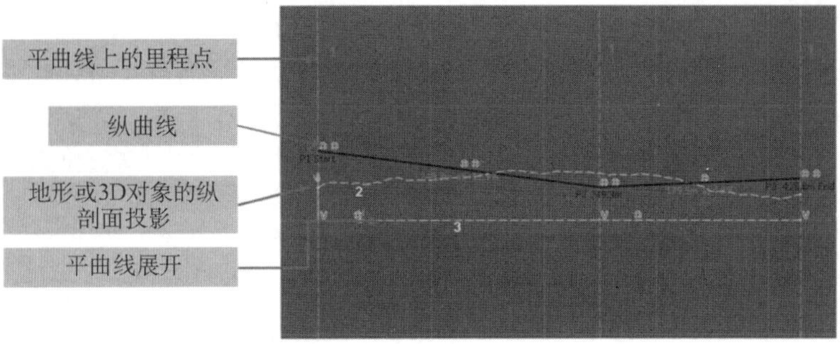

图 7-13 纵曲线绘制

在纵曲线绘制过程中，可根据绘制的纵曲线计算挖填方（图 7-14）。挖填计算的目标可设定为最小化挖填体积、平衡挖和填的体积、决定建造价格。影响挖填量的因素有地形表面的起伏、线路断面轮廓、挖填角度等。

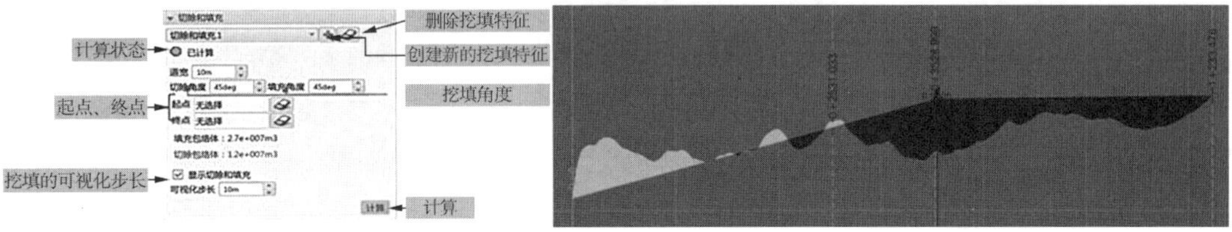

图 7-14 挖填方计算

3D 的道路中心线通过以上绘制平曲线和纵曲线结合而成。

7.3.3 创建道路曲面

道路曲面是根据道路中心线，由软件自动生成的曲面。生成道路曲面时，可根据三种方式设定道路曲面的横坡，即自动方式、法则方式和固定角度方式。其中，自动方式将道路曲面的横坡设定为根据系统定义的规范文件变化；法则方式将道路曲面的横坡设定为根据创建法则曲线自动变化；固定角度方式是将生成的道路曲面横坡设定为固定坡度（图 7-15）。

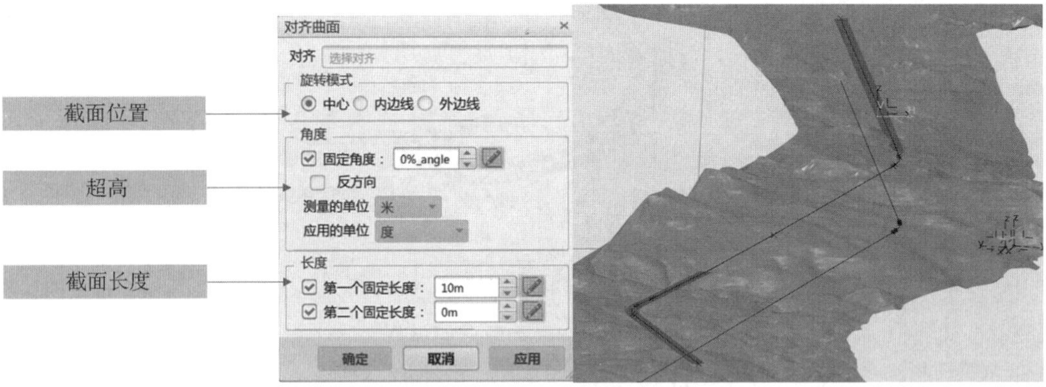

图 7-15 创建路面曲面

7.3.4　横断面设计

横断面设计采用草图绘制的方式创建横断面，分为填方和挖方两部分绘制(图 7-16)。绘制的横断面存储在结构树上，也可存放在数据库中，并可根据需要随时调用。

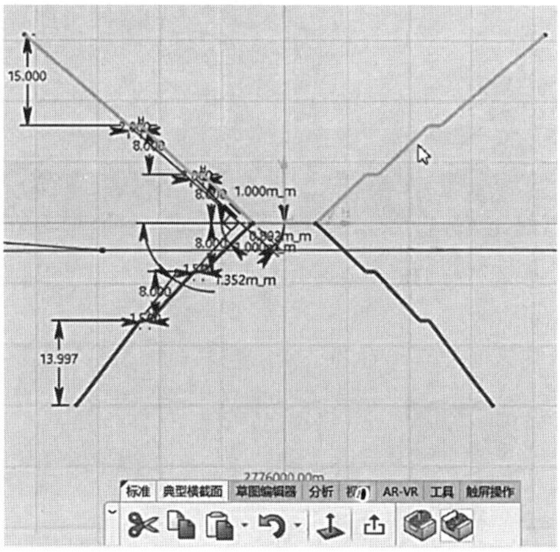

图 7-16　横断面绘制

7.3.5　道路初步设计

道路初步设计是根据横断面模板创建带状的道路曲面，包括边坡挖填将道路曲面与地形曲面合并，生成完工的地形曲面(图 7-17)，并可进行快速土方挖填量计算。

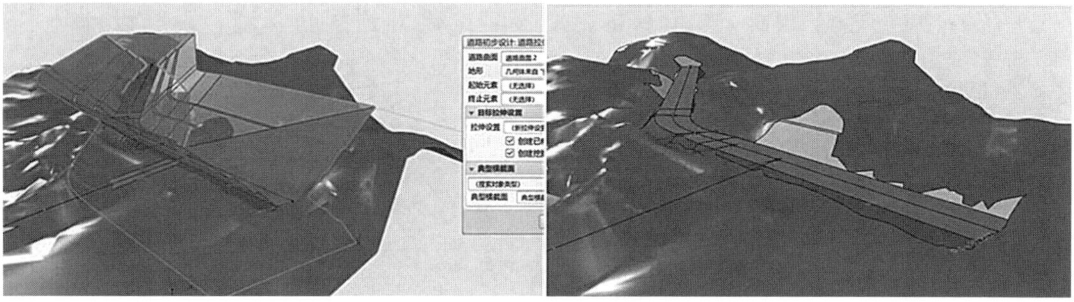

图 7-17　道路边坡处理

7.3.6　交叉口处理

道路交叉口使用参数化模板功能实现。首先创建交叉口的参数化模板；然后在交叉口处理时，将道路曲面和道路中心线作为输入条件，交叉口的处理方式可在模板中进行细化完成;最后在实际项目中通过模板调用,即可自动根据模板的逻辑进行计算,对现有道路曲面进行处理(图 7-18)。

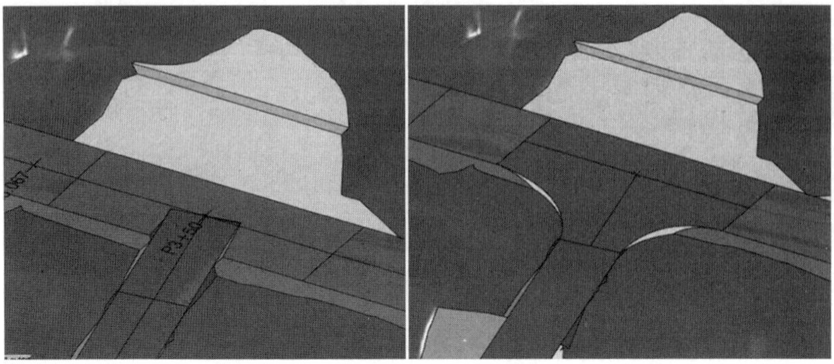

图 7-18 交叉口处理

7.4 钢筋设计

钢筋设计可以使用基于内置的钢筋模板库进行钢筋建模(内置库包含三大类、数十种预定义的钢筋模板),还可以基于施工需要来切割钢筋,以及将钢筋模型输出成 BVBS 格式,以便导入数控机床进行自动加工。此外,结合强大的参数化能力,还能实现与混凝土联动的钢筋设计。

7.4.1 钢筋模板

平台内预制了钢筋模板,选择不同的模板实例化得到钢筋模型。钢筋设计基本流程如图 7-19 所示。

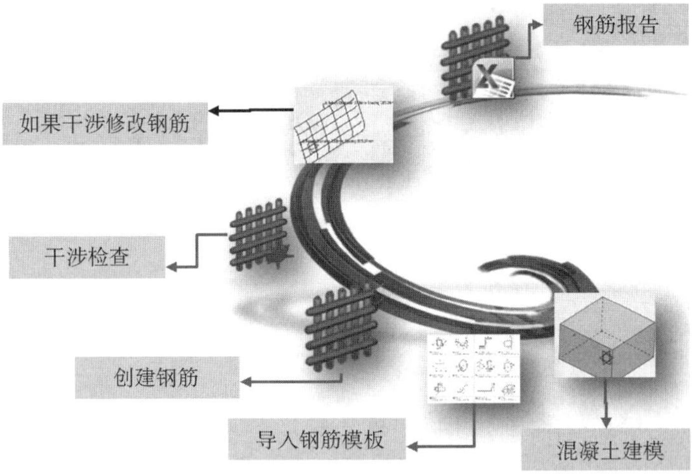

图 7-19 钢筋创建流程

（1）根据钢筋布置图，判定钢筋构造类型并选择钢筋模板。

（2）输入参考控制面，设置钢筋参数（阵列、数量、间距、弯钩）并创建钢筋。

（3）对钢筋进行干涉检查并调整钢筋位置。

（4）导出钢筋数量报表。

平台内预制的模板分为以下三种类型。

（1）Fixed：钢筋形状是固定的。

（2）Adaptive LP：钢筋形状受平面限制。

（3）Adaptive FS：钢筋形状可跟随曲面变化。

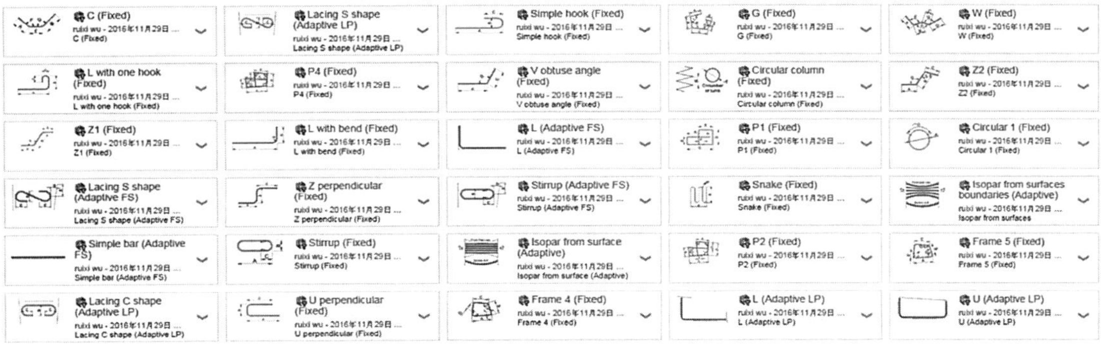

图7-20　钢筋模板

模板搜索界面三者的缩略图颜色有所区别，分别是红色、蓝色和黑色。

创建钢筋有以下四种方式。

（1）根据模板库选择钢筋模板，创建钢筋的过程中可以为钢筋添加折弯和弯钩（图7-21）。

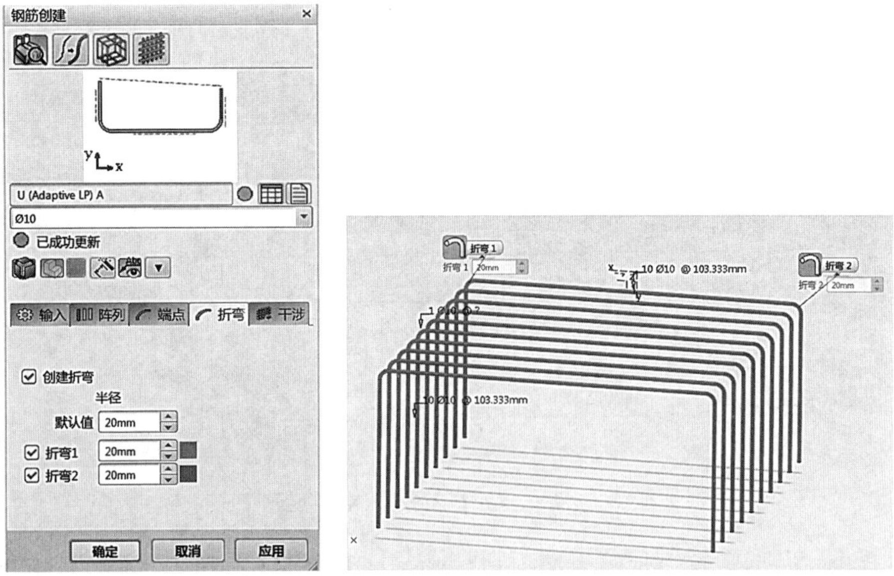

图7-21　通过模板创建钢筋

(2) 创建曲线,并根据选择的曲线生成钢筋。选择创建钢筋时,既可以选择已有曲线,也可以新建曲线,同时可设置为无阵列或有阵列,在选择阵列时,还可编辑阵列参数,此外,还可指定端点和折弯(图 7-22)。

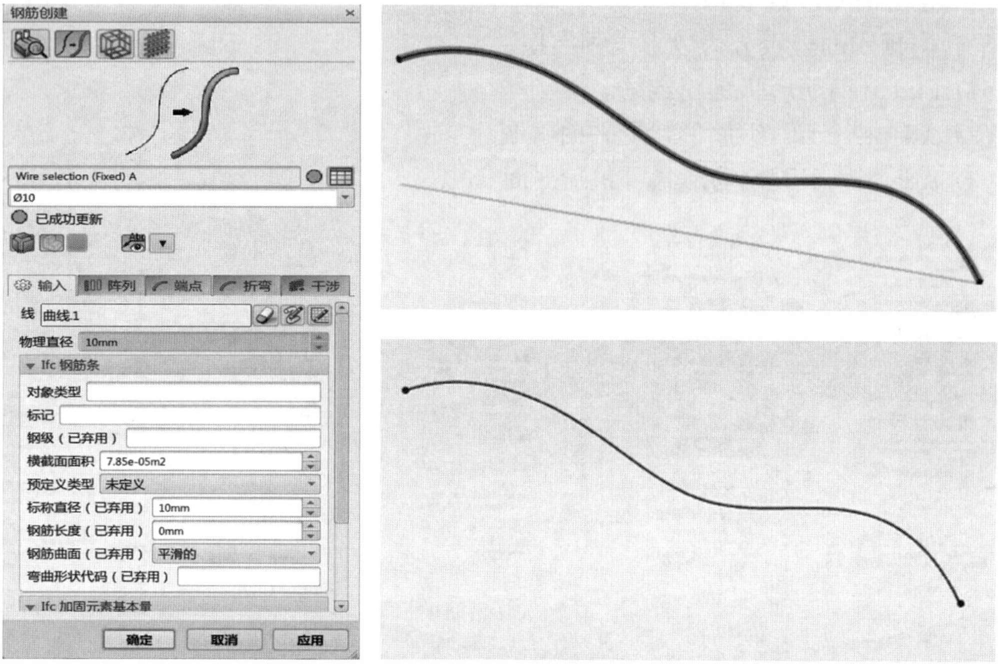

图 7-22 通过曲线创建钢筋

(3) 根据已有钢筋创建箍筋。创建箍筋时,可选择已经创建的钢筋创建箍筋,并设置类型(图 7-23)。

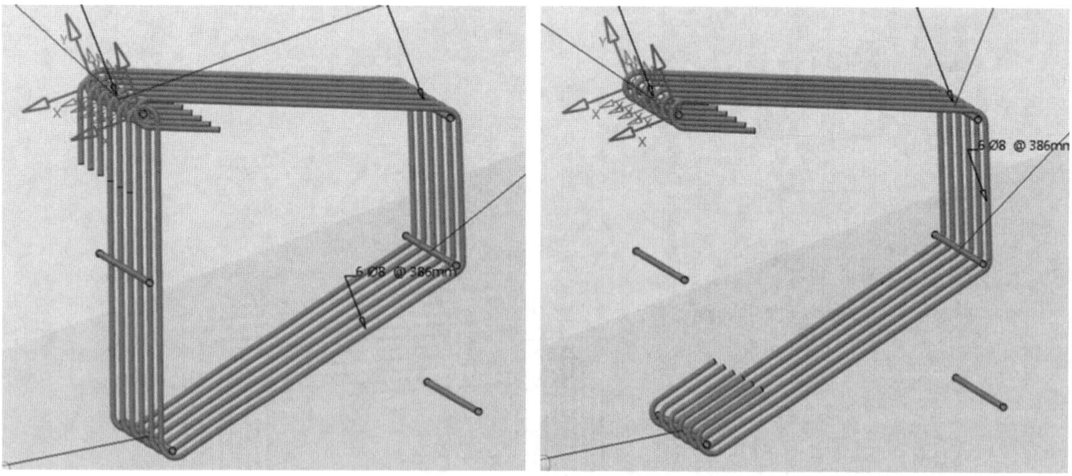

图 7-23 通过已有钢筋创建箍筋

(4) 钢筋网的创建是根据已有的多根钢筋创建与已有钢筋垂直的钢筋网(图 7-24)。

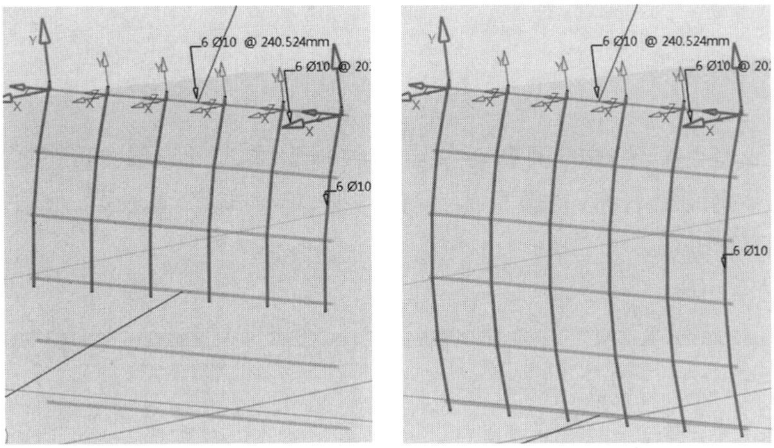

图7-24 通过已有钢筋创建钢筋网

7.4.2 钢筋干涉分析

钢筋干涉分析可以分析同一钢筋组或不同钢筋组之间是否存在干涉、接触或者间隙。同时，可以通过钢筋干涉命令全局分析不同钢筋图层之间的干涉，也可以通过干涉分析命令分析当前钢筋图层的干涉情况(图7-25)。

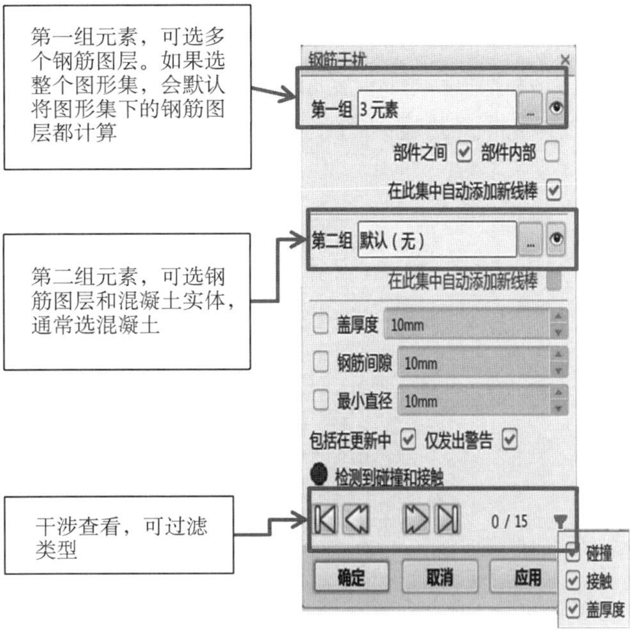

图7-25 钢筋干涉分析对话框

钢筋干涉检查界面的主要选项说明如下。

➢ 选项“部件之间”用于计算不同钢筋图层之间的干涉；选项“部件内部”用于计算同一钢筋图层内部钢筋之间的干涉。

➢ 选项“在此集中自动添加新线棒”用于在之后创建的钢筋图层进行同类计算。理论上第二组元素也有此选项，一般只有一个起作用。

➢ 参数“盖厚度”用于分析钢筋图层与混凝土之间的厚度；参数“钢筋间隙”用于分析螺纹钢筋图层之间的间隙；参数“最小直径”用于在分析时过滤小于最小直径的钢筋。

7.4.3 导出钢筋报告

该命令用于将已创建好的钢筋对象输出成报表样式(Excel、HTML)并导出报告。报告中包含每个钢筋集名称、物理直径、模板类型、单根长度、总长度、根数、折弯半径、角度等信息(图 7-26)。

钢筋报告

特征	物理直径 (m)	对象类型	配置	形状展示	匹配项	长度 (m)	A	B	C	D	E	Extremity 1 - Limiting Surface	Extremity 2 - Limiting Surface	S1 (m)	S2 (m)	S3 (m)	S4 (m)	S5 (m)	计数	长度	粗细	折弯	折弯半径 (m)	折弯角度 (deg)
钢筋图层.2	0.01	U (Adaptive LP)	Ø10																10	16.749	10.327	2	0.02	90
						1.585	0.435	0.93	0.435	1.5708	1.5708	0	0	0.216	0.039	0.88	0.039	0.41					0.02	90
						1.605	0.435	0.93	0.435	1.5708	1.5708	0	0	0.41	0.039	0.88	0.039	0.236						
						1.625	0.435	0.93	0.435	1.5708	1.5708	0	0	0.256	0.039	0.88	0.039	0.41						
						1.645	0.435	0.93	0.435	1.5708	1.5708	0	0	0.41	0.039	0.88	0.039	0.276						
					1	1.665	0.435	0.93	0.435	1.5708	1.5708	0	0	0.296	0.039	0.88	0.039	0.41						
					1	1.685	0.435	0.93	0.435	1.5708	1.5708	0	0	0.41	0.039	0.88	0.039	0.316						
					1	1.705	0.435	0.93	0.435	1.5708	1.5708	0	0	0.336	0.039	0.88	0.039	0.41						
					1	1.725	0.435	0.93	0.435	1.5708	1.5708	0	0	0.41	0.039	0.88	0.039	0.356						
					1	1.745	0.435	0.93	0.435	1.5708	1.5708	0	0	0.376	0.039	0.88	0.039	0.41						
					1	1.765	0.435	0.93	0.435	1.5708	1.5708	0	0	0.41	0.039	0.88	0.039	0.396						
钢筋图层.3	0.01	U (Adaptive LP)	Ø10																10	16.585	10.226	2	0.02	90
						16.585	0.395	0.89	0.395	1.5708	1.5708	0	0	0.37	0.039	0.84	0.039	0.37					0.02	90
钢筋图层.4	0.01	U (Adaptive LP)	Ø10																10	17.385	10.719	2	0.02	90
						17.385	0.665	0.43	0.665	1.5708	1.5708	0	0	0.64	0.039	0.38	0.039	0.64					0.02	90

图 7-26 输出的钢筋报告

7.4.4 钢筋建模案例

下面以桥墩为例,创建其中的一部分钢筋。桥墩外形有部分曲面,曲面部分的钢筋创建需要借助参考面,复杂形状的箍筋可以考虑多个模板拼起一整根,这里只选取部分钢筋进行曲面创建钢筋(图 7-27)。具体操作步骤如下。

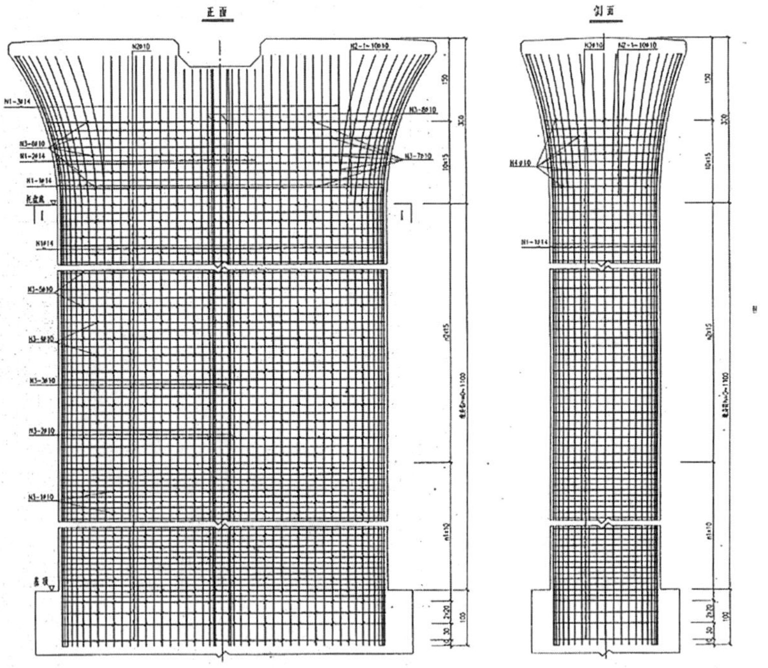

图 7-27 钢筋创建示例

(1) 创建主筋。创建桥墩两侧曲面部分的 9×4 根钢筋，点击创建钢筋命令，搜索选择 Simple bar(Adaptive FS)模板，选择∅ 14，选择 reference 中的面为钢筋支持面(图 7-28)。

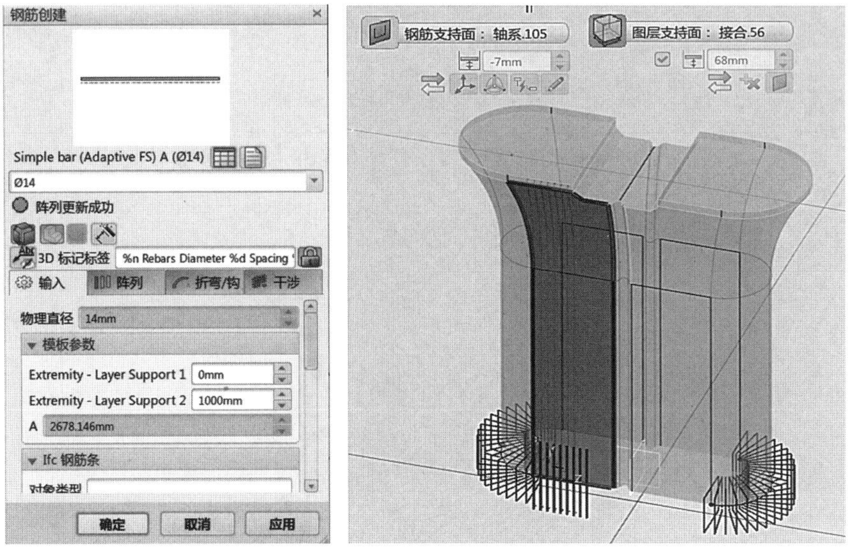

图 7-28　根据曲面形状创建钢筋

(2) 创建箍筋。点击创建钢筋命令，搜索选择 Simple bar(Adaptive FS)模板，选择∅ 10，钢筋支持面选择墩身底端面，阵列数=33，间距 100 mm，设置两端弯钩，混凝土保护厚度 58 mm，钢筋支持面参数−5 mm(钢筋外径与支持面距离)(图 7-29)。

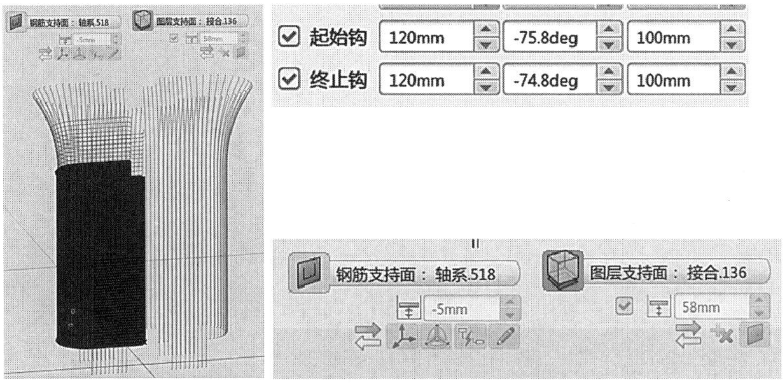

图 7-29　根据曲面形状创建钢筋

同时，提取主筋的中心线作为弯钩的参考定位。在结构树上钢筋集下显示钢筋线，提取其中的一根，并创建两端的法向面。点击创建钢筋命令，搜索选择 Simple hook (Fixed)，选择∅ 10，钢筋支持面选择钢筋提取线两端的法向面，更改轴系设置(可以通过旋转 X、Y、Z 轴角度得到所需位置)，X 轴沿着提取线端头直线段的方向。箍筋形成结果如图 7-30 所示。

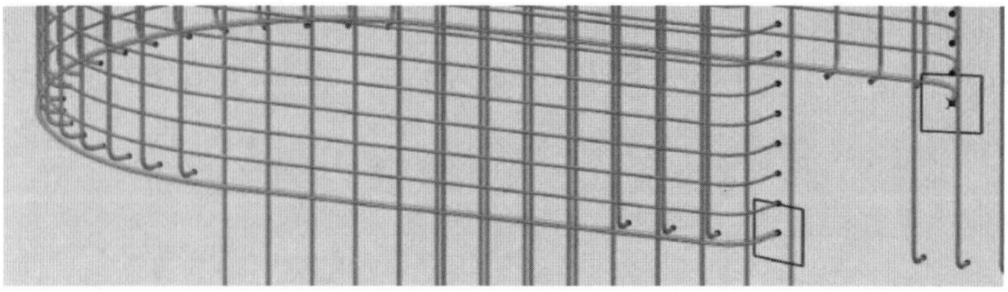

图 7-30 箍筋生成结果

(3) 查看设计结果。钢筋建模最终设计结果如图 7-31 所示。

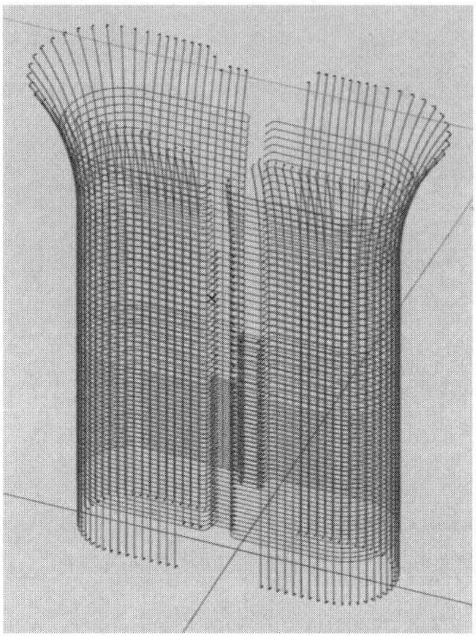

图 7-31 钢筋设计结果

7.5 基于部件的设计

基于部件的设计(Component Based Design,简称 CBD)是在土木工程设计中,用于创建从概念设计到详细设计的重复使用的部件模板,模型颗粒度从 LOD100 到 LOD300。模板可以是用户特征和工程模板。

更改 LOD 级别可以通过转换特征级模型到产品级模型,根据提供的输入元素可自动实例化和同步用户特征。创建工程模板,与用户特征输入相同,在产品装配中可一键自动转换用户特征为工程模板,加快概念模型到详细模型的转换速度。

CBD 的工作原理是通过对象类型将特征模板和工程模板进行关联,通过捕捉部件规格机制在 3D 零件(3D 形状展示或 3D 框架展示)中捕捉主要设计意图。通过实例化与部件规格关联的基于特征的模板,将概念设计转化为详细设计和制作设计。通过一次性实例化基于产品的工程模板或与部件规格关联的装配体,将详细设计应用到产品结构并将其扩展。

对象类型是指一个资源对象，用于连接概念设计和详细设计的PLM AEC模型。对象类型包含产品属性和资源表，资源表提供对象定义的3D缩略图信息和特征模板、产品模板信息。

对象类型实例化主要有以下三种方法(图7-32)。

(1) 适应性(Adaptive)：业务对象是根据上下文输入得到的模板实例化，实例化结果是一个新的参考。

(2) 参考(Reference)：业务对象是参考的简单实例化，实例化结果是一个实例。

(3) 分布(Distribution)：业务对象几何是与关联特征的带链接的简单拷贝，实例化结果是一个新的参考。

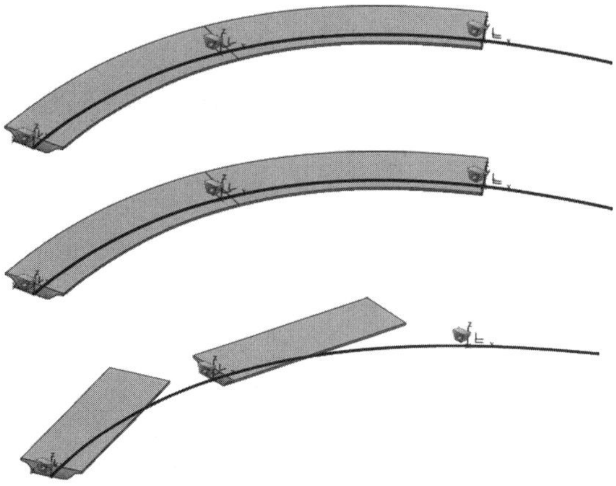

图7-32　CBD模板的三种实例化方式

7.5.1　CBD模型设计

CBD模板应包含特征模板和工程模板。需要在骨架产品中创建特征模板，并将输入条件进行发布，以便在其他子产品中以发布的输入条件作为骨架进行建模。

以桥墩为例，创建CBD模板主要步骤如下。

- 创建桥墩模型。
- 创建特征模板，用于LOD200实例化。
- 创建桥墩装配模型，包括钢筋模型。
- 创建工程模板，用于LOD300实例化。
- 创建CBD类型，关联模板。

1. 创建桥墩模型

桥墩的输入条件是根据实际应用在整体模型中的环境进行考虑，一般创建桥墩时，以轴系作为输入条件，基于该轴系进行后续所有特征创建。在模板实例化时，以道路中心线上里程点处坐标系为输入进行实例化。

首先，新建物理产品，并创建无参数轴系作为输入条件，同时创建主要控制参数(图7-33)。

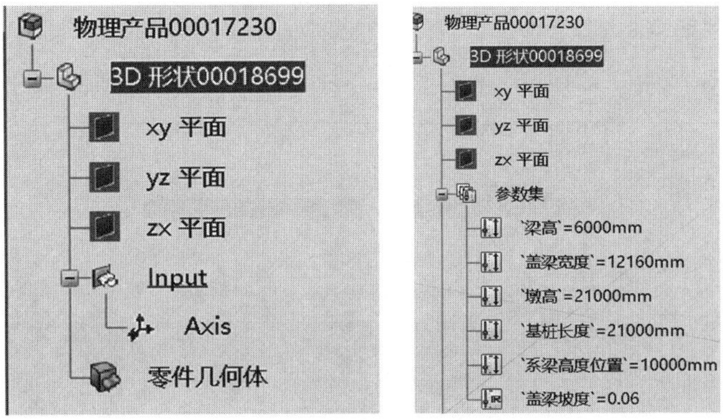

图7-33　创建坐标系及参数

其次，依次创建桥墩几何形体，包含盖梁、立柱、承台、基桩等，并在创建实体模型前创建平面参考用于参数约束(图7-34)。

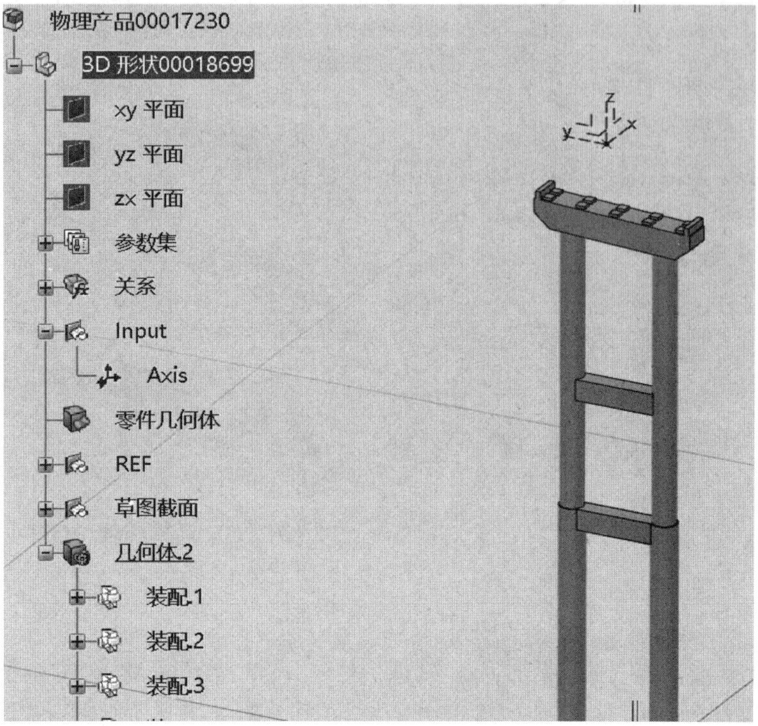

图7-34 模板实体创建

2. 创建特征模板

创建模板，选取几何体、参数、关系部件内容，将坐标系作为输入元素，并发布自定义的参数(图7-35)。

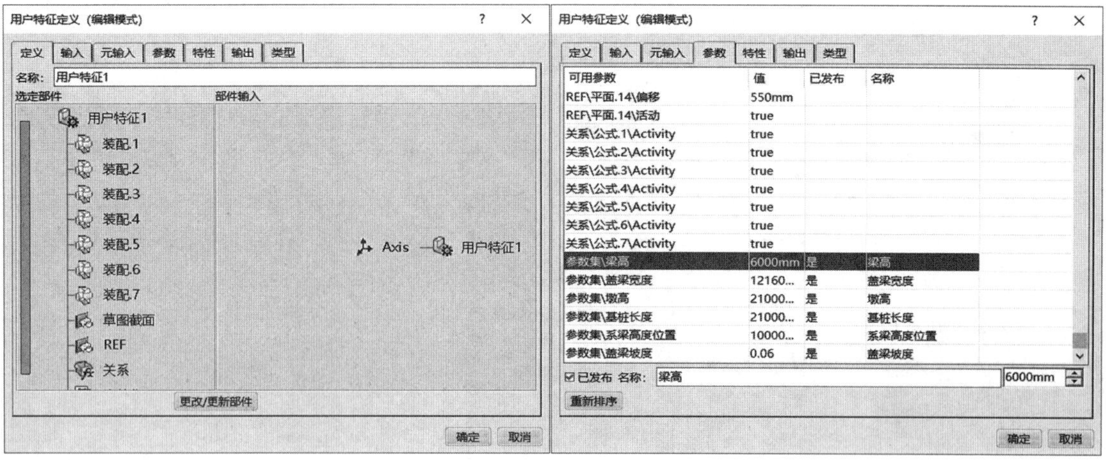

图7-35 用户特征定义

3. 创建装配模型

工程模板应包含产品级别的零部件,因此需要先准备好产品模型(图 7-36),并在对应的产品中创建模型(如在盖梁产品中创建盖梁模型),亦可进一步细化(如创建钢筋等模型)。

创建工程模板时,须在创建工程模板之前先定义部件的 Base Axis System(图 7-37)。

4. 创建工程模板

定义工程模板需要处理的部件为以上创建的桥墩模型,并定义输入条件为轴系,发布需要修改的自定义参数(图 7-38)。

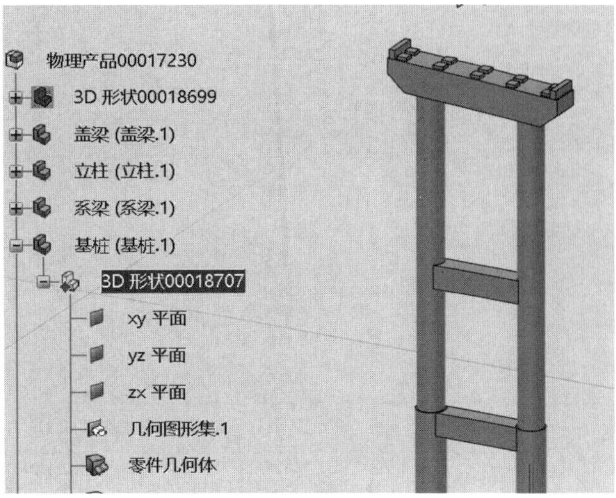

图 7-36　各零部件创建

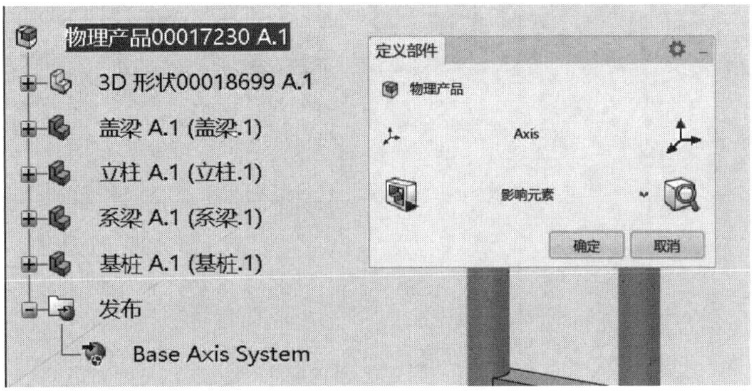

图 7-37　定义部件的轴系和影响元素

图 7-38　工程模板定义

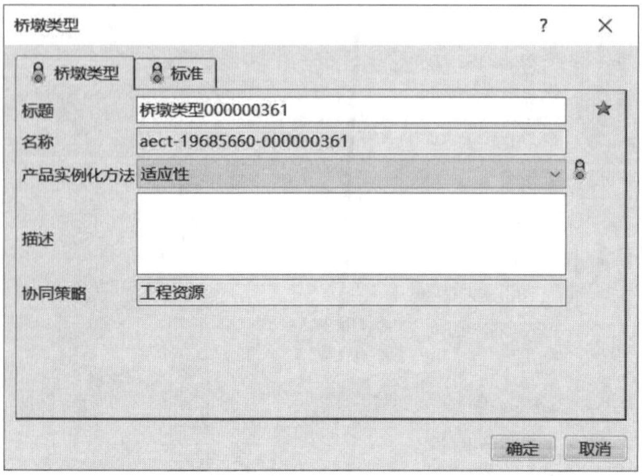

图 7-39 新建 CBD 类型

5. 创建 CBD 类型

CBD 的类型决定了在后续使用时搜索的目标类型。新建时，选择桥墩类型，实例化类型为适应性(即表示创建的各个模型为独立的参考，修改时，之间不会产生影响)，设置界面如图 7-39 所示。

新建的桥墩类型需定义资源表，该资源表用于关联特征模板和工程模板，并需要定义缩略图和参数表格(图 7-40)。

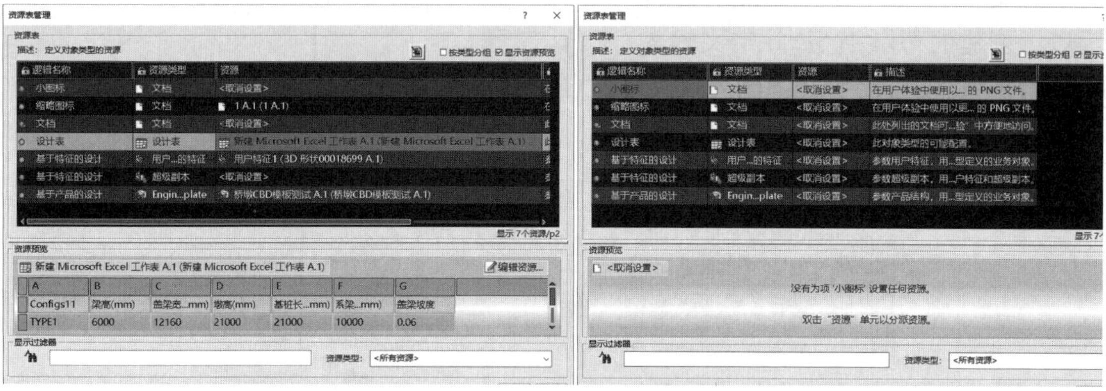

图 7-40 定义缩略图和参数表格

7.5.2 CBD 模板实例化

创建完成 CBD 的模板后，即可在整体骨架环境中调用 CBD 模型进行实例化。通过“捕捉部件规格”命令，选择桥墩类型，在系统自动打开的搜索页面中选择上述创建的桥墩 CBD 模板(图 7-41)。

在捕捉部件规格的对话框中，选择规格下拉列表，该列表表示通过哪个选项选择轴系作为桥墩模板的输入条件，即轴系。其中：

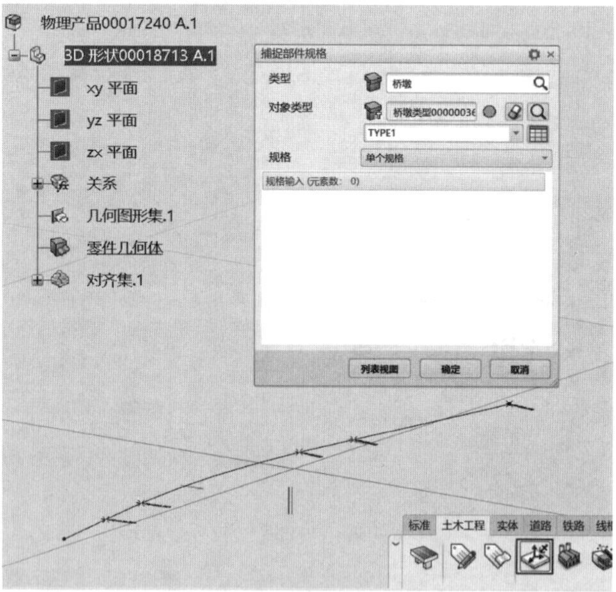

图 7-41 CBD 部件实例化

“单个规格”选项表示选择已有的单个轴系，并根据该轴系生成模型(图 7-42)。

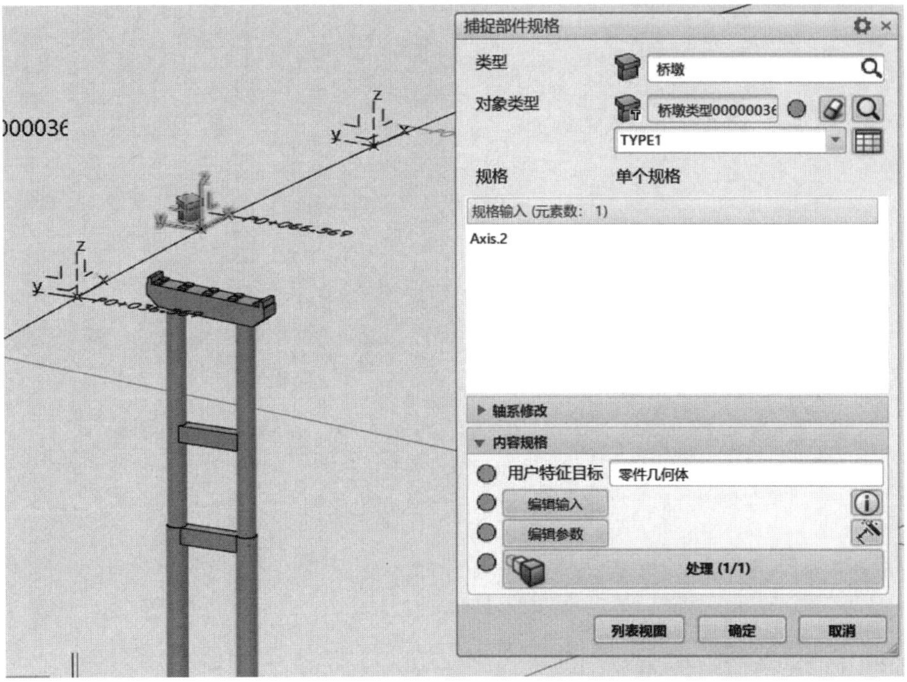

图 7-42　单个桥墩实例化

“选择阵列”选项允许用户选中整个几何图形集，并在几何图形集中系统自动过滤并选中图形集中的所有轴系作为输入条件(图 7-43)。

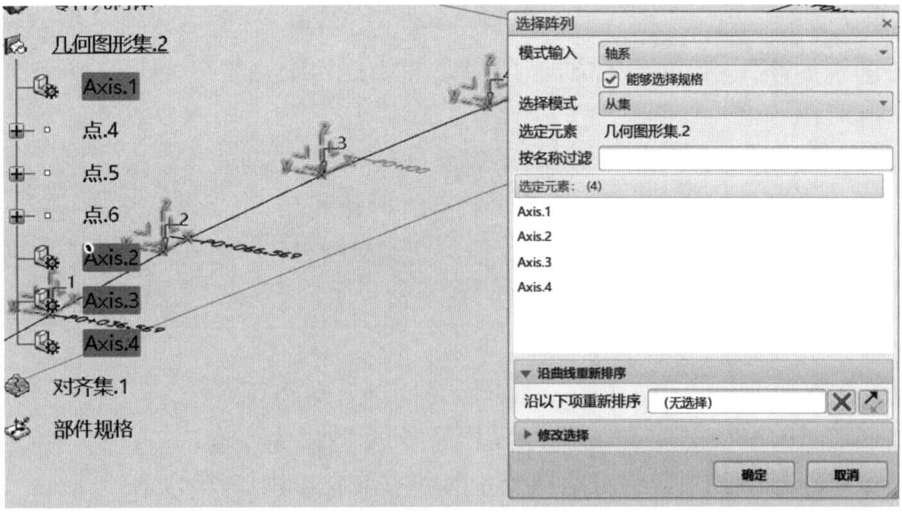

图 7-43　选择多个轴系实例化多个桥墩

“曲线阵列”选项是指在选定的曲线上按规则生成轴系，默认为生成的轴系沿曲线方向，等距生成指定数量的轴系，生成的轴系作为模板的输入条件(图 7-44)。

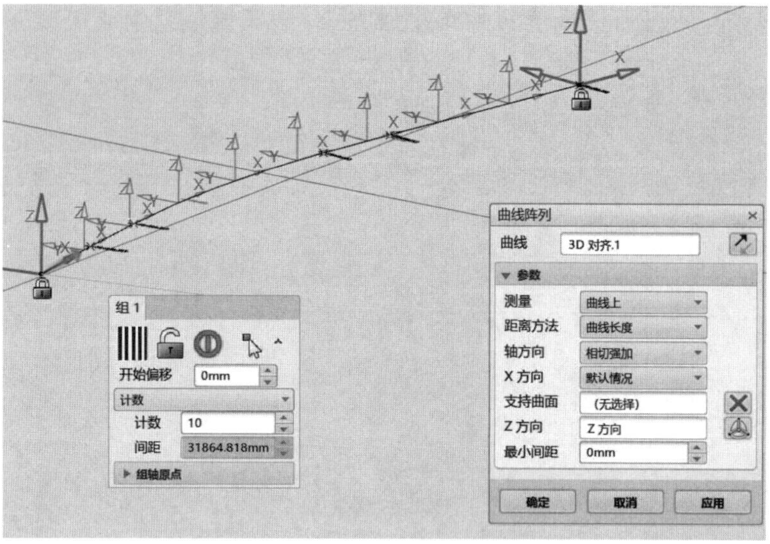

图 7-44 根据曲线阵列生成轴系

此外，曲线阵列中的关键参数设置含义如下。

(1) 测量

➢ 曲线上：沿着 3D 曲线测量距离。

➢ 在投影曲线上：沿着平面上的投影曲线测量距离。

(2) 距离方法

➢ 弦长：测量两点间的直线距离。

➢ 曲线长度：曲线上两点之间的曲线长度。

(3) 轴方向

➢ 方向强加：用户定义 Z 轴方向，X 轴是曲线的切线在与 Z 轴垂直平面上的投影，Y 轴计算得来。

➢ 相切强加：用户定义 Z 轴方向，X 轴与曲线相切，Y 轴计算得来。

➢ 对齐到参考：每一个轴系都与参考轴系方向相同。

➢ Frenet 坐标：X 轴与曲线相切，Y 轴与曲线垂直，Y 轴与 Z 轴方向垂直，如果曲线中有直线段，直线段的法向有无限个解法，这个情况下，用户可以勾上“设置法线方向”并选择产品的 Z 轴方向。

(4) 组参数

阵列创建时的浮动工具条“组”含有以下阵列参数组合方式：

➢ 数量：考虑阵列限制，给定组内分布的轴系数量，间距系统自动计算。

➢ 间距：考虑阵列限制，给定组内轴系阵列间距，数量系统自动计算，最后小于间距，数量不计数。

➢ 数量和间距：给定组内轴系的数量和间距，除了直线距离测量方法，其余不考虑阵列限制(图 7-45)。

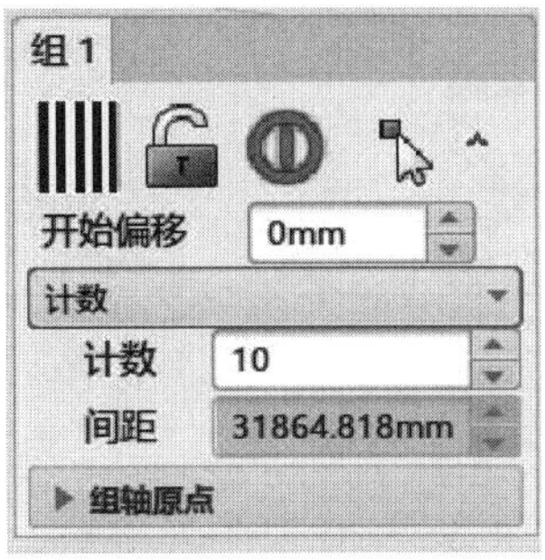

图 7-45　轴系数量定义

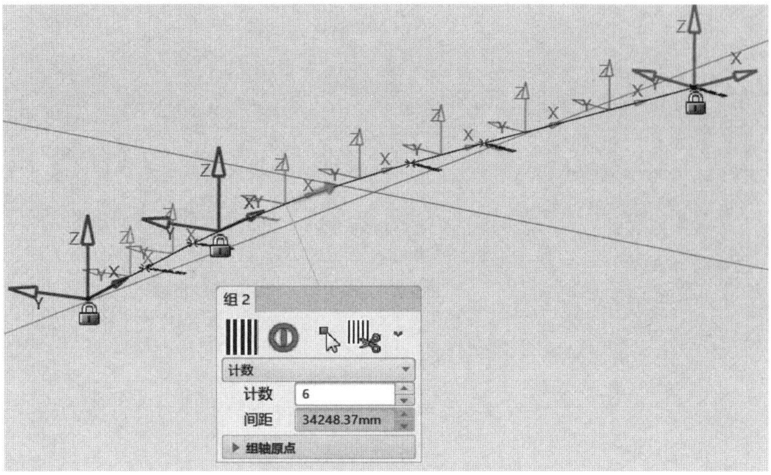

图 7-46　轴系分组

选中一个或多个轴系，点击分割按钮后，会创建新的组，可编辑组内的间距参数更改阵列定义(图 7-46)。其中每组的两端限制点都是关联的，因此，编辑其中一组的最后一个轴系会影响后面一组的第一个轴系。

确定了曲线上的轴系位置并生成轴系后，返回“捕捉部件规格”对话框，定义“用户特征目标”，该选项的含义为新生成的模型位于哪个几何体中，可选中当前零件几何体或其他创建的几何体(图 7-47)。

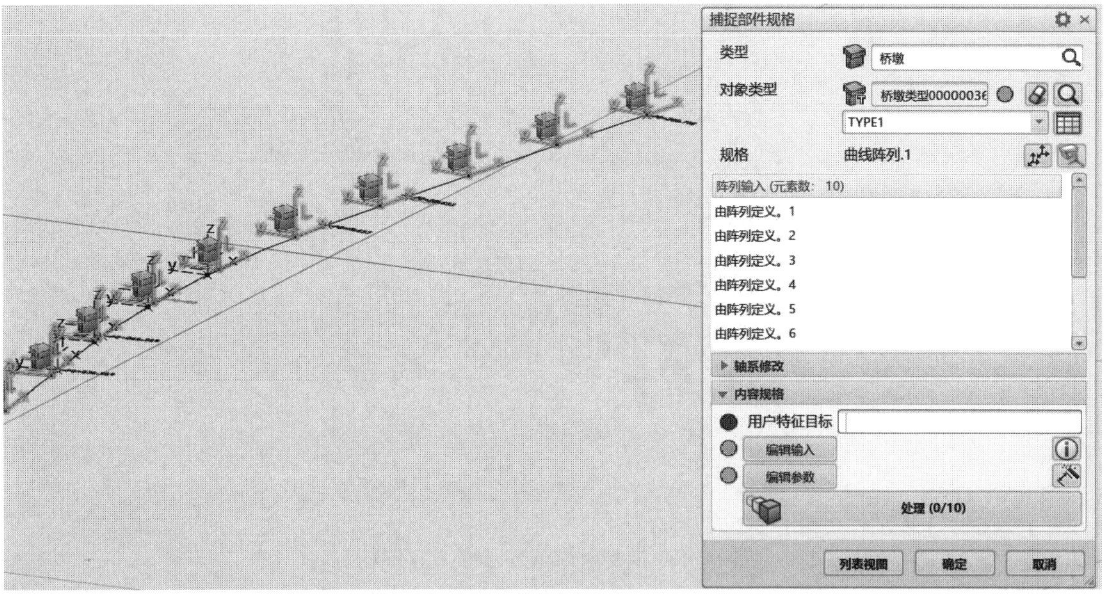

图 7-47　桥墩实例化

点击“处理”后，即可在指定位置生成桥墩实例(图 7-48)。

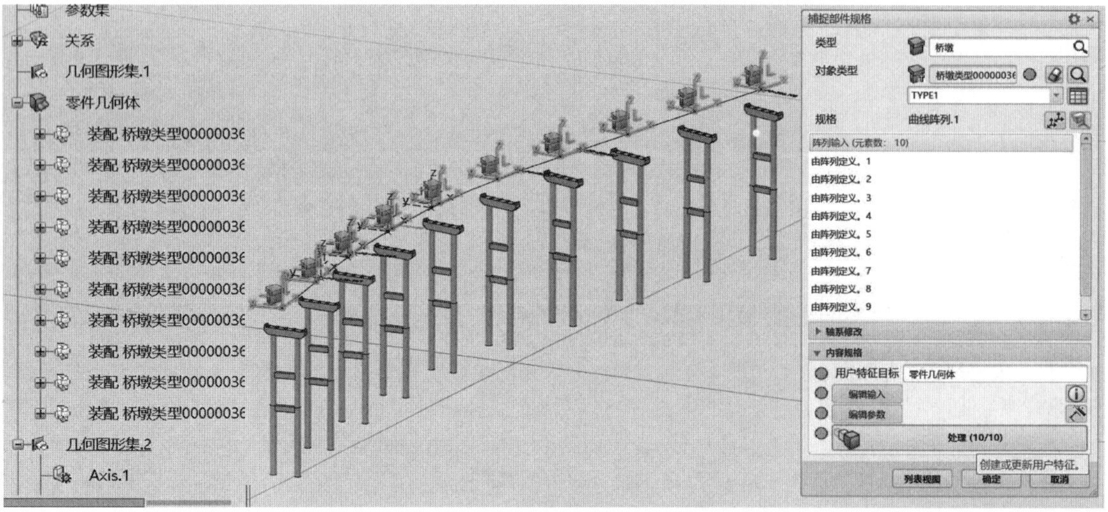

图 7-48 桥墩实例化结果

同时可编辑生成模型的参数，在下拉列表中选择，此处，下拉列表与在 CBD 类型定义时导入的电子表格互相对应(图 7-49)。

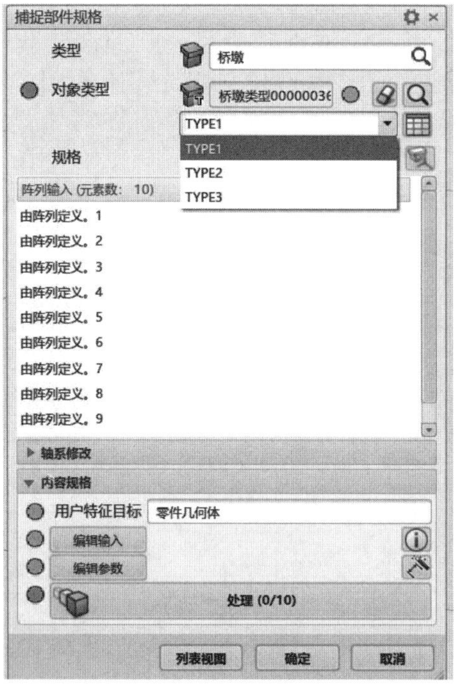

图 7-49 根据下拉列表选择对应参数

通过上述方法生成的桥墩模型均为用户定义特征，在结构树中可清晰观察对象的属性和相关参数，与 CBD 模板定义时的特征模板一致，即表示通过以上方法可批量调用 CBD 模板中的特征模板进行实例化(图 7-50)。

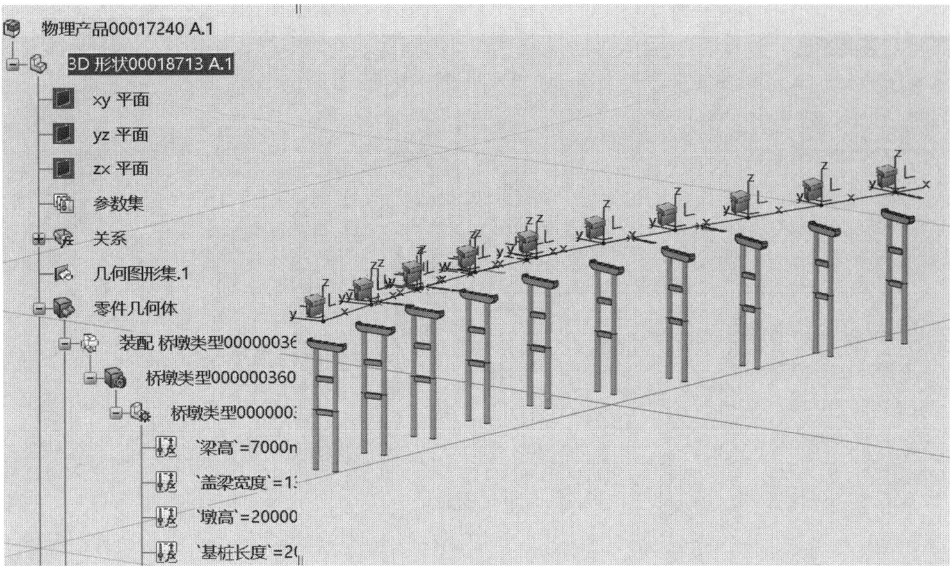

图 7-50　模板实例化结果

激活结构树的根节点，把应用切换为 Building and Civil Assemblies APP，选择“部件”工具条中的“更改开发级别”命令(图 7-51)。

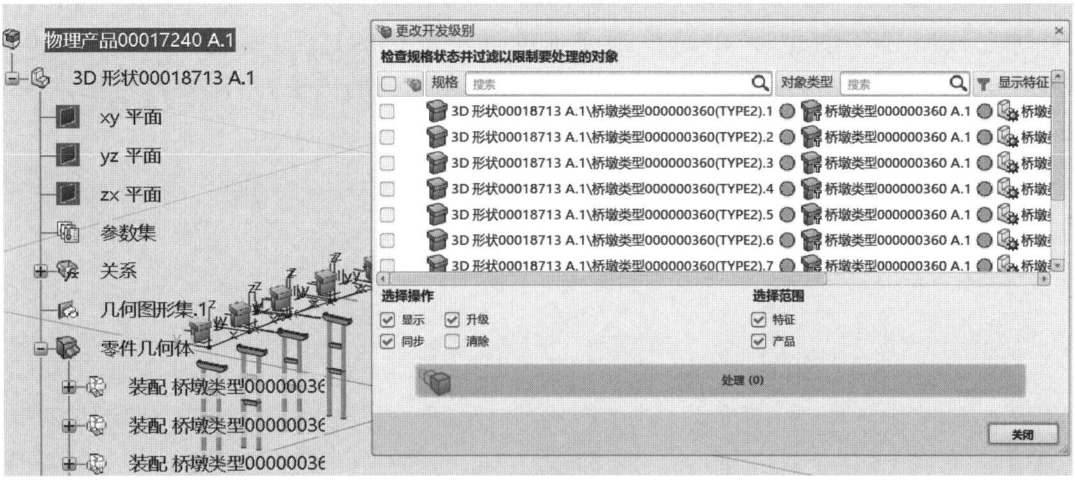

图 7-51　更改开发级别

“更改开发级别”命令用于批量处理特征模板和工程模板，通过该对话框，可以查看当前产品的全局状态，如：规格、关联对象类型、用户定义特征、工程模板。每一列都可以使用过滤器通过名称或状态过滤当前列表元素，列表中的每个元素前面都有显示状态的圆圈，鼠标放在圆圈上会显示详细信息；下方的处理选项用于选择处理的动作和范围。

选择所有对象，点击“处理”后生成产品级模型(图 7-52)。

在结构树中生成了产品级别的桥墩，通过该操作，可以了解到该方法生成的结果为 CBD 模板中的工程模板。

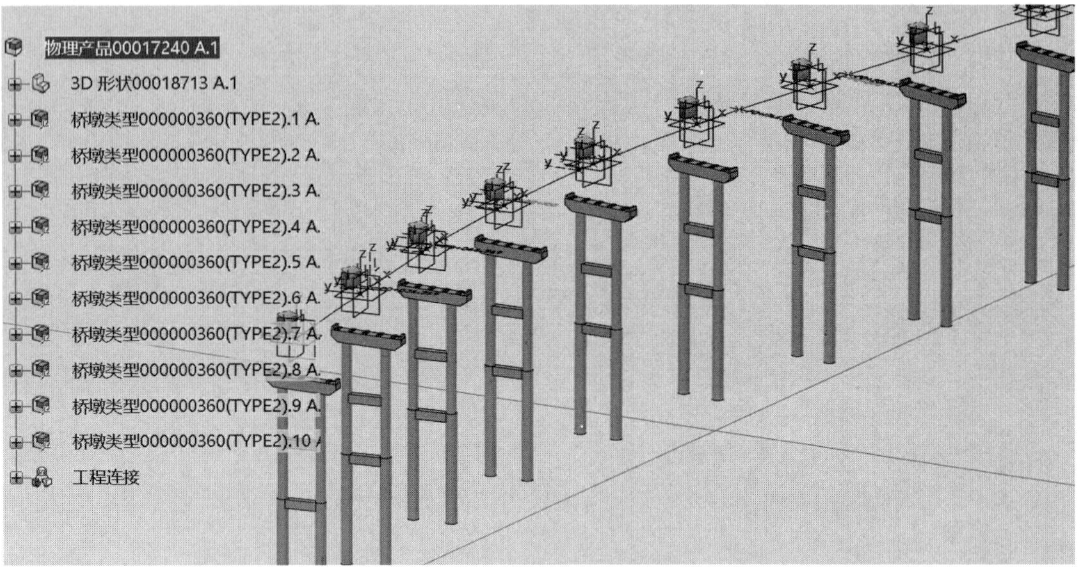

图 7-52　更改开发级别生成结果

以上实例展示了 CBD 运行的场景和运行逻辑，即 CBD 是通过类型资源表，将同一输入条件和控制参数的特征模板和工程模板进行关联，并可以实现在曲线上进行批量实例调用，特征模板可一键转换为工程模板的一种方法。通过该方法，可以实现基于骨架线进行 BIM 模型创建时，由简单到详细的逐步深化的过程，实现了从 LOD100 到 LOD300 的模型创建深度的过渡，简化了知识工程阵列的方法，不需要再由用户编写 EKL 代码即可实现批量实例化。

第 3 篇 DISANPIAN ▶

3D EXPERIENCE 平台下的 BIM 研发及应用

第 8 章 CATIA 开发技术

8.1 开发工具介绍

CATIA 提供的功能模块多达 100 多个，能完成传统工业领域的大部分用户的日常设计工作，但由于行业的差异以及用户需求的多样性，CATIA 软件不可能满足所有用户尤其是土木行业的个性化需求，为了在 CATIA 软件上实现这些需求，就需要对其进行二次开发。CATIA 提供了四种定制方式，分别为：Interactive User Defined Feature、KnowledgeWare、Automation API、CAA API。下面分别进行介绍。

1. Interactive User Defined Feature（交互式自定义特征）

通过使用 CATIA 自带的工具进行 UDF（User Defined Feature）或 Power Copy 的定义。交互式自定义特征是一种基于可视化工具进行交互式定义的定制方式，该方法通过聚合现存的特征来交互地定义新的特征类型，从而扩展 CATIA 现有的业务特征，满足各行业、各单位特殊的业务需求。

用户通过收集现存规范及指定输入、输出，从而创建一个交互式自定义特征，生成 UDF 或 Power Copy。其中 UDF 不记录和显示创建过程，只显示设计参数和最终结果；Power Copy 可完整记录整个创建过程。

2. KnowledgeWare（智能构件）

智能构件是一种基于知识工程和业务规则的客户化定制方式。通过 CATIA 的知识工程模块将规范的设计信息、最优的设计方法和流程等隐含的知识转化为显式的知识。将“知识”以参数（Parameters）、公式（Formulas）、规则（Rules）、检查（Checks）、报告（Reports）、设计表（Design Tables）、应变（Reactions）、创成式脚本（Generative Scripts）等多种形式表示出来，这些知识可以重用以对产品设计过程进行检查和优化。

智能构件是一种高效的规范重用，像应用公式一样简单，能创建团队的知识库准则集，并与 V6 紧密集成以提升处理能力。它能通过定义相关的、稳定不变的规范来实现交互式的知识捕捉。智能构件是一套预定义的易用服务，它驱动的管理和重用是从函数、规范到组件和系统来一步一步实现的。它用于三个方面：知识顾问、知识专家和产品工程优化。知识顾问是用于参与设计定义的嵌入知识，包含规则集、检查、审查和预定义行为（Behavior）。知识专家则是基于规则的过程，可以实现规则集、检查和报告。产品工程优化是面向设计目标的，它包含优化目标、准则和求解方案。

在 CATIA 软件中，智能构件允许定制和集成外部代码，并提供了嵌入各模块的知识工程语言包(Knowledge Language Packages)。该语言包的核心是知识工程语言(EKL)，并分为四个应用等级，由低到高分别是数学工程语言(M-EKL)、核心工程语言(C-EKL)、高级工程语言(A-EKL)和扩展工程语言(X-EKL)。前三类语言一般应用在公式、设计表、规则、检查、行为等知识工程工具中，而 X-EKL 则一般是在用户二次开发知识工程语言中应用。

3. Automation API(自动化接口)

通过自动化接口进行开发。Automation API 是 CATIA 提供的一整套自动化接口，该定制方式允许用户获取 CATIA 的数据模型。基于 OLE(Object Linking and Embedded)特征，Automation API 具备了和任何与 OLE 兼容的平台进行通信的能力，如用户将基于该接口开发的脚本嵌入 Excel、Word 等软件中运行。

CATIA 还提供了一种交互式定义方式——宏，通过录制宏可以记录用户操作的整个过程，自动生成代码。在此基础上，用户可通过简单的修改后生成特殊的应用。除此之外，用户可选择 VBScript、JavaScrip、HTML、C# 等任意一种语言进行二次开发。

4. CAA API

通过 CAA 接口进行开发。组件应用架构(Component Application Architecture，简称 CAA)，是达索公司产品扩展和用户进行二次开发的强有力的应用框架，包含一整套 C++ 函数库和 JAVA 函数库。其中，C++ 函数库主要用于 3DE 客户端(以 CATIA 为主)的开发，JAVA 函数库主要应用于 3DE 浏览器端的开发。

CAA 是一个终端到终端的三维基础结构解决方案，它的内容覆盖了从软件最初的功能说明到完成最终产品的整个开发过程。它还引入了快速应用开发环境(Rapid Application Development Environment，简称 RADE)。RADE 是一个可视化的集成开发环境，它提供完整的编程工具集。这个强大的开发平台使开发者能够有效地应用工业标准工具和方法，这些方法指导开发者编辑和扩展 CATIA 和 ENOVIA 的图形用户界面、应用程序和数据模型。实际上，RADE 以 Microsoft Visual Studio 为载体，在 VC++ 环境中扩展了 CAA 的开发工具。用户通过安装 RADE 模块，可以在 VC++ 编程环境下编制程序，与 CATIA 进行通信，从而对 CATIA 进行二次开发。

除第一种方式外，后面三种都是需要采用一定的编程手段来实现的。

四种 CATIA 二次开发方式中，前两种开发方式是使用 CATIA 自身提供的工具对 CATIA 的定制，将用户进行产品设计过程中的经验和规范封装起来，固化到软件或文档中，以重复利用这些知识。第三种开发方式最为灵活，可选用任一熟悉的语言进行编程，可以采用各种第三方的构件定制运行界面，也可把脚本嵌入任何 OLE 容器中运行，但其功能较弱。第四种开发方式的二次开发功能最为强大，但对开发者要求最高，开发者需熟悉 CATIA 的基本使用、熟悉面向对象的程序开发语言，并对组件技术要有基本了解。

8.2 CAA 二次开发

CAA 包含两套框架，即组件框架和开发框架。组件框架包含 CATIA 开放的所有组件，用于在开发时调用；开发框架用于程序编写时程序文件所呈现的逻辑结构和物理结构。

8.2.1 CAA 组件框架

CATIA V6 所有版本的定制开发是基于 CAA V6 进行开发的，达索公司的合作伙伴可以通过扩展 CATIA V6 或者重用 CAA V6 组件的方式开发自己的新产品。

CAA V6 的组件应用框架(图 8-1)主要包括三大部分：基础部分、建模部分和人机交互部分。其中，基础部分包括 C++ 基础(含 COM、CORBA)和 CAA 对象基础，建模部分包括应用建模和数据建模(包含几何建模、特征建模、机械建模、产品建模和知识建模)，人机交互包括用户界面和可视化。

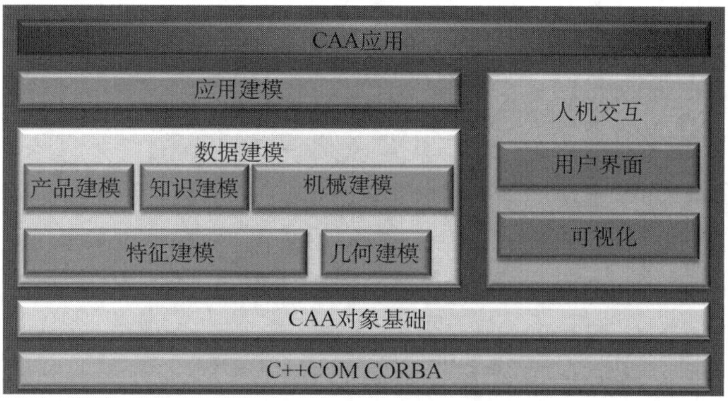

图 8-1 CAA 基本框架

CAA 的面向对象模型继承自 C++ 的面向对象模型，并具有自身的特点，是建模部分和人机交互部分的基础。CAA 的物理模型采用混合建模(实体模型+Brep 模型)方式进行表达，其模型构建方式结合了参数化建模和特征建模两种建模方式之长，形成自己强大的模型处理和表达能力。因此，CAA 中特征建模和几何建模是机械建模的基础，同时，特征建模也从底层支撑了知识建模和产品建模，从而由五者构成 CAA 强大的数据建模能力。此外，所有的数据模型须实现显示接口才能被系统显示，并被用户操作，而特定的操作需要定义相应的用户操作界面。

1. CAA 对象建模

CAA 对象模型是 CAA 整个技术框架的基础，该模型采用一套复杂的机制，一方面，保证平台所有的组件(无论数据组件、界面组件)都支持 COM 和 CORBA，另一方面，保证 DS 和用户的组件具有充足的灵活性。

CAA 组件模型(图 8-2)具有以下特点。

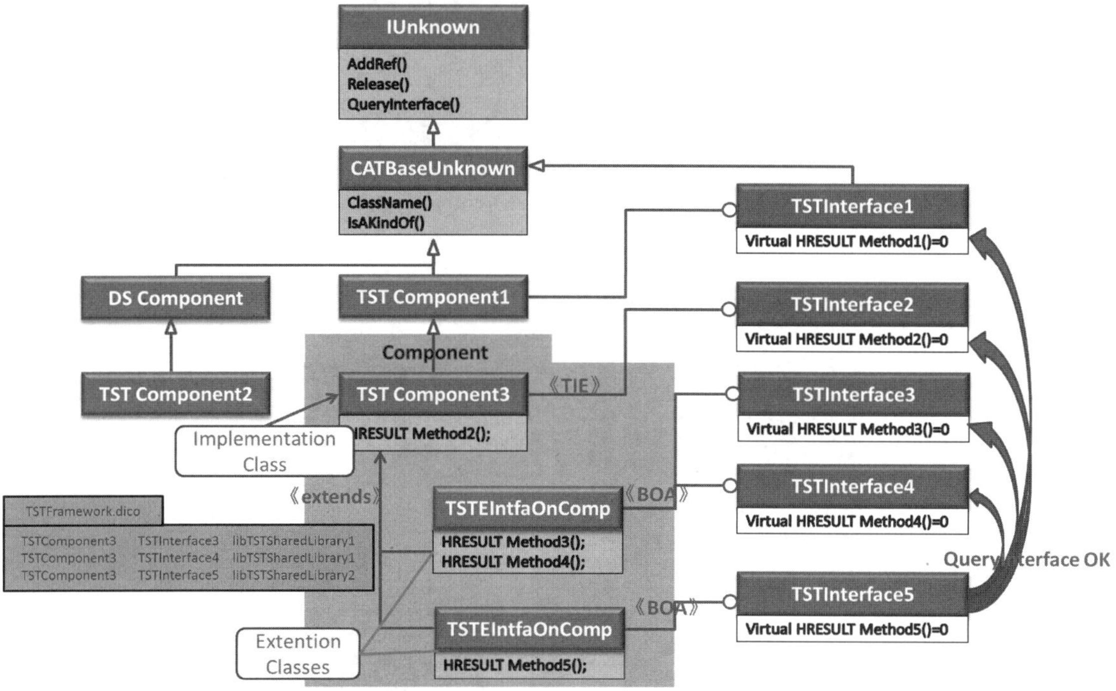

图 8-2　CAA 组件模型

(1) 依赖 C++：支持原生 C++ 类库，不支持 MFC 框架；支持对象继承及多态；支持运行期类型检查机制(Run-Time Type Information，RTTI)；组件可从 DS 组件或自定义组件继承(至少要从 CATBaseUnknown 继承)；支持设计模式，并能很方便地实现适配器(Adapter)模式。

(2) 依赖 COM：所有的 DS 对象都支持 IUnknown COM 接口，从而保证能够通过 QueryInterface 函数进行接口查询；查询接口能获取返回值 HRESULT；能通过 AddRef 和 Release 函数进行生命期管理。

(3) 对象建模器可关闭 RTTI，定义了一个 CATBaseUnknown 接口(继承自 IUnknown 接口)作为主要基类，从而保证运行期都可通过查询获取对象类名(ClassName 函数)和获取是否继承自某个对象(IsAKindOf 函数)。

(4) 接口(Interface)机制：接口全部继承自 CATBaseUnknown 接口；通过接口将调用和实现隔离；纯虚接口；不同对象可以用相同的接口实现不同行为。

(5) 提供了宏(如 CATDeclareClass、CATImplementClass)用于简化开发过程。提供了 Dico 文件(数据字典文件)用于发布用户接口，用于支持 Latetype 机制。

(6) 提供了 CodeExtension、DataExtension 两种扩展方式；对接口的实现包括

BOA、Standard TIE 和 Chained TIE 三种方式，以便用户根据运行成本进行选择。

（7）支持 SMART 指针，方便对象的管理；通过使用计数对组件的生命周期进行管理；此外，CAA 对用户组件提出了严格的命名规则。

（8）从开发者角度，通过 CAA 创建的组件应包含接口、实现和记录在 DICO 文件中的 Latetype 信息；同时，CAA 提供了一套工具用于创建组件和接口。

2. CAA 特征建模

CATIA 平台上所有的持久化对象都是特征，这些特征是用户机械建模时操作的对象。特征建模和几何建模是 CATIA 建模的基础（图 8-3），特征则是由 CAA 的特征建模器产生。

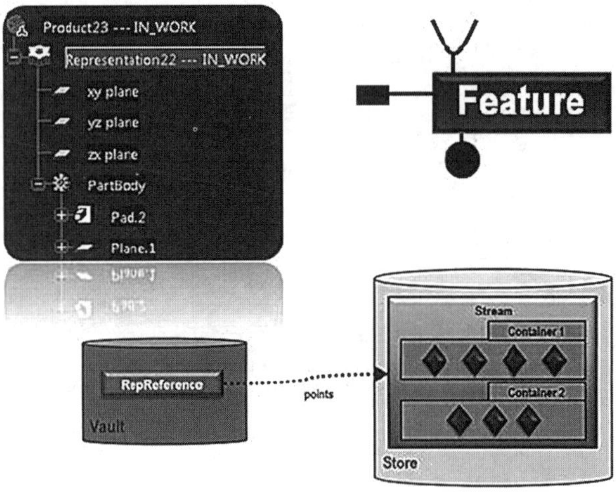

图 8-3 CAA 特征建模

CAA 特征模型具有以下特点。

（1）用户通过 DS 或第三方 API 获取或创建的特征都是一个黑盒子，因为没有通用的 API 用于浏览特征所包含的属性。如果修改特征，则必须使用建模器或程序提供的 API。

（2）特征对象的数据被描述成特征的属性，这些属性可以是简单的数据类型（如整型、实型等），也可以是另外一个特征。

（3）新建的特征可以继承已有的特征，无论该特征是 DS 特征还是第三方特征，而继承的新特征包含原有特征的属性和行为；如果要把自建特征用在 CATIA 环境，且能够被 CATIA 认作是与 DS 特征一致，则该特征必须继承自 DS 特征或其子特征。

（4）通过特征创建器创建的特征定义信息作为一个模板，被保存在一个描述性文件里；根据特征定义信息创建的具体的对象则是实例，这也是一种标准的 I/R（Instance/Reference）用法。

（5）按照 CAA 的规定，CATIA 中的特征必须满足 Spec/Result 模式。该模式要求特征包含输入属性 Spec 和输出属性 Result，一旦 Spec 发生变化，Result 也随之发生变化。因此，如果输入属性为其他特征，则当前特征的结果随其他特征变化而变化，这就形成了一个传递链。

(6) 在 CATIA V6 中，特征总是与 RepReference 相关联的。RepReference 作为一条数据存储在数据仓库中，而特征对象的数据所在的流文件则保存在文件服务器中，二者的关联记录在 RepReference 的数据中。同时，特征的描述性文件需要安装在客户端的运行环境中，以便运行时对特征对象的数据进行解析。

(7) 从开发者角度，一个完整的特征需要包括一个特征描述文件和一套与特征创建、访问、更新相关的接口和组件。特征描述文件需要使用 CAA 提供的 CATFctEditorAssistant 工具创建；而相关的接口和组件则需要自行创建或利用 CAA 在 Visual Studio 中的工具插件进行创建。

3. CAA 几何建模

CAA 几何建模（Geometric Modeler, GM）是 CATIA 3D 建模的基础。CAA 提供了一个完成的软件包（CGM）用于应用开发，包括创建和管理数学、几何、拓扑等不同层面的对象（图 8-4）。

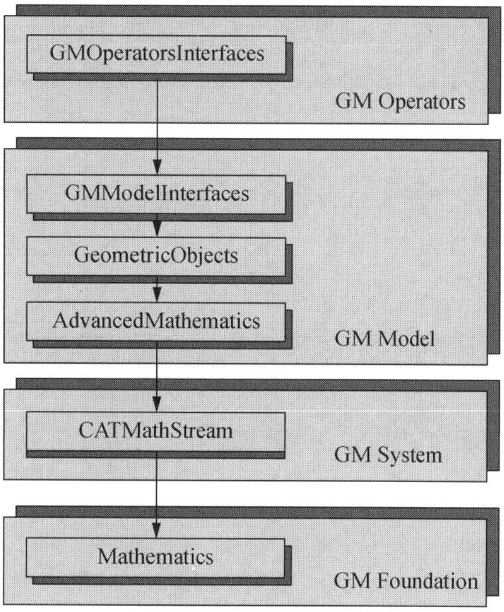

图 8-4　CGM 结构

在 CGM 中，包含 Mathematics（基础数学，提供点、向量、线、平面、轴系和数据变换等基础数学对象及相关操作）、CATMathStream（数学对象持久化，用于对 GM 对象进行流化和读取）、AdvancedMathematics（高等数学，提供数学函数、N * M 矩阵、N 维区间等特殊的数学对象及相关操作）、GeometricObjects（几何对象，提供直线、曲线、NURBUS 曲线曲面、填充曲面等几何图元，并提供一套针对几何对象的创建、删除、检查、持久化等管理机制）、GMModelInterfaces（几何建模接口，提供几何显示和拓扑对象，以及对拓扑对象的不同层面的检查）和 GMOperatorsInterfaces（几何对象操作接口，提供对拓扑对象进行布尔运算、扫略、填充、拔模、增厚等操作）。

几何和拓扑是开发工作较常使用的两大类对象，而在 CGM 中，几何和拓扑是存在一定的逻辑关系的（图 8-5）。

CAA 几何模型具有以下特点。

(1) CAA 的三维模型表达方式分为数学、几何和拓扑三个层面，而三者可以相互关联使用，也可独立使用。如拓扑可以关联几何模型，也可以不关联几何模型；几何模型可以基于数学对象创建，也可以不基于数学对象创建。

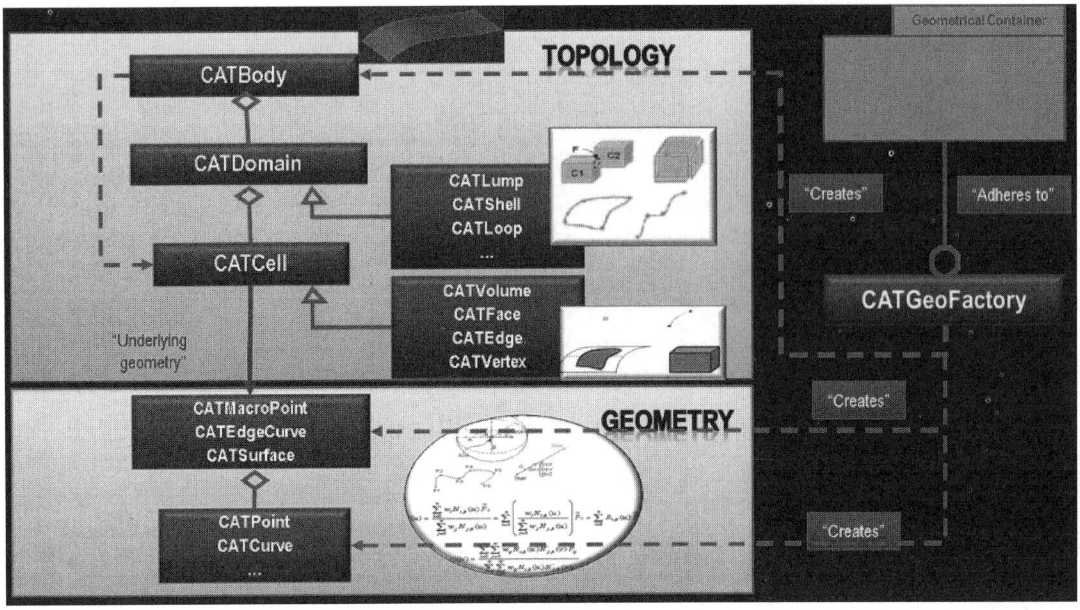

图 8-5 CGM 中几何与拓扑

(2) CAA 拓扑元素包含三层(或三类)元素:CATBody、CATDomain 和 CATCell,三者存在包含关系。CAA 几何元素则由两类元素组成,两类元素之间存在包含关系。

(3) 在 CATIA 中用户可见都是拓扑模型,该模型采用 Brep 的组织方式进行管理,每个机械模型都需要一个可用的拓扑对象关联才能可见。

(4) 所有的 CGM 对象都由 CATGeoFactory 创建,也必须由 CATGeoFactory 删除,创建成功的对象存储在 Geometrical Container 中。所有拓扑元素的生成过程会被记录到一个 Journal 中,以便检查或追溯每个拓扑元素的生成过程。

(5) 从开发者角度,CGM 是 CAA 的核心几何引擎,甚至基于 CGM 可以搭建一套独立于 CATIA 的图形化应用,也因此基于 CGM 层面的开发属于较深层次的开发,并不是所有的应用都适合基于此进行。同时,如果需要扩展 DS 的模型类型,必须掌握一定的 CGM 开发能力。

4. CAA 机械建模

CAA 机械特征(MechanicalFeature)是用户进行三维设计时交互的对象,所有的这些对象都在 CATIA 设计窗口内组成一个结构树(Specification Tree)。CAA 机械特征建模器则提供了创建和管理这些特征相关的接口,以方便开发者使用。开发者可以使用平台提供的机械特征,也可利用相关的设计规则创建自己的机械特征(图 8-6)。

CAA 机械特征会被存储在一个容器中(CATPrtCont),在用户进行三维设计时,容器中存储的机械特征的信息会组织后用于显示在结构树中,结构树既表征了节点的包含关系,又表征了各造型步骤的先后顺序。在 CATPrtCont 容器中存储的对象包括四种:根节点特征(MechanicalRoot)、几何元素(Geometrical Element)、几何子元素(Geometrical Sub Element)和约束(Constraints)。其中,MechanicalRoot 包含

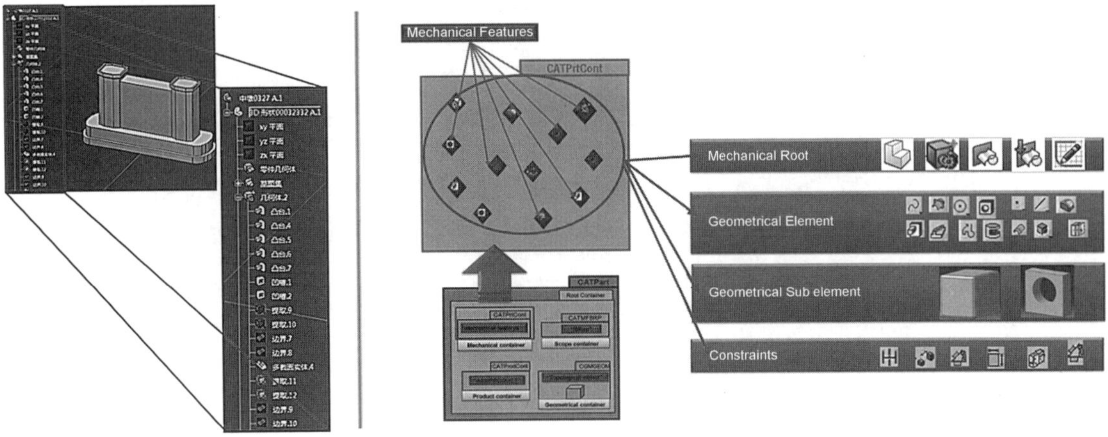

图 8-6　CAA 机械特征及存储

MechanicalPart、HybridBody、Sketch 和 GSMTool 四大类(图 8-7)，分别对应结构树上 3D 形状、几何体、草图和几何图形集(含几何图形集和有序几何图形集)。

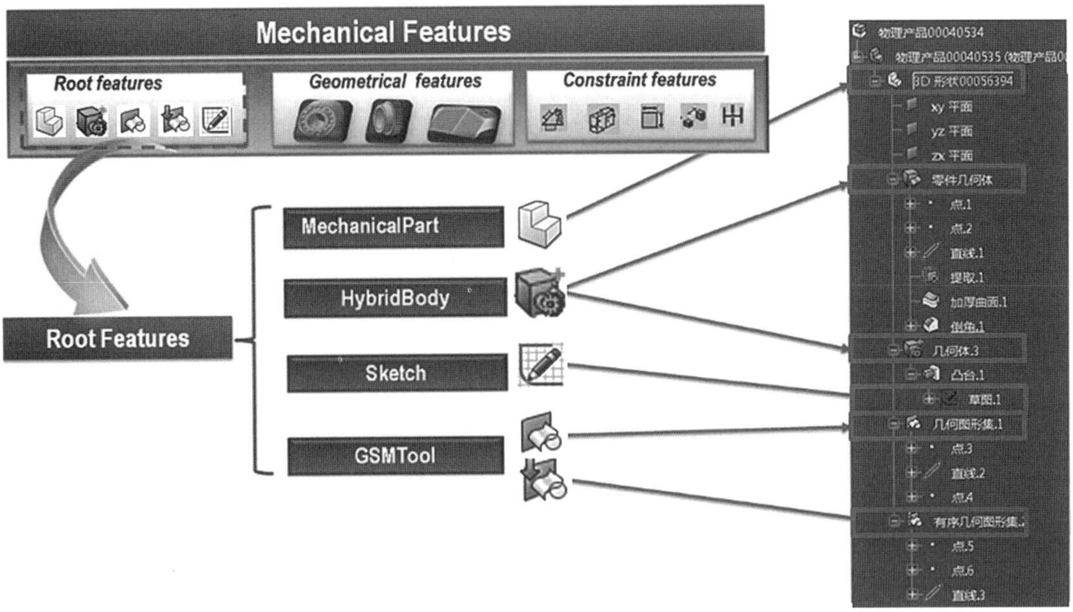

图 8-7　根节点特征

几何特征(含几何元素和几何子元素)(图 8-8)主要可分为三类：WIREFRAME 元素、SURFACE 元素和 SOLID 元素。WIREFRAME 元素主要用在草图设计中；SURFACE 元素主要被创建在几何体、几何图形集和有序几何图形集中；SOLID 元素主要创建在几何体中。

CAA 框架中提供对以上特征的创建、管理、删除的接口，同时，从特征可以获取子特征(如轮廓面、边线、角点等)及特征管理的几何模型，从而可以进一步进行几何拓扑的运算；不仅如此，CAA 还提供对机械特征进行扩展的功能，以满足不同用户的特殊需求(图 8-9)。

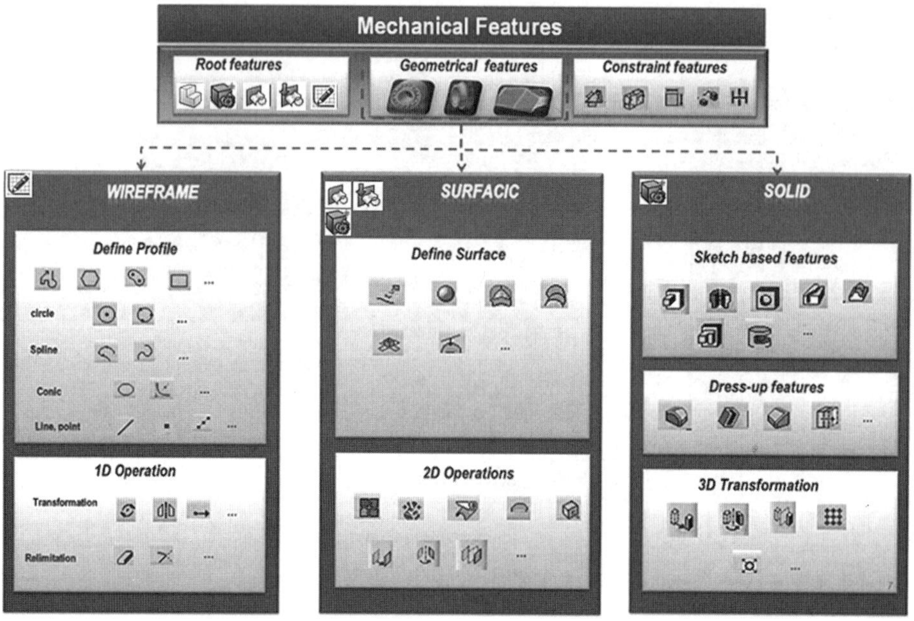

图 8-8 几何特征

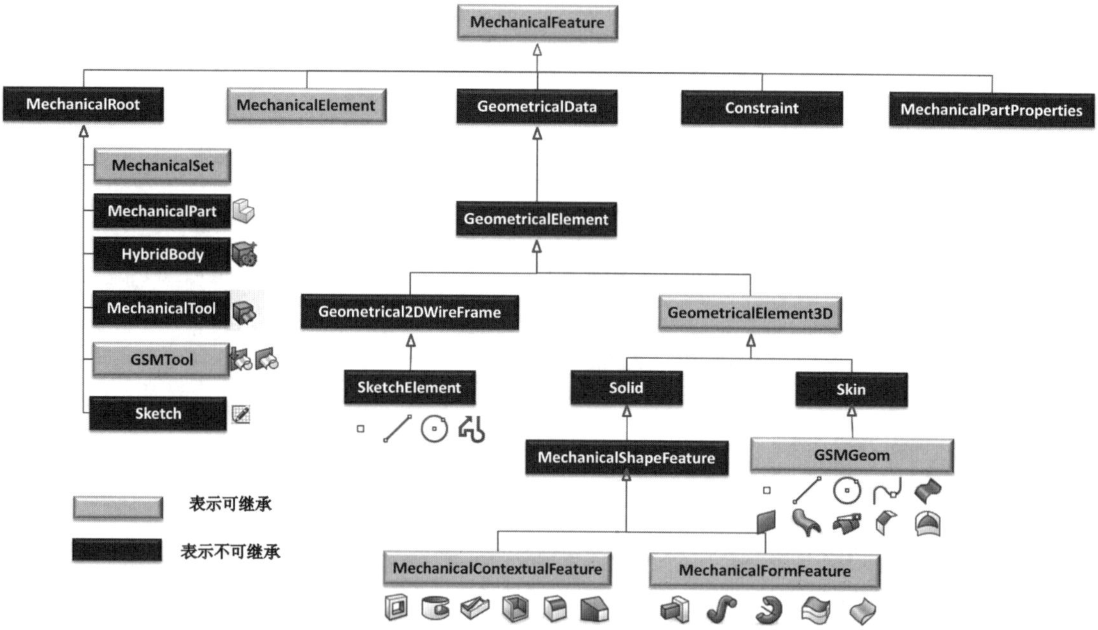

图 8-9 机械特征的继承关系

CAA 机械建模的特点如下。

(1) 所有的 MechanicalFeature(机械特征)分为五大类:MechanicalRoot(节点元素)、MechanicalElement(机械元素)、GeometricalData(几何特征)、Constraint(约束)和 MechanicalProperties(机械属性)。而 GeometricalData 又可分为 SketchElement(草图

元素)、Solid(实体特征)和 Skin(曲线曲面特征),不同的 GeometricalData 对象聚合到不同的 MechanicalRoot 中进行管理。

(2) MechanicalFeature 是应用层面的特征,与所有 CAA 特征一样,也采用 Spec/Result 模式,支持由输入变动自动化驱动模型更新。其特征分为 INPUT、NEUTRAL 和 OUTPUT 三种类型。特征的类型既可以是字符串、整型、实型等常规类型,也可以是特征类型或者以上类型的列表。如果输入属性为其他特征,则当前特征的结果随其他特征变化而变化,这就形成了一个传递链。

(3) MechanicalFeature 的创建都通过 Factory(工厂接口)进行创建,用于将特征创建到容器中,同时特征对应的几何内容创建到另一容器中,并通过名称映射机制对几何的子元素进行管理。

(4) 从开发者角度,CAA 为机械特征提供的丰富接口,几乎可以满足针对 CATIA 所有机械特征的应用开发需求;同时,如果需要对机械特征进行扩展,CAA 也开放了部分类型以便用户进行扩展。但是,CAA 提供的机械特征针对不同的类型提供不同的接口,因此,在创建自定义机械特征时,须谨慎;此外,并非 CAA 所有的几何特征都开放给用户使用,用户在定义需求时,须谨慎。

5. CAA 产品建模

CATIA 的产品结构保存在其数据仓库中以数据记录的方式存在,模型加载后展开为 Instance/Reference 模型(简称 I/R 模型),而后则生成用户可见的 Occurrence 模型(简称 OCC 模型),CATIA 产品工作模式如图 8-10 所示。

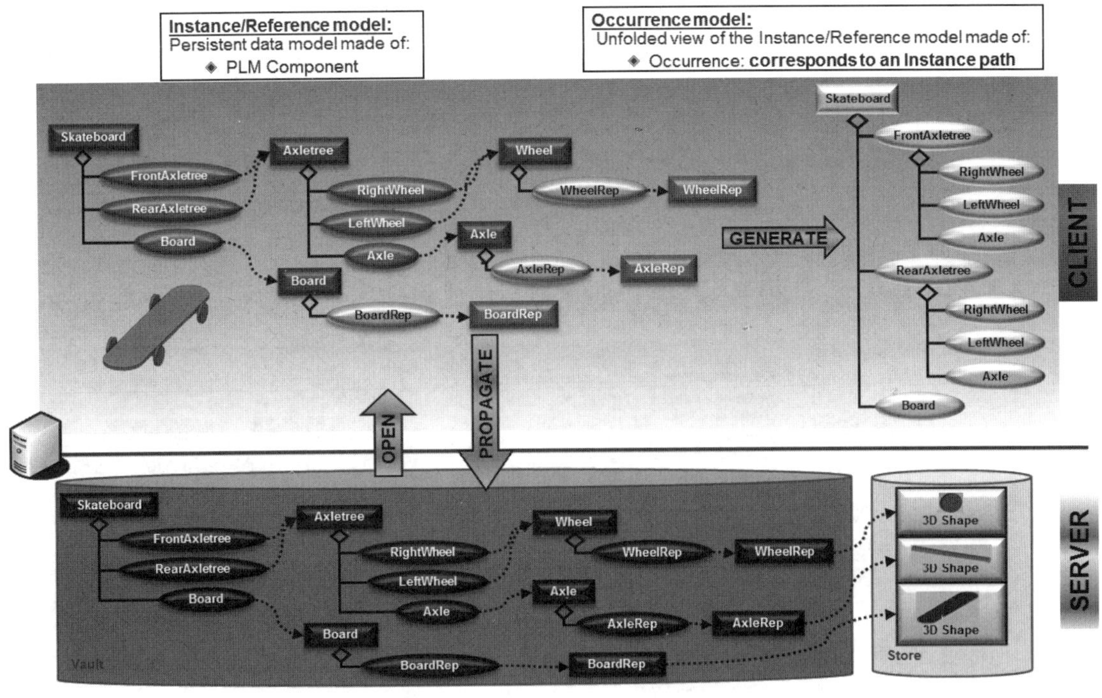

图 8-10　CATIA 产品工作模式

无论是 I/R 模型还是 OCC 模型，CAA 都提供一些服务用于查询、创建和管理这些 PLM 组件(图 8-11)。这些组件本身也包含一整套接口用于进行模型内部的遍历，同时，两套模型之间也可通过接口进行相互访问。

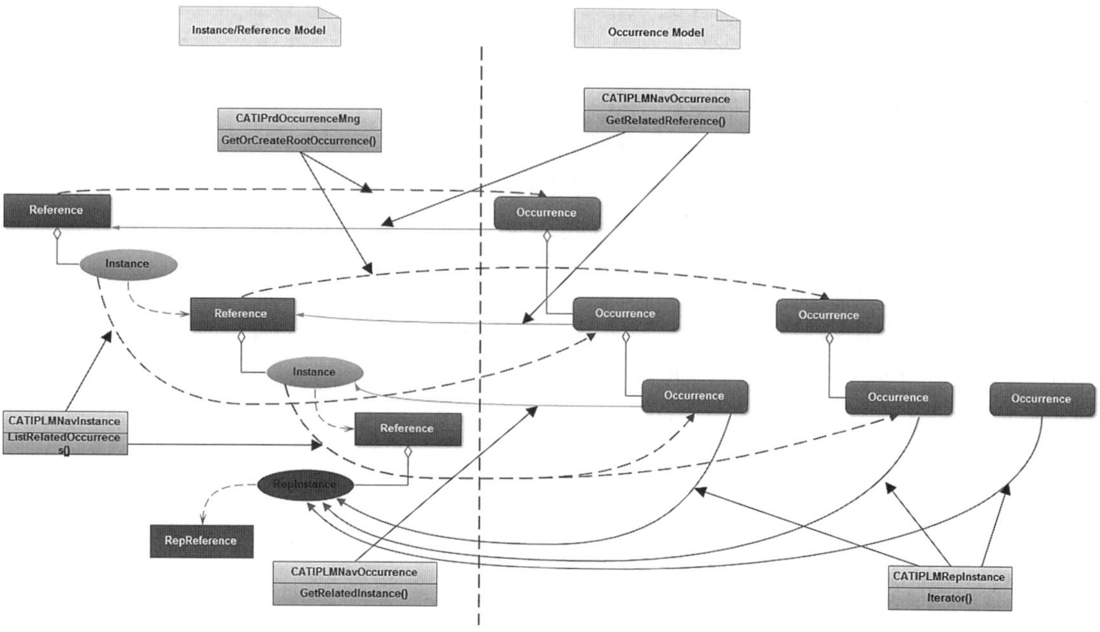

图 8-11 I/R 模型与 OCC 模型相互查询

6. CAA 知识建模

CAA 知识建模提供了一个基础框架，用于发布特征和对特征属性进行集成应用(如定义关系、单位管理、用户函数式等)。在 CAA 的 KnowledgeInterfaces 包中主要处理对象(图 8-12)包括两类：Literal 和 Relation。其中，Literal 包含字符串、数据(整型、实型)、计量单位(长度、面积、体积等)；Relation 包括规则(Rule)、法则(Law)、动作(Action)、检查(Check)、设计表(DesignTable)等。

CAA 针对 Literal 和 Relation 提供相关接口用于这些对象的创建、设置、修改等，但

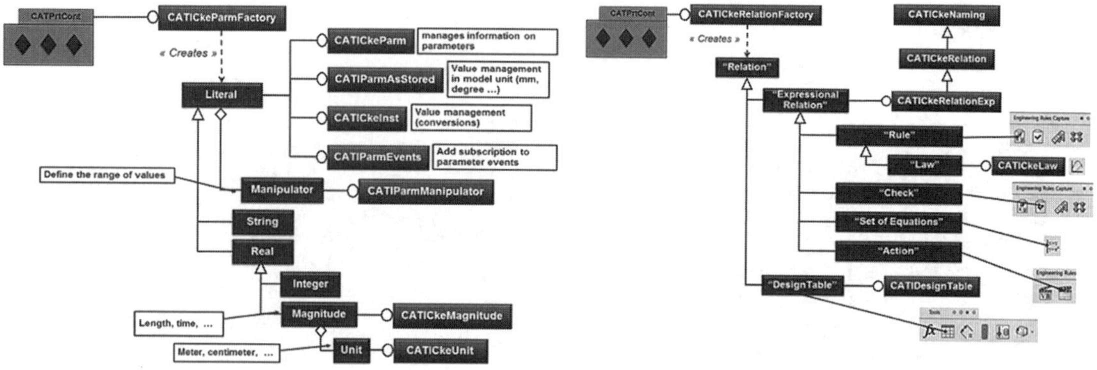

图 8-12 KnowledgeInterfaces 处理对象

同时对其中部分对象进行了使用限制(即并非所有的对象都可进行 CAA 开发),因此,用户在定义需求时,须谨慎。

7. CAA 显示

CAA 的架构包含了一种 MVC(Model/View/Controller)的框架,其中,Model 指其中的数据模型(或数组组件),View 指视图和与视图相关的组件,Controller 包含视图管理器和命令树(图 8-13)。

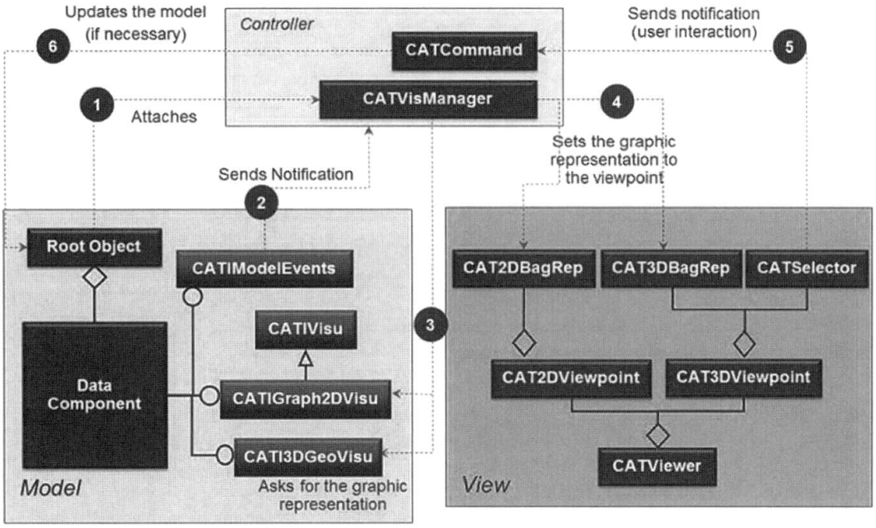

图 8-13　CAA 显示组件的 MVC 框架

CAA 的视图组件(图 8-14)可用于查询内部的视图模型或定义显示模式,其中包含的视点用于指定视图的观察者位置与视角,视图中显示的内容称之为 Rep(Representation,定义显示对象的位置和显示属性),Rep 中包含与图形相关的 GP(Graphic Primitive,定义可见的几何)。

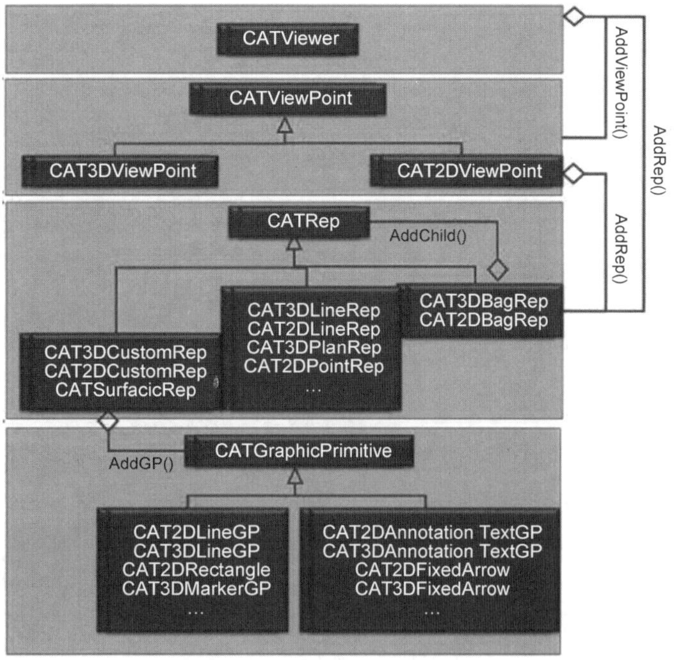

图 8-14　CAA 视图组件框架

8. CAA 用户界面设计

CATIA 的用户界面(图 8-15)包括对话框、状态栏、工具条、视图、菜单栏等。CAA 提供了丰富的组件和接口对这些内容进行定制和开发。

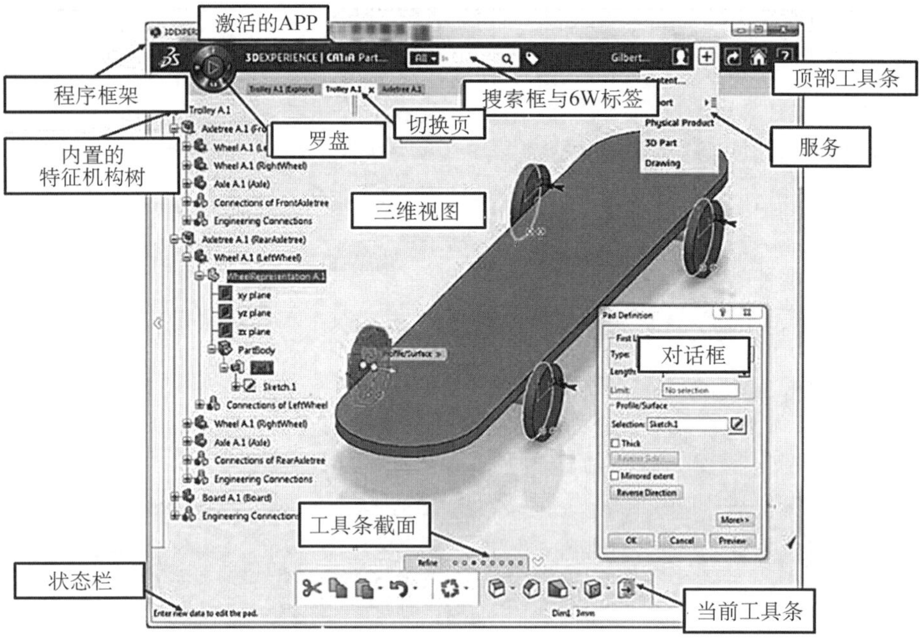

图 8-15　CATIA 界面元素

其中，对用户来说，最重要的交互界面就是对话框，因此，CAA 提供了一套有别于 MFC 或其他 UI 定制界面框架的界面组件框架和界面生成器(图 8-16)，用户可以创建与 CATIA 风格一致的自定义界面。但同时，CAA 提供的界面组件在灵活性上仍存在不足，其界面元素功能较为单一，在定义需求时，需要注意。

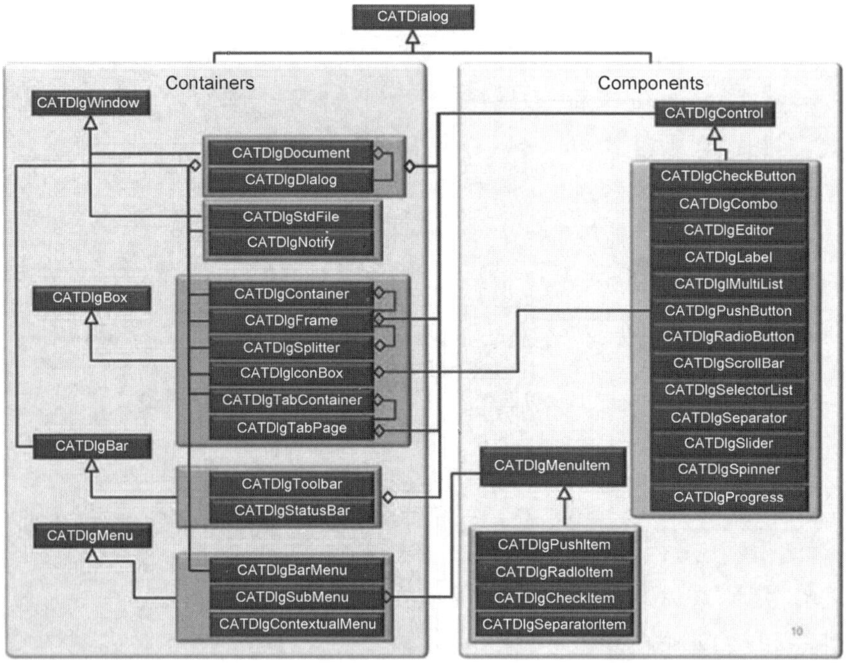

图 8-16　CAA 对话框部分的组件框架

针对与设计对象的交互，CAA提供了StateCommand的交互方式。StateCommand支持状态机，用于定义设计对象选择时工作状态的触发和跳转。从开发者角度，StateCommand既是一个灵活的交互手段，又是一个难度较大的开发内容，尤其在定义状态机时，一定要先绘制状态机工作图再进行代码编写(图8-17)。

此外，针对交互对象的选择，CAA不仅提供了对特征的选择，还提供了丰富的手段用于对特征的子元素(包括Vertex、Edge、Surface等拓扑元素)的选择(图8-18)。

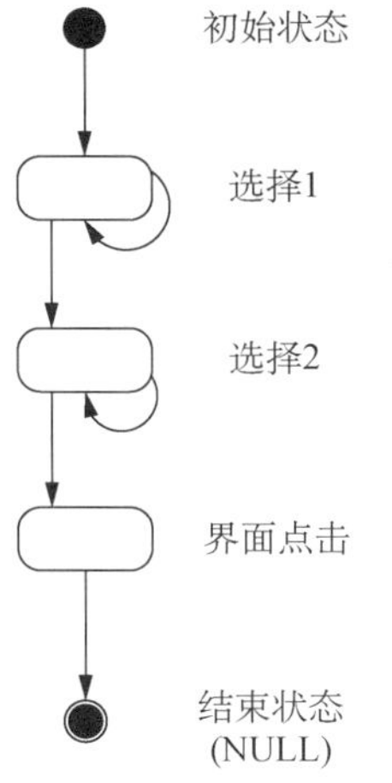

图8-17 CAA状态机

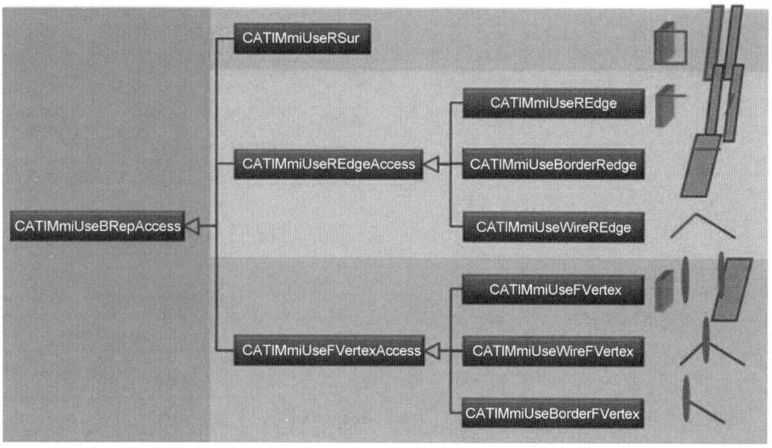

图8-18 特征子元素的接口

8.2.2 CAA开发框架

1. 开发环境的部署

CAA开发环境包括两部分：CAA API的安装和RADE(Rapid Application Development Environment)的安装。但在安装前，需要安装好CATIA、DSLS license管理器和Visual Studio。

2. 应用程序架构

每个CAA应用程序由1～n个Framework组成；每一个Framework由1～n个Module组成，如图8-19所示。

3. CAA工程组织结构

CAA工程中包含一组拥有内置能力的互操作对象，并被作为完整资源交付给应用程序。CAA在Framework和Module层次对这些对象进行封装(图8-20)。

(1) Public Interfaces中的头文件可以被任意Framework所访问。

(2) Protected Interfaces中的头文件只可以被本Workspace所访问。

(3) Private Interfaces中的头文件只可以被本Framework所访问。

(4) Local Interfaces中的头文件可以本Module所访问。

编译时，为了访问CATIShaft接口的头文件，用户应用程序需要指定该头文件的完整路径：Workspace+Framework+Module(图8-21)。

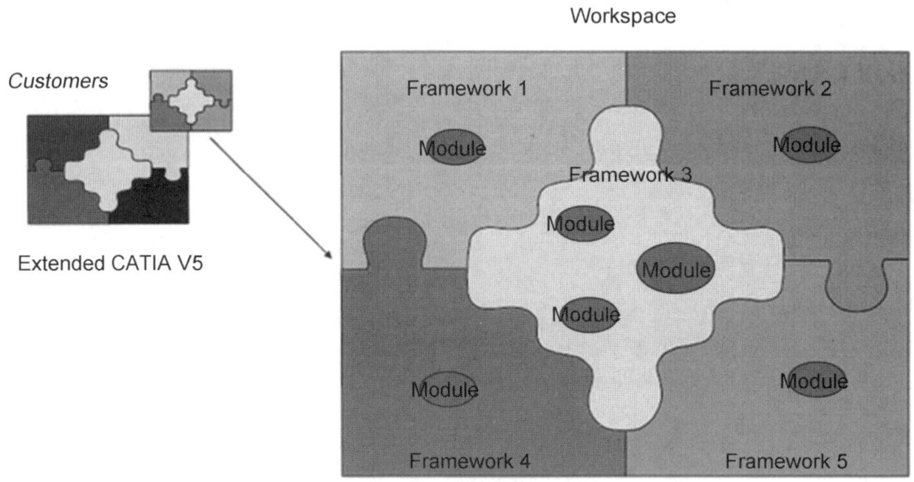

图 8-19 应用程序架构

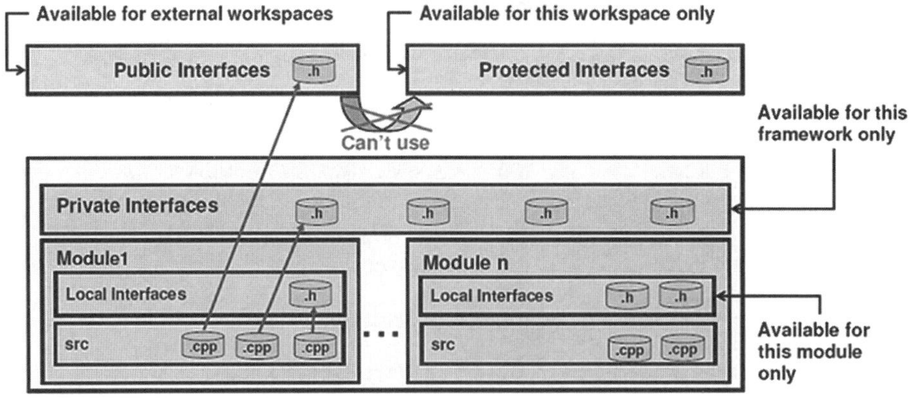

图 8-20 CAA V6 Framework/Module 组织

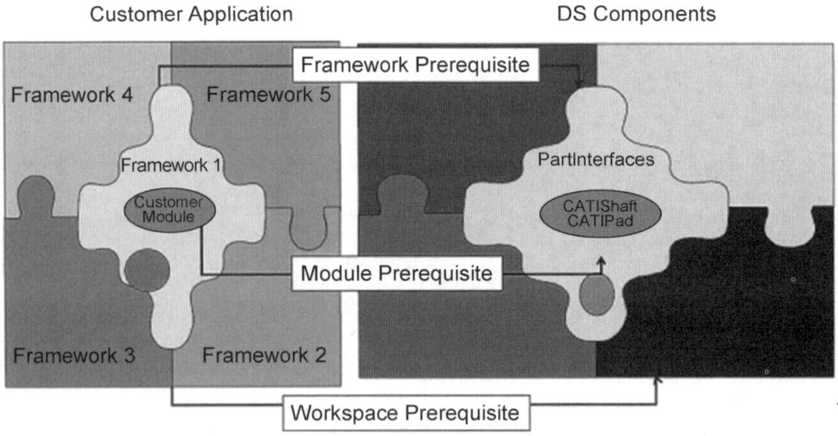

图 8-21 CAA V6 Pre-Requisites

4. CAA 工程结构树

CAA V6 文件树(图 8-22)分为编译时视图和运行时视图。编译时,视图的第一级是 Workspace 所在目录,第二级是各个 Framework 所在目录,第三级是 Module、CNext (资源文件)、IdentityCard(IdentityCard. xml 文件所在目录)、PublicInterfaces、ProtectedInterfaces、PrivateInterfaces 所在目录,第四级是各个 Module 的 LocalInterfaces(头文件)和 src(源文件)目录。运行时,视图的第一级是运行时文件夹目录,文件夹名称随着编译时计算机操作系统的不同而不同,可以为 win_b64(windows 64 位)、aix_a(AIX 操作系统)等;bin 文件夹存储的是可执行文件以及动态链接库文件的路径。

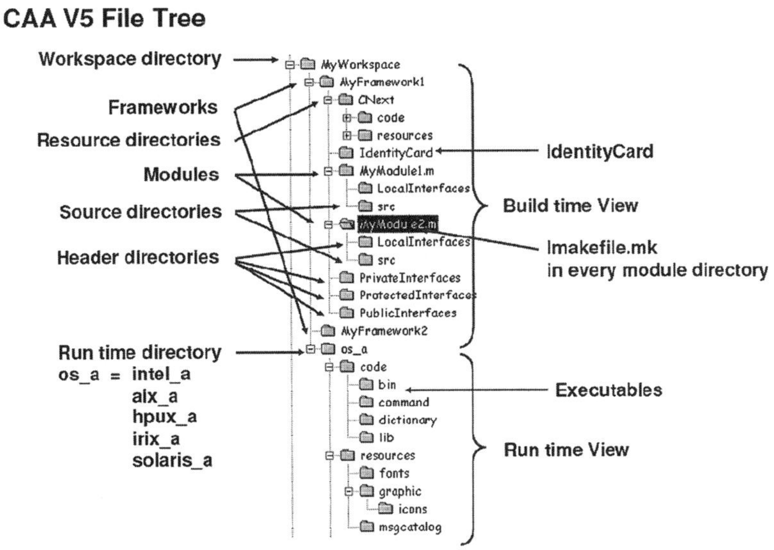

图 8-22 CAA V6 文件树

第 9 章　基于 CATIA 的研发解决方案

9.1　解 决 方 案

9.1.1　总体思路

市政交通工程项目的设计包括三个阶段：可行性研究阶段、初步设计阶段和施工图设计阶段。不同阶段关注的侧重点不同，BIM 应用内容有所不同，对模型的精细化程度(LOD)要求也不同。本章主要介绍上海市政总院基于达索平台的市政交通工程 BIM 项目设计一体化解决方案(图 9-1)。

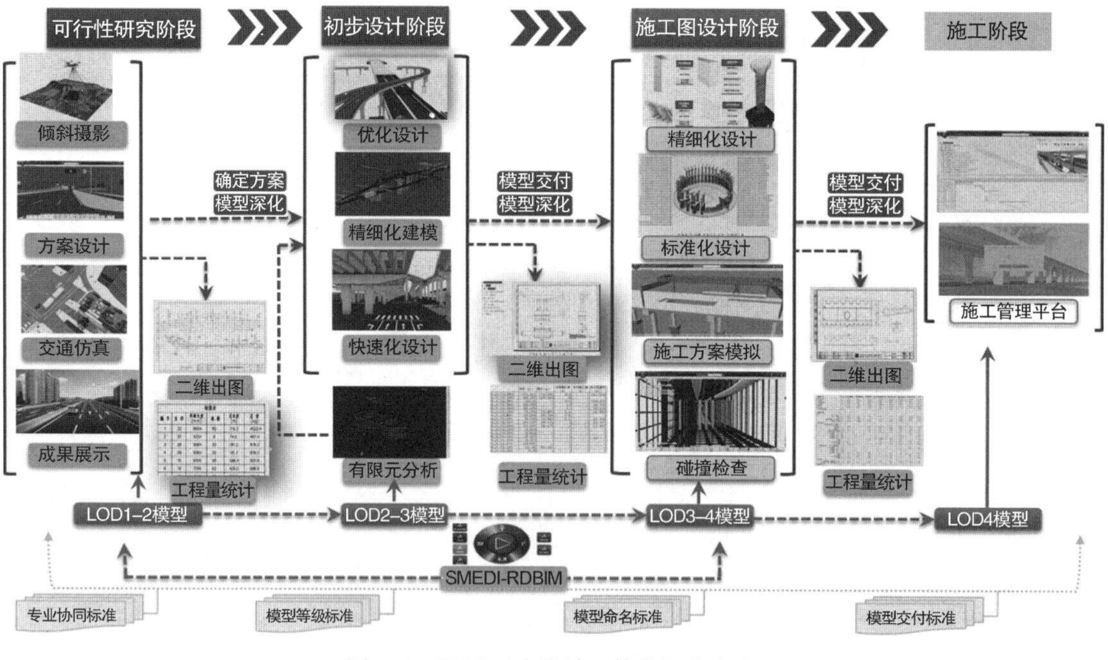

图 9-1　BIM 正向设计一体化解决方案

BIM 正向设计一体化解决方案的软件框架(图 9-2)：以基于达索平台研发的 SMEDI-RDBIM 软件和 CATIA 中的 CIV 模块为三维正向设计工具，可接收场地分析现状数据或模型(倾斜摄影、激光扫描、地勘数据和正射摄影等)和其他专业设计软件完成的设计数据(如 EICAD、Civil 3D、路易、纬地等)，通过达索平台的 ENOVIA 进行全球化协同全生命周期管理，采用 SIMULIA 进行仿真分析，设计 BIM 模型可导入 Navisworks、3DVIA、VISSM、ANSYS、SMEDI-CBIM、蓝色星球等软件做各种 BIM 应用，导入 Twinmotion、UE4、Lumion、Fuzor、3ds Max 等软件做虚拟现实 VR 或 AE 实景等进行模型展示，设计数据导入专业设计道路软件 RADS 和桥梁软件 SMEDI-BDBIM 中进行二维出图。

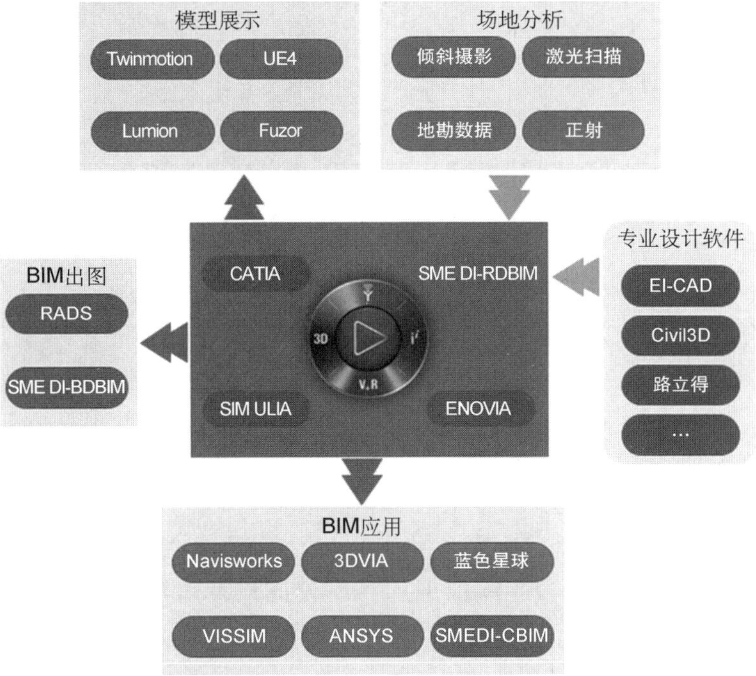

图 9-2　基于达索平台 BIM 正向设计一体化解决方案的软件框架

9.1.2　BIM 设计的工作内容

基于 BIM 技术的工作内容主要包含：场地分析（地勘数据、激光扫描、倾斜摄影和正射摄影等）、各专业模型构建、协同设计、竖向净空优化、冲突检测及三维管线综合、方案设计、优化设计、快速化设计、精细化设计、标准化设计、有限元分析、交通仿真、预制拼装、施工方案模拟、工程量统计、二维出图、虚拟现实 VR 和 AE 实景展示等（表 9-1）。

表 9-1　市政交通工程项目各阶段 BIM 工作内容

BIM 工作内容	可行性研究阶段	初步设计阶段	施工图设计阶段
场地分析	√	√	√
各专业模型构建	√	√	√
协同设计	√	√	√

（续表）

BIM 工作内容	可行性研究阶段	初步设计阶段	施工图设计阶段
竖向净空优化		√	√
冲突检测及三维管线综合		√	√
方案设计	√		
优化设计、快速化设计		√	
精细化设计、标准化设计			√
有限元分析		√	
交通仿真	√	√	
预制拼装		√	√
施工方案模拟			√
工程量统计	√	√	√
二维出图	√	√	√
虚拟现实 VR	√	√	√
AE 实景展示	√	√	√

具体要做的 BIM 工作内容还须根据项目所处的设计阶段与需求综合考虑，下面介绍各阶段的工作流程。

1. 可行性研究阶段

该阶段主要完成的工作内容（图 9-3）包括场地分析（地勘数据、激光扫描、倾斜摄影和正射摄影等）、各专业模型构建、协同设计、方案设计、交通仿真、工程量统计、二维出图、虚拟现实 VR 或 AE 实景展示等。通过场地分析对真实地形及环境重构，以此作为路线设计的基础。目前，达索的 CIV 模块暂不成熟，可配合使用上海市政总院基于达索平台自主研发的 SMEDI-RDBIM 软件进行道路、桥梁、管线、隧道、交通安全和附属设施等专业的三维 BIM 正向协同设计。设计模型可以导入 VISSIM 进行交通仿真，也可以导入 Twinmotion、UE4、Lumion、Fuzor 中做虚拟现实 VR 或进行 AE 实景。

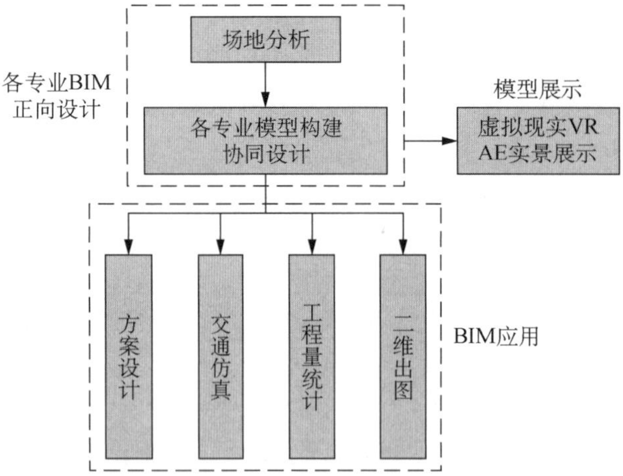

图 9-3　可行性研究阶段 BIM 工作内容

2. 初步设计阶段

该阶段主要完成的工作内容

(图 9-4)包括场地分析、各专业模型构建、协同设计、竖向净空优化、冲突检测及三维管线综合、优化设计、快速化设计、有限元分析、交通仿真、预制拼装、工程量统计、二维出图、虚拟现实 VR 或 AE 实景展示等。该阶段是在可行性研究阶段的基础上进一步设计,采用初步设计阶段标准化构件通过修改、替换、增加、深化参数等方式对各专业模型进行精细化建模,可通过 SMEDI-RDBIM 中的建筑限界功能做竖向净空优化。对该阶段 BIM 模型还可进行有限元分析、快速化建模(如钢筋布置)、预制拼装、冲突检测及三维管线综合、二维出图、工程量统计等应用。

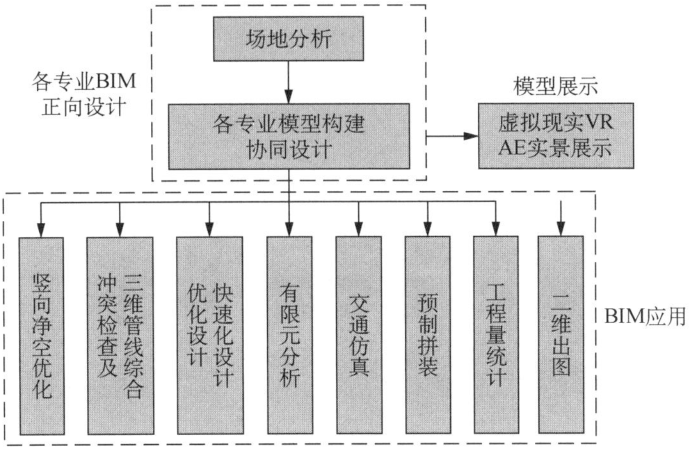

图 9-4　初步设计阶段 BIM 工作内容

3. 施工图设计阶段

该阶段主要完成的工作内容(图 9-5)包括场地分析、各专业模型构建、协同设计、竖向净空优化、冲突检测及三维管线综合、精细化设计、标准化设计、预制拼装、施工方案模拟、工程量统计、二维出图、虚拟现实 VR 或 AE 实景展示等。该阶段是在初步设计阶段的基础上进一步细化,需要根据施工阶段的要求对各专业模型进行拆分(如道路分层、分段,桥梁分部、分跨),还可以进行施工方案的工艺模拟。

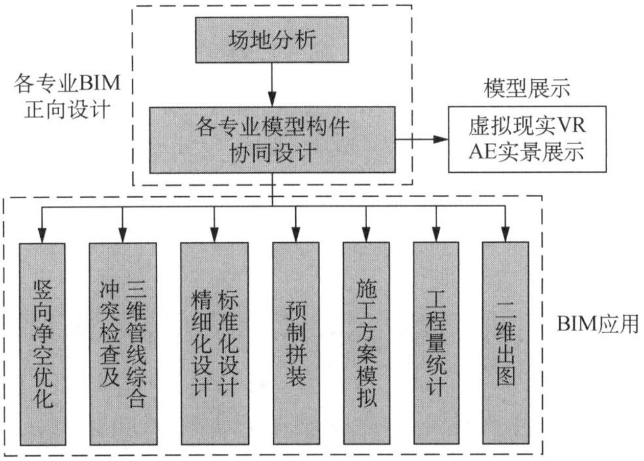

图 9-5　施工图设计阶段 BIM 工作内容

9.2 SMEDI-RDBIM 软件

9.2.1 软件简介

SMEDI-RDBIM 软件(以下简称 RDBIM)是上海市政总院基于达索 3DE 平台研发的一款用于市政交通行业的 BIM 软件。该软件旨在提供一种纯三维 BIM 正向设计模式,以替代目前二维设计+三维翻模的设计模式。软件提供了便捷的专业道路交通设计功能,以降低设计人员的工作难度,提高设计效率。

1. 软件框架

RDBIM 软件的整体框架如图 9-6 所示。

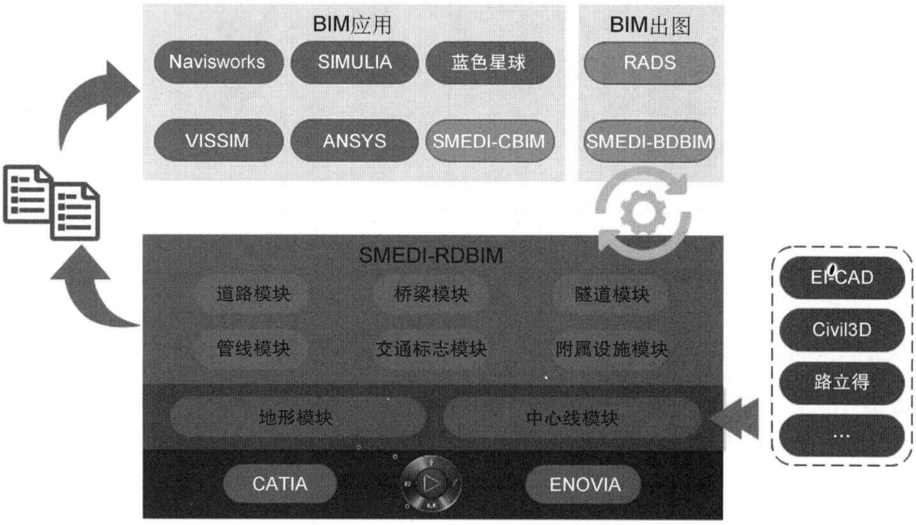

图 9-6 RDBIM 软件框架图

RDBIM 主要包含地形、中心线、道路、桥梁、隧道、管线、交通标志和附属设施八大模块。地形模块用于将倾斜摄影或激光扫描等地形数据导入 RDBIM;中心线模块可在三维地形的基础上完成平、纵设计,生成三维中心线;基于三维中心线和三维地形,道路、桥梁、隧道、管线、交通标志和附属设施等模块可同时进行各自专业的设计工作,并可实时获取其他专业的最新模型,实现多专业在同一三维平台上实时协同三维设计。

RDBIM 针对二维出图的解决方案为:在 RDBIM 中做三维正向设计时除生成各专业 BIM 模型外,还会产生一套设计数据文件,此数据文件与道路设计软件 RADS 一脉相承,基于此数据在 RADS 中完成道路专业的出图;RDBIM 可以导出 *.civil 格式在桥梁设计软件 SMEDI-BDBIM 中完成桥梁专业的出图。

软件完成的 BIM 成果可导入其他平台做进一步的 BIM 应用，如：导入 Navisworks 做碰撞检查、管线迁改，导入蓝色星球、SMEDI-CBIM 等施工协同平台做施工管理，导入 VISSIM 做交通仿真，导入 Twinmotion、UE4、Lumion、Fuzor 做 VR 展示等。此外，RDBIM 软件还支持读取其他专业设计软件的数据格式，如转换 EICAD 数据等。

2. 软件特色

RDBIM 软件的功能模块如图 9-7 所示。

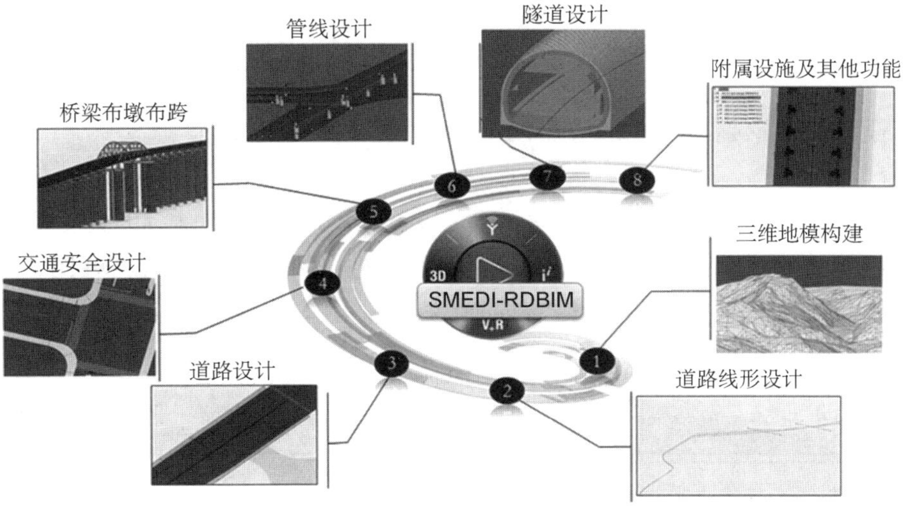

图 9-7　RDBIM 功能模块

在新建项目之初创建工程结构，该结构包含唯一的地形和中心线节点，项目中每条道路关联中心线节点下的一条中心线且有一套子结构（以中心线名称命名，包含道路、桥梁、隧道、管线和附属设施等节点），各专业在进行与该中心线相关设计时，须在子结构下对应的专业节点中完成。RDBIM 软件具有以下特点。

（1）地形模块支持多种数据形式，可进行半自动化处理＋手工编辑，三维地形模型轻量化显示、响应速度快，为中心线的设计和自动放坡的实时性提供有力保障。

（2）平面中心线设计采用导线法和导角法，导线法适合通常情形下的线形设计，导角法适合立交等复杂线形设计，两种方法生成的中心线可以自由组合。平面中心线和纵断面线组合形成三维中心线。所有专业的设计模型都是采用基于三维中心线布置，当中心线设计方案发生变更时可一键更新各专业的设计模型。

（3）道路模块提供可视化的横断面设计方式，支持交叉口和匝道出入口的快速设计。该模块还具备挡土墙、涵洞等设计功能，内置各类常用挡土墙、涵洞模板，并支持类型扩展。

（4）交通安全设计支持各种标志和标线的快速设计，完成建筑限界检查。根据国家标准《城市道路交通标志和标线设置规范》（GB 51038—2015）内置了 230 多个常用标牌构件模板，并编写标牌对照表索引文件。

（5）基于中心＋跨径组合的桥梁设计方式，实现上、下部设计参数的联动和模型的批量替换、修改。

（6）支持任意管线断面的现状管线快速生成；根据给排水专业特点及用户的使用习惯，集成管线、窨井的类型和标准，提供了新建给排水管线的专业化设计。

（7）支持矿山法和明挖法的隧道设计；可完成路灯、护栏、消防栓、树木和绿化带等附属设施的快速设计；支持模型沿车道漫游，基于中心线的点、线、面定位元素的创建与桩号信息查询；最终可在初设模型的基础上进行精细化设计。

9.2.2　地形设计

地形设计由地形处理和地形应用两部分组成。

1．地形处理

由于目前国内的地形数据绝大多数都是基于 AutoCAD 平台，因此，RDBIM 基于 AutoCAD 平台开发了一个原始地形数据处理模块，用于处理地形数据（图 9-8），生成 ＊.itf 文件。目前，支持多种数据形式，如地形散点、等高线、激光扫描等。

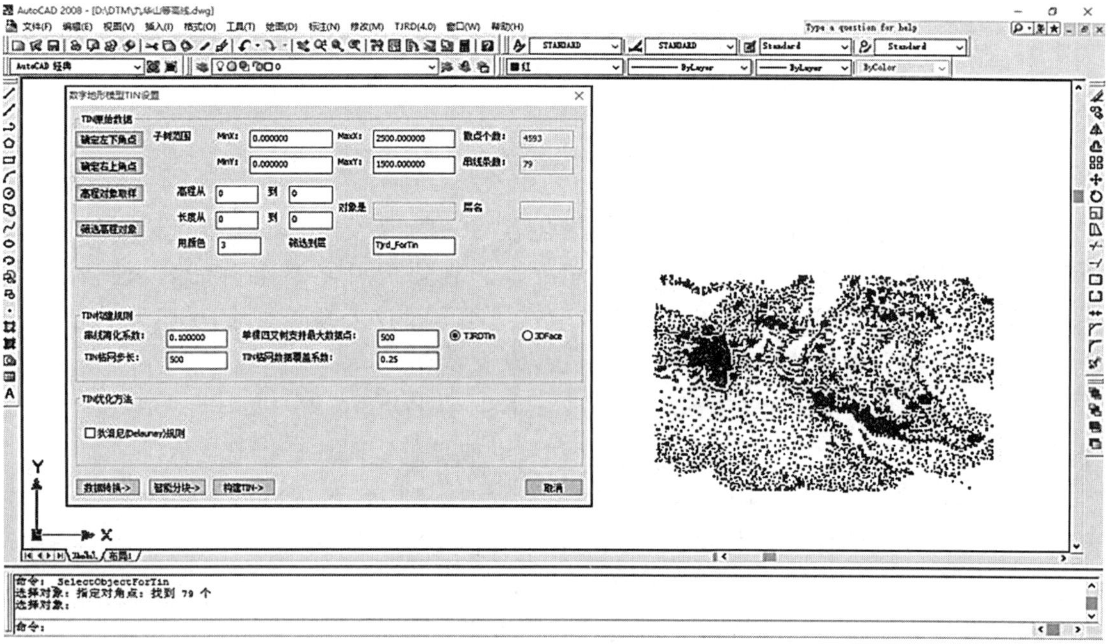

图 9-8　地形处理

2．地形应用

该模块在达索 3DE 平台上使用，主要功能为地形导入和切割地形。将 ＊.itf 文件导入，一键生成网格地形（图 9-9）。该地形模型轻量，响应速度快。

在边沟边坡设计完成后，选择切割范围，可完成地形切割（图 9-10）。

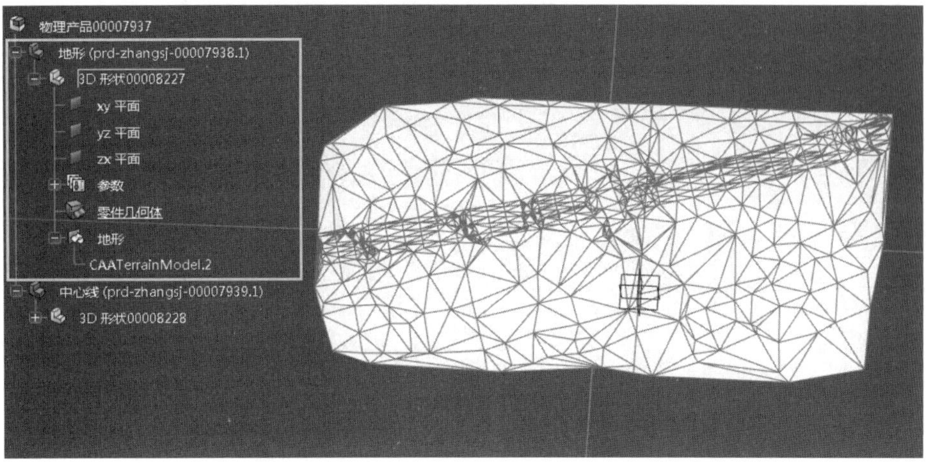

图 9-9 自定义地形特征

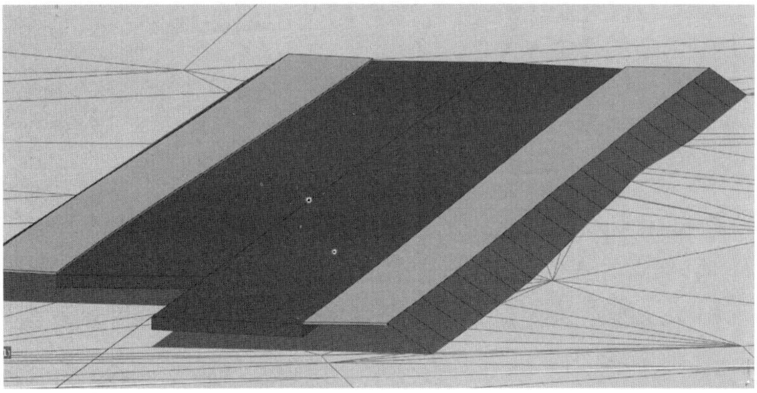

图 9-10 切割地形

9.2.3 中心线设计

该模块主要包含三部分功能:数据文件管理、中心线设计和工具类命令。中心线设计前,必须设置工程目录,用于存储设计数据。RDBIM 既可以调用已有的 RADS 数据生成道路中心线,又可以创建新建的工程管理文件并进行平面、纵断面设计,生成道路中心线。

1. 数据文件管理

该部分由设置工程路径、创建工程管理文件、调用工程管理文件、加载中心线数据和设置当前中心线组成(图 9-11)。

图 9-11 数据文件管理工具条

初次使用或切换工程时需设置工程路径,用于指定项目工程数据的存放位置,后续使用无须重复设置。新建中心线时需创建工程管理文件，用于设置道路属性、类型、级别、规范等参数。调用工程管理文件用于调出与该中心线相关的所有数据文件，并将其设置为当前的中心线(图 9-12)。

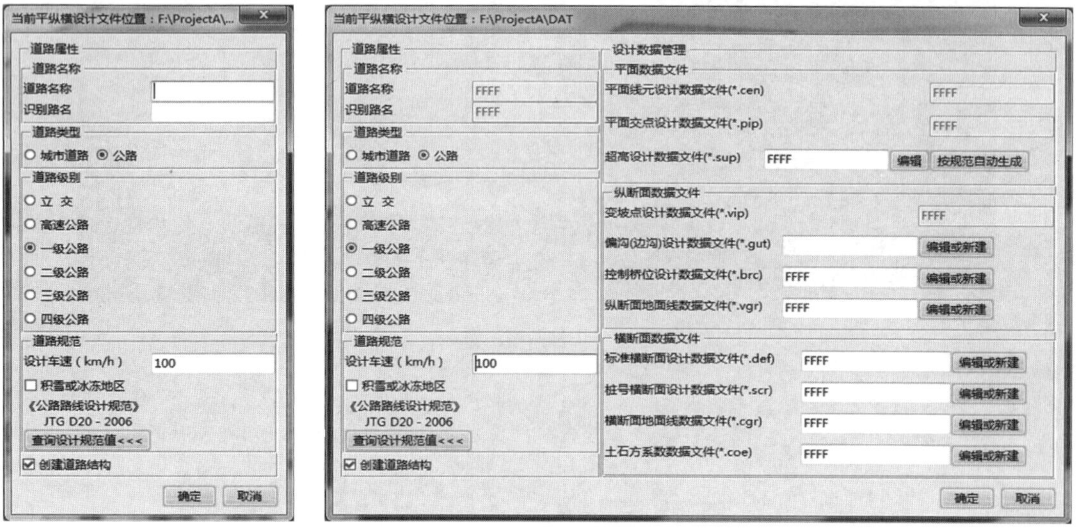

图 9-12 创建和调用工程管理文件

加载中心线数据用于加载所有中心线的数据，在每次启动软件、切换工程路径或手动修改数据文件时，都需加载。设置当前中心线后，后续道路、桥梁、隧道、交通标志、附属设施等模块下相关功能默认在该中心线下做设计，如需调整，可重设当前中心线。

2. 中心线设计

用于进行中心线的线形设计(图 9-13)，包括平面中心线设计、生成地面数据文件和纵断面中心线设计，最终生成三维中心线。

图 9-13 中心线设计工具条

平面中心线设计采用的是交点法设计方式(图 9-14)，用户可实时交互设计。用户

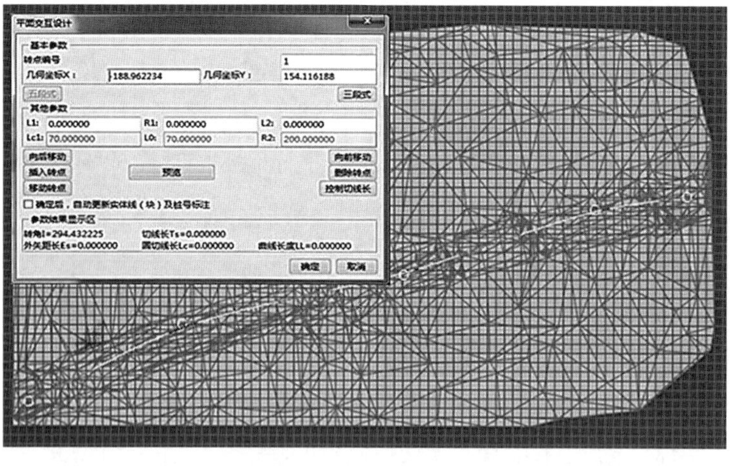

图 9-14 平面中心线设计

在交互设计的过程中，面板可实时显示几何坐标、转角、切线长、外矢距长、圆切线长和曲线长度等信息。

目前支持三段式和五段式两种方法（图 9-15）。

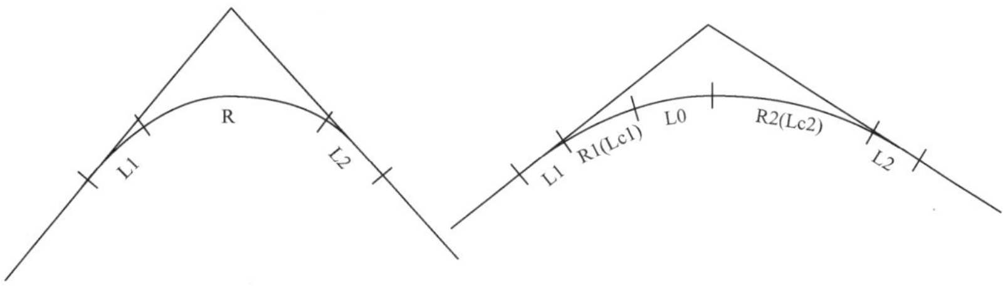

图 9-15　三段式和五段式

三段式 L1、L2 分别指第一、二缓和曲线长，R 指圆曲线半径。

五段式 L1、L2 分别指第一、二缓和曲线长，R1、Lc1 分别指第一圆曲线半径及长度，R2、Lc2 分别指第二圆曲线半径及长度，L0 指中间过渡缓和曲线长。

平面中心线设计完成后，可基于平面线形数据自动计算地面线数据，用于纵断面设计。

纵断面设计提供三种设计模式：控制变坡点、控制坡长＋坡度和控制竖曲线极值点（图 9-16）。

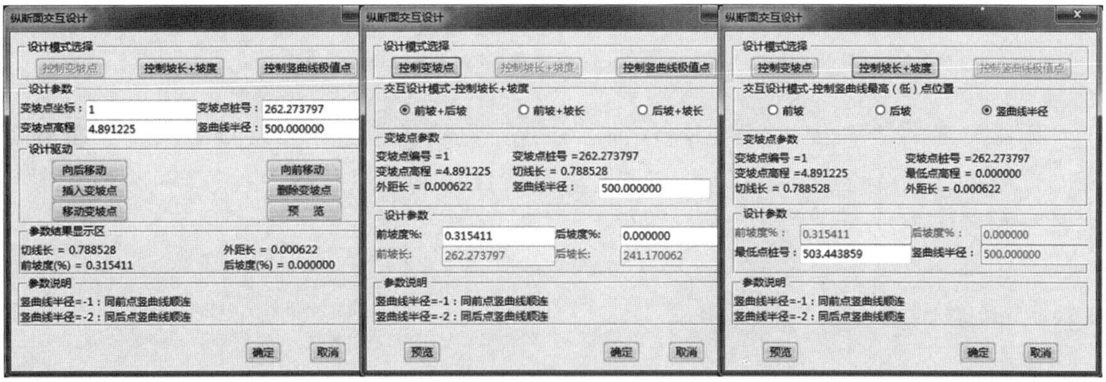

图 9-16　纵断面交互设计界面

控制变坡点模式：用户通过对话框可以精确地修改变坡点高程、桩号及竖曲线半径，通过功能键插入变坡点和删除变坡点来增加或删除变坡点。还可以动态拖动变坡点，此时可动态显示前、后坡。此外，可以添加控制标高控制某些桩号的标高。

控制坡长＋坡度模式：通过控制变坡点纵坡、坡长，自动计算变坡点桩号、高程、切线长和外距长。

控制竖曲线极值点模式：通过控制竖曲线最高点或最低点处桩号，自动计算变坡点桩号、高程、切线长和外距长（图 9-17）。

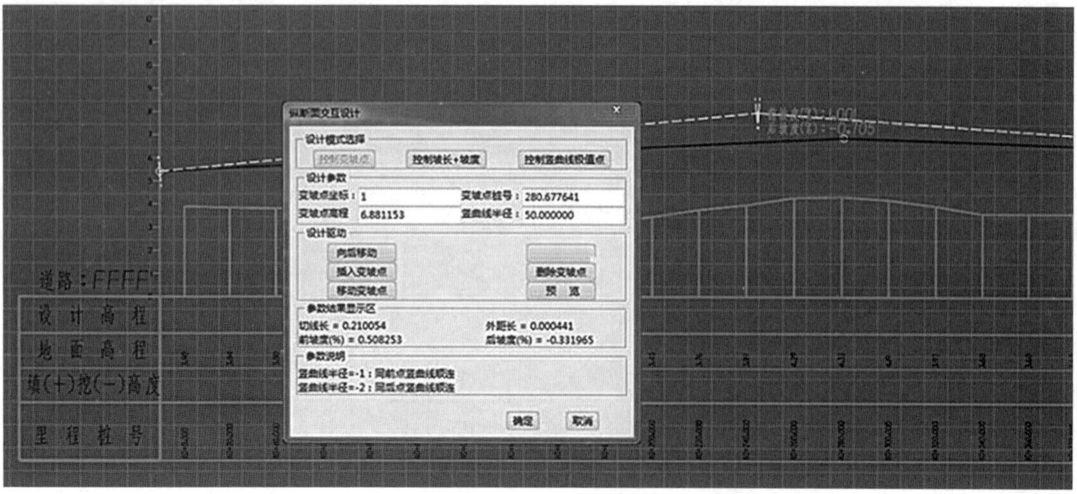

图 9-17 纵断面设计

在平面和纵断面设计完成后，可生成三维中心线。后续设计都是基于该三维中心线进行的。

3. 工具类命令

该部分有创建类、显示类和查询类的工具(图 9-18)。

图 9-18 工具类工具条

创建类工具是基于中心线创建各种点和线。显示类工具用于多种方式显示里程桩号。查询类工具可查询任意点设计高程、地面高程和任意点高程，也可查询两相交中心线各自的交点桩号、高程等信息。

9.2.4 道路设计

道路设计是基于道路中心线进行路段、交叉口、匝道出入口、分隔带、中分带、边沟边坡、挡墙等的设计。若有分段路面数据，可调用生成路面；否则，需使用横断面创建新路段；完成分段路面后，可以对分段路面进行修改。分隔带、中分带可以基于路段横坡，完成后可进行截断、复制、修改操作。交叉口，目前支持分步创建和一步创建两种方式。匝道出入口支持平行匝道和立交匝道。边沟边坡，支持自动生成和多种手工方式创建。挡土墙，支持 L 型和重力式挡土墙，其他类型支持自定义。

1. 路段设计

该部分有创建横断面、创建全部路面、创建分段路面、修改分段路面和删除分段路面(图 9-19)。除创建全部路面命令外，其他命令都会修改后台数据文件。

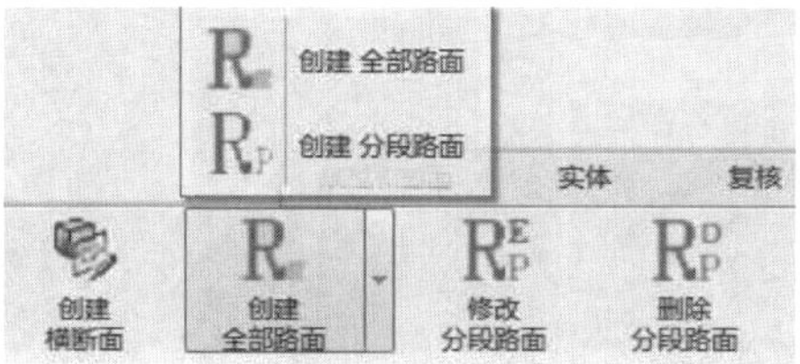

图 9-19　路段设计工具条

（1）创建横断面：用于配置项目的横断面数据，供创建分段路面时调用。创建时有两种方式。

一种是对数据格式不熟悉，此时可通过添加板块的方式来新建横断面，每添加一个板块，在面板的右下角都会实时显示板块添加及修改后的效果（图 9-20）。最后通过添加断面按钮将新建横断面添加到横断面数据文件中。

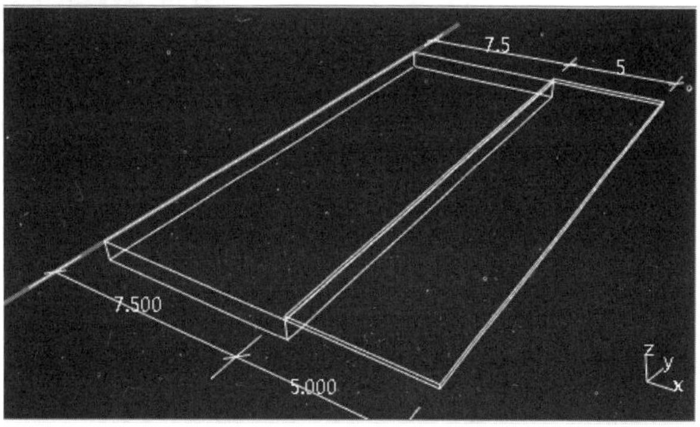

图 9-20　新建横断面预览

另一种方式是直接在横断面数据（面板左侧）中复制粘贴一个，修改其中参数即可（图 9-21）。

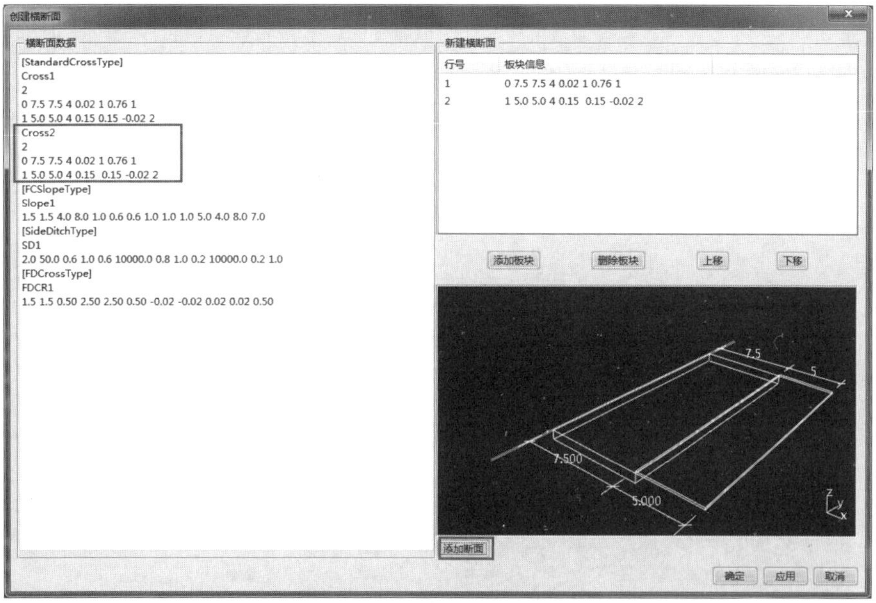

图 9-21　创建横断面

（2）创建全部路面：若已有横断面数据，可通过该命令在相应位置将路段一键生成。创建分段路面：通过设置起终点桩号和横断面及左、右幅，系统自动在该位置创建相应路段并修改数据文件（图 9-22）。

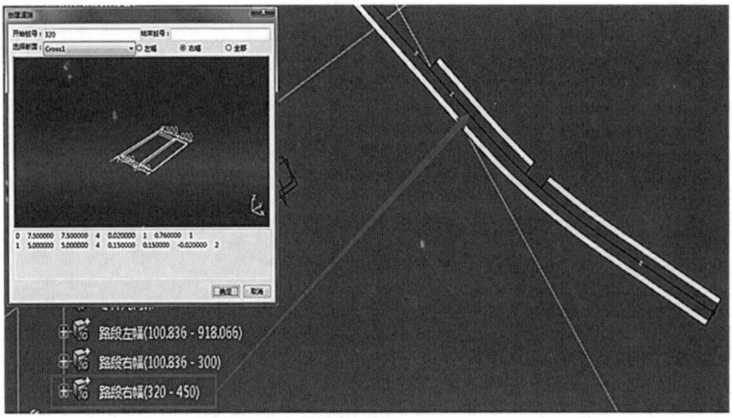

图 9-22 创建分段路面

(3) 修改分段路面:修改某一路段的横断面或起、始点桩号来改变该路段,同时修改后台文件。

(4) 删除分段路面:该命令不同于手动删除路段模型,它会在后台数据中将该条路段信息一并删除。

2. 交叉口设计

交叉口的创建有两种方式:分步创建和一步创建(图 9-23)。其中,一步创建交叉口只适用于丁字路口和十字路口,对于三条以上中心的交叉口,就只能使用分步创建。一步创建交叉口速度快,设置更方便,但适用范围小;分步创建交叉口可用于各种交叉口的创建,但其效率相对较低。

交叉口的修改方式也有两种方式:修改横坡度和修改脊线高程,用于调整端线和脊线。两种方式创建的交叉口都可进行编辑。

图 9-23 交叉口设计工具条

(1) 分步创建:每个交叉口由四片组成,每片交叉口的创建分为四步(图 9-24):①创建道路边线;②创建圆角;③创建端线;④创建交叉口。

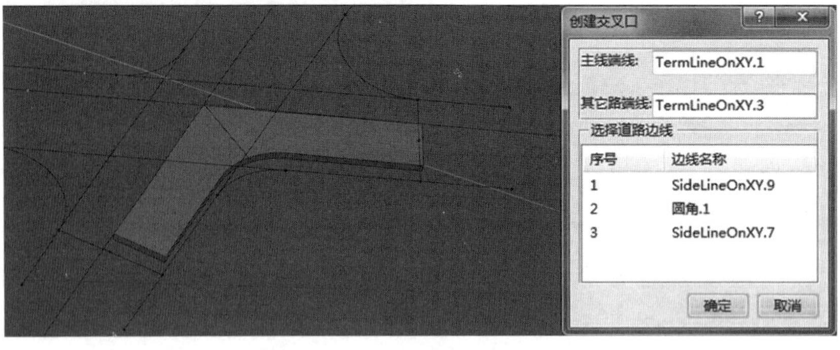

图 9-24 创建交叉口

路口人行道的创建须先创建内、外侧边线，再通过命令创建交叉口人行道(图 9-25)。

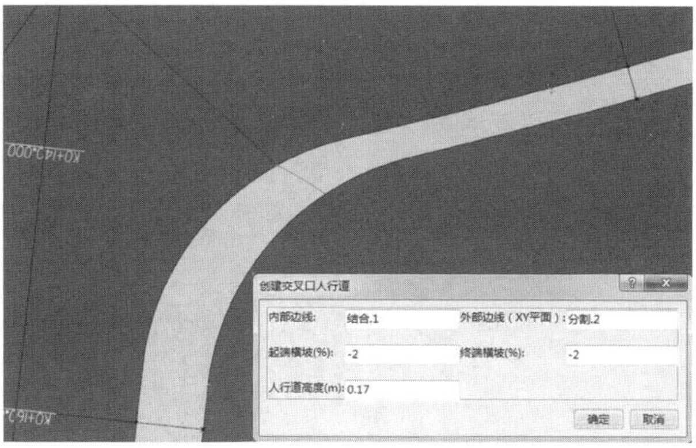

图 9-25　创建交叉口人行道

(2) 一步创建：交叉口的创建只需选择主路中心线和交叉路中心线，设置参数，即可一步生成全部交叉口(图 9-26)。

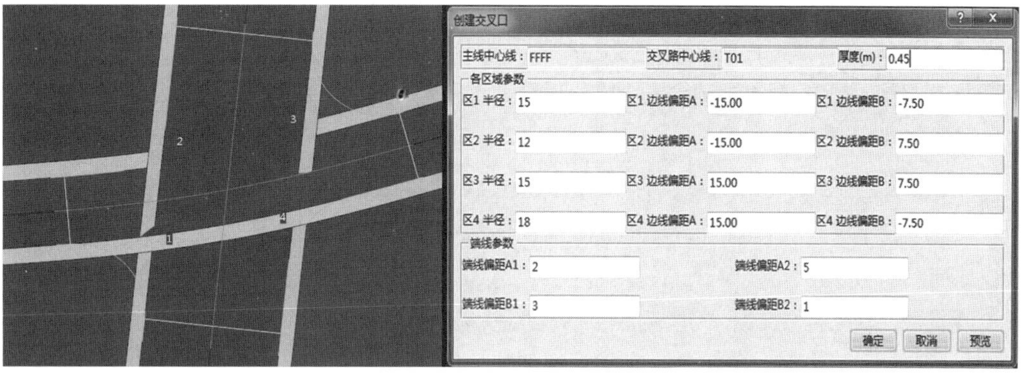

图 9-26　一步创建交叉口

交叉口人行道的创建只需选择一片交叉口设置参数，即可一步生成(图 9-27)。

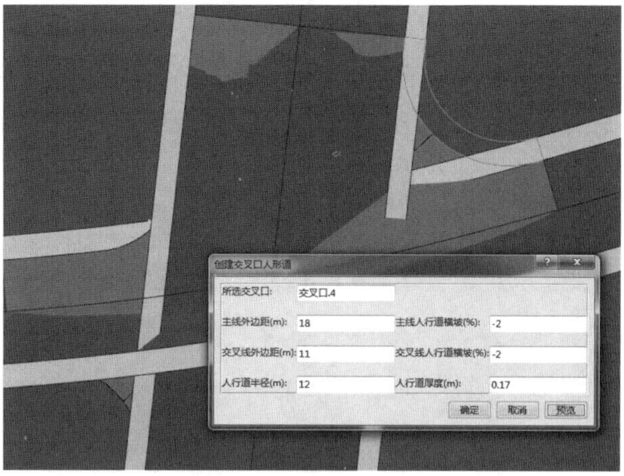

图 9-27　一步创建交叉口人行道

(3) 修改交叉口:修改横坡度用于修改已创建交叉口任一方位的端线横坡和中位线横坡。修改脊线高程用于修改已创建交叉口任一脊线的高程,系统根据高程点自动更新相邻两板块的模型(图 9-28)。

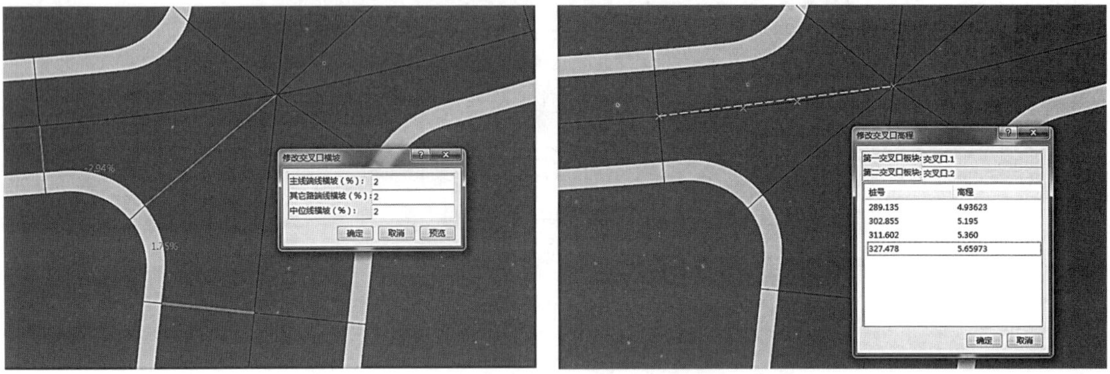

图 9-28　修改交叉口横坡和高程

3. 匝道出入口设计

匝道出入口设计包括平行匝道和立交匝道出入口设计(图 9-29)。

平行匝道出入口由加速车道长度、渐变段长度和辅助车道长度三部分组成。设计时,须根据主线中心线、匝道起点(入口)或匝道终点(出口)的桩号、偏距,同时设置加速车道长度、渐变段距离主线距离、渐变段长度、辅助车道长度和道路厚度来创建。

立交匝道出入口由鼻端长度、加速车道长度和渐变段长度三部分组成。设计时,根据主线中心线、匝道鼻端、匝道外边线起点(入口)或终点(出口)、加速车道长度、渐变段距离主线距离、渐变段长度和道路厚度来创建。

图 9-29　平行匝道和立交匝道出入口设计

双击匝道可对平行或立交匝道设计结果进行编辑。

4. 分隔带设计

该部分包括常规分隔带、中分带的创建、编辑和特殊分隔带创建(图 9-30)。其中,分隔带、中分带是基于中心线进行设计，特殊分隔带的创建不基于中心线。

图 9-30 分隔带设计工具条

常规分隔带、中分带支持直线封口、半圆封口和两 1/4 圆封口（图 9-31）。特殊分隔带用在某些特殊位置，可根据自定义的空间曲线或模型的棱边进行创建。

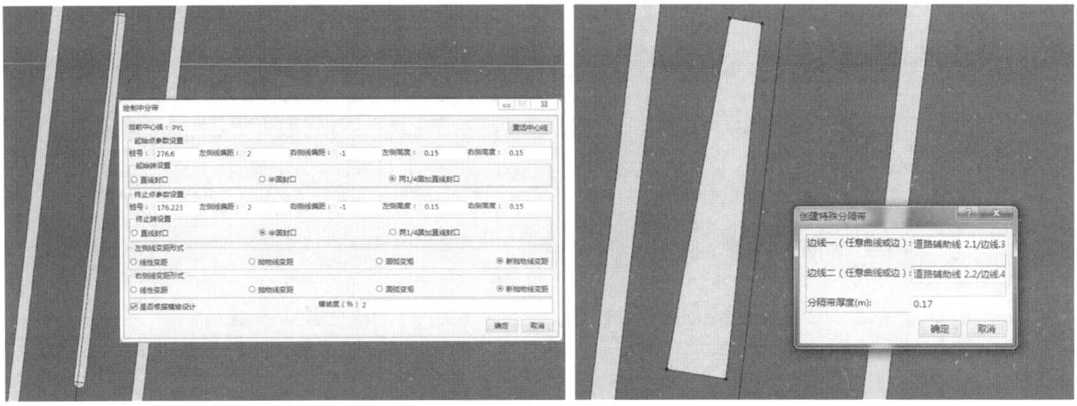

图 9-31 分隔带设计

5. 边沟边坡设计

边沟边坡功能提供自动放坡（图 9-32）和手工放坡（图 9-33）两种方式创建。

（1）自动放坡：用于根据道路中心线、道路横断面设计结果、道路边坡设置结果、道路控制桥位设置结果以及地形信息对道路进行自动放坡，并根据放坡结果绘制边沟边坡，同时对地形进行切割。使用时，选择中心线即可。

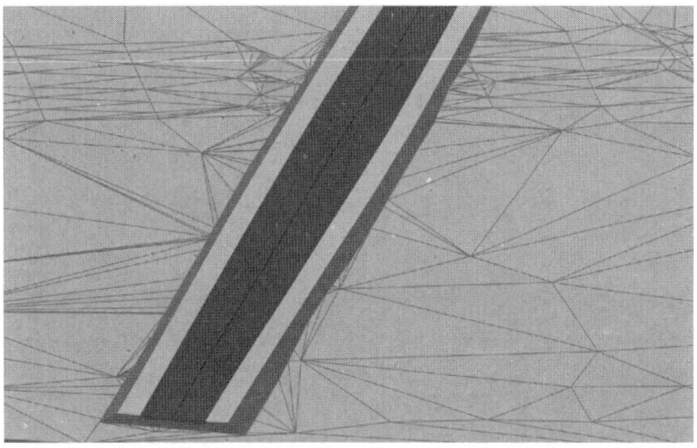

图 9-32 自动放坡结果

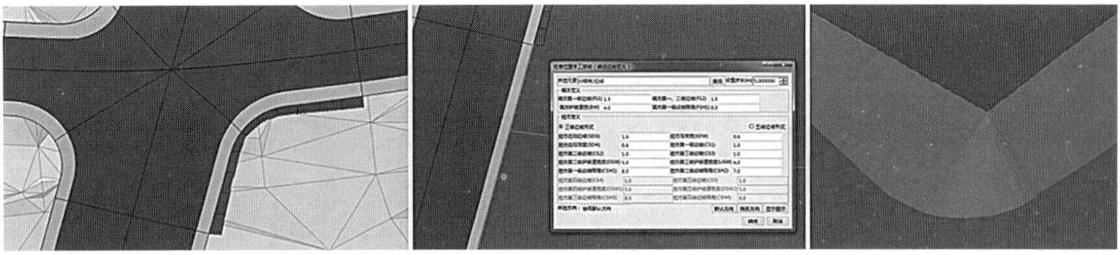

图 9-33 手工放坡结果

(2) 手工放坡:该方式按需求不同分多种方式,各方式只绘制边沟边坡,暂不切割地形,待所有放坡完成后,在地形模块下进行地形切割。手工放坡包含路段边缘、交叉口、任意位置和桥台锥坡四种方式。使用时,设置各自参数即可完成放坡。

6. 挡墙设计

创建挡墙功能用于根据道路横断面设计结果和地形设计挡墙。目前,挡墙设计支持 L 型车行挡墙、L 型人行挡墙和重力式挡墙,其中 L 型最大支持到 H600、重力式最大支持到 H550(图 9-34)。其他类型挡墙,支持自定义配置。


```
    <LForCartmpl name="H600" image="" id="3sh-zhangsj-00027428" offset = "0.4" version="A" type="VPMRepReference" />
</L型车行挡墙>
<L型人行挡墙>
    <!--offset:为墙顶宽d-->
    <LForPeopletmpl name="H100" image="" id="3sh-zhangsj-00027430" offset = "0.4" version="A" type="VPMRepReference"
    <LForPeopletmpl name="H150" image="" id="3sh-zhangsj-00027430" offset = "0.4" version="A" type="VPMRepReference"
    <LForPeopletmpl name="H200" image="" id="3sh-zhangsj-00027430" offset = "0.4" version="A" type="VPMRepReference"
    <LForPeopletmpl name="H250" image="" id="3sh-zhangsj-00027430" offset = "0.4" version="A" type="VPMRepReference"
    <LForPeopletmpl name="H300" image="" id="3sh-zhangsj-00027430" offset = "0.4" version="A" type="VPMRepReference"
    <LForPeopletmpl name="H350" image="" id="3sh-zhangsj-00027430" offset = "0.4" version="A" type="VPMRepReference"
    <LForPeopletmpl name="H400" image="" id="3sh-zhangsj-00027430" offset = "0.4" version="A" type="VPMRepReference"
    <LForPeopletmpl name="H450" image="" id="3sh-zhangsj-00027430" offset = "0.4" version="A" type="VPMRepReference"
    <LForPeopletmpl name="H500" image="" id="3sh-zhangsj-00027430" offset = "0.5" version="A" type="VPMRepReference"
    <LForPeopletmpl name="H550" image="" id="3sh-zhangsj-00027430" offset = "0.5" version="A" type="VPMRepReference"
    <LForPeopletmpl name="H600" image="" id="3sh-zhangsj-00027430" offset = "0.5" version="A" type="VPMRepReference"
</L型人行挡墙>
<重力式挡墙>
  <GForPeoplempl name="H100" image="Retain012.png" id="3sh-zhangsj-00027449" offset = "0.45" version="A" type="VPMRep
  <GForPeoplempl name="H150" image="Retain002.png" id="3sh-zhangsj-00027449" offset = "0.45" version="A" type="VPMRep
  <GForPeoplempl name="H200" image="Retain002.png" id="3sh-zhangsj-00027449" offset = "0.45" version="A" type="VPMRep
  <GForPeoplempl name="H250" image="Retain002.png" id="3sh-zhangsj-00027449" offset = "0.45" version="A" type="VPMRep
  <GForPeoplempl name="H300" image="Retain002.png" id="3sh-zhangsj-00027449" offset = "0.45" version="A" type="VPMRep
  <GForPeoplempl name="H350" image="Retain002.png" id="3sh-zhangsj-00027449" offset = "0.45" version="A" type="VPMRep
  <GForPeoplempl name="H400" image="Retain002.png" id="3sh-zhangsj-00027449" offset = "0.45" version="A" type="VPMRep
  <GForPeoplempl name="H450" image="Retain002.png" id="3sh-zhangsj-00027449" offset = "0.45" version="A" type="VPMRep
```


图 9-34 挡墙设计配置文件

设计时,根据起、终点桩号系统自动生成当前范围内的 Et-Eg 表,用于根据查询结果设置每块挡墙的起、终点桩号,系统自动按规范“查询”挡墙型号(用户也可修改),依次设计挡墙,最后生成全部挡墙(图 9-35)。

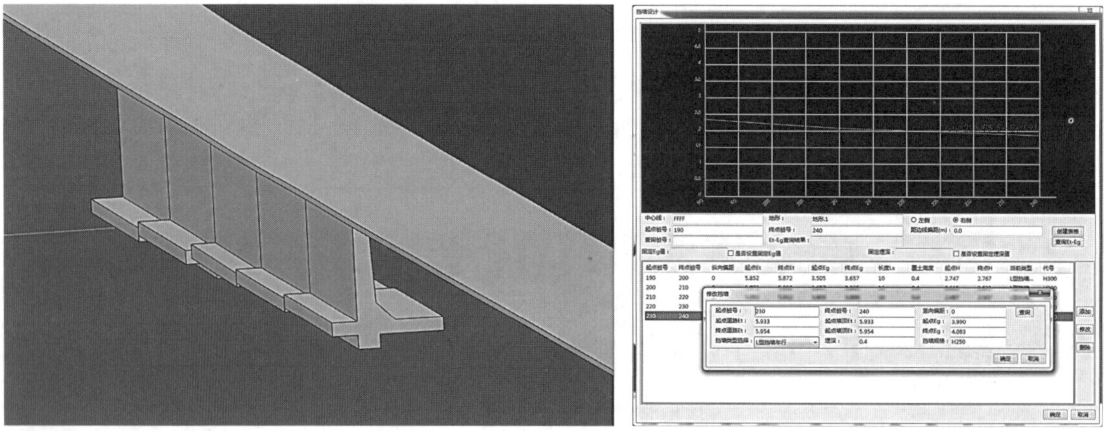

图 9-35 创建挡墙

9.2.5　交通安全设计

交通安全设计分三块内容：常规标线、非常规标线和建筑限界。

1. 常规标线

常规标线指的是相对简单、能够基于道路中心线的数据进行设计的标线，包括直线、虚线、虚实线、导向箭头、斑马线、停止线等（图9-36）。

图9-36　常规标线设计工具条

该类型的标线创建时提供两种模式：默认为自动获取路段横坡；若点选"是否根据横坡设计"的复选框，则采用手动输入的横坡进行设计。其中，标线可进行修改、复制、截断和删除操作，导向箭头只有修改和删除操作，斑马线与停止线具有修改、复制和删除操作（图9-37）。当中心线发生变更时，可一键更新。

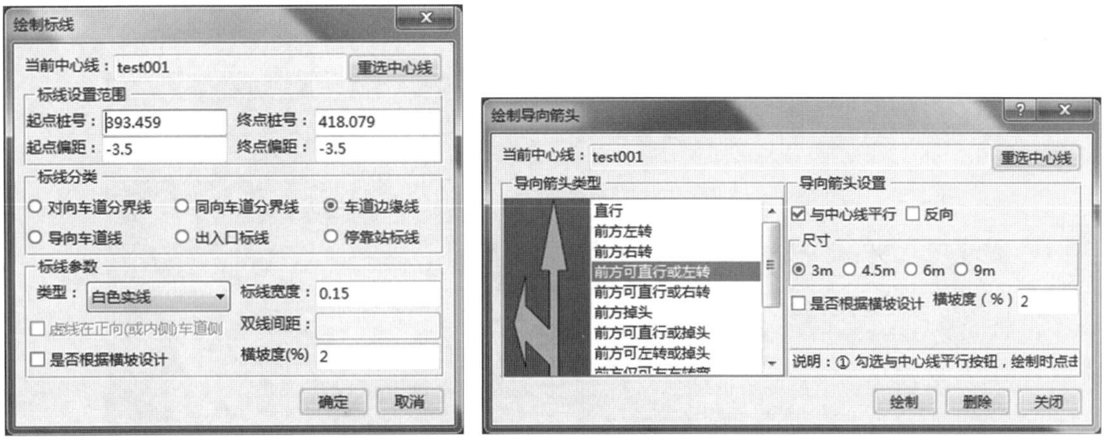

图9-37　常规标线创建

对于常规标线，软件提供快速集成布设的方式，可大大提高标线设计的效率。纵向标线集成布设功能用于集成化布设标准路段的各种虚线、实线等。使用时，可设置车道数，左、右侧布置，起、始点桩号，内、中、外侧标线类型及宽度，软件可一键批量生成（图9-38）。

进口道标线设计功能用于进口道处标线的快速化集成布设（图9-39），可生成标线、导向箭头、停止线，并支持各自单独修改。使用时，设置进口道标线根数，设置间距、车道线宽、进口道长度及是否标注导向箭头等，选择停止线可在停止线前集成布设。该功能支持停止线垂直或斜交于道路中心线。

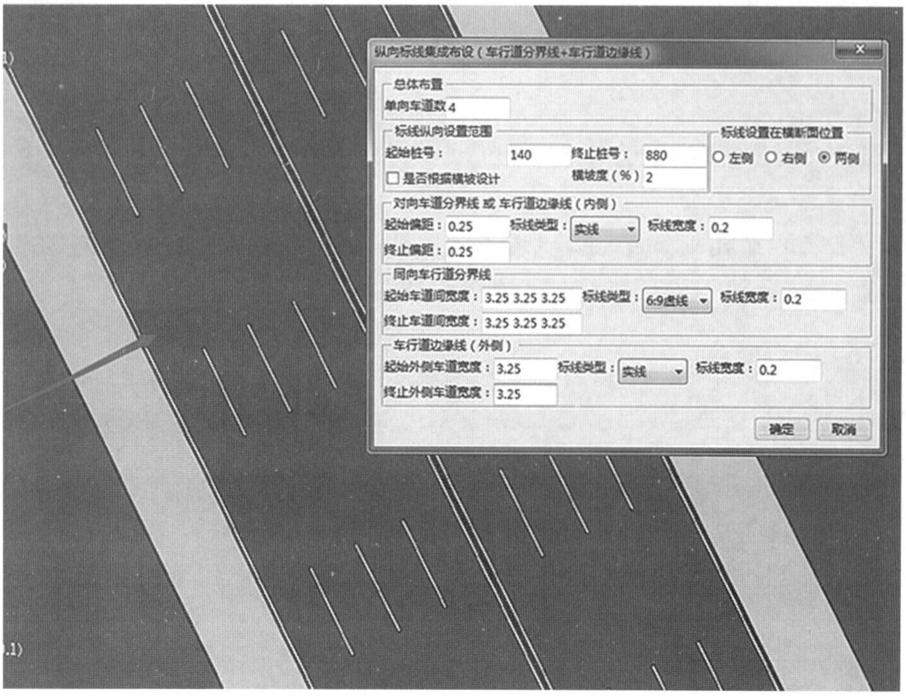

图 9-38　纵向标线集成布设

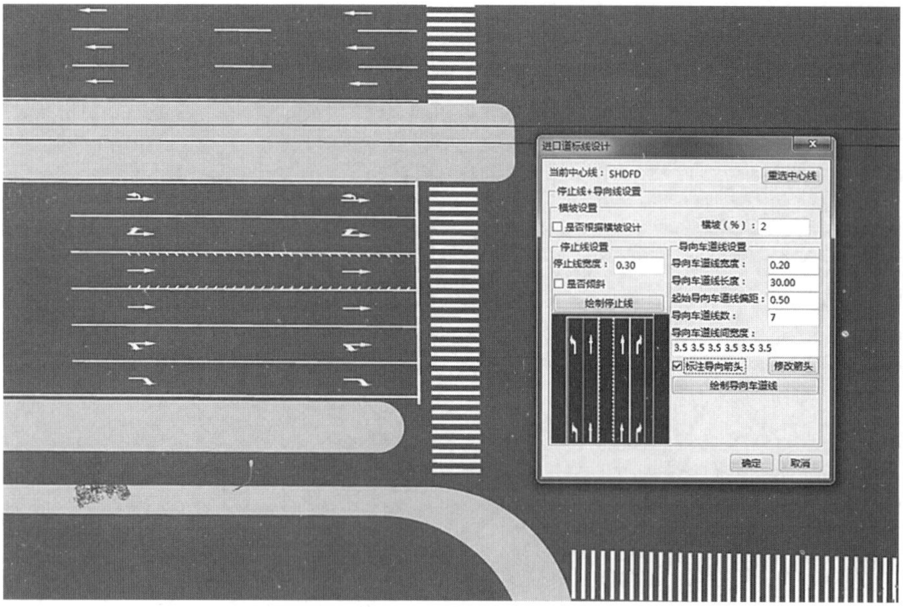

图 9-39　进口道标线集成布设

2. 非常规标线

非常规标线指的是相对复杂或在需要单独做竖向设计的位置创建的标线（如交叉口、匝道出入口等处），因该位置比较复杂，无法用数据描述，只能用几何面作为投影支持面进行设计，包括基于边线创建标线、待行区线、路口导向线、斜纹线、V 形线、中心圈、停靠站等。

待行区线和路口导向线设计用于设计左弯待转区线、直行待行区线和路口导向线（图 9-40）。

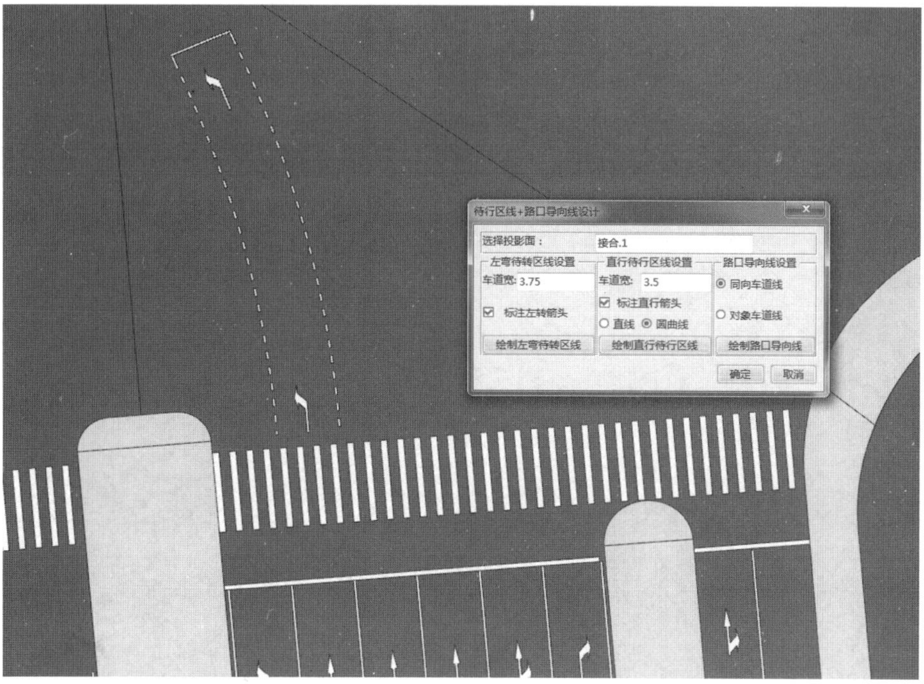

图 9-40　待行区线创建

填充线（图 9-41）用于设计斜纹线、V 形线。斜纹线根据两侧边线、斜纹方向及起始

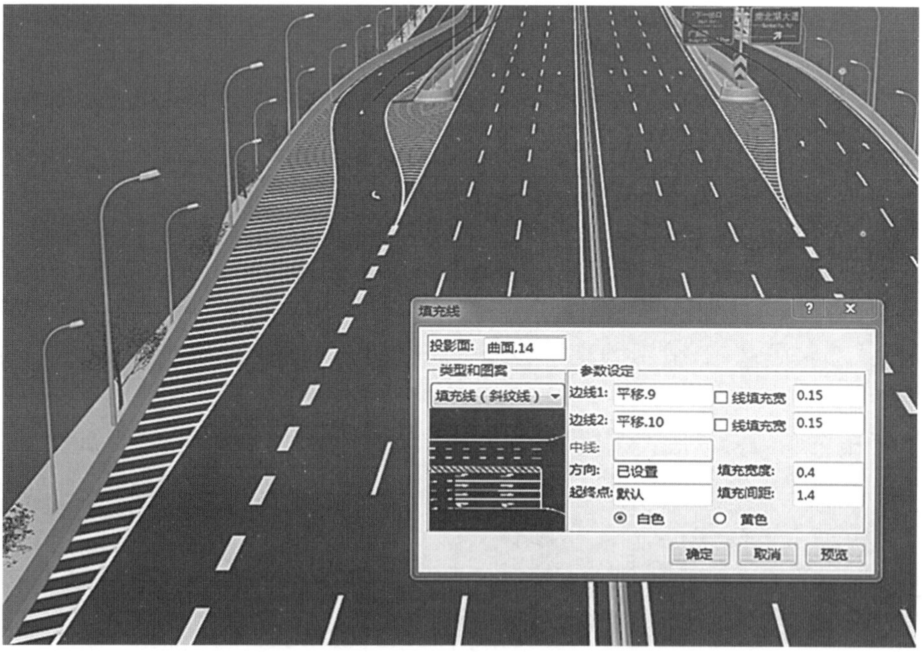

图 9-41　填充线创建

点位置确定，通过预览生成效果，可设置为白线或黄线；V 形线根据两侧边线和中分线、两侧斜纹方向及起始点位置确定，可预览设计效果。

3. 建筑限界

建筑限界是基于车行道或人行道路面进行设计的，主要用于净空检查（图 9-42）。用户可根据情况自定义净空高度、倒角等信息。

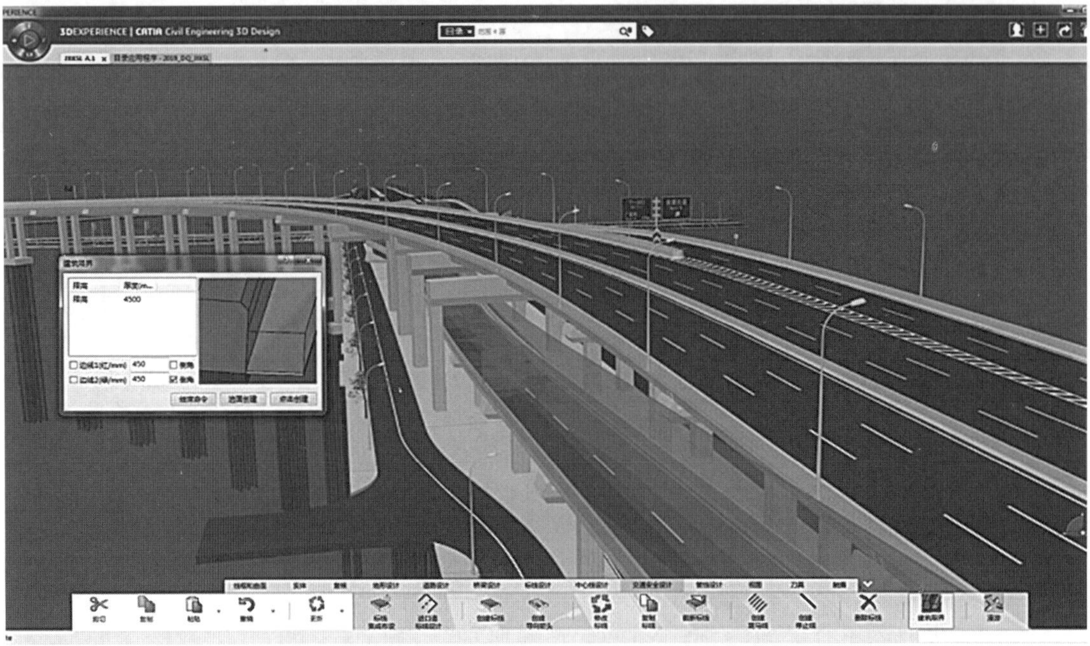

图 9-42 建筑限界

9.2.6 桥梁设计

桥梁设计是在道路中心线、横断面和地面线的基础上，进行桥梁的布墩布跨、创建桥面铺装和防撞墙。

1. 桥梁布墩布跨

桥梁布墩布跨分桥梁布跨、修改桥跨、修改部件类型、修改部件设计参数等功能（图 9-43）。桥梁布跨是基础，采用的是中心线＋跨径组合的方式。支持固定梁高，起、终点布置桥台。

对于已布置好的桥梁段，支持调整桥跨跨度和调整桥跨（图 9-44）。其中，调整桥跨跨度只能修改跨径，不能增删桥跨；调整桥跨为删除原有布墩布跨结果，重新布置。

对于已布置好的桥梁，支持批量修改上、下部类型和参数（图 9-45）。

桥梁上、下部构件模板支持自定义，用户可根据行业特点梳理出适合自己企业的桥梁上、下部模板，随工程项目的不断增加逐渐积累标准化的桥梁上、下部构件（图 9-46）。

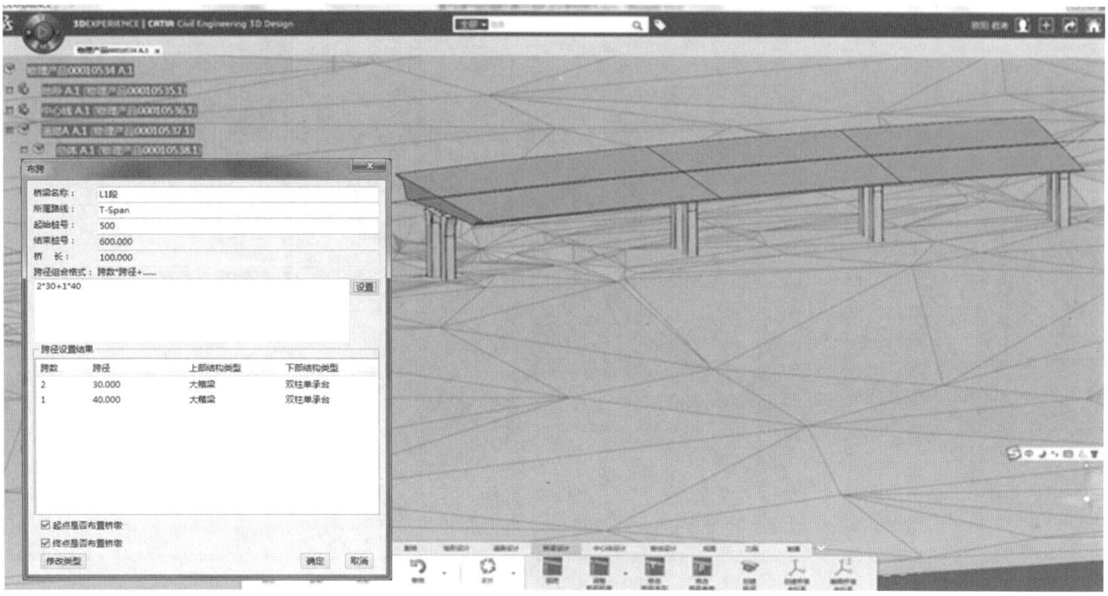

图 9-43　桥梁布墩布跨

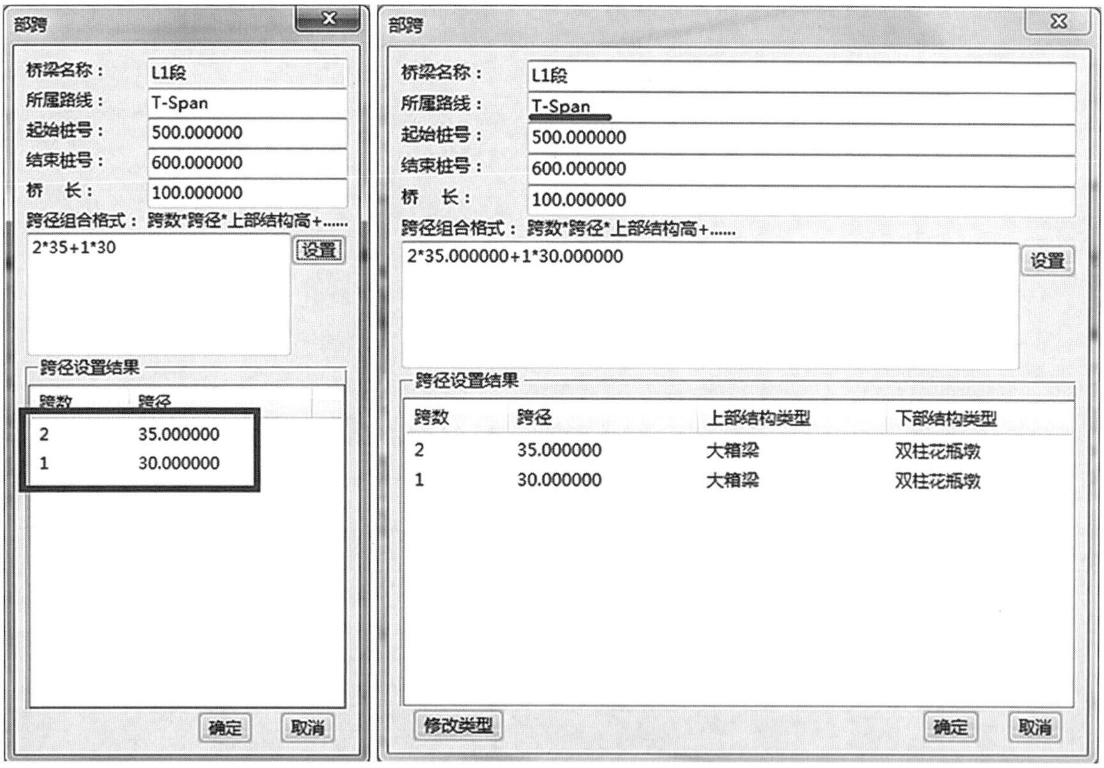

图 9-44　调整桥跨跨度和调整桥跨

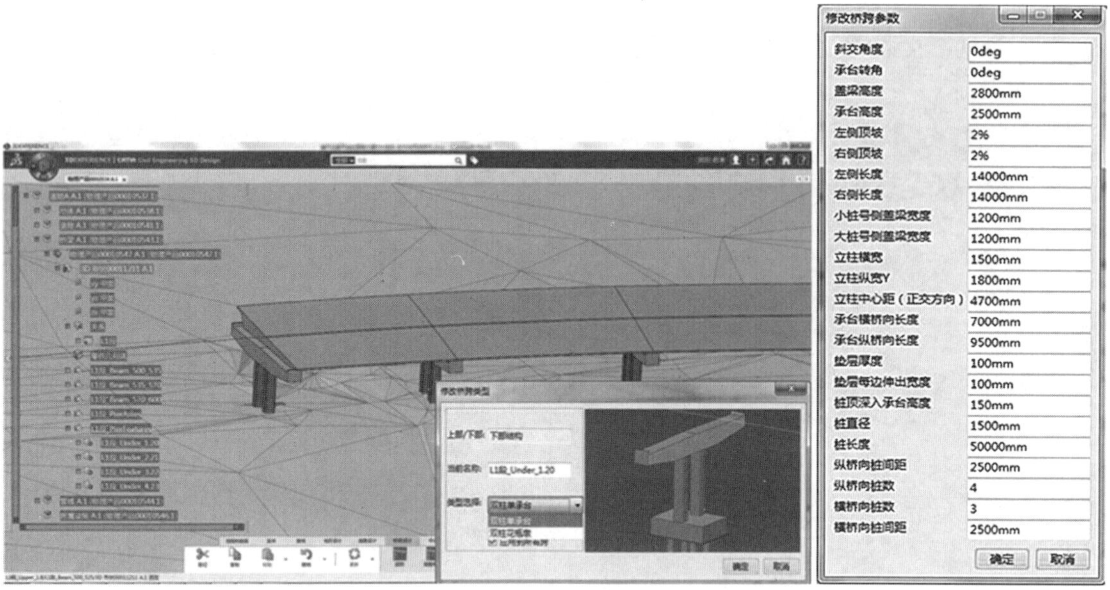

图 9-45　修改上、下部类型和参数

```
</pier>
<spanButtom>
  <SpanButomtmpl name="双柱单承台" image="Under-1.bmp"  id="rep-ouyang-00004870" version="A" type="VPMRepReference" />
  <SpanButomtmpl name="双柱花瓶墩" image="Under-2.bmp"  id="rep-ouyang-00004873" version="A" type="VPMRepReference" />
  <SpanButomtmpl name="单柱单承台" image="Under-3.bmp"  id="rep-ouyang-00011508" version="A" type="VPMRepReference" />
  <SpanButomtmpl name="双柱双承台" image="Under-4.bmp"  id="3sh-zhangsj-00010117" version="A" type="VPMRepReference" />
  <SpanButomtmpl name="双柱单承台异型" image="Under-5.bmp"  id="3sh-zhangsj-00010174" version="A" type="VPMRepReference" />
  <SpanButomtmpl name="三柱双承台异型" image="Under-6.bmp"  id="3sh-zhangsj-00010175" version="A" type="VPMRepReference" />
  <SpanButomtmpl name="四柱三承台异型" image="Under-7.bmp"  id="3sh-zhangsj-00010176" version="A" type="VPMRepReference" />
</spanButtom>
<spanUpper>
  <SpanUppertmpl name="大箱梁" image="Upper-1.bmp" id="rep-ouyang-00004874" version="A" type="VPMRepReference" />
  <!--SpanUppertmpl name="大箱梁" image="Upper-1.bmp" id="3sh-zhangsj-00034712"  version="A"  type="VPMRepReference" /-->
  <SpanUppertmpl name="小箱梁" image="Upper-2.bmp" id="rep-ouyang-00011506" version="A" type="VPMRepReference" />
  <SpanUppertmpl name="小箱梁(单箱)" image="Upper-3.bmp" id="rep-ouyang-00011507" version="A" type="VPMRepReference" />
  <SpanUppertmpl name="大箱梁2" image="Upper-1.bmp" id="3sh-zhangsj-00034730"  version="A"  type="VPMRepReference" />
</spanUpper>
<Abutment>
  <Abutmentmpl name="桥台" image="Cap-1.bmp" id="3sh-zhangsj-00009391" version="A" type="VPMRepReference" />
  <!--Abutmentmpl name="桥台" image="Cap-1.bmp" id="3sh-zhangsj-00009317" version="A" type="VPMRepReference" /-->
</Abutment>
```

图 9-46　桥梁上、下部构件配置文件

2. 桥面铺装

创建桥面铺装功能用于桥面上铺装路面，左、右两侧铺装边线支持多种设计方式（图 9-47）。其中，沿中心线偏移指沿道路中心线上的偏距，此方法适用于标准断面；沿

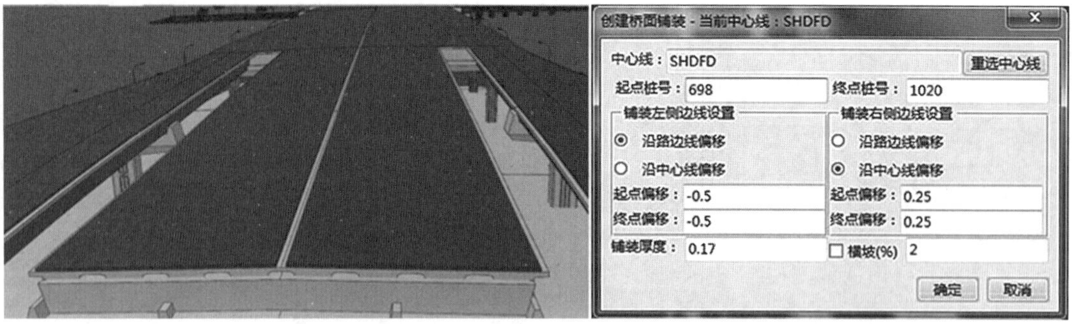

图 9-47　桥面铺装

路边线偏移指沿桥面外边线上的偏移(朝内偏移为负值,反之为正值),此方法适用于全线一次性完成铺装。根据需要,用户可自由组合使用何种方式的偏移设置,以便于快速完成全线铺装。

3. 防撞墙

用于创建桥梁防撞墙,创建方式有沿道路边线偏移和沿中心线偏移(图 9-48)两种方式。创建两端的防撞墙推荐沿道路边线偏移创建,中央防撞墙推荐沿中心线偏移创建。

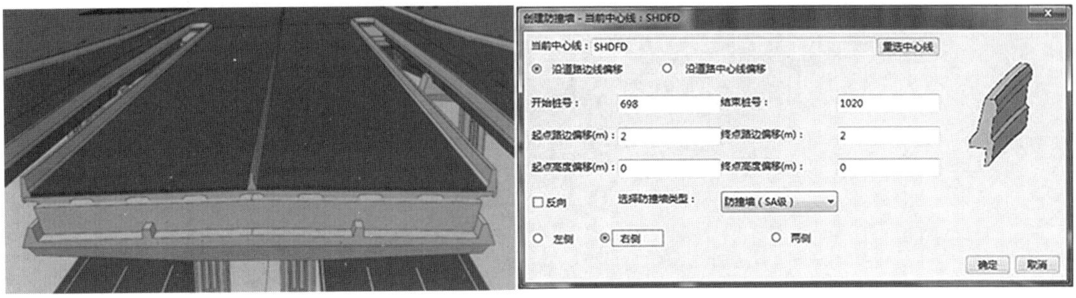

图 9-48　防撞墙

其中,防撞墙的类型支持用户自定义(图 9-49)。

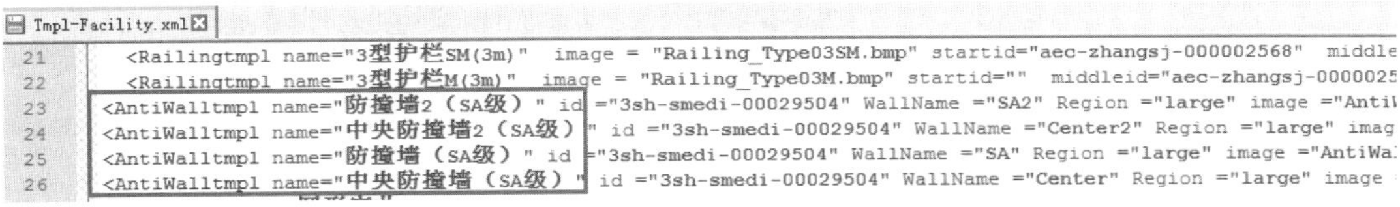

```
Tmpl-Facility.xml
21   <Railingtmpl name="3型护栏SM(3m)"  image = "Railing_Type03SM.bmp" startid="aec-zhangsj-000002568"  middle
22   <Railingtmpl name="3型护栏M(3m)"  image = "Railing_Type03M.bmp" startid=""  middleid="aec-zhangsj-0000025
23 <AntiWalltmpl name="防撞墙2 (SA级) " id ="3sh-smedi-00029504" WallName ="SA2" Region ="large" image ="Anti
24 <AntiWalltmpl name="中央防撞墙2 (SA级) " id ="3sh-smedi-00029504" WallName ="Center2" Region ="large" imag
25 <AntiWalltmpl name="防撞墙 (SA级) " id ="3sh-smedi-00029504" WallName ="SA" Region ="large" image ="AntiWa
26 <AntiWalltmpl name="中央防撞墙 (SA级) " id ="3sh-smedi-00029504" WallName ="Center" Region ="large" image
```

图 9-49　防撞墙配置文件

9.2.7　管线设计

管线设计有下面两种方式:

(1) 新建管线的三维正向设计:首先设置管线参数,创建管线线形;然后对线形进行分段、平面设计、竖向设计及窨井设计,完成线形的修改;最后生成管线和窨井。目前支持给排水管线的设计。

(2) 现状管线的快速生成:基于勘测数据快速生成管线和窨井。支持各种类型管线的设计。

1. 新建管线的三维正向设计

新建管线的三维正向设计模块包含六个功能,如图 9-50 所示。

图 9-50　管线设计工具条

（1）创建管线是基于中心线、现状地形或路面进行的。用于创建管线线形，该线形包含管线的所有信息，包括管线编号、类型、创建方式、何种管线、内径、材料、国标、覆土等信息。该功能用于确定关键位置点的管线，并记录管线的所有信息（图 9-51）。

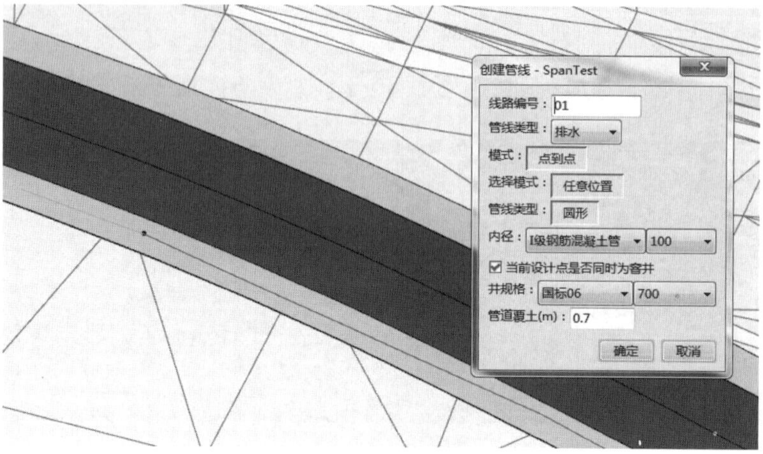

图 9-51 管线线形设置及创建

（2）管线分段用于将设计的管线按间距等分。

（3）平面设计和竖向设计用于对管线的线形和走向进行调整。平面设计可用于调整、增加、删除节点（图 9-52）。

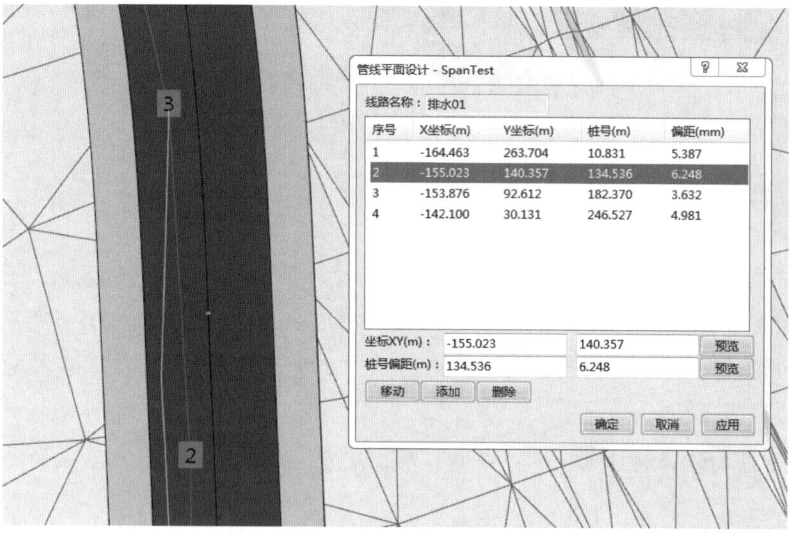

图 9-52 管线平面设计

（4）在进行竖向设计时，会创建一个表格，包含自然地面标高、设计地面标高、设计内底标高、覆土、埋深、坡度/管径、平面距离及桩号信息。当鼠标移动到任意井位时（竖向绿色虚线），可显示当前变坡点序号的各种信息，点击面板显示信息，即可切换到该变坡点上（图 9-53）。其中，红线为设计内底标高，蓝线为设计地面标高，黄色（粗）为自然地面标高,黄色(细)为现状地面标高。通常情况下,自然地面标高指现状地面,若现状地面上有路面,则路面标高为自然地面标高。

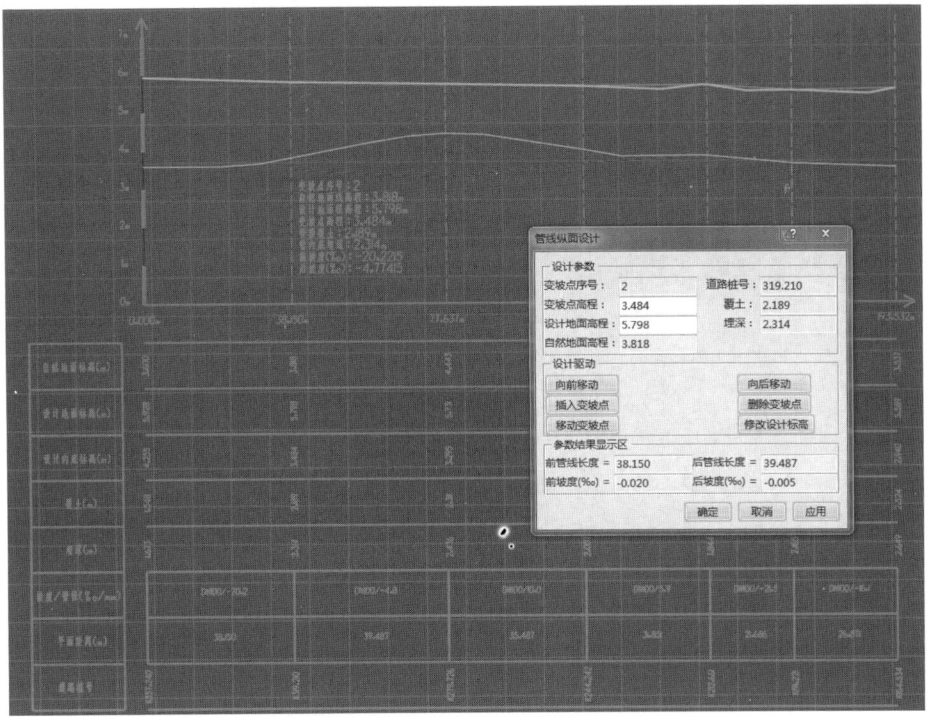

图 9-53 管线竖向设计

(5) 窨井设计可用于设置窨井,可选择某些井位是否生成井及井规格尺寸的设置(图 9-54)。

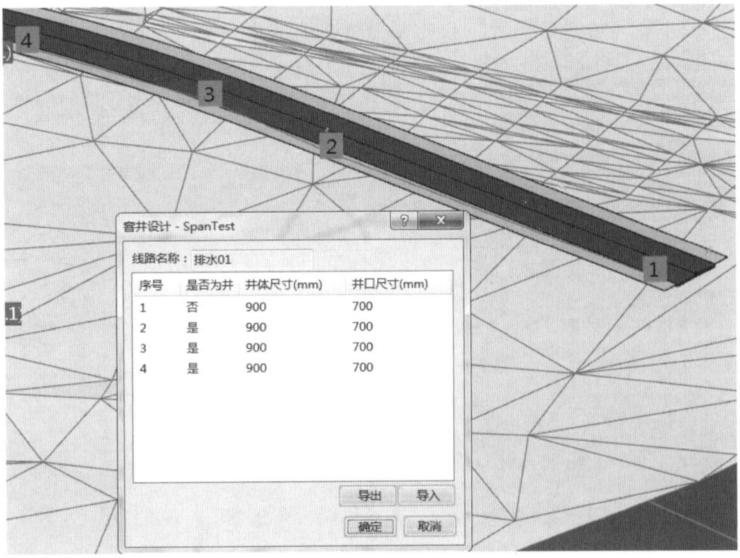

图 9-54 窨井设计

(6) 在完成以上设计后，管线线形已记录所有信息，此时，通过生成管线命令可将管线和井生成(图 9-55)。其中，管线的命名为：管线类型＋线路编号＋“_”＋管线＋“_”＋序号；井的命名：管线类型＋线路编号＋“_”＋窨井＋“_”＋序号。

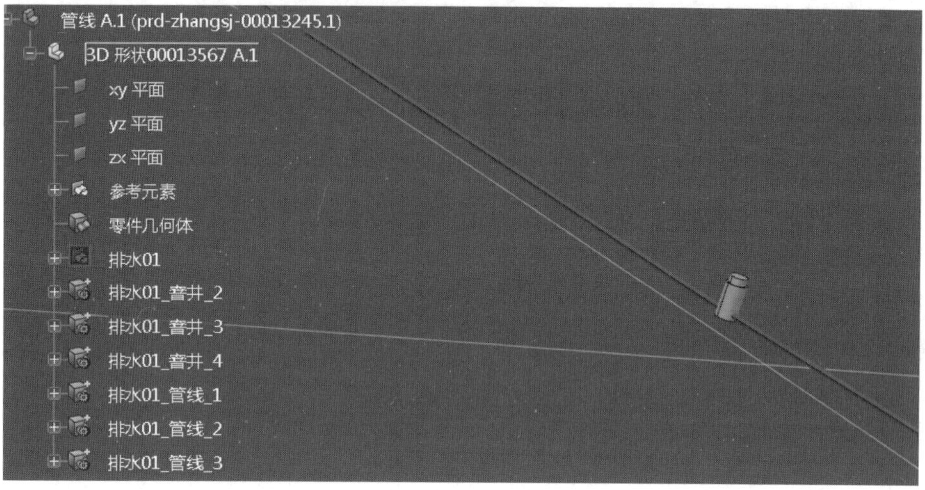

图 9-55 生成管线和井

默认使用系统管配置文件(图 9-56)和井配置文件(图 9-57)。该文件用户可修改，配置自己企业或项目的标准。

```
Tmpl-PipeRule.xml
<!--MaterialList: 根据材料分类管子-->
<MaterialList>
    <!--Material: 根据材料分类管子，其中只有name区分材料，其他暂时无用。暂无管子对应默认最小坡度-->
    <Material Name="I级钢筋混凝土管" SizeNameTemplate="DN[DN]" Desc="" Abbr="钢砼" Type="5" UW="0" MN="0.014" HZWL="110" CLBRK="0.25">
        <SizeList>
            <Size DN="100" OD="150" WT="25"/>
            <Size DN="150" OD="200" WT="25"/>
            <Size DN="200" OD="254" WT="27"/>
            <Size DN="250" OD="306" WT="28"/>
            <Size DN="300" OD="360" WT="30"/>
            <Size DN="400" OD="470" WT="35"/>
            <Size DN="500" OD="584" WT="42"/>
            <Size DN="600" OD="700" WT="50"/>
            <Size DN="700" OD="810" WT="55"/>
            <Size DN="800" OD="930" WT="65"/>
            <Size DN="900" OD="1040" WT="70"/>
            <Size DN="1000" OD="1150" WT="75"/>
            <Size DN="1100" OD="1270" WT="85"/>
            <Size DN="1200" OD="1380" WT="90"/>
            <Size DN="1400" OD="1620" WT="110"/>
            <Size DN="1500" OD="1730" WT="115"/>
            <Size DN="1600" OD="1860" WT="130"/>
            <Size DN="1800" OD="2080" WT="140"/>
            <Size DN="2000" OD="2310" WT="155"/>
            <Size DN="2200" OD="2550" WT="175"/>
            <Size DN="2400" OD="2770" WT="185"/>
        </SizeList>
    </Material>
    <Material Name="II级钢筋混凝土管" SizeNameTemplate="dn[DN]" Desc="" Abbr="钢砼" Type="5" UW="0" MN="0.014" HZWL="110" CLBRK="0.25">
        <SizeList>
            <Size DN="300" OD="360" WT="30"/>
```

图 9-56 管配置文件

2. 现状管线的快速生成

基于数据生成管线和井：将数据导入表格，系统根据表格中的参数自动创建管线和井。通过配置不同的断面形式，可生成各类现状管线(图 9-58)。

```
Tmpl-PipeRule.xml
            </Material>
        </MaterialList>
        <RainWell>
            <Standard name="国标06" material="混凝土模块" >
                <!--Well: 井名称                    井描述          井规格          井口规格        下游主管直径-->
                <WellList>
                    <Well WellName="检查井"  TypeName="圆型井" Model="700"    JK="400"    DownDn="400"/>
                    <Well WellName="检查井"  TypeName="圆型井" Model="800"    JK="400"    DownDn="400"/>
                    <Well WellName="检查井"  TypeName="圆型井" Model="900"    JK="700"    DownDn="500"/>
                    <Well WellName="检查井"  TypeName="圆型井" Model="1100"    JK="700"    DownDn="600"/>
                    <Well WellName="检查井"  TypeName="圆型井" Model="1250"    JK="700"    DownDn="400"/>
                    <Well WellName="检查井"  TypeName="圆型井" Model="1300"    JK="700"    DownDn="700"/>
                    <Well WellName="检查井"  TypeName="圆型井" Model="1500"    JK="800"    DownDn="800"/>
                    <Well WellName="检查井"  TypeName="矩型井" Model="1100x1100"    JK="600x500"    DownDn="600"/>
                    <Well WellName="检查井"  TypeName="矩型井" Model="1300x1100"    JK="600x500"    DownDn="700"/>
                    <Well WellName="检查井"  TypeName="矩型井" Model="1500x1300"    JK="700x600"    DownDn="800"/>
                    <Well WellName="检查井"  TypeName="矩型井" Model="1650x1500"    JK="700x600"    DownDn="900"/>
                </WellList>
            </Standard>
        </RainWell>
```

图 9-57　井配置文件

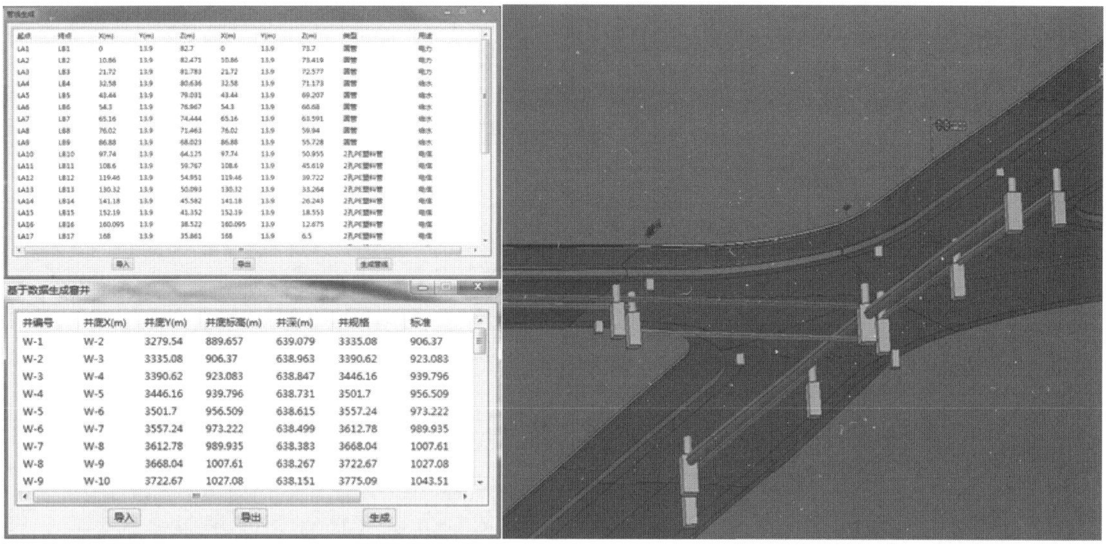

图 9-58　现状管线快速生成

9.2.8　隧道设计

隧道设计目前支持矿山法和明挖法的隧道设计(图 9-59)。

图 9-59　隧道设计工具条

1. 矿山法

矿山法隧道(图 9-60)的创建步骤如下：首先，生成一个包含初衬、二衬的隧道实体以及道路辅助线、起终点坐标系、起点中心；然后，基于创建矿山隧道生成的隧道模型、道路辅助线、起点坐标系、地点中心生成矿山法隧道的锚杆区域；最后，基于矿山隧道生成的道路辅助线和创建的锚杆范围生成矿山法隧道的锚杆。

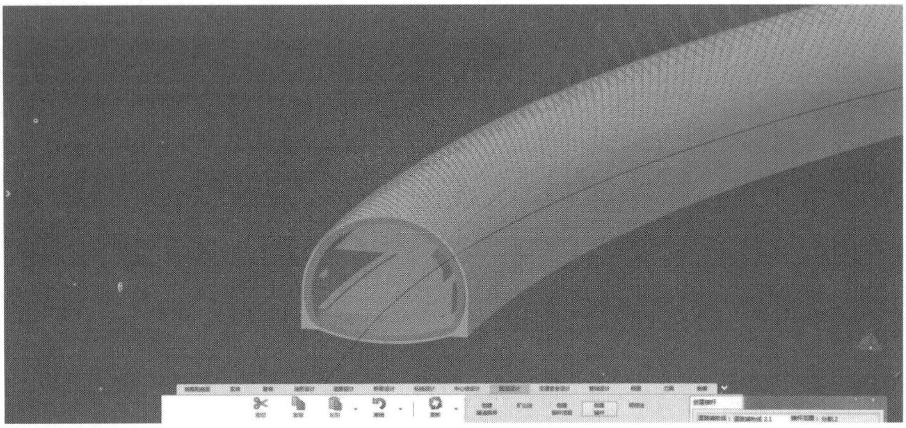

图 9-60　矿山法隧道

2. 明挖法

明挖法功能通过设置起点、终点桩号，选择道路类型等，系统根据规范自动生成并显示相关参数，设置相关参数后可创建明挖法隧道(图 9-61)。

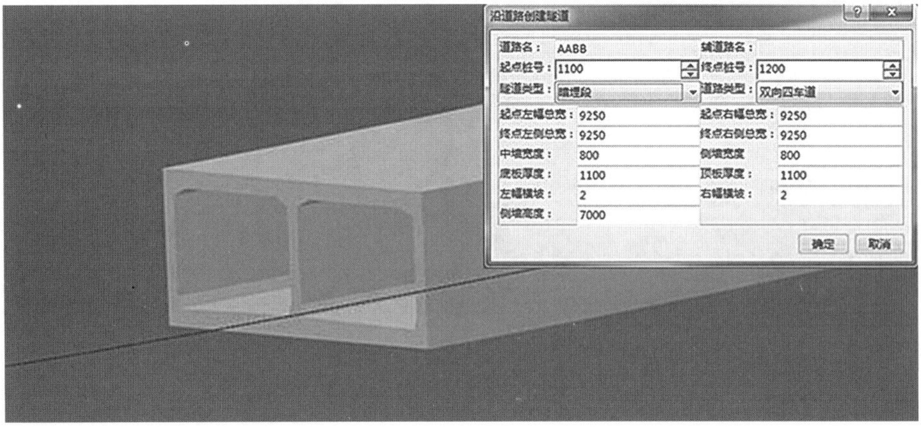

图 9-61　明挖法隧道

9.2.9　附属设施设计

该模块可完成标牌、护栏、路灯、消防栓、树木和绿化带等布设。共有定点式布设、基于中心线布设和基于边线布设三种布设方式。其中，基于中心线布设的附属设施方案变更可以一键更新。

(1) 标牌设计：有定点式和交互式两种创建方式(图 9-62)。定点式通过导入桩号、偏距和类型的方式布设。交互式则在设定类型后，通过点选方式自动布设。标牌设计功能内置了最新国标中的常用标牌以及可根据车速自动匹配标牌尺寸。

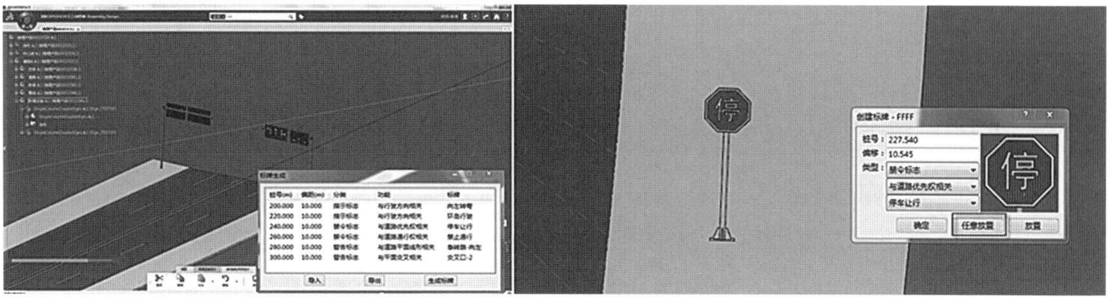

图 9-62　定点式和交互式标牌设计

目前，标牌构件库中已存储了 230 多个常用标牌，可通过标牌对照表查询所需标牌（图 9-63）。

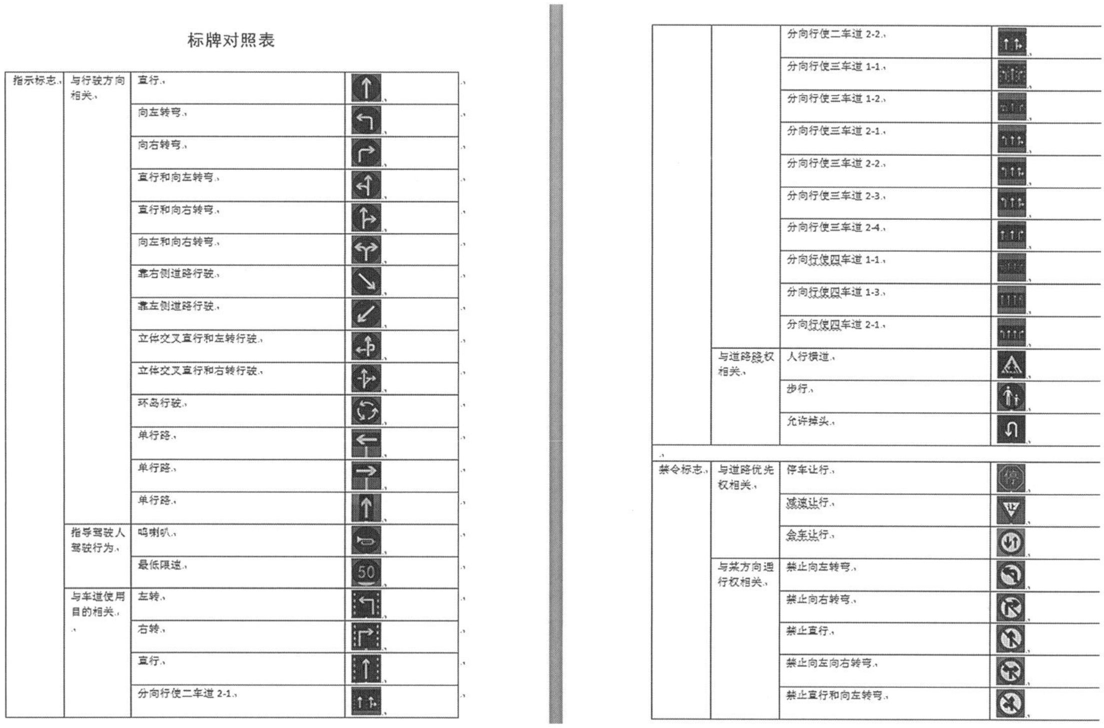

标牌对照表

指示标志	与行驶方向相关	直行	
		向左转弯	
		向右转弯	
		直行和向左转弯	
		直行和向右转弯	
		向左和向右转弯	
		靠右侧道路行驶	
		靠左侧道路行驶	
		立体交叉直行和左转行驶	
		立体交叉直行和右转行驶	
		环岛行驶	
		单行路	
		单行路	
		单行路	
	指导驾驶人驾驶行为	鸣喇叭	
		最低限速	50
	与车道使用目的相关	左转	
		右转	
		直行	
		分向行使二车道 2-1	
		分向行使二车道 2-2	
		分向行使三车道 1-1	
		分向行使三车道 1-2	
		分向行使三车道 2-1	
		分向行使三车道 2-2	
		分向行使三车道 2-3	
		分向行使三车道 2-4	
		分向行使四车道 1-1	
		分向行使四车道 1-3	
		分向行使四车道 2-1	
	与道路路权相关	人行横道	
		步行	
		允许掉头	
禁令标志	与道路优先权相关	停车让行	停
		减速让行	让
		会车让行	
	与某方向通行权相关	禁止向左转弯	
		禁止向右转弯	
		禁止直行	
		禁止向左向右转弯	
		禁止直行和向左转弯	

图 9-63　标牌对照表

此外，还支持特殊标牌的自定义添加，将其配置在配置文件中，软件可自行调用（图 9-64）。

（2）护栏设计：有基于中心线和基于边线两种交互式创建方式（图 9-65）。基于中心线创建方式须设置起终点桩号、偏距和护栏类型，该方式对于板块变化复杂的情况适应性差；基于边线创建方式只需选择边线和护栏类型，此方式方便快捷。

（3）路灯设计：有定点式和交互式两种创建方式（图 9-66）。其中，定点式与标牌的定点式创建方式一致。交互式有基于中心线和基于边线两种创建方式，与护栏的设计方式一致。

```
<SignCatalog>
    <!--SignType: 标牌分类-->
    <SignType name="指示标志">
        <!--Signtmpl: 功能分类-->
        <Signtmpl name="与行驶方向相关">
            <Sign name="直行"  image = "Sign0000.bmp"  id="prd-zhangsj-00026569"  version="A"  type="VPMReference" />
            <Sign name="向左转弯"  image = "Sign0001.bmp"  id="prd-zhangsj-00026589"  version="A"  type="VPMReference" />
            <Sign name="向右转弯"  image = "Sign0002.bmp"  id="prd-zhangsj-00026590"  version="A"  type="VPMReference" />
            <Sign name="直行和向左转弯"  image = "Sign0003.bmp"  id="prd-zhangsj-00026591"  version="A"  type="VPMReference" />
            <Sign name="直行和向右转弯"  image = "Sign0004.bmp"  id="prd-zhangsj-00026609"  version="A"  type="VPMReference" />
            <Sign name="向左和向右转弯"  image = "Sign0005.bmp"  id="prd-zhangsj-00026610"  version="A"  type="VPMReference" />
            <Sign name="靠右侧道路行驶"  image = "Sign0006.bmp"  id="prd-zhangsj-00026611"  version="A"  type="VPMReference" />
            <Sign name="靠左侧道路行驶"  image = "Sign0007.bmp"  id="prd-zhangsj-00026612"  version="A"  type="VPMReference" />
            <Sign name="立体交叉直行和左转行驶"  image = "Sign0008.bmp"  id="prd-zhangsj-00026613"  version="A"  type="VPMReference" />
            <Sign name="立体交叉直行和右转行驶"  image = "Sign0009.bmp"  id="prd-zhangsj-00026614"  version="A"  type="VPMReference" />
            <Sign name="环岛行驶"  image = "Sign0010.bmp"  id="prd-zhangsj-00026615"  version="A"  type="VPMReference" />
            <Sign name="单行路1"  image = "Sign0011.bmp"  id="prd-zhangsj-00026616"  version="A"  type="VPMReference" />
            <Sign name="单行路2"  image = "Sign0012.bmp"  id="prd-zhangsj-00026617"  version="A"  type="VPMReference" />
            <Sign name="单行路3"  image = "Sign0013.bmp"  id="prd-zhangsj-00026618"  version="A"  type="VPMReference" />
        </Signtmpl>
        <Signtmpl name="指导驾驶人驾驶行为">
            <Sign name="鸣喇叭"  image = "Sign0100.bmp"  id="prd-zhangsj-00026619"  version="A"  type="VPMReference" />
            <Sign name="最低限速"  image = "Sign0101.bmp"  id="prd-zhangsj-00026620"  version="A"  type="VPMReference" />
        </Signtmpl>
        <Signtmpl name="与车道使用目的相关">
            <Sign name="左转"  image = "Sign0200.bmp"  id="prd-zhangsj-00026621"  version="A"  type="VPMReference" />
            <Sign name="右转"  image = "Sign0201.bmp"  id="prd-zhangsj-00026622"  version="A"  type="VPMReference" />
            <Sign name="直行"  image = "Sign0202.bmp"  id="prd-zhangsj-00026623"  version="A"  type="VPMReference" />
            <Sign name="分向行使二车道2-1"  image = "Sign0203.bmp"  id="prd-zhangsj-00026838"  version="A"  type="VPMReference" />
            <Sign name="分向行使二车道2-2"  image = "Sign0204.bmp"  id="prd-zhangsj-00026839"  version="A"  type="VPMReference" />
            <Sign name="分向行使三车道1-1"  image = "Sign0205.bmp"  id="prd-zhangsj-00026840"  version="A"  type="VPMReference" />
            <Sign name="分向行使三车道1-2"  image = "Sign0206.bmp"  id="prd-zhangsj-00026841"  version="A"  type="VPMReference" />
            <Sign name="分向行使三车道2-1"  image = "Sign0207.bmp"  id="prd-zhangsj-00026842"  version="A"  type="VPMReference" />
            <Sign name="分向行使三车道2-2"  image = "Sign0208.bmp"  id="prd-zhangsj-00026843"  version="A"  type="VPMReference" />
            <Sign name="分向行使三车道2-3"  image = "Sign0209.bmp"  id="prd-zhangsj-00026844"  version="A"  type="VPMReference" />
            <Sign name="分向行使三车道2-4"  image = "Sign0210.bmp"  id="prd-zhangsj-00026845"  version="A"  type="VPMReference" />
            <Sign name="分向行使四车道1-1"  image = "Sign0211.bmp"  id="prd-zhangsj-00026846"  version="A"  type="VPMReference" />
            <Sign name="分向行使四车道1-3"  image = "Sign0212.bmp"  id="prd-zhangsj-00026847"  version="A"  type="VPMReference" />
            <Sign name="分向行使四车道2-1"  image = "Sign0213.bmp"  id="prd-zhangsj-00026848"  version="A"  type="VPMReference" />
        </Signtmpl>
        <Signtmpl name="与道路路权相关">
            <Sign name="人行横道"  image = "Sign0300.bmp"  id="prd-zhangsj-00026625"  version="A"  type="VPMReference" />
            <Sign name="步行"  image = "Sign0301.bmp"  id="prd-zhangsj-00026626"  version="A"  type="VPMReference" />
            <Sign name="允许掉头"  image = "Sign0302.bmp"  id="prd-zhangsj-00026627"  version="A"  type="VPMReference" />
```

图 9-64　标牌配置文件

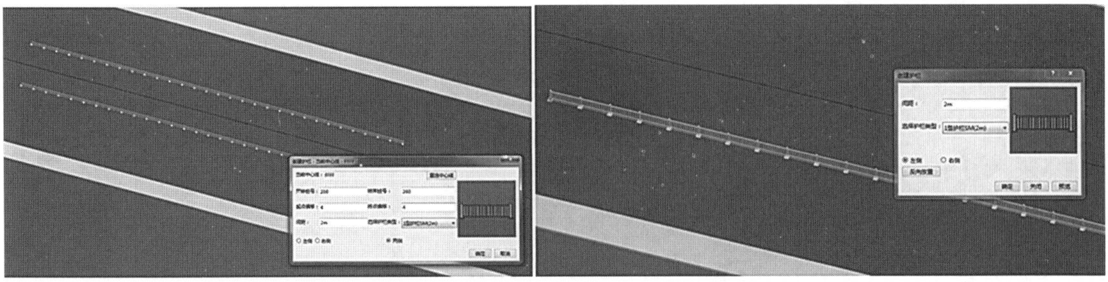

图 9-65　基于中心线和边线的护栏设计

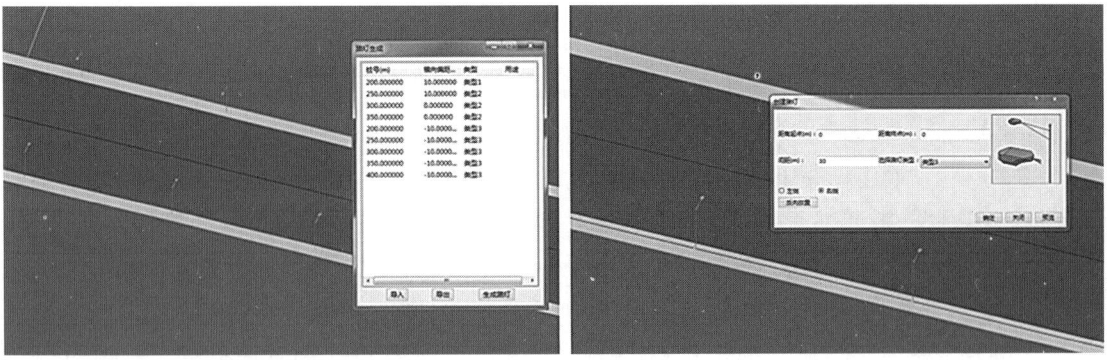

图 9-66　定点式和交互式路灯设计

（4）创建消防栓：根据中心线和桩号、偏距定点式创建消防栓（图9-67）。

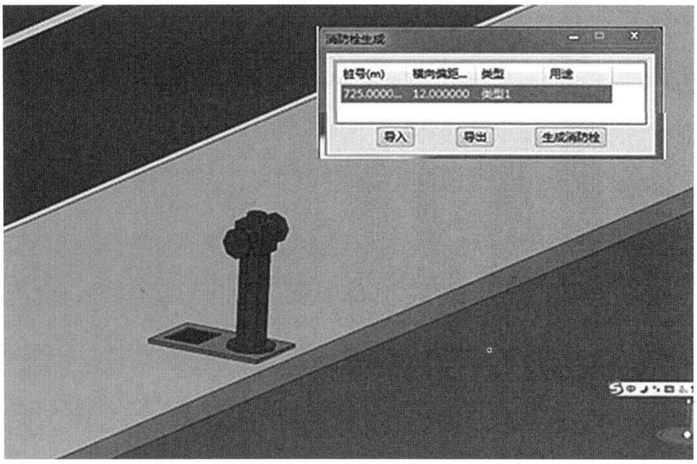

图9-67　定点式创建消防栓

（5）创建树木和绿化带：选中要生成绿化的面或体，一键变更为绿化带。树木支持基于中心线交互式创建（图9-68）。

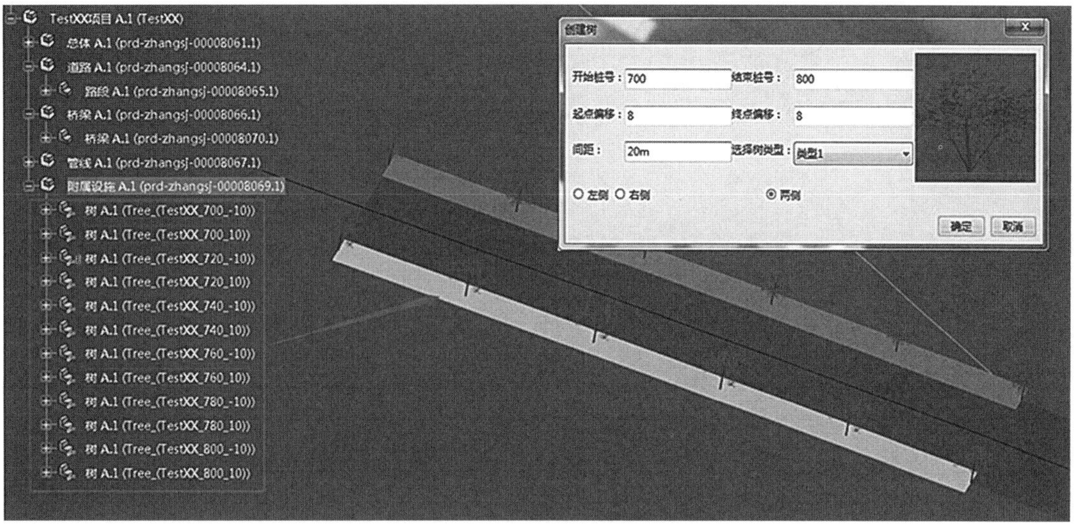

图9-68　创建树木和绿化带

对于护栏、路灯、消防栓和树木等功能，软件都支持自定义添加构件，用户可在Tmpl-Facility.xml文件中进行配置。

9.2.10　涵洞设计

涵洞设计模块有两种方式：一是交互式创建涵洞；二是涵洞设计。交互式创建涵洞的方式需用户自行确定左右涵长、覆土、壁厚及端墙、洞口、翼墙等各参数并建立不同的涵洞模板，该方式支持管涵、箱涵等不同类型的涵洞。涵洞设计方式目前仅支持管涵的设计（包括一字式和八字式），该方式无须用户建立模板，所有参数系统自行计算。

1. 交互式创建涵洞

该方式可用于涵洞模型的快速生成，系统可自动计算当前选定中心线位置的桩号、设计标高、地面标高，根据预先定义的涵洞模板，输入壁厚、路面厚度、覆土、左右涵长即可生成涵洞（图 9-69）。

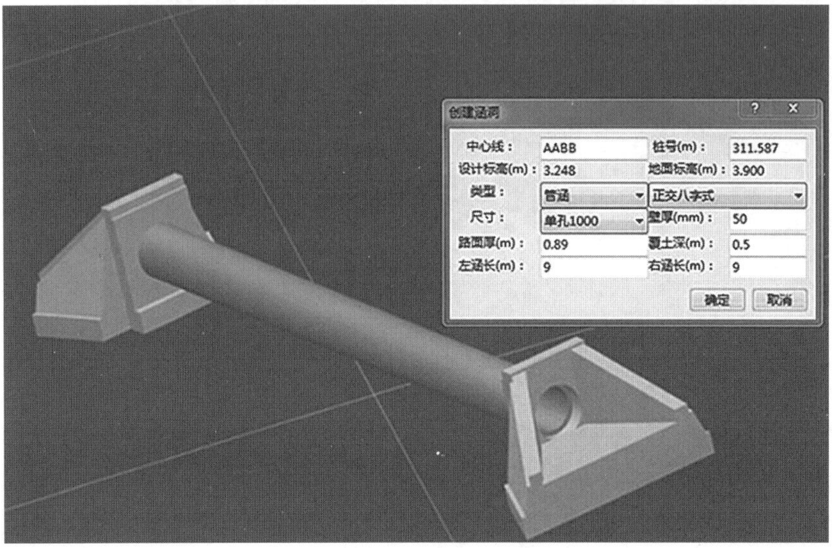

图 9-69 交互式创建涵洞

2. 涵洞设计

该方式为涵洞的设计方式，涵洞的各参数计算有两个来源：一是基于行业或企业标准图集建立的专家系统；二是公路桥涵设计手册。目前仅完成管涵一字式和管涵八字式的设计与编辑功能，箱涵等功能后续版本会逐步完成。该方式的设计有以下特点。

(1) 支持正交及各斜交角度的正做与斜做。

(2) 支持自定义配置符合行业规范的标准图集。

(3) 支持无配置的特殊尺寸，程序自适应计算。

(4) 功能使用简单，支持最少的输入设置完成涵洞设计。如：只设置桩号即可完成设计。系统根据地形自动计算涵底纵坡、覆土埋深；根据放坡结果自动匹配左、右路基边坡，再根据斜交角度、专家系统参数自动计算左、右涵长；若专家系统无法匹配到相应的设计参数，系统则根据公路桥涵设计手册自适应计算一套参数，预览后，支持用户对个别参数再编辑。

专家系统可在 Tmpl-CulvertDesign.xml 文件中进行查看和配置（图 9-70）。

管涵一字式（图 9-71）和八字式（图 9-72）功能可快速完成设计，最快只需设置位置和涵洞类型，其他参数系统可自适应计算完成。

```
<!--CulvertType: name: 涵洞分类，如管涵、箱涵等; id: 模板id-->
<PipeCulvertEight name="管涵_八字式" id="prd-zhangsj-00035625"  version="A"  type="VPMReference">
    <default>
        <!--default: 用于不满足Culvertmpl配置的情况，默认参数设置如下-->
        <!--端墙: BP="墙背坡,10000为没有背坡" HDQG ="涵顶已上墙高" HDMS ="涵底以下埋深" WQDL="墙顶左宽" WQDR="墙顶右宽" QH="墙厚
        <!--CulverParam:  name: 左、右洞口 HTL="护坦长" HTWF="护坦前宽" HTWB="护坦后宽" HTThick="护坦厚" DTThick="垫层厚" JSQW="
        <CulverPip name="单孔" Dis="">
            <CulverParam name="端墙" BP="10000" HDQG ="500" HDMS ="400" WQDL="450" WQDR="450" QH="400" QMH="350" QMG="200" QMSW=
            <CulverParam name="洞口" HTThick="300" DTThick="100" JSQW="400" JSQThick="800"/>
            <CulverParam name="翼墙" BKSAngle="30" BWG="500" FKSAngle="20" FWG="500" QDG="400" QBP="3" QML="350" QMH="200" QMJBK
        </CulverPip>
        <CulverPip name="双孔" Dis="250">
            <CulverParam name="端墙" BP="10000" HDQG ="700" HDMS ="400" WQDL="450" WQDR="450" QH="400" QMH="350" QMG="200" QMSW=
            <CulverParam name="洞口" HTThick="300" DTThick="100" JSQW="400" JSQThick="800"/>
            <CulverParam name="翼墙" BKSAngle="30" BWG="500" FKSAngle="20" FWG="500" QDG="400" QBP="3" QML="350" QMH="200" QMJBK
        </CulverPip>
    </default>
        <!--Culvertmpl: angle:斜交角度，0为正交-->
        <!--CulverPip: PipD 管径; Dis: 双管间距-->
        <!--CulverParam:  name: 端墙  WQD="墙顶宽" HQL="墙左/后高" HQR="墙右/前高" BP="墙背坡，图集中背坡无穷大，此处配置10000"
        QMH="墙帽厚" QMG="墙帽高" QMSW="墙帽襟边宽" QMDJ="墙帽倒角" QJG="墙基高" QJSW="墙基襟边宽" DCG="垫层高"-->
        <!--CulverParam:  name: 洞口 HTThick="护坦厚" DTThick="垫层厚" JSQW="截水墙宽" JSQThick="截水墙厚"-->
        <!--CulverParam:  name="翼墙" BKSAngle="后（左）水流扩散角" BSG="后（左）翼墙高" BWG="后（左）翼墙尾高" BYQL="后（左）翼
        QDG="翼墙顶宽" QBP="翼墙背坡" QML="翼墙盖帽长" QMH="翼墙盖帽厚" QMJBK="翼墙帽襟边宽" QJH="翼墙基础厚" QJDH="翼墙垫层厚"
    <Culvertmpl angle="0"  type="正做">
        <CulverPip name="单孔" PipD="1000" Dis="">
            <CulverParam name="端墙" WQD="2000" HQL="2100" HQR="2100" BP="10000" HDQG ="500" WQDL="450" WQDR="450" QH="400" QMH=
            <CulverParam name="洞口" HTThick="300" DTThick="100" JSQW="400" JSQThick="800"/>
            <CulverParam name="翼墙" BKSAngle="30" BSG="1900" BWG="600" BYQL="1950" FKSAngle="30" FSG="1900" FWG="600" FYQL="195
        </CulverPip>
        <CulverPip name="双孔" PipD="1000" Dis="250">
            <CulverParam name="端墙" WQD="3450" HQL="2100" HQR="2100" BP="10000" HDQG ="500" WQDL="450" WQDR="450" QH="400" QMH=
            <CulverParam name="洞口" HTThick="300" DTThick="100" JSQW="400" JSQThick="800"/>
            <CulverParam name="翼墙" BKSAngle="30" BSG="1900" BWG="600" BYQL="1950" FKSAngle="30" FSG="1900" FWG="600" FYQL="195
```

图 9-70　涵洞专家系统配置

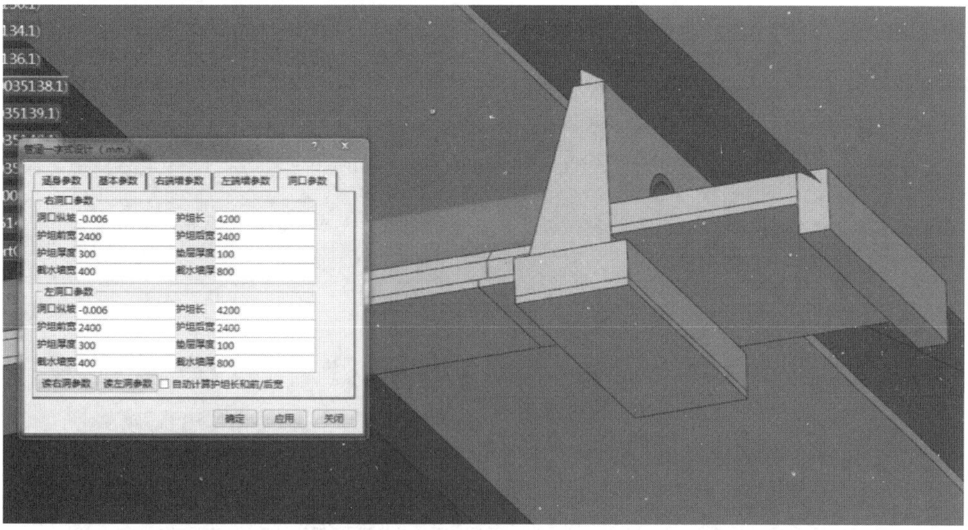

图 9-71　管涵一字式

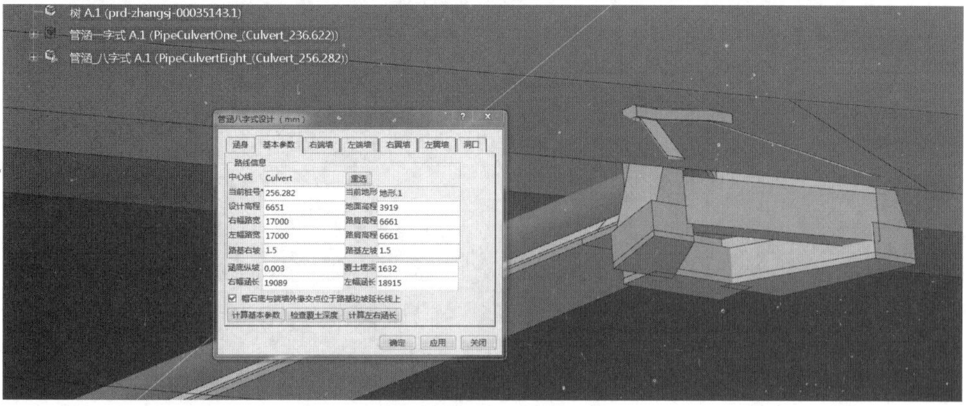

图 9-72　管涵八字式

9.2.11 精细化设计及其他功能

1. 精细化设计

该模块用于施工图阶段的模型创建，通过该模块对设计阶段的模型进行分段、分层及创建侧石、平石。

(1) 路基、路面分层：分为车行道和人行道的路基与路面分层，支持自定义设置层数、每层厚度及颜色和名称(其中，路基支持自定义设置坡度)(图 9-73)。

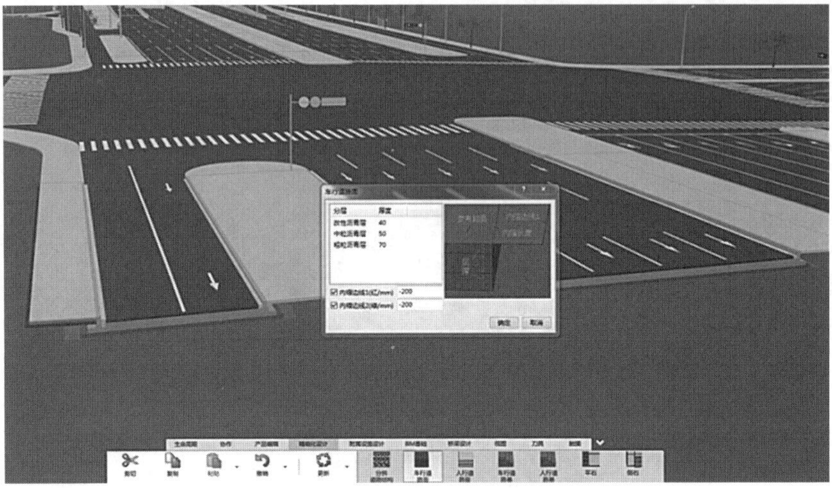

图 9-73 创建路基、路面分层

(2) 侧石、平石：根据路面及自定义参数创建侧石、平石(图 9-74)。

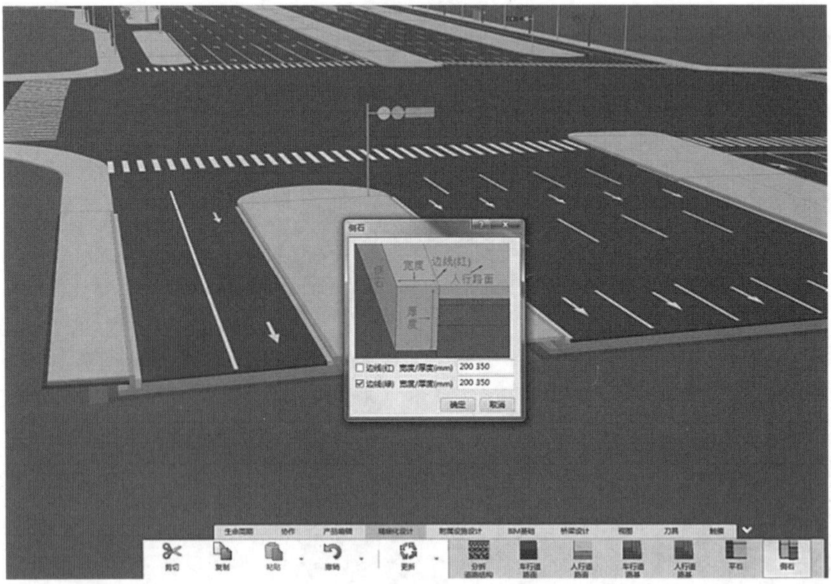

图 9-74 创建侧石、平石

2. 定义工程结构

定义工程结构用于在当前产品下创建默认的工程结构(图9-75)。该结构在创建之初只创建地形、中心线节点,道路、桥梁、隧道、附属设施、管线等的设计基础在创建中心线时自动创建。按照要求,每个项目有且只能有一套工程结构,项目中所有的道路共享一个地形文件和一个中心线文件(中心线文件中可包含多条道路的中心线),每条道路关联一条中心线且只有一套自己的子结构,每条道路的道路、桥梁、管线模型文件放置到该道路子结构的相应节点中。

图9-75 创建项目的工程结构

3. 转换EICAD数据

选择EICAD文件,系统自动转换成RDBIM的数据文件(图9-76)。

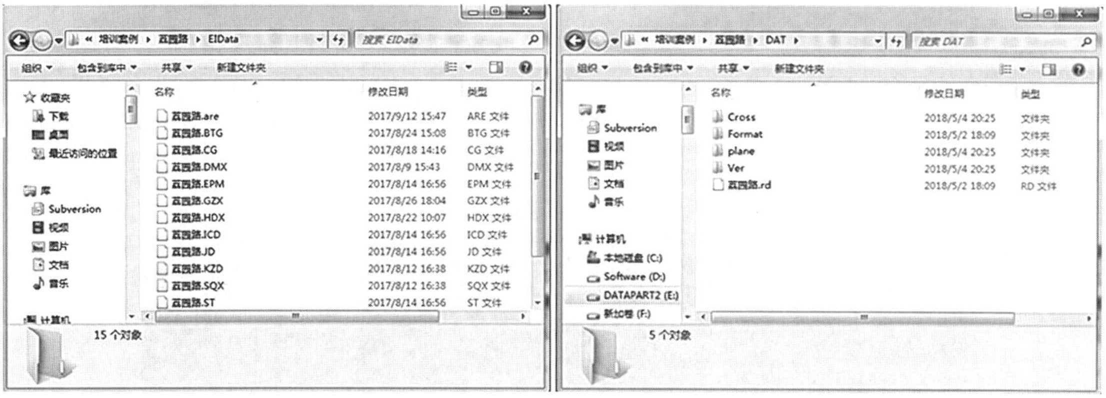

图9-76 转换EICAD数据

4. 更新模型

更新模型有两种方式:①更新某一中心线相关的模型,只用于更新与当前中心线关联的模型;②更新所有模型用于根据中心线数据修正所有模型,使用时点击功能按钮,可完成模型的自动更新。更新前后对比如图9-77所示。

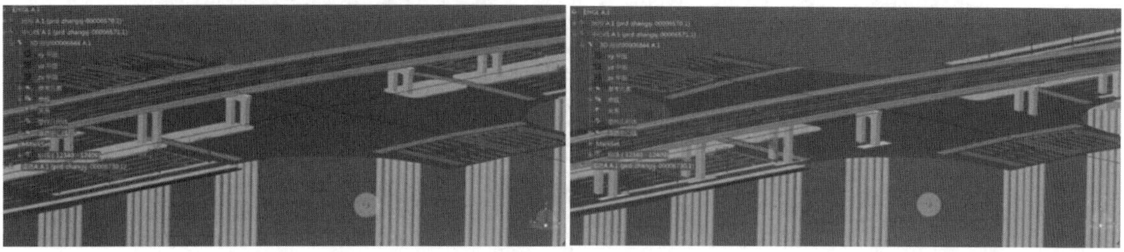

图9-77 更新前后对比

5. 漫游

该功能独具特色,可用于生成漫游效果,进行工程的整体浏览。通过设置中心线、桩号、偏距、视角、速度、视深、视高等参数，使其具备沿某车道漫游的效果(图 9-78)。

当起点桩号＞终止桩号时，在道路的右幅漫游；起点桩号＜终止桩号时，在道路的左幅漫游。鼠标点击路面时，支持自动拾取桩号偏距。支持导出漫游路径设计信息，保存当前的设计成果。漫游功能启动后，系统自动设置漫游所需的最佳视点、材质、隐藏点、线、轴等设置，并记录命令启动前的设置，漫游完成后，可自动恢复。

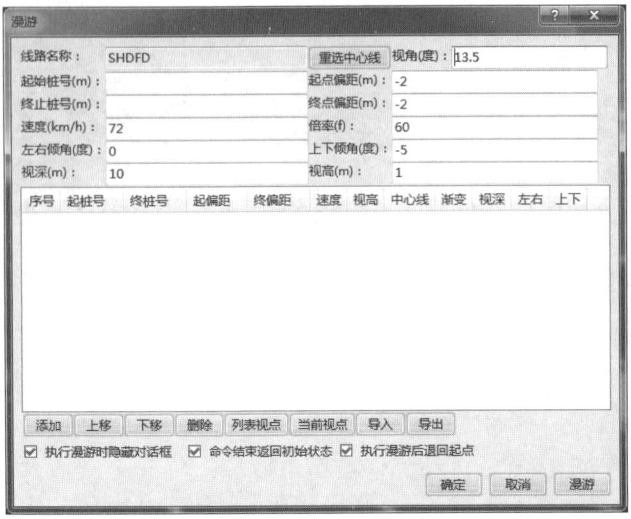

图 9-78　漫游参数设置

模型漫游的默认视角为“13.5”与 CATIA 初始“透视”模式一致。当不满足要求时，可参考 CATIA 视图角度选取合适的值，推荐值为 8～30(图 9-79)。

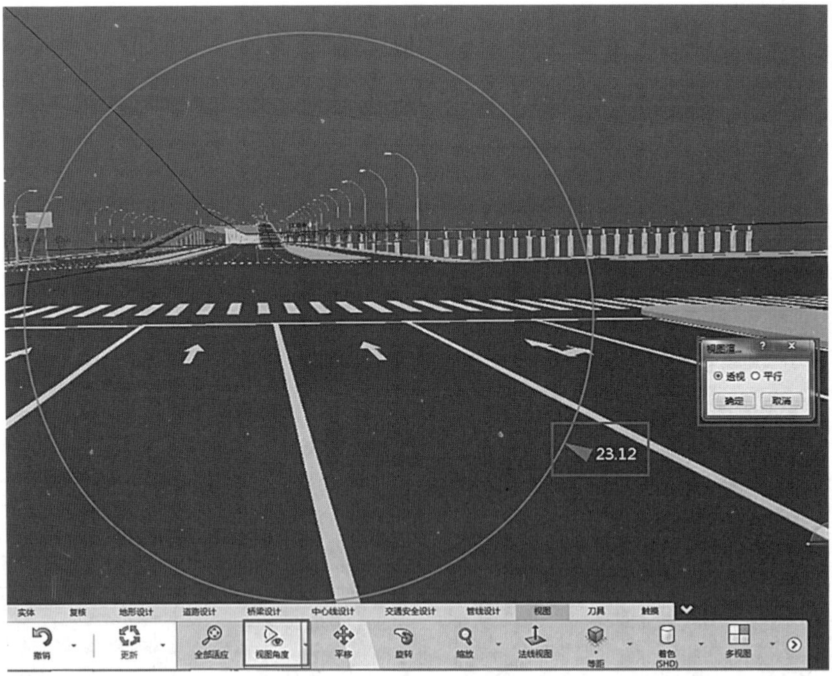

图 9-79　漫游视角设置

速度、倍率、视深、视高及倾角可根据需要设置，无特殊要求时，可使用默认值(图 9-80)。车速 72 km/h 即每秒 20 m/s，倍率为 60 时，每帧 1/3 m；当感觉有卡顿时，可使用 1.5～4 倍的倍率进行调整。

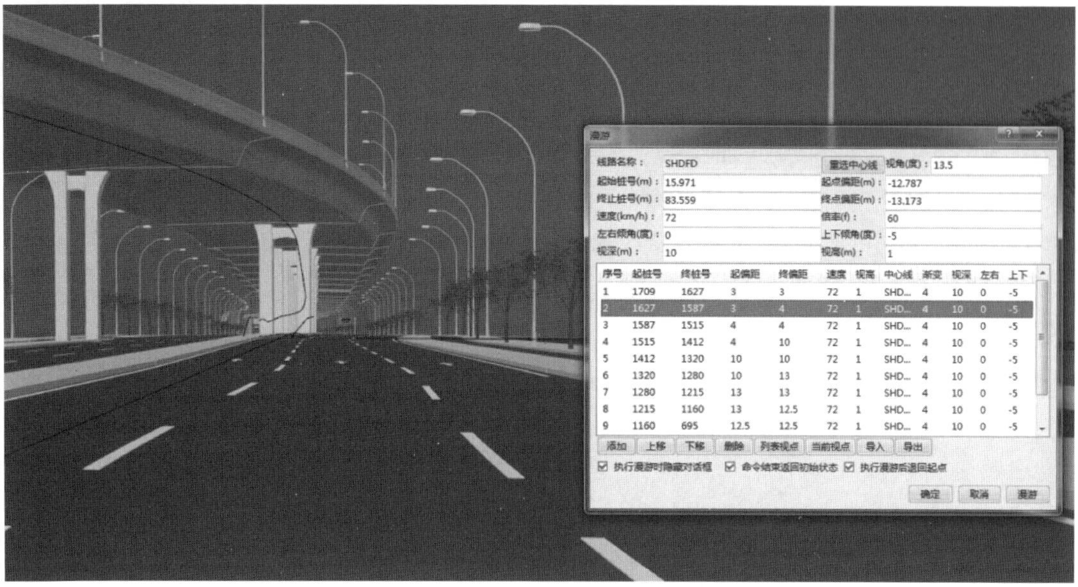

图 9-80　漫游功能设置

当需要鸟瞰时，可通过设置视高、上下倾角、左右倾角等参数的方式实现。

9.3　桥梁工程 BIM 正向设计系统

9.3.1　软件简介

桥梁 BIM 正向设计系统（钢结构模块），是一款基于达索 3DE 平台进行二次开发的钢结构桥梁的正向设计系统，目前主要支持多种形式的钢结构主梁的构造设计。该软件在充分利用了 3DE 平台对于曲线曲面的强大的处理能力和对知识工程的支持能力的基础上，按照桥梁工程传统的设计流程，定制开发了一整套适合于钢结构梁桥的三维正向设计的解决方案（目前还未对出图等成果展示进行开发）。

9.3.2　功能特点

1. 采用传统设计流程，坚持开展三维设计

传统的设计流程经受住了时间的检验，在三维设计阶段应予以延续。桥梁（及道路、隧道）专业是一个受多种需求影响的专业，不仅地形、地质、路线对桥梁方案有决定性影响，而且气候、水文、材料来源及运输条件等因素都可能对工程方案产生重要的影响。

桥梁 BIM 正向设计系统（钢结构模块）在坚持按照传统设计流程的基础上建立三维设计环境，开展需求分析，并进行三维设计和三维成果交付。这必然在效率上较传统二

维设计具有巨大的优势。

2. 坚持“设计师决策，软件执行”的开发原则

软件本身无法自动确定最合理的桥梁方案，设计师不应深陷于繁重的体力劳动。软件开发过程中，坚持“设计师决策，软件执行”的原则，努力建立设计师和软件的清晰的交互接口，以便让设计师专心于方案事宜，而软件侧重于高效地实现设计师的想法，这体现在以下几个方面：软件并不针对某种具体的截面进行开发，而是提供定义截面的环境，以及定义截面对象的工具；在纵梁截面定义环境下，用户可以通过绘制的方式定义任意需要的截面形式，并定义任一截面的变化方式。

3. 实现准确的结构模型，传递准确的设计意图

工程对象本身是三维的，但在二维设计的阶段，由于表现手段的限制，只能将三维对象按照平、纵、横三个视角分别进行描述，无法实现三维表达。在施工阶段，施工单位需要将二维信息重新转化为三维信息。在这个“三维”→“二维”→“三维”的过程中，信息损失在所难免。同时，目前的二维软件中，仅支持二维直线、圆弧等简单的平面曲线，对于三维空间曲线仅支持以直代曲的拟合方式，无法实现对工程对象的准确描述。

桥梁 BIM 正向设计系统（钢结构模块）基于 3DE 平台进行二次开发，通过法则曲线实现对空间结构的准确描述，有利于建立准确的结构模型。

4. 采用构件化的建模方式

传统的桥梁设计过程中，由于缺乏专业性的桥梁设计工具，往往只能通过对线条等基础几何元素进行描述来完成设计，这对于设计人员而言非常痛苦——工作量巨大而效率却非常低。因为对专业化设计软件的需求日益迫切，构件化的建模方式可以保证设计人员总是能从专业角度来处理工程对象，这对于设计人员的专注十分必要。

5. 建立对象间的工程逻辑

在翻模阶段，通过批量实例化的方式得到的 BIM 模型，只表达了工程构件的空间占位关系，并未能给出构件间的关联逻辑。桥梁 BIM 正面设计系统（钢结构模块）基于模块化设计（CBD）的思路，着眼于构件自身功能设计和对象间关系的描述，以建立性能模型为终极目标。

9.3.3 功能介绍

1. 设置起始里程

自定义里程系统，是指在 3DE 道路中心线上标记一个特定的点，通过设置该点的里程值，建立新的用户里程系统（图 9-81）。

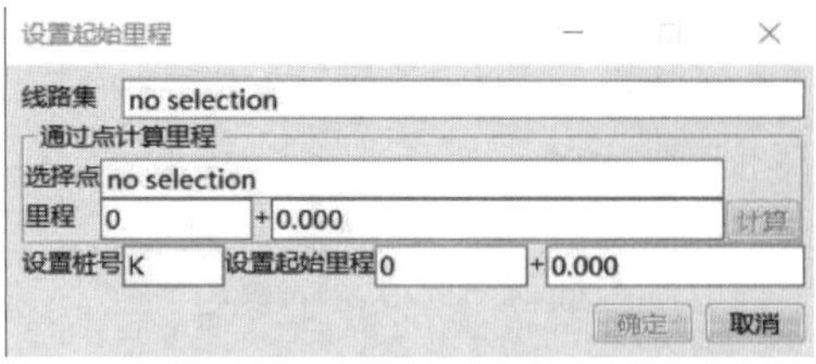

图 9-81 设置起始里程

2. 定义局部线路

当线路很长而桥梁范围较小时，为方便项目描述，可以通过自定义局部线路来重新定义

一个局部线路(图9-82)。另外,利用该功能还可以用于某联桥梁的中心线描述。使用中,可以双击结构树上的Alignment对象进行编辑修改。

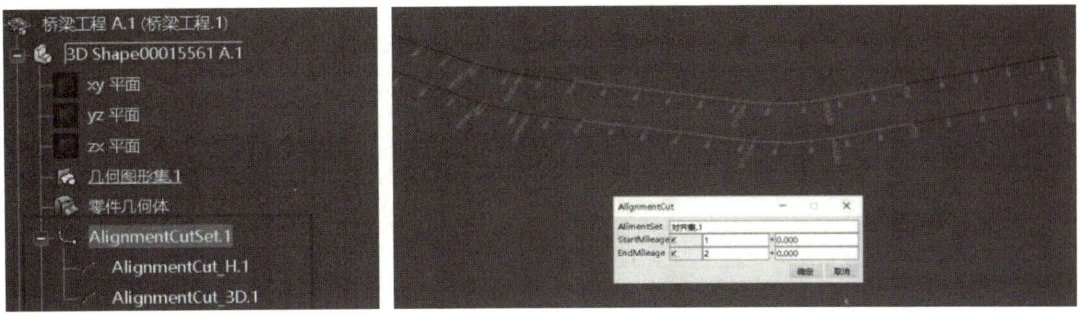

图9-82 定义局部线路

3. 跨径布置

跨径布置是在路线上标记布置墩台的位置,并设定墩台的方向。跨径布置和上部结构分联的工作一般是同时进行的,无法独立开来。因此,跨径布置的过程实际上也是桥梁方案的选择过程,即布跨与分联是同时开展并同时结束的。实际设计过程中,跨径布置可采用添加单个布跨、通过某点及方向布跨、两点间布跨三种方式(图9-83)。

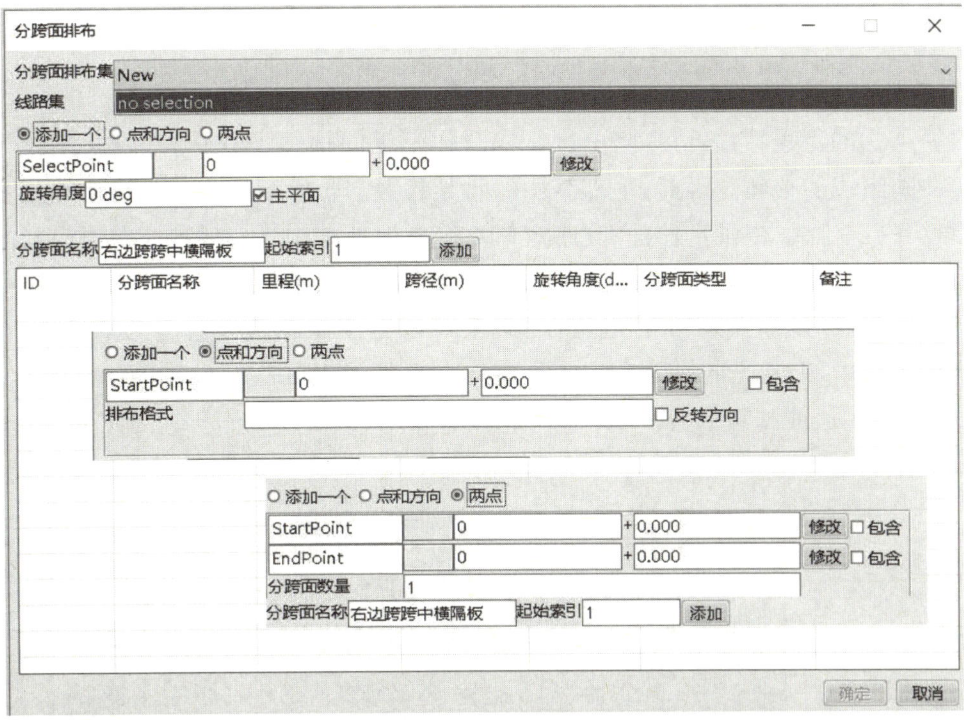

图9-83 跨径布置

4. 创建上部结构节点

创建上部结构(图9-84),即在已布跨、分联的基础上,将上部结构分联的成果列表显示，然后指定上部结构的结构形式，并最终生成上部结构节点。此外，可在生成的上部结构节点下，将根据分联情况分别建立各联独立子节点，各联节点的骨架节点（3D 形状）下默认包含以下内容：

➢ 结构参数集——包含结构类型、起点里程、终点里程、跨径组合、备注等内容；参数集内容跟结构类型有关。

➢ 范围内路线。

➢ 分跨面集合。

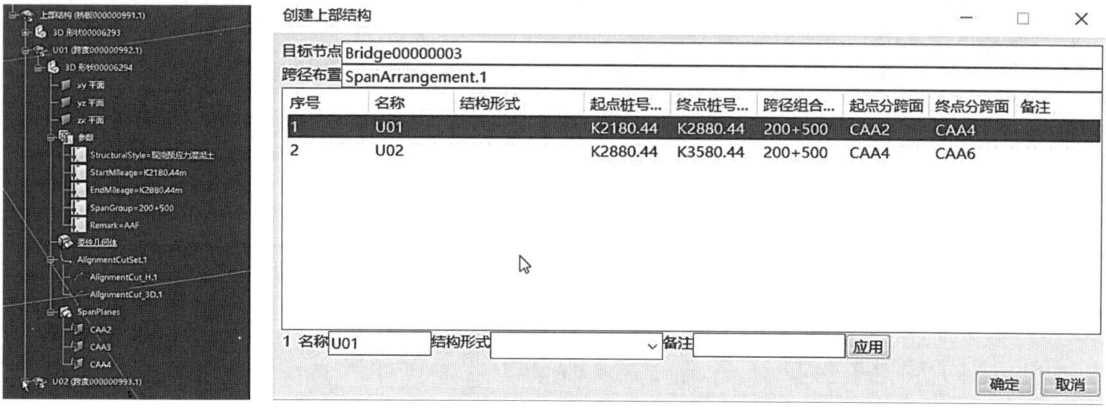

图 9-84　创建上部结构

5. 骨架设计

根据结构的工程特性，可以将上部结构看作是纵向构件、横向构件以及支座等各种构件等共同组成的整体。因此，上部结构的骨架设计，即为各组成构件的骨架元素的设计，如纵梁的定位线、横梁定位面、支座定位点等。上部结构骨架设计应在对应联的骨架节点（3D 形状）下完成。该过程主要创建纵梁定位线、法则工具和横向骨架三类对象。其中，纵梁定位线是纵梁截面的定位依据，它可以是纵梁截面上任意点在顺桥向的轨迹。实际工程中，最常见的纵梁定位线是道路中心线和截面中心点对应的轨迹线。纵向骨架线工具就是通过道路中心线（或其他定位线）来定义新的结构定位线的工具（图 9-85）。

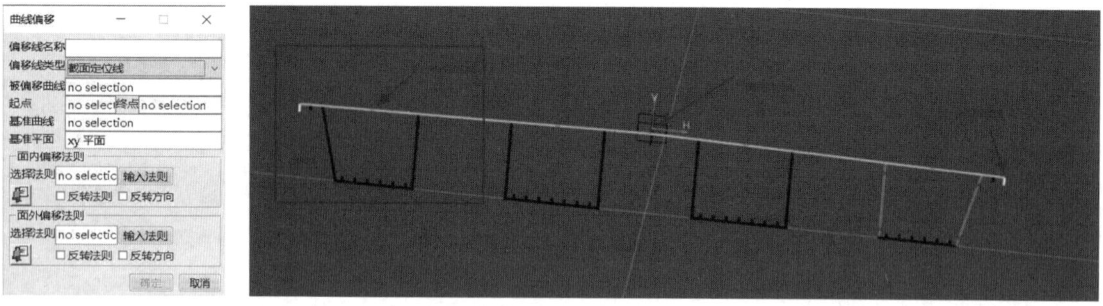

图 9-85　创建纵梁定位线

法则工具是用来定义桥宽、梁高等顺桥向的变化的法则曲线工具。法则曲线工具能定制的曲线类型如图 9-86 所示。

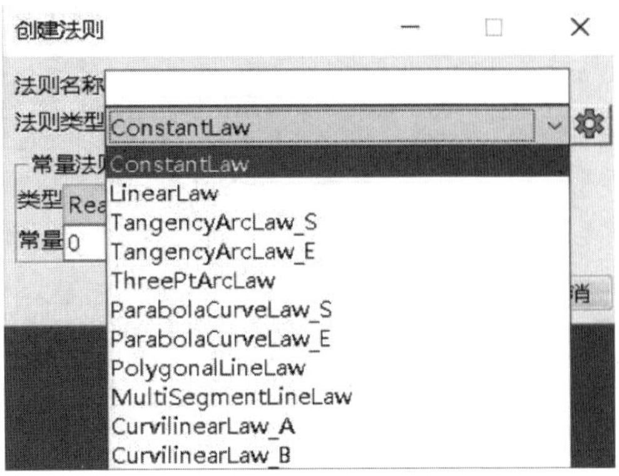

图 9-86　创建法则

横向骨架是指横隔板构件的定位面。隔板定位面的定义是基于道路布跨功能进行创建的(图 9-87)。

6. 构造设计

桥梁上部结构构造设计，就是通过定义参数化主梁截面，并通过法则函数来驱动相应的截面参数沿顺桥向变化所形成主梁构造。

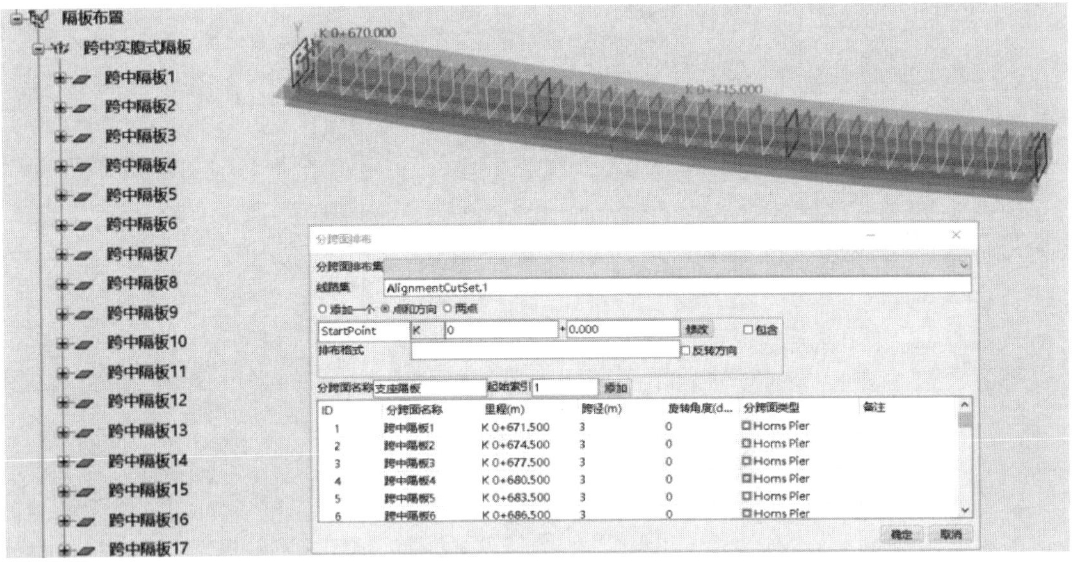

图 9-87　创建横向骨架

1）纵梁截面设计

在桥梁正向设计流程中，标准截面设计是纵梁结构设计的重要内容，包括确定截面的形式、建立截面参数体系和选择驱动参数。主要借助达索软件的草图工具直接进行截面设计。用户在进入草图工具后，首先应创建纵梁截面；其次定义截面构造；再次建立截面的约束体系；最后确定截面的驱动方式，并将驱动截面变化的参数进行发布(图 9-88)。

2）纵向构造设计

纵向构造设计流程为：选择定位线→选择截面 UDF→定义截面参数、关联法则→生成结构轮廓。当选中截面 UDF 后，在预览区可以 3D 浏览截面的形式。同时将读入截面所有的用户参数，用户可以通过右键菜单对截面参数进行重新设置，也可以关联相应的法则(图 9-89)。

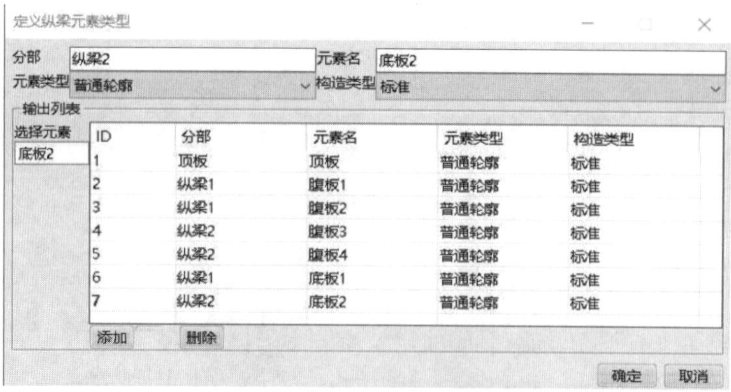

图 9-88 纵梁截面发布

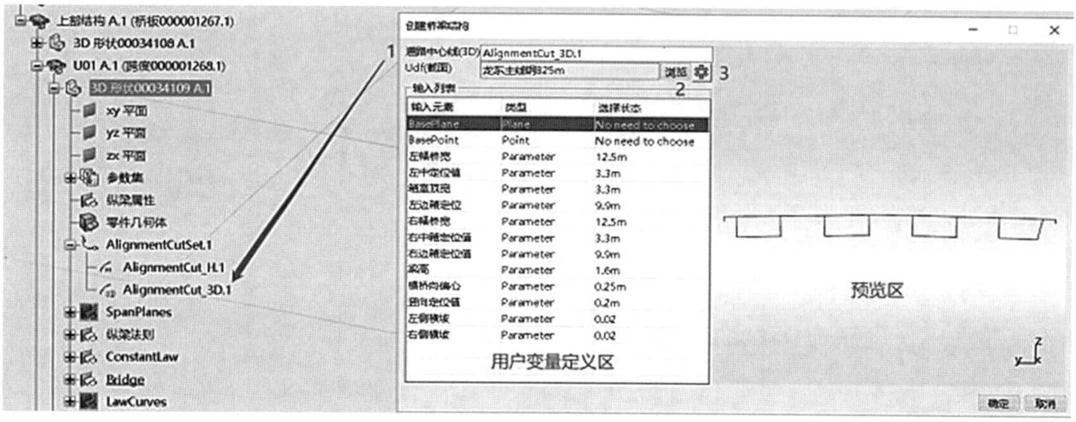

图 9-89 纵梁构造设计

3）横梁构造设计

在横梁等类型横向构件设计时，需要选择纵向构件和定位平面，并创建横隔板草图，在草图文件中，选择纵梁曲面与定位平面相交元素作为横向构件的设计参照。基于纵梁轮廓与定位面的相交线（构造元素），绘制横隔板元素，并定义参数约束形式。每一个独立的隔板元素，都需要单独定义，如每一块隔板、每一个加劲肋等。利用草图的轮廓输出功能，将截面轮廓按照需要输出，并利用横隔板截面对象定义工具，定义横隔板元素的类型，生成相应的隔板对象（图 9-90）。

4）横梁批量布置

横梁批量布置功能采用横隔板拷贝工具将横隔板模板应用到相应的布置面上（图 9-91）。

7. 钢结构设计

纵横梁构造设计完成后，可得到纵梁构件、横梁构件等各类工程结构。选择相应的构件，可自动识别出其中的板件和加劲肋集合，并在列表中逐一列出。通过该表格，可以定义钢板和加劲肋的材料种类和规格（图 9-92）。更新表格后，可以根据需要生成该构件的 SFD 模型。

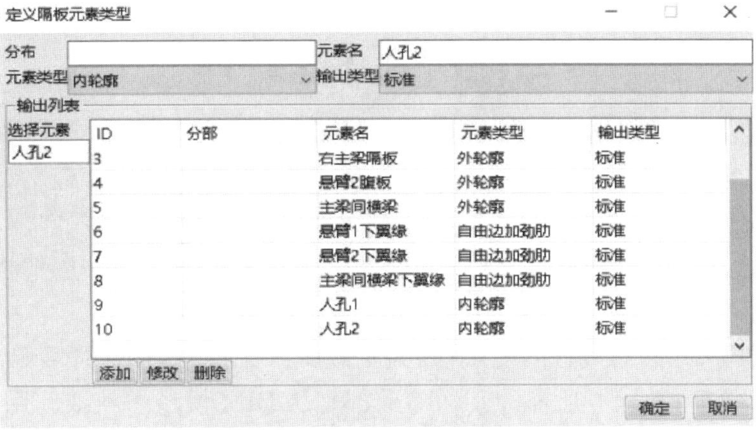

图 9-90　横梁截面发布

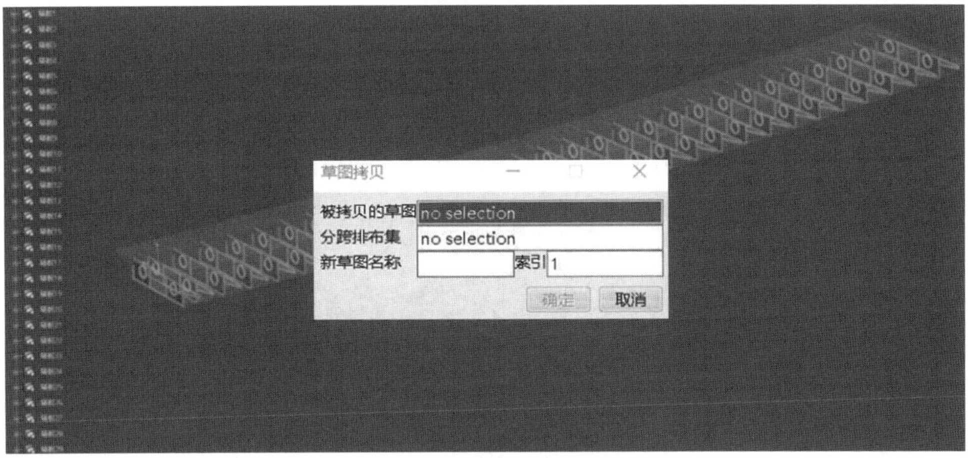

图 9-91　横梁批量布置结果

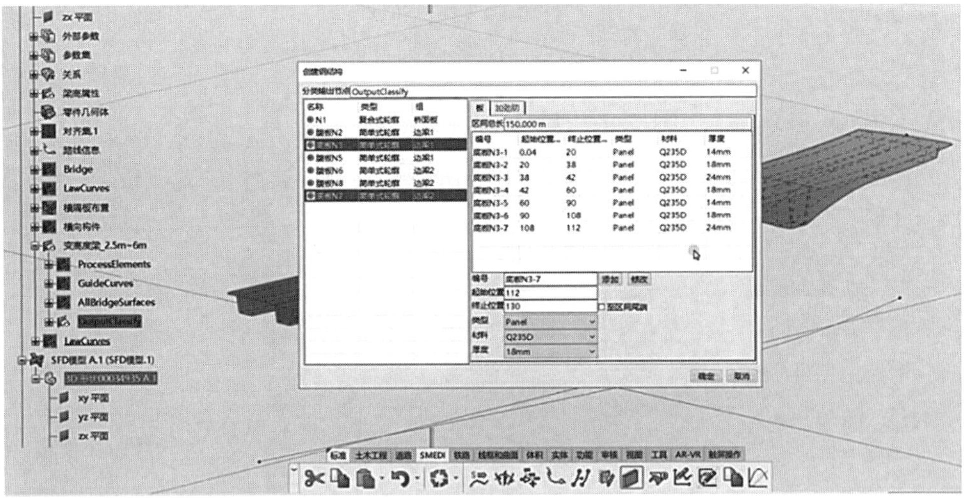

图 9-92　钢结构设计

9.4 AFPA 软件

AFPA(Arbitrary Fabrication Program for Allowable stress,应力法任意配筋程序)软件是由中铁科学研究院有限公司的杨咏漪针对允许应力法双向偏心受压计算的难题,基于达索 3DE 平台的自定义特征技术,以材料力学为基础采用解析法、迭代法和图解法相结合算法,编写的一款配筋计算软件(图 9-93)。

由于截面形状和钢筋布置的复杂性,为了减少人工输入,截面强度计算程序充分利用了参数化 BIM 模型,计算所需的几何参数都是从 BIM 模型中获取。用户仅需选择几何实体、相交平面和截面轴系,强度计算涉及的其余几何参数都从三者的几何布尔和几何拓扑运算结果中获得,程序涉及 3DE 平台 CGM 模型数学操作、几何操作、拓扑操作和特征操作的二次开发。

程序的主要功能如下:

(1) 混凝土构件的应力重分布计算。

(2) 钢筋混凝土构件的钢筋拉应力和混凝土压应力计算。

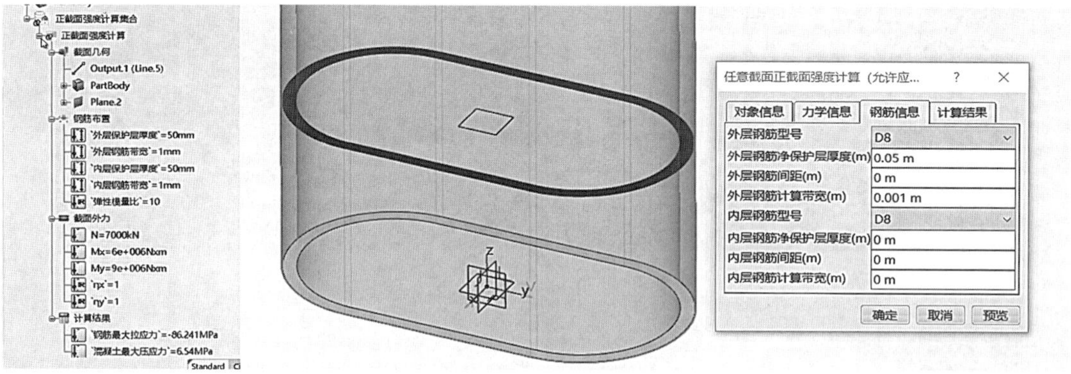

图 9-93 AFPA 软件

该软件从业务角度出发,编制了截面强度计算接口,并将程序封装为组件(AFPAImpl),客户端可通过暴露的接口使用可执行代码,这种方式不仅隐藏了实现细节,同时也确保了用户应用程序向上兼容。

9.5 其他软件

9.5.1 RADS 系统

1. 系统简介

RDBIM 主要进行 BIM 正向设计及 BIM 建模,道路专业的出图主要依托 RADS 系统;另外,RADS完成的设计数据也可以直接导入RDBIM。

RADS系统的内容涵盖了平面设计、纵断面设计、横断面设计、三维数字地面模型、平交口设计、桥梁布墩布跨设计、土石方调配、交通设计、挡土墙平立面设计、综合应用等。适用于城市道路、公路、立体交叉、地道(隧道)、轨道交通等,满足方案设计、初步设计及施工图设计等阶段需要。

RADS系统基于AutoCAD平台,具有"集成、交互、实时动态拖动"的可视化设计方式、易学易用、功能强大、图表丰富等特点,使得专业设计人员应用更加自如,更加专注于设计方案的优化和改进。

目前最新版本为2020版,不仅使用性能提高、使用功能模块增加,而且还增加了BIM软件的接口。可以实现和基于达索3DE平台的RDBIM数据的交换,在RDBIM中进行BIM设计建模,在RADS中进行二维出图。

2. 功能特点

RADS系统既有完善的数据管理模块,同时可以依据现行的城市道路、公路设计规范,紧密联系设计实际需求,对设计参数进行自动校审。

RADS系统支持任意复杂的道路平面中心线设计,提供了导线法(图9-94)和导角法两种交互动态拖动式设计法。其中,导线法适用于一般的城市道路、公路线形设计;导角法适用于复杂的立交线形设计。两种方法产生的中心线可以组合,真正做到了融为一体。独树一帜的平面设计对象设计思想,可以对边线、中央分隔带、机非分隔带、雨水口、桥梁墩位等对象进行集成设计。方便地完成平面设计图纸的自动分幅。可以依据规范中超高控制指标,按照各类超高过渡形式,自动生成超高设计图及表格。

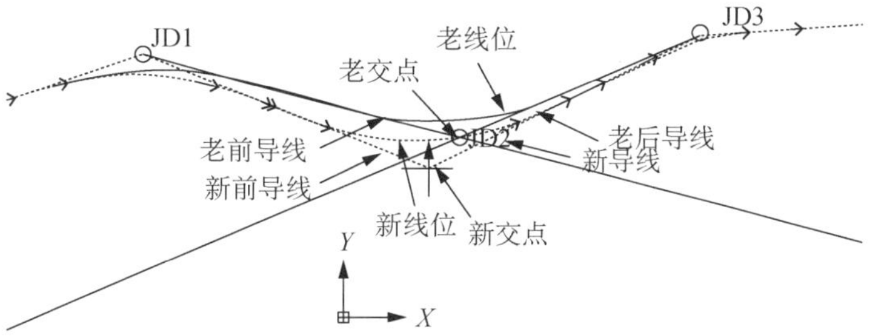

图9-94 RADS平面交互设计(导线法)

RADS系统实现了纵断面线形设计的适时动态拖动、动态预览(图9-95)。可以方便地实现纵断面设计图纸的格式定制,完成纵断面设计图纸的自动分幅,检查立交设计上下匝道相交点的竖向净空控制。

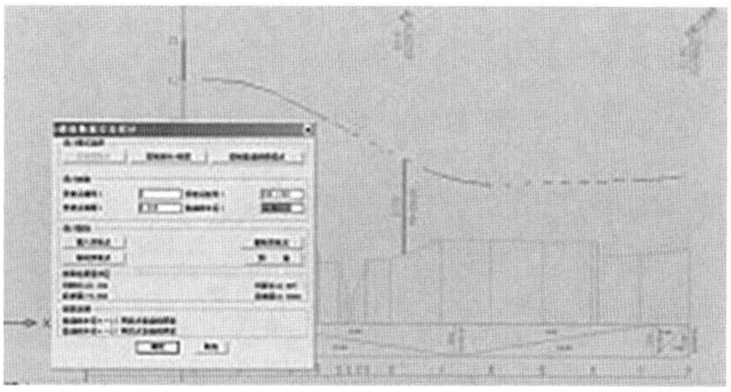

图9-95 RADS纵断面设计

RADS系统的交叉口竖向设计模块实现了复杂交叉口竖向设计的快速建模,能自动生成等分线(攀线)和等高线,方便、快

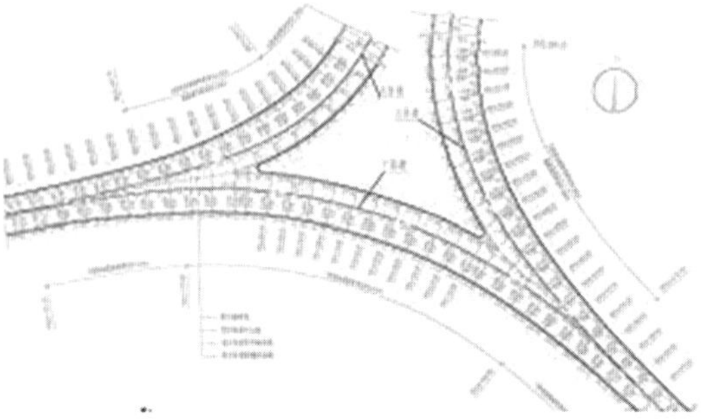

图 9-96 RADS 竖向设计

捷地完成立交端部竖向设计(图 9-96)。

RADS 系统实现了横断面边坡模板可视化定义,用户可以采用自动式或交互式进行土石方调配,自动生成横断面设计图纸以及路基设计的各种表格。

RADS 系统提供了单墩、多个墩位、桥跨组合、批处理(依据数据文件)等多种灵活的桥梁布墩布跨设计,可以方便地导出布墩布跨设计数据。

RADS 系统提供典型道路横断面自动生成(含高架、地面、隧道)、挡土墙平立面设计、设计图纸及表格的自动打印功能,同时提供一系列的方便道路设计的应用工具。

RADS 系统提供交通设计功能,包括交通流量流向图、交通服务水平分析、交通标线设计、平面弯道横净距视距检查、运行速度安全评价、透视图检查。

RADS 系统提供三维数字地面模型功能,包括自动形成三维 DTM、自动获取纵横地面线数据、土方计算等。

RADS 的设计数据可以导入基于达索 3DE 平台的 RDBIM,进行 BIM 设计,RDBIM 的设计数据也可以导入 RADS 进行二维设计出图。

3. 功能介绍

RADS 系统能完成可行性研究、初步设计、施工图设计在内的道路平面、纵断面和横断面线形设计工作,系统还为其他结构物设计提供必要的设计数据。

1) 平面设计

平面设计子系统不仅适用于立交线形设计、城市道路设计,也适用于公路设计。其主要功能如下:

(1) 中心线设计(生成单圆型、基本型、非对称型、S 型、C 型、卵型、回头型等曲线),系统提供了导线法和导角法两种交互式设计法。两种方法产生的中心线可以组合,真正做到了融为一体。系统同时提供动态交互设计手段,方便用户在屏幕上实时交互设计。系统还提供基于各种约束条件下的线形设计,满足不同条件下的设计。

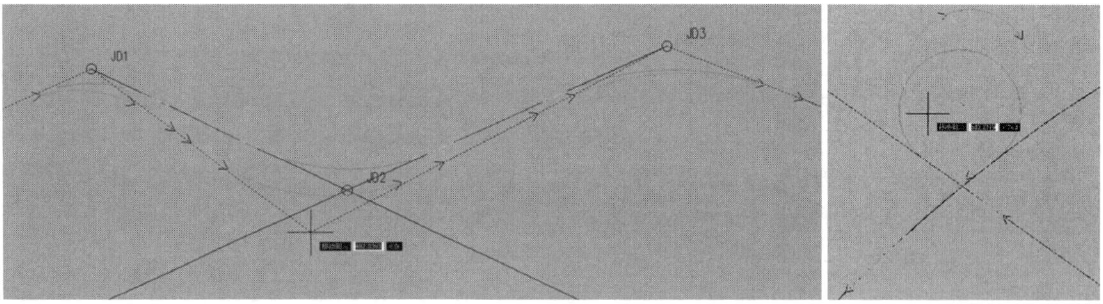

图 9-97 RADS 平面中心线设计

（2）实体线设计，包括边线、中央分隔带、机非分隔带（图 9-98）。边线和机非分隔带包括生成普通型、停车带型，完成线性加宽、高次抛物线型加宽、改进抛物线型加宽、圆弧加宽；中央分隔带、机非分隔带的端头支持直线型、半圆弧型、子弹头型、两 1/4 圆弧加直线封口；实体线支持复制、交互修改、高级衍生、自动偏移等编辑方式。

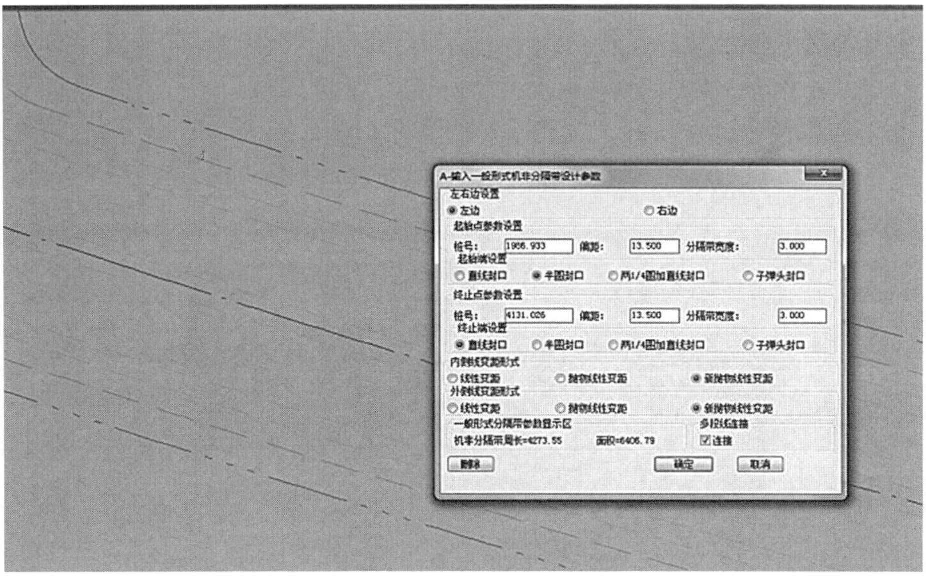

图 9-98　RADS 实体线设计

（3）便捷的雨水口布置设计（图 9-99）。系统可自动在平面图上插入雨水口，也可自动计算并标注偏沟设计标高。

图 9-99　雨水口布置设计

（4）其他功能：各种标注，可标注公里桩、百米桩、特征点桩、任一桩号、连续桩号、下标标注等；坐标计算、各种设计表格和平面图纸自动分幅及其他平面设计内容。

2）纵断面设计

（1）交互设计功能，可以实现以下功能：

① 插入变坡点、删除变坡点功能，具备橡皮筋式动态拉动变坡点位置功能，控制变坡点一侧坡度及坡长交互设计。

② 控制变坡点两侧纵坡及 T 值，自动计算变坡点桩号、半径及高程功能。

③ 绕任一桩号位置，坡度线转动，自动计算前后变坡点桩号、高程功能。

④ 控制竖曲线最高点或最低点处桩号，自动计算变坡点桩号及高程功能。

⑤ 交互修改变坡点设计半径，自动计算首尾相连变坡点的设计半径。

⑥ 绘制任一桩号的控制标高符号(供交互拉坡参考)。

(2) 定制成图格式功能，可以完成以下功能：

① 通过对话框可以确定纵断面设计出图内容(图 9-100)。

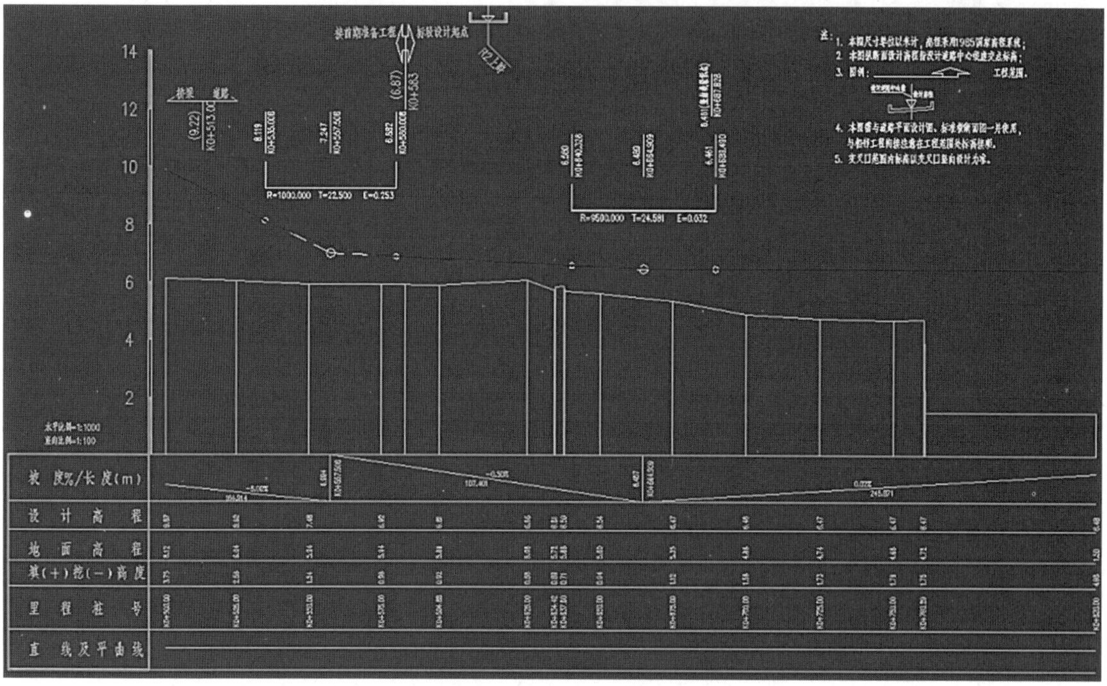

图 9-100　RADS 纵断面设计

② 通过对话框可以实现公路平纵图形自动叠加。

③ 通过对话框可以确定横向、纵向成图比例。

④ 通过对话框可以确定不同图幅(A2、A3、A2 加长、A3 加长等)，包括非标准图幅。

⑤ 通过对话框可以实现几条道路纵断面图形自动叠加。

⑥ 通过对话框可以确定任两个不同桩号间的纵断面设计图。

⑦ 纵断面图纸自动分页，并自动记录桩号及页码。

⑧ 城市道路偏沟设计及公路边沟设计。

(3) 其他功能：

① 计算任意范围内平均填挖土高度及长度(用于评价纵断面设计质量)。

② 计算检查两相交匝道中心线设计标高差。

③ 查询任一桩号设计高程、填挖土高度、地面高程及坡度。

④ 计算生成纵断面设计参数文件。

⑤ 生成路面任意桩号高程文件。

⑥ 中心线设计高程标注。

3）横断面设计

（1）灵活地定义任一形式路基横断面。

（2）边坡设计及边沟设计。

（3）自动计算土石方及路基横断面设计，自动生成路基公里土石方表、路基设计表、公路占地图、公路占地表、坡脚线及边沟排水线等各类设计图表。

（4）绘制横断面设计图、绘制任一桩号横断面。

（5）自动查询及定制标注任一路面设计标高。

4）综合应用

（1）生成各种典型横断面布置（包括地面道路、高架道路、地下道路）及管线综合布置（图 9-101）。

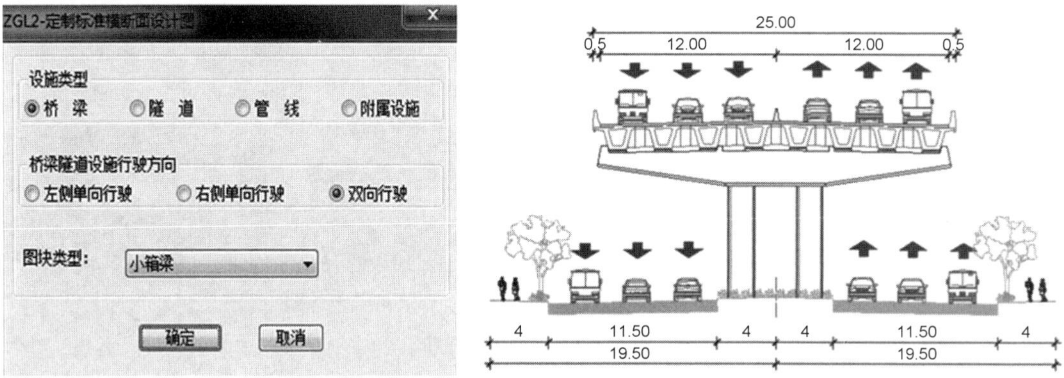

图 9-101　RADS 典型横断面设计

（2）挡土墙设计（图 9-102）。

5）三维数字地面模型

（1）构建三维数字地面模型，系统支持提取散点、等高线等。

（2）自动导出纵横地面线，系统可根据地形文件自动计算纵横地面线，并输出横断面地面线文件。

6）交叉口设计（图 9-103）

（1）方便地完成平面交叉口渠化、交通岛设计。

（2）便捷地完成交叉口竖向设计模型的建立。

（3）面片高程初始数据的智能化录入。

（4）等高线、等分线的绘制及标高的标注。

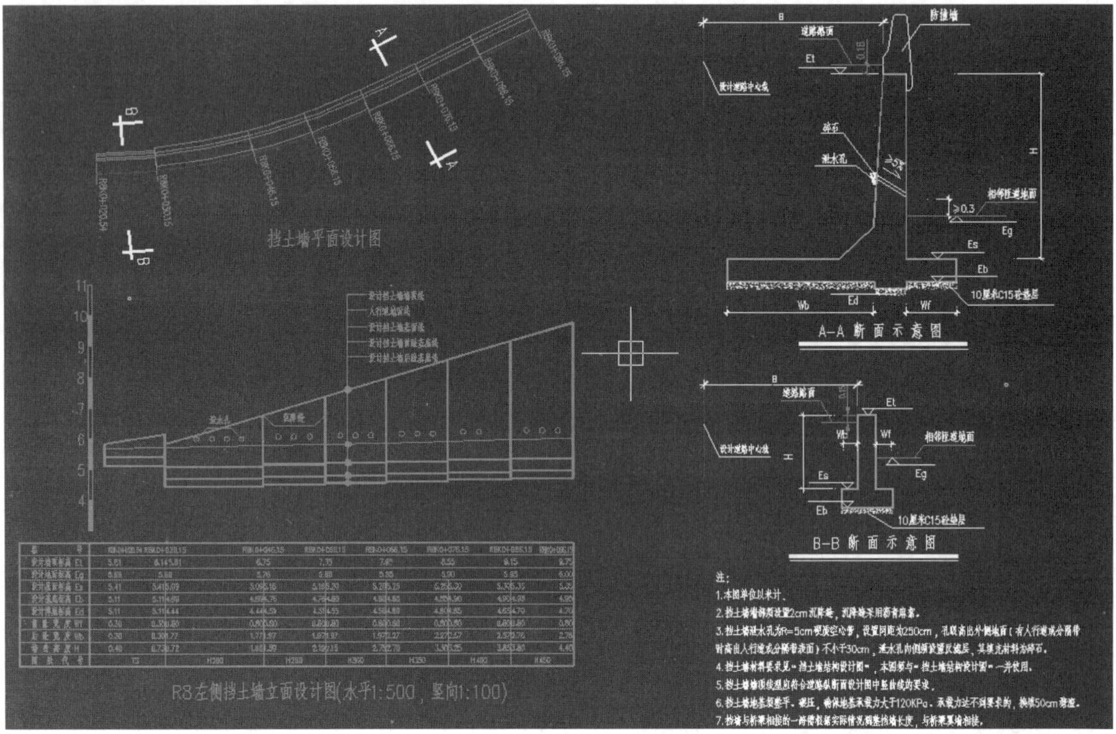

图 9-102 RADS 挡墙设计

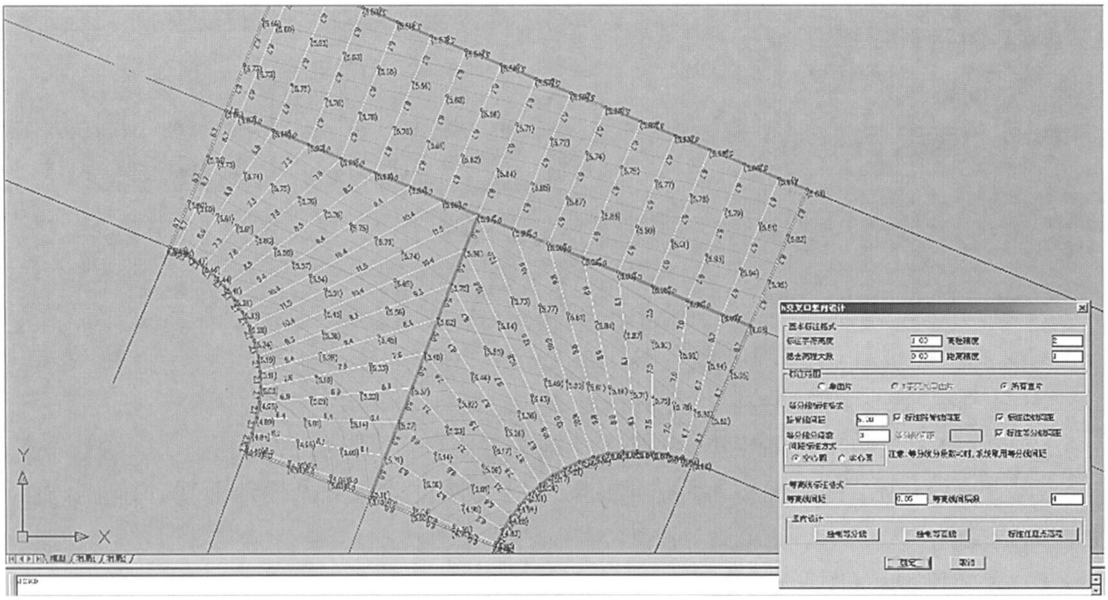

图 9-103 RADS 交叉口竖向设计

7）交通安全设计(图 9-104)

(1) 绘制交叉口交通流量流向图，路段交通流量图绘制及服务水平分析。

(2) 各种交通标线的设计，包括：各种直线、虚线，导向箭头，车距确认线，减速标线，

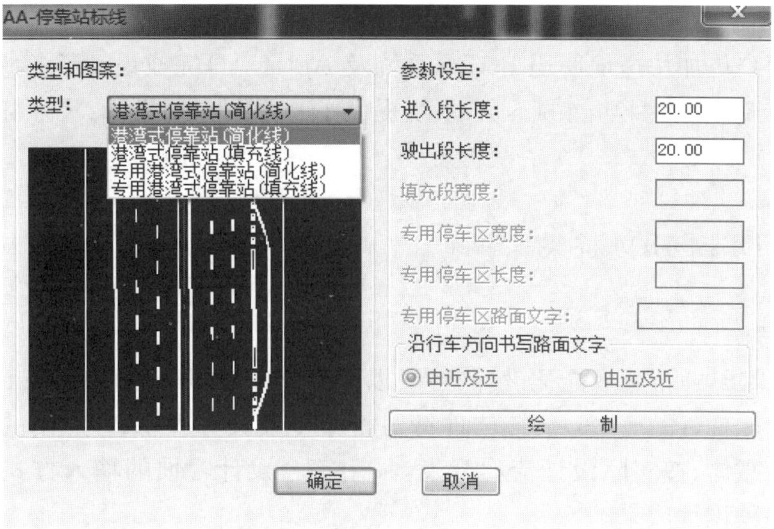

图 9-104 RADS交通安全设计

停靠站标线,人行横道线,进口道标线,待行区线+路口导向线,中心圈+网状线,填充线+道路出入口标线,路面图形标记和路面文字等。

(3) 平面弯道横净距视距检查,纵断面竖曲线视距检查。

(4) 透视图检查,可绘制道路透视图。

(5) 运行速度检查,依照《公路项目安全性评价指南》对运行速度进行安全检查及评价。

8) 桥梁布墩布跨设计

采用跨径组合式桥墩布置和依据数据文件桥墩布置的方式,支持多个桥墩布置、修改桥墩布置和复制桥墩布置。

9) 计算器

包括平曲线计算器、竖曲线计算器、坐标计算器、方位角计算器、超高计算器、加宽计算器(图 9-105)。

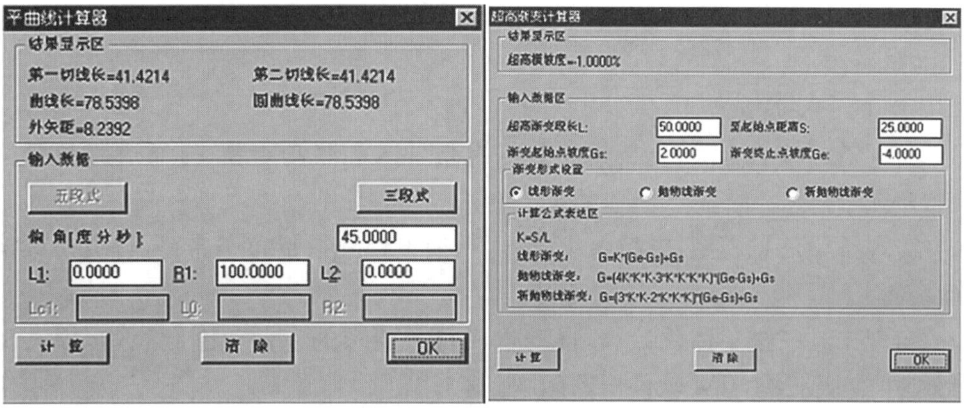

图 9-105 RADS计算器

10）辅助制图工具

为方便用户更加快速地使用 RADS 系统及 AutoCAD 完成设计任务，针对道路设计的特点及 AutoCAD 本身功能的不足，系统提供了一系列包括坐标、尺寸标注等 30 多个工具。

9.5.2 SMEDI-BDBIM 桥梁软件

1. 软件简介

SMEDI-BDBIM 桥梁智能化设计软件（以下简称 BDBIM）是基于 AutoCAD 面向桥梁专业的设计软件（图 9-106）。该软件针对桥梁专业设计及 BIM 应用的痛点和难点，以设计信息为载体，按实际设计流程开发，采用符合设计习惯的输入方式，可自动生成满足要求的多种设计成果。

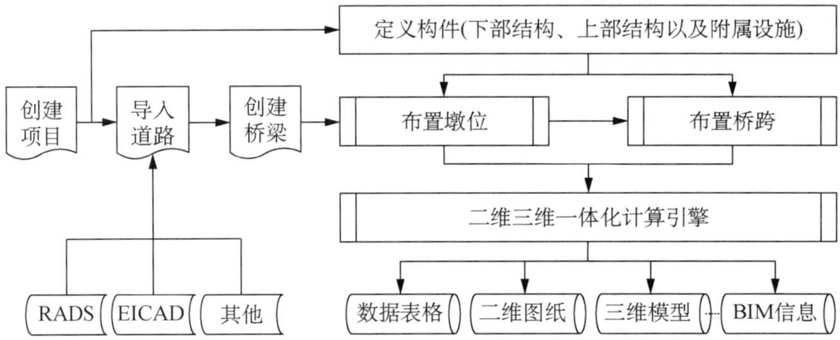

图 9-106 BDBIM 功能框图

BDBIM 按照二维三维一体化的思路研发，采用符合设计习惯的输入方式，可自动生成并输出总图平面、总图立面、墩位统计表、桥墩构造图、桥墩投影图、三维模型以及 BIM 信息等。该软件通过采用道路核心算法、专业化树结构、组件化编程和一体化引擎等关键开发技术，打通了道路与桥梁数据交接环节，实现了可组合、可替换的构件设计方式，解决了 BIM 软件的出图难题。

2. 功能特点

BDBIM 的主要特点如下。

（1）实现道路核心算法，支持道路数据批量导入和联动更新，打通道路与桥梁设计数据交接环节。

（2）实现桥梁信息模型，支持可组合、可替换设计和批量布墩布跨，解决桥梁构件组合和套用难题。

（3）实现二维三维一体化计算，自动生成符合要求的专业化图纸表达，提高常规桥梁设计效率，克服三维 BIM 软件出图问题。

（4）实现设计即建模，设计人员和 BIM 人员都能用，可分工输入信息，各取所需成果，实现正向设计，无须翻模。

3. 功能介绍

1）项目管理

BDBIM 的项目管理采用专业化、层级化的树结构（图 9-107），既有对应的树结构面板操作界面，又有对应的图形预览区，并能将设计数据存储为项目数据文件（ *.civil）。该树结构既是一个桥梁信息模型，也是二维三维一体化的本源。该模型包含的原始设计信息加载到内存后，经过一体化计算，可得到更多设计过程信息（其中几何信息可以在图形预览区查看和选择，非几何信息则在其他区域查看、选择以及编辑）。

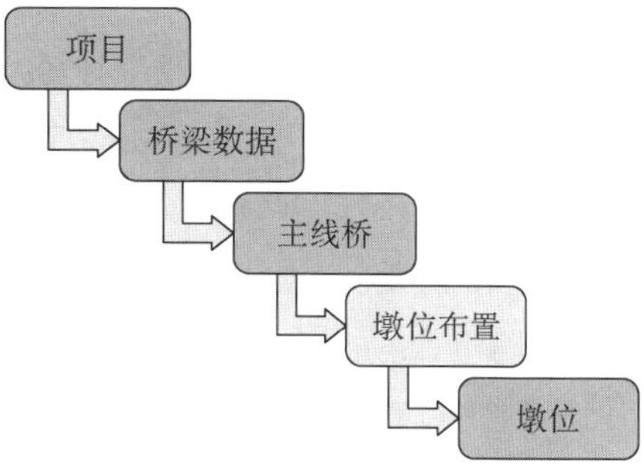

图 9-107　BDBIM 的项目树结构

图 9-107 中所示的树节点是软件进行项目管理的基础对象，每个对象包含零到多个信息或子对象，每个信息包含一到多个参数，从而使整棵树自顶向下构成了一套完善的信息体系（图 9-108）。其中，对象的类型是由一个关键信息确定的，替换该信息就会改变该对象类型，但不影响对象的其他信息。同样，还可以对子对象进行动态组合、修改和替换。例如：矩形立柱＝"1500×1200×107"是立柱对象的关键信息，对应的参数分别是长、宽和倒角，如果改为圆形立柱＝"1000"，参数为直径，则该立柱对象类型就会发生改变，相应的二维图形和三维模型也会相应变化，而承台和立柱的信息与模型不受影响，这样，动态改变构件就比较容易实现。

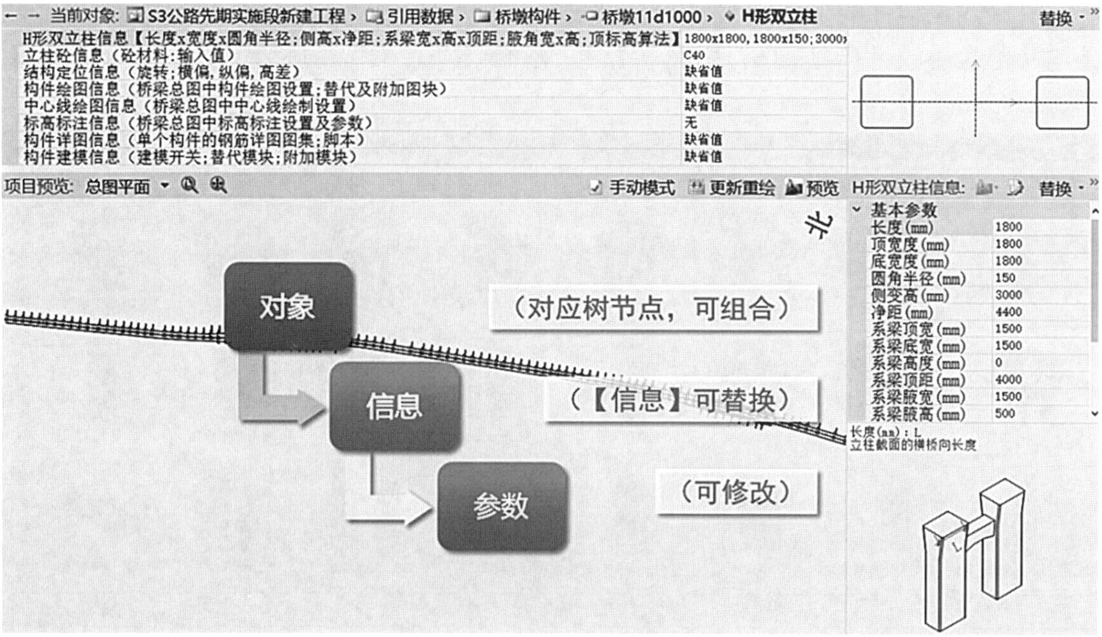

图 9-108　BDBIM 的信息体系

2）导入道路设计数据

道路设计数据是桥梁的设计基础，软件导入道路设计数据后将在项目结构树中生成对应的道路节点，该节点可以被后续创建的一到多个桥梁节点所引用。软件支持导入 RDBIM、RADS、EICAD、纬地、鸿业（路易）等道路设计软件的数据文件，并自动记录这些外部文件的链接位置，一旦道路设计数据文件发生更改，软件将在更新项目或下次打开项目时自动更新所有与该道路设计数据相关的内容，从而确保了道路平纵横基础数据的一致性和完整性。

3）创建桥梁

桥梁节点可以理解为一个容器，软件在创建桥梁节点时会自动创建“墩位布置”和“桥跨布置”两个子节点。桥梁节点含有很多默认信息，为后续的墩位和桥跨布置提供必要的默认值，当默认值发生变化时，该桥梁节点下的所有子对象都会发生变化。

4）定义构件

在桥梁工程设计中，由于受不同设计条件、景观要求等约束限制，往往造成桥梁的组成构件和结构设计灵活多变、差别较大，但又要遵循统一的设计原理或规律，自上而下地进行结构分解和设计。因此，在同类型或常规桥梁工程中，往往有数量庞大、彼此各不相同又有一定变化规律的分部分项构件，该部分构件可视为同一类型并定义为一种构件形式，将其套用在桥梁设计中。

BDBIM 采用了“构件组合套用”的思想，即预先定义桥墩、盖梁或主梁的构件组合形式，然后在墩位或桥跨布置时进行引用（图 9-109）。当构件组合数据发生变化，则所有引用到该构件的墩位或桥跨将自动进行更新，从而提高结构设计的变更效率。软件定义了常用的桥梁结构构件库（包括桩、承台、立柱、桥墩、桥台、盖梁、主梁以及附

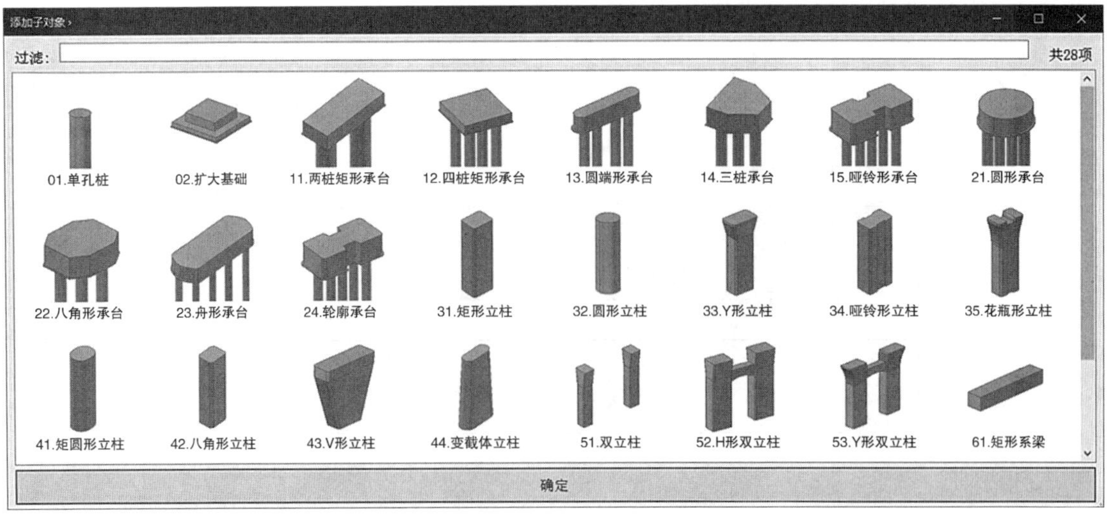

图 9-109 BDBIM 的构件库

属等)，可灵活定制桥梁构件的组合。桥梁设计参数修改简单明了，支持可组合和可替换设计。

5）布置墩位

布置墩位是桥梁设计中重要且繁琐的工作。布墩时，须综合考虑近期、远期设计需要和业主的需求，还有周边已有道路、桥梁、隧道、河流、地上建筑、地下管线以及构筑物等的空间位置和安全距离等，导致设计过程中桥墩位置和结构构件经常发生变更。针对实际工程需求，BDBIM 提供了多种便捷的墩位布置和修改功能(如符合设计习惯的 CAD 交互、Excel 批量布墩等功能)，大大提升了墩位修改效率，同时可方便地与已有设计数据做校对或复核。

6）布置桥跨

与墩位布置相比，桥跨布置相对简单，因桥跨跨径在墩位布置中已设定。桥跨布置的主要工作为设定各联桥跨所处的墩位和上部结构构件(如主梁、附属等)。初始可用自动生成桥跨功能进行布置，再修改相关的桥跨信息。此外，软件支持 Excel 批量修改桥跨的功能。

7）输出成果

在完成所有布置后，经过二维三维一体化计算可自动生成各类设计成果，达到“一次输入多种输出”的目的，从而实现设计人员和 BIM 人员各取所需，不额外翻模。为了更好支持正向设计，软件基于 ObjectARX.NET 开发并嵌在 AutoCAD 内运行，既能生成二维图纸内容(包括总体平面、总图立面、墩位数据表、桥墩构造图以及桥墩投影图等)和三维模型，又能输出 XML 格式信息交换文件(包含项目树信息和模型索引号)，支持模型和信息的后续 BIM 应用。

BDBIM 可以输出桥梁总体平面布置图、立面布置图、墩位统计表、桥墩构造图以及三维桥梁模型(图 9-110—图 9-114)。

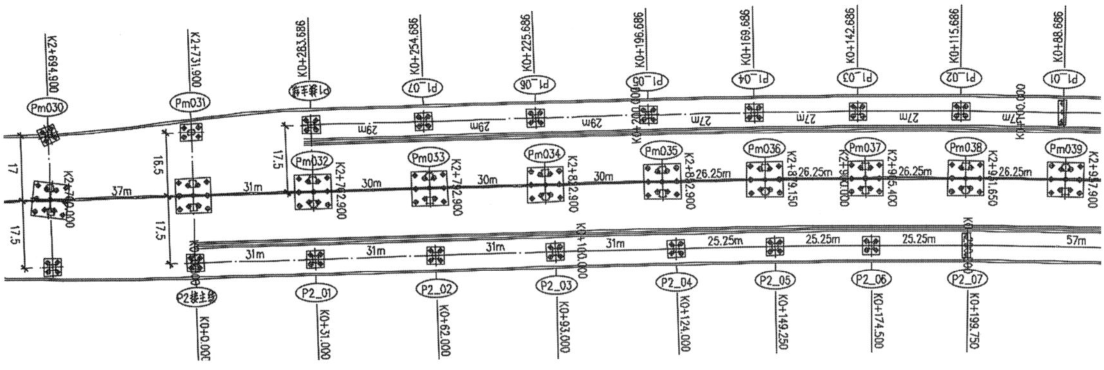

图 9-110 总图平面(即平面总体布置图)

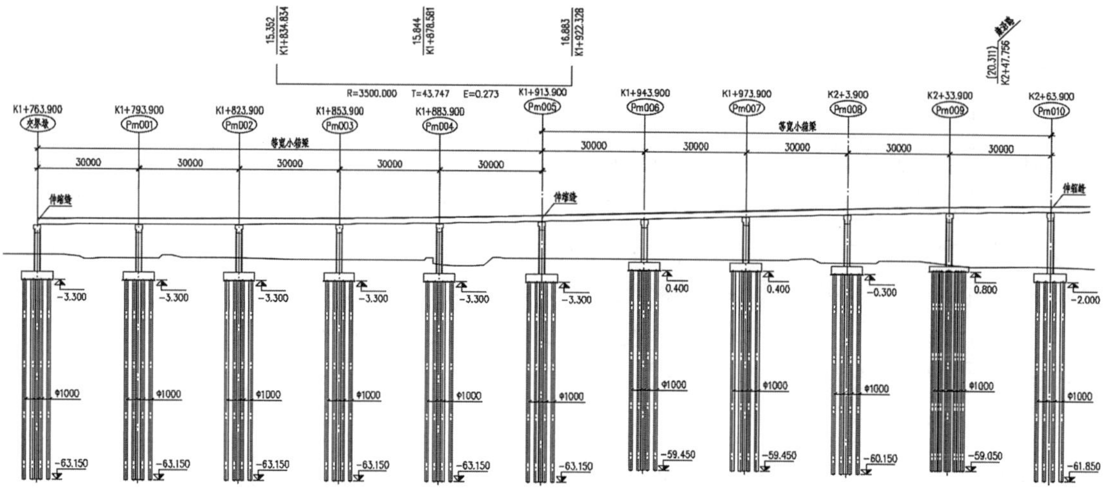

图 9-111　总图立面(即纵断面总体布置图)

墩位数据表

墩号	桩号(m)	中心坐标 X(m)	中心坐标 Y(m)	方位角 γ(°)	纵坡	桥面标高(m)	地面标高(m)	盖梁砼C40(m^3)	立柱砼C40(m^3)	承台砼C30(m^3)	垫层砼C15(m^3)	桩基砼水下C30(m^3)	橡胶挡块200×150×21
交界墩	K1+763.900	−10 111.446	11 913.799	160.4431	0.12%	15.048	0.000	92.5	80.9	209.3	8.7	518.4	4
Pn001	K1+793.900	−10 139.767	11 923.693	160.4431	0.50%	15.147	0.000	92.5	81.5	209.3	8.7	518.4	4
Pn002	K1+823.900	−10 168.088	11 933.588	160.4431	0.50%	15.297	0.000	92.5	82.5	209.3	8.7	518.4	4
Pn003	K1+853.900	−10 196.409	11 943.483	160.4431	1.04%	15.499	0.000	92.5	83.8	209.3	8.7	518.4	4
Pn004	K1+883.900	−10 224.731	11 953.378	160.4431	1.90%	15.941	0.000	92.5	86.6	209.3	8.7	518.4	4
Pn005	K1+913.900	−10 253.052	11 963.272	160.4431	2.76%	16.640	0.000	92.5	91.1	209.3	8.7	518.4	4
Pn006	K1+943.900	−10 281.373	11 973.167	160.4431	3.00%	17.530	0.000	92.5	73	209.3	8.7	518.4	4

图 9-112　墩位统计表

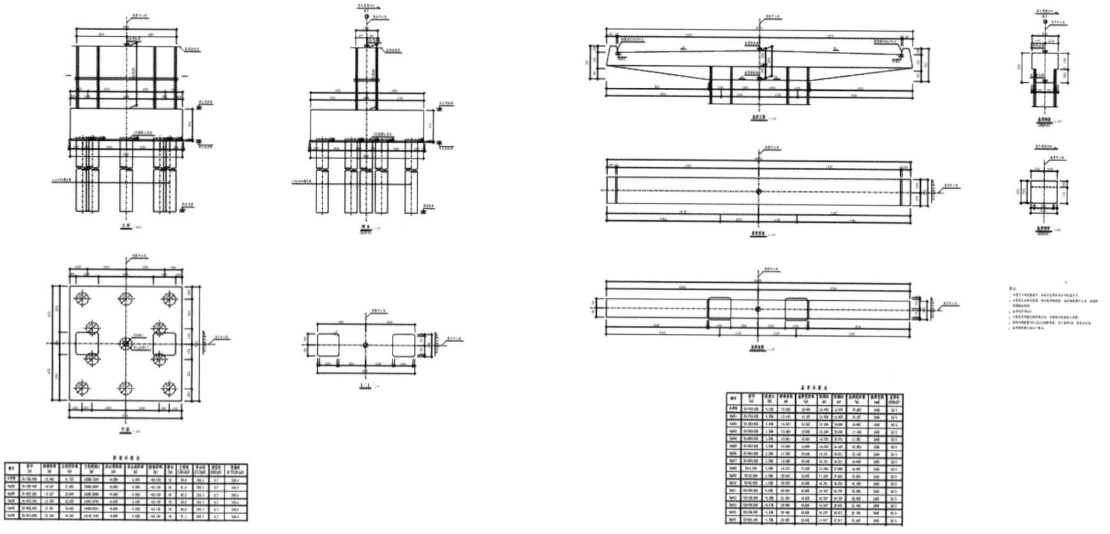

图 9-113　桥墩构造图

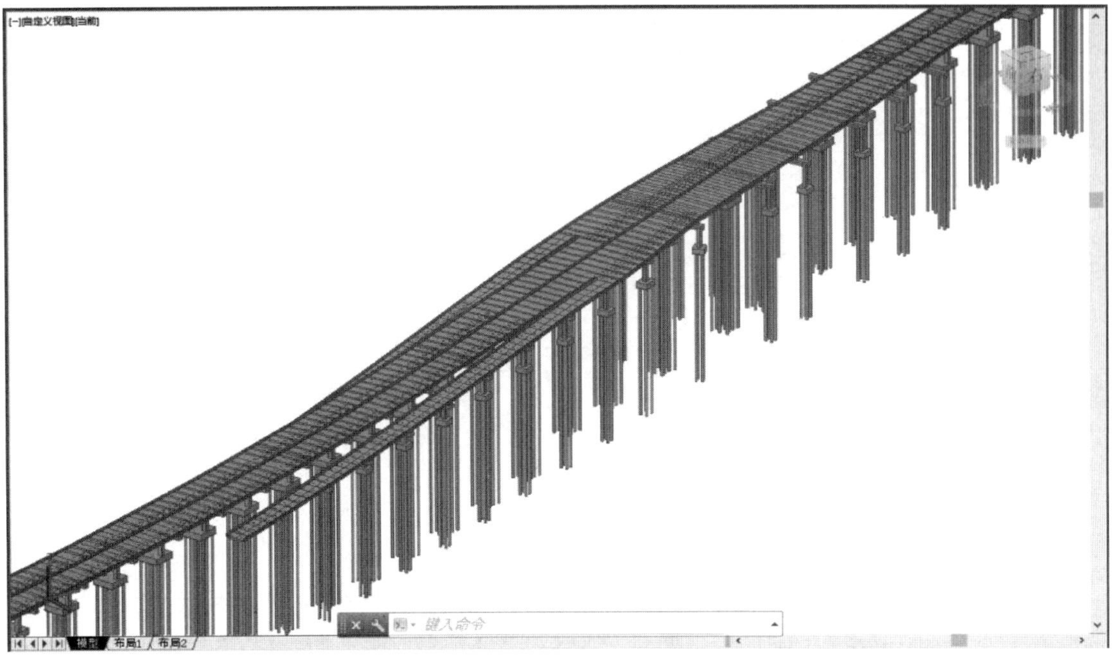

图 9-114　三维桥梁模型

第 10 章　BIM 应用案例

10.1　宁波梅山春晓大桥工程 BIM 应用

10.1.1　工程概况

1. 项目简介

梅山春晓大桥工程起点位于宁波北仑春晓洋沙山东六路与春晓东八路交叉口，以桥梁形式跨越梅山湾，接梅山岛盐湖路，全长约 2 km，总投资约 12 亿元，是连接宁波梅山岛与北仑区的特大型跨海桥梁工程（图 10-1）。

图 10-1　梅山春晓大桥

大桥主跨为 336 m 的中承式双层桁架拱桥，主拱为全焊接桁架拱，主梁分上、下两层，上层为机动车道，下层为人行及非机动车道，下层中间 108 m 范围内设置纵移桥架，通过两侧伸缩的方式实现开启与闭合，纵移打开后，可满足 500 t 级海轮通航要求，为国内首座双层纵移开启式桥梁（图 10-2）。技术标准如下：道路等级为城市主干路，双向 6 车道，设计车速 50 km/h。

图 10-2 下层开启状态

2. 工程特点

梅山春晓大桥工程为特大型全焊钢桥，钢结构复杂、空间定位难度大、加工精度要求高，作为国内首座双层纵移开启式桥梁，下层桥架纵移开启闭合施工风险高，传统二维设计在大桥空间相互关系上难以考虑周全，应用 BIM 技术建立三维可视化信息模型，在协同工作的环境中，使得模型与信息能够快速、有效地共享与交流，可以优化大桥设计方案，保证施工质量。

10.1.2 BIM组织与应用环境

1. BIM 应用目标

- 多专业协同：统一平台工作，共享专业模型数据；
- 多软件协同：软件开发定制，集成完成设计流程；
- 快速精细设计：快速定方案助决策、精细做设计保质量；
- 高效安全施工：模型预拼装抢工期、工艺进度模拟抓盲点。

2. 技术路线

本工程技术路线(图 10-3)：基于三维地形，应用交通仿真、虚拟现实等技术对方案进行比选与变更；详细设计阶段的模型从方案阶段深化而来，并通过有限元分析计算保证结构安全，成果输出为二维图纸、工程量统计；施工阶段模型进一步深化，主要应用为钢结构数字化扫描预拼装、施工工艺模拟、4D 施工工序模拟等，提高钢结构加工精度，保证施工安全，节省施工工期。

3. 团队组织

BIM 团队由总工牵头把关，设计负责人与 BIM 负责人共同制定 BIM 技术路线，在

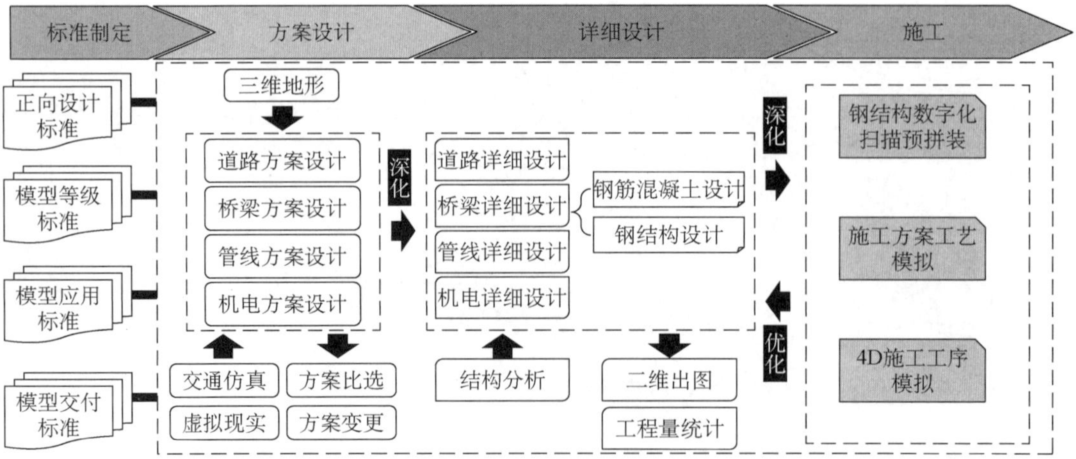

图 10-3 BIM 应用技术路线

软件、技术、开发、平台管理等多方支持下，由道路、桥梁、管线、机电等专业设计工程师应用 BIM 技术协同完成 BIM 设计及施工(图 10-4)。

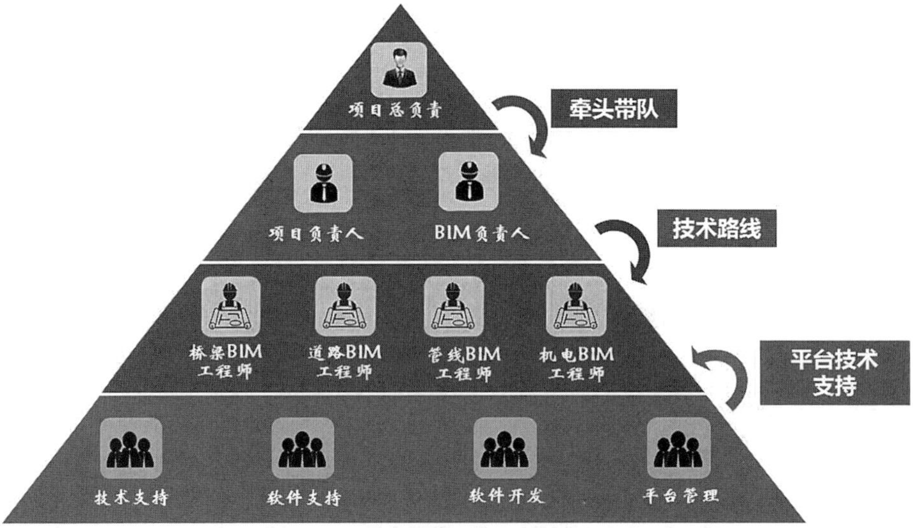

图 10-4 项目 BIM 团队组织

4. 项目实施标准

本工程前期通过设计方、施工方以及业主方的协调沟通，明确 BIM 应用目标，制定了专门的 BIM 设计标准，统一规范 BIM 参与各方行为，保证 BIM 模型及信息的广泛交互与共享(图 10-5)。标准主要分为总则、基本规定、协同设计标准、模型命名规则、模型应用标准、模型等级标准以及模型交付标准。

5. 协同管理平台

应用基于 Web 的 ENOVIA 协同平台(图 10-6)，将项目 WBS 分解，每项任务分配给各个专业的设计人员，并安排分工的时间。随着工作的进行，可以实时检查工作进度，完成情况一目了然。还可以将项目中的二维图纸、设计说明等资料文件进行有序管理，便于后期的审核、审查。

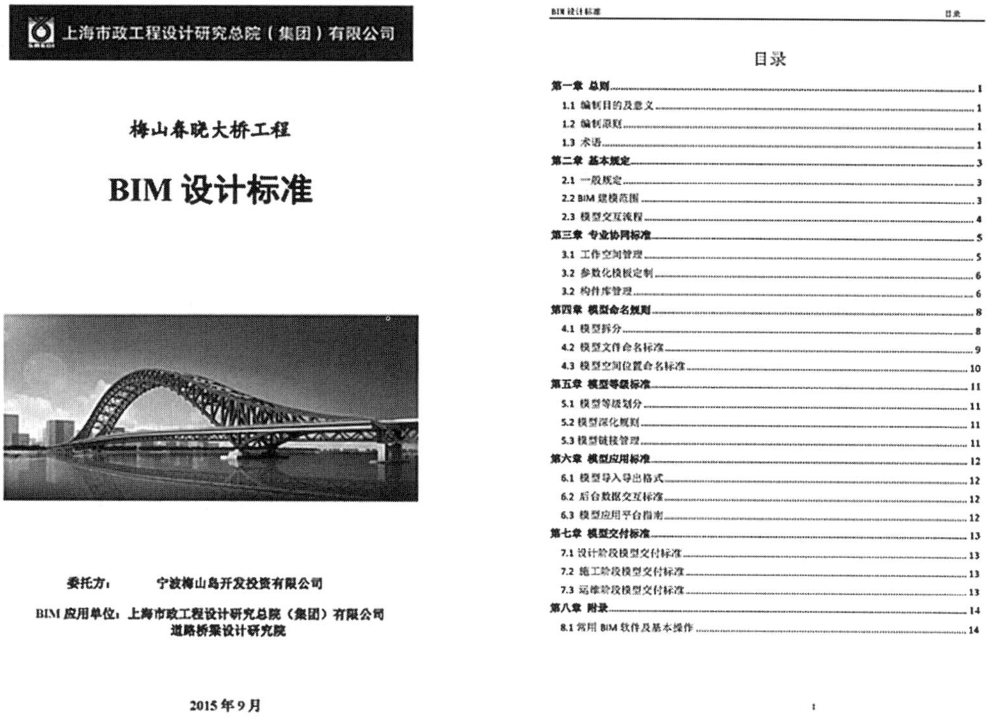

上海市政工程设计研究总院（集团）有限公司

梅山春晓大桥工程

BIM 设计标准

委托方：　宁波梅山岛开发投资有限公司

BIM 应用单位：上海市政工程设计研究总院（集团）有限公司
道路桥梁设计研究院

2015 年 9 月

BIM 设计标准　　目录

目录

第一章 总则……1
1.1 编制目的及意义……1
1.2 编制原则……1
1.3 术语……1
第二章 基本规定……3
2.1 一般规定……3
2.2 BIM 建模范围……3
2.3 模型交互流程……4
第三章 专业协同标准……5
3.1 工作空间管理……5
3.2 参数化模板定制……6
3.2 构件库管理……6
第四章 模型命名规则……8
4.1 模型拆分……8
4.2 模型文件命名标准……9
4.3 模型空间位置命名标准……10
第五章 模型等级标准……11
5.1 模型等级划分……11
5.2 模型深化规则……11
5.3 模型链接管理……11
第六章 模型应用标准……12
6.1 模型导入导出格式……12
6.2 后台数据交互标准……12
6.3 模型应用平台指南……12
第七章 模型交付标准……13
7.1 设计阶段模型交付标准……13
7.2 施工阶段模型交付标准……13
7.3 运维阶段模型交付标准……13
第八章 附录……14
8.1 常用 BIM 软件及基本操作……14

I

图 10-5　BIM 设计标准

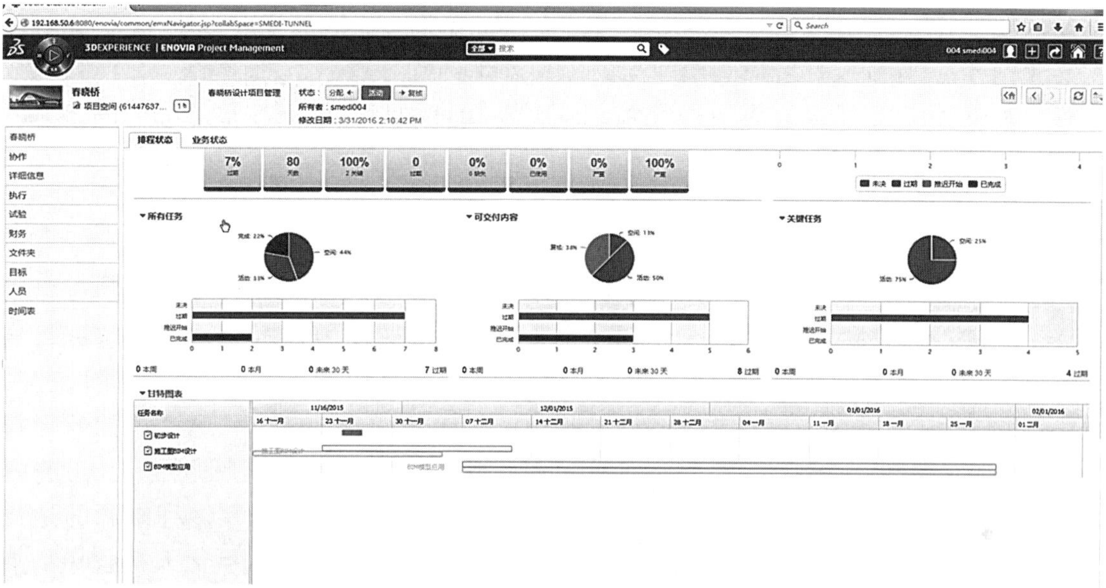

图 10-6　ENOVIA 协同设计平台

6. 软硬件环境

本工程选择达索 3DE 平台，通过 CATIA 2015x 以及自主开发的 RDBIM 进行大桥 BIM 正向设计(图 10-7)。此外，集成多个专业对口软件对模型进行各项专业 BIM 应用，最终顺利完成整个工程的 BIM 应用目标。硬件方面采用了大内存和高性能显卡的图形级工作站，同时配备了专业级服务器来存储设计数据。

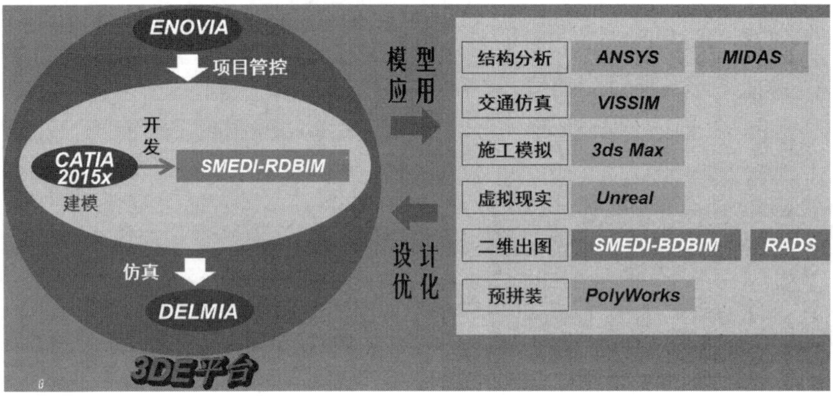

图 10-7 软件平台

10.1.3 BIM 应用

1. BIM 建模

大桥模型包括地形、岸上引桥、水中引桥、主桥、机电系统以及周边道路、景观等。方案阶段模型等级为 LOD100、LOD200，属于轻量化模型，能做到快速修改与变更，迅速决定工程方案；详细设计阶段的模型等级为 LOD300，模型较为精细，参数、尺寸、材质等属性更加丰富；施工阶段的模型等级为 LOD400，构件添加施工属性信息如时间、场地、施工操作等。

2. BIM 应用情况

1) 方案设计阶段

从 CATIA 2015x 底层 CAA 自主开发道路交通 BIM 系统，快速进行专业道路交通及市政管线方案阶段的三维设计：开发的基于 CATIA 的地形模块，可以支持包括无人机测量、激光扫描以及等高线散点等多种来源的地形数据，使用正射测量型无人机收集的点云数据经过地形模块处理后，生成满足方案设计要求的三维地形(图 10-8)。

图 10-8 旋鹰 HY-6X(A)正射测量型无人机

具有交互功能的线形及道路设计模块，能自动进行规范复核，高效支撑道路方案设计；可以进行参数化上部结构设计及三维布墩的桥梁模块，实现了桥梁专业三维可视化设计；直接读取管线勘测及设计数据，快速生成三维模型的管线模块，可以实时修改调整，大幅提高建模效率(图 10-9)。

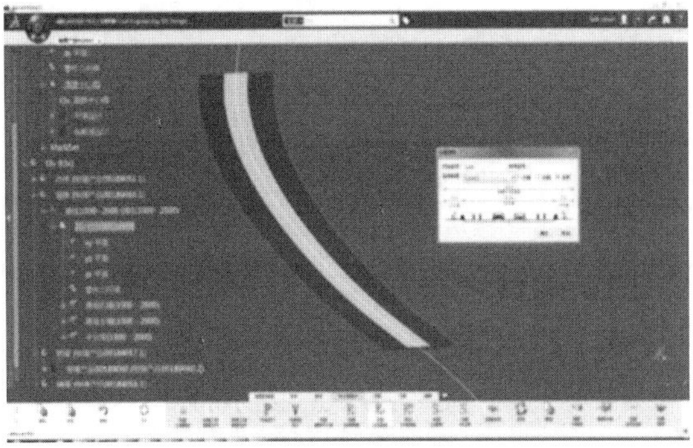

(a) 道路设计

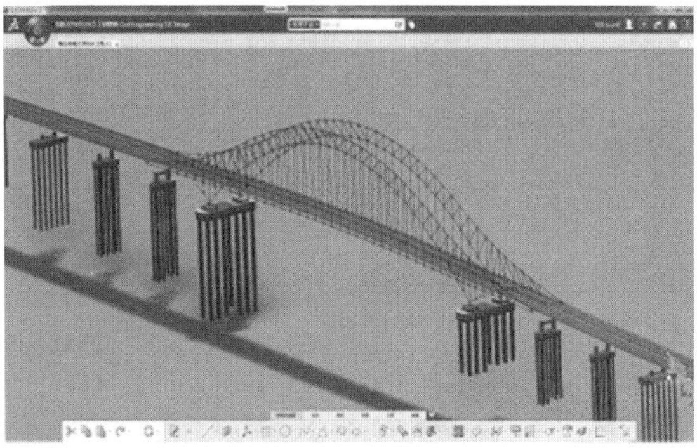

(b) 桥梁设计

(c) 管线设计

图 10-9　自主开发三维设计软件

大桥方案阶段的线位选择、交通组织等设计的合理性需要靠仿真软件的支撑，以往的交通仿真需要依据二维设计图纸重新构建交通仿真三维模型，仿真分析时间较长。本工程基于 BIM 模型进行交通评价分析，直接受益于 BIM 模型中精确的交通设计参数和批量布设，相比传统的仿真评价，结果更信服，方法更实用及快捷。开发的交通仿真软件 VISSIM 数据接口，CATIA 模型直接导入 VISSIM 中，对上层车行、下层人行及非机动车进行交通仿真分析，利用反馈指标优化设计方案(图 10-10)。

方案设计阶段有许多比选方案，需要大量调查研究比较，有些方案的优劣其实只有工程完成之后亲自体验才能有直观感受。将 BIM 模型与虚拟现实技术结合，动态模拟车行、人行、飞行视角，沉浸式体验，快速优化了满撑与集中撑比选、大桥尾端建筑处理等方案(图 10-11)。

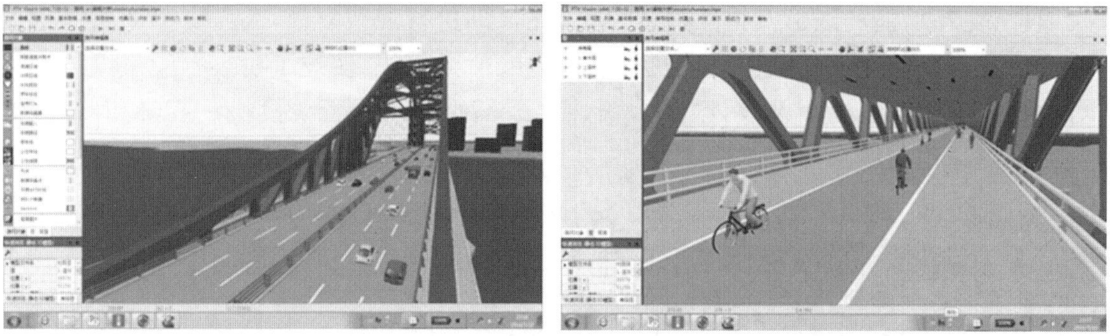

图 10-10 VISSIM 交通仿真

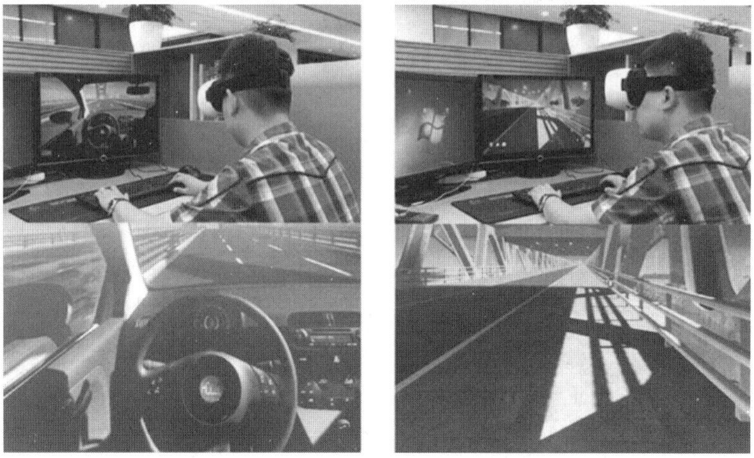

图 10-11 虚拟现实体验

2）详细设计阶段

BIM 模型是包含信息的模型，但是需要包含哪些信息，哪些信息更重要，哪些信息需要与其他软件交互，这些都是精细化建模需要考虑的问题。目前，在钢桥上还没有一个标准的交互准则，参考 buildingSMART 公司针对建筑行业提出的 IFC 标准，根据设计经验，为模型进行属性信息拓展以及为模型跨平台交互奠定了基础(图 10-12)。

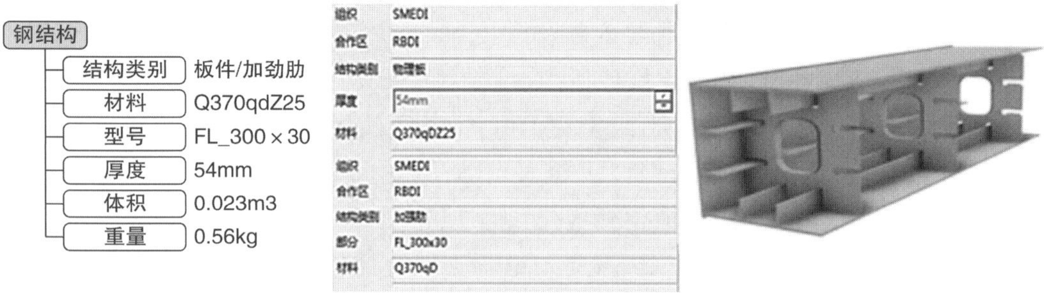

图 10-12 钢结构属性拓展

详细设计阶段的模型参数也更加丰富，详细的参数可以带来两个好处：信息的查询更加简单，打开参数树，模型的信息一目了然；模型的修改更加快捷，直接用参数驱动变更(图 10-13)。

图 10-13　详细的模型参数

钢结构建模是本工程的重点，在精细化建模阶段，钢结构的模型精细到横隔板、过焊孔、人孔、加劲肋以及机电等细节(图 10-14)。

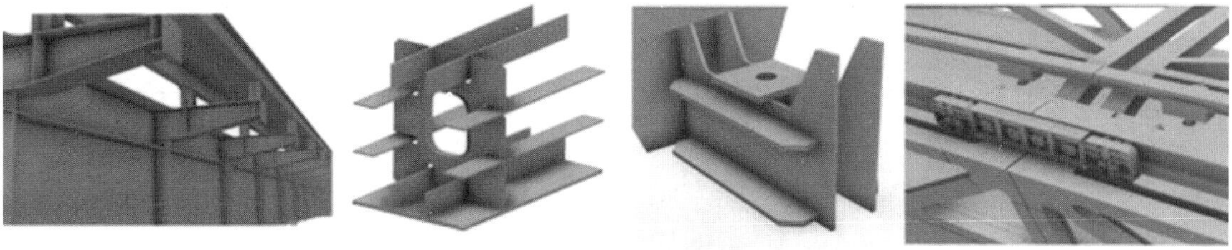

图 10-14　精细的钢结构模型

钢结构精细化建模的工作量巨大，常规的建模方式需要花费巨大的人力和时间。根据本工程钢结构的特点，开发了批量实例化工具以及批量修改参数工具，可以快速完成钢结构建模：首先生成钢结构构件位置坐标系；然后调用做好的钢结构模板，使用实例化工具批量化将构件生成到相应位置；最后用批量修改参数工具，在 Excel 表格中修改构件参数，完成建模。

通过有限元分析保证大桥结构安全：混凝土结构模型导入 ANSYS 等有限元分析软件中，实现 BIM 模型与计算模型的联动，快速找到最优结构设计；应用 CATIA 钢结构模块，将轻量化面片模型导入 ANSYS 中计算分析，满足设计要求后再生成实体模型(图 10-15)。

二维出图基于 AutoCAD 自主开发出的道路出图软件 RADS 和桥梁混凝土结构出图软件 BDBIM，读取 CATIA 中的后台三维设计数据进行专业出图。钢结构出图则采用 CATIA 中的 AITAC 出图模块，定制钢结构出图模板，完成钢结构标准出图(图 10-16)。

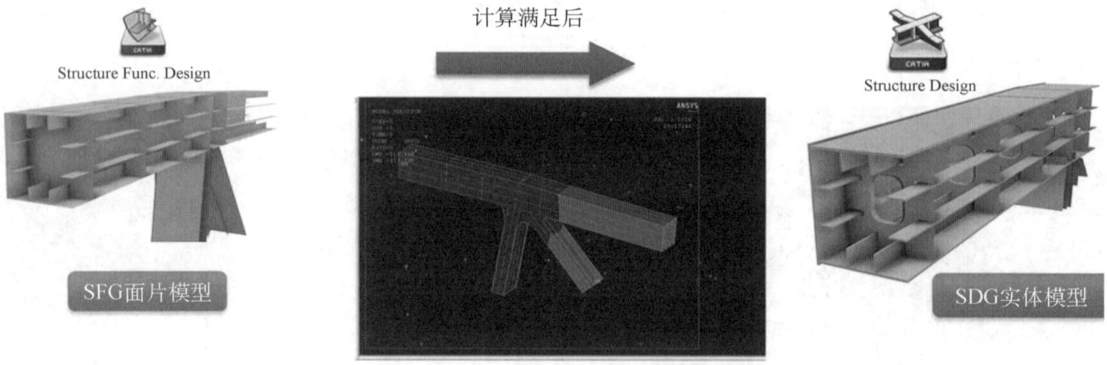

图 10-15 钢结构有限元分析

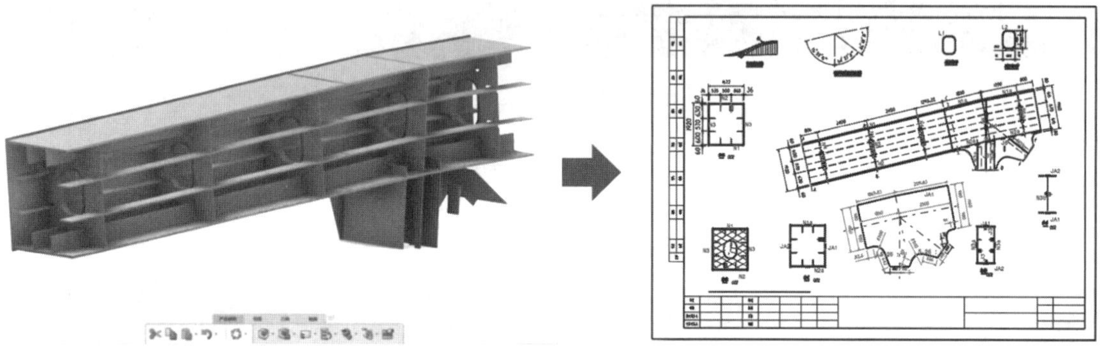

图 10-16 钢结构出图

工程量统计的核心不是软件，而恰恰是我们的 BIM 模型。模型越精细越标准，统计的工程量才越准确。得益于前期制定的 BIM 标准，标准化的结构命名、详细的参数制定、IFC 标准的结构分类，利用 CATIA 报表功能，定制各种类型的工程量统计表格，快捷、精确地统计钢结构工程量。

3）施工阶段

利用激光扫描技术，现场对桥梁钢结构进行三维扫描，将点云数据模型化后预拼装，并与 BIM 模型对比分析，检查拼接偏差，不受场地、设备影响，拼装速度快，有效控制关键构件的制造精度（图 10-17）。

图 10-17 主拱数字化预拼装成果

将梅山春晓大桥 BIM 模型轻量化处理后导入 3ds Max 中进行施工方案工艺模拟，优化施工场地布置、空间需求以及施工安排，提高施工安全性。此外，还模拟大桥下层桥架纵移开启关闭，明确机电安装要点以及操作顺序（图 10-18）。

(a) 基础及承台施工　　(b) 主桥边跨钢箱梁吊装

图 10-18　施工工艺模拟

在 4D 施工工序模拟上，选择详细设计阶段的 LOD300 模型，进行施工时间进度管控，统筹安排各项施工工作。将 CATIA 模型直接在 DELMIA 中拆分，拆多少施工多少，不会缺项漏项；根据实际施工工期，将时间信息输入模型中，实时调整工期，统筹安排各项工作，实现工程三维可视化管理(图 10-19)。

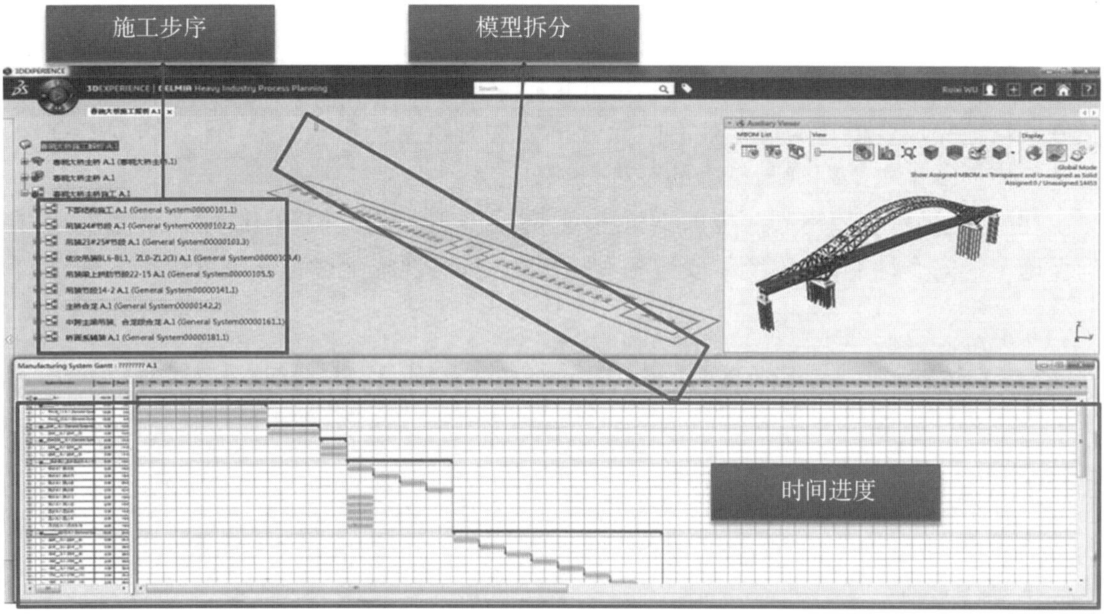

图 10-19　DELMIA 施工工序模拟

10.1.4　应用效果

BIM 技术在梅山春晓大桥工程正向设计的应用过程中，从方案设计阶段、详细设计阶段到施工阶段，模型及信息不断深化，通过自主开发软件与多个专业软件的集成应用，以及与无人机勘测地形、虚拟现实等新技术的有机结合，有效地实现在方案设计阶段，设计人员能快速展示设计方案，表达设计意图，帮助业主迅速决策；在详细设计阶段，精细化三维设计能够有效减少“错漏碰缺”，并通过结构分析有效提高设计的质量和效率；在施工阶段，通过钢结构数字化扫描预拼装，省时、省力地做好钢结构预加工，施工工艺和工序的模拟做到了精细施工、统筹安排，保证施工安全及质量。BIM 技术的成功应用提高了设计单位的影响力和品牌认知度，成果可用于后续类似工程的建设。

10.1.5 BIM 应用总结

通过 BIM 技术在梅山春晓大桥工程正向设计与施工中的实际应用发现，前期 BIM 标准的制定是至关重要的，可以说，好的标准是 BIM 技术成功应用的一半。BIM 设计与应用并不是一个模型完成所有的应用，而是模型、信息逐步深化的过程，是不同深度的模型应对不同 BIM 应用的要求。

在方案设计阶段，通过 ENOVIA 平台统一管理，实现了多专业的协同设计与数据共享，节省了大量沟通协调时间；无人机测量、VISSIM 交通仿真、虚拟现实等新技术，使方案设计阶段设计速度更快、更直观。

在详细设计阶段，钢结构模型属性的拓展为跨平台交互提供基础，参数的丰富使信息查询更方便、模型修改更快捷，钢结构通过批量实例化工具与批量修改参数工具又快又好又精地完成建模。通过专业有限元分析软件对钢结构进行分析，保证结构安全性，最终的模型输出二维图纸与精确的工程量统计校核。

在施工阶段，利用不同深度的钢桥模型，完成施工工艺模拟和 4D 施工工序模拟，在确保施工的安全性的同时，统筹安排各项施工工作，实现施工过程三维可视化管理。

10.2 嘉兴市快速路环线一期工程 BIM 应用

10.2.1 工程概况

1. 项目简介

嘉兴市区规划“一环七射”快速路网，“一环”即快速路环线。线位沿中环西路、中环北路、三环东路及长水路，全长约 28.67 km，总投资约 108 亿元，是嘉兴市建党百年的献礼工程和民生精品工程。本工程从方案设计阶段即开始应用 BIM 技术完成全线的总体设计到详细设计阶段完成一期工程约 15.2 km 的深化设计(图 10-20)。

环线主线采用高架的建设形式，辅道为地面道路。全线设 6 座互通立交、1 条下穿地道，同步建设 23 对出入口匝道(图 10-21)。主线标准段采用双向 6 车道规模，局部交织段采用双向 8～10 车道，地面辅道为双向 8 车道，平行匝道采用双车道。

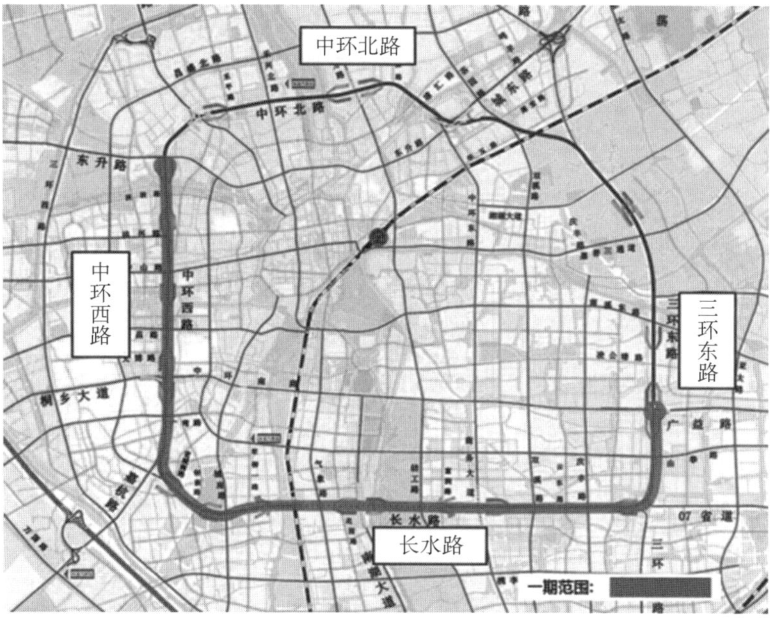

图 10-20　快速路环线总体设计平面图

(a) 互通立交　　(b) 下穿地道　　(c) 平行匝道

图 10-21　环线总体布置

2. 工程特点

本工程总体规划体量大，须综合考虑快速路服务范围、现状交通缓解等众多因素；周边控制条件关系复杂，建设范围内牵涉居民区、保护建筑等多个重要敏感点；总体布置难度大，高架布设若不合理，很容易出现“上不去下不来”的情况；设计周期短，完成环线一期工程约 15.2 km 范围的深化设计(施工图深度)只有不到 5 个月的时间；景观设计要求高，作为建党百年献礼工程，景观设计要紧密贴合红色元素与当地特色；交通组织复杂，不具备道路封闭施工的可行性，合理的交通组织设计尤为重要。

10.2.2　BIM 组织与应用环境

1. BIM 应用目标

本工程 BIM 技术应用着力于贯穿整个设计阶段，基于自主研发的 BIM 正向设计软件，整合优化二维设计流程，以三维地形和数据库为基础资料，结合多个专业的 BIM 应用软件，实施三维正向设计。借助于 BIM 的技术优势，最终形成一套可沿用可拓展的高效设计方法，帮助提高设计效率，保证设计质量。

2. 技术路线

本工程技术路线(图 10-22)：采用倾斜摄影技术完成地形数据的采集工作，从方案设计阶段到详细设计阶段，基于自主研发软件进行三维正向设计。方案设计阶段，BIM 设计基于三维地形，应用交通仿真、碰撞检查、AE 实景动画、虚拟现实等技术对方案进行展示和比选，该阶段模型简单，可以快速进行各项 BIM 应用，方便模型修改与变更，帮助决策；详细设计阶段的模型从方案设计的模型深化而来，各专业对模型进行细化，模型属性信息更加丰富，模型更为精细，再通过有限结构分析软件对模型进行安全把关保证设计质量，成果输出形式为二维图纸、工程量统计校核以及预制拼装技术的验证。最后按照交付标准交付到施工阶段完成后续应用。

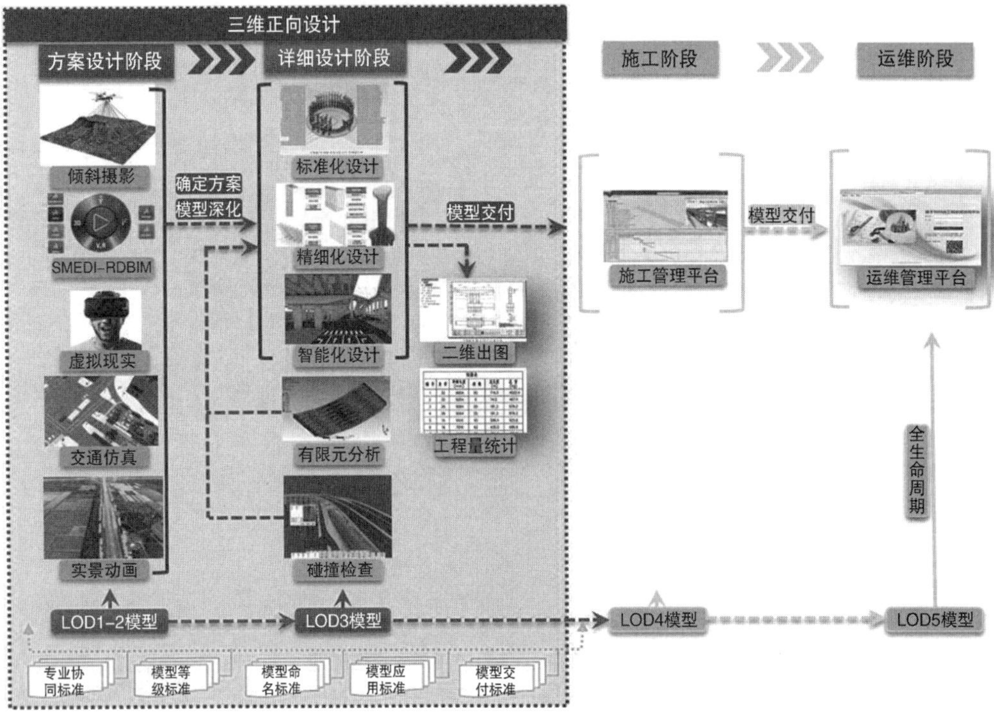

图 10-22 BIM 技术路线

3. 团队组织

本工程严格按照上海市政总院标准设计流程，BIM 团队由专业总师牵头，设计负责人和 BIM 负责人共同策划 BIM 技术路线，由具有丰富设计经验的设计师应用 BIM 软件完成本工程的三维正向设计。此外，还有 BIM 研发团队提供专业技术支持。

4. 项目实施标准

根据本工程的特点、难点，前期通过与工程参建各方的协调沟通，明确了 BIM 应用目标。依据 BIM 国家标准、BIM 行业标准以及上海市政总院主编《中国市政设计行业 BIM 指南》《市政工程 BIM 应用与新技术》以及相关 BIM 行业标准，制定本工程项目级 BIM 技术应用标准（图 10-23）。

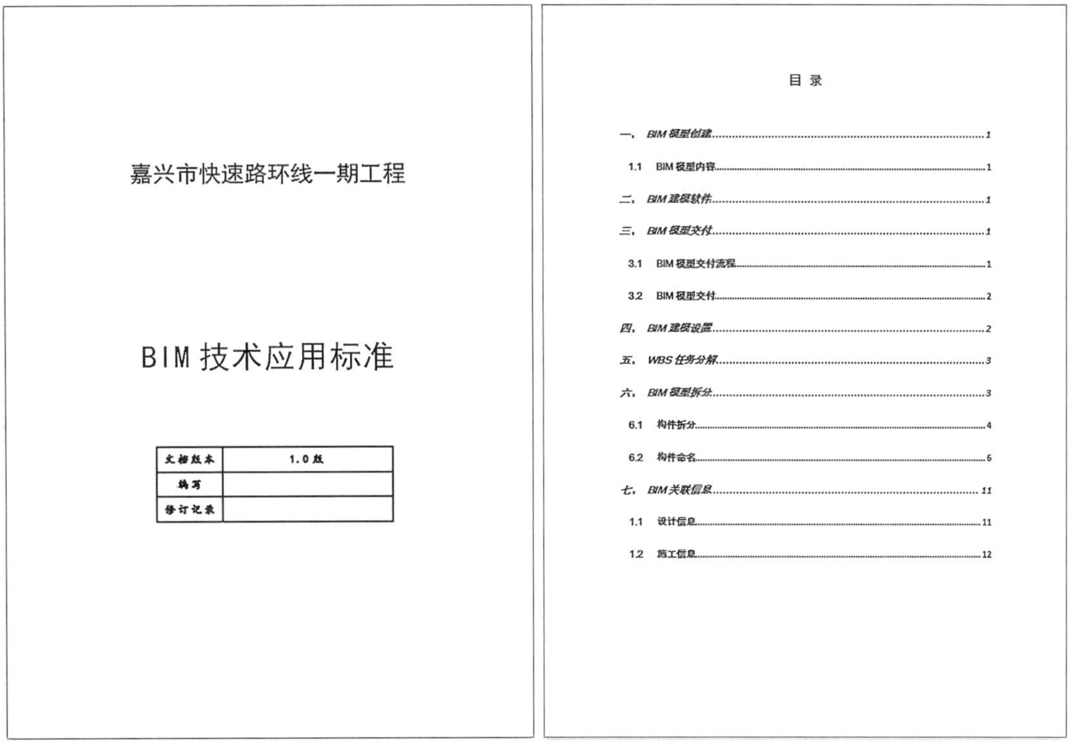
嘉兴市快速路环线一期工程

BIM 技术应用标准

文档版本	1.0 版
编写	
修订记录	

目 录

一、BIM 模型创建……1
1.1 BIM 模型内容……1
二、BIM 建模软件……1
三、BIM 模型交付……1
3.1 BIM 模型交付流程……1
3.2 BIM 模型交付……2
四、BIM 建模设置……2
五、WBS 任务分解……3
六、BIM 模型拆分……3
6.1 构件拆分……4
6.2 构件命名……6
七、BIM 关联信息……11
1.1 设计信息……11
1.2 施工信息……12

图 10-23　BIM 技术应用标准

5. 软硬件环境

本工程采用达索 3DE 平台，通过 ENOVIA 模块进行项目 WBS 分解、项目进度查询、任务管理与设计过程的交互以及任务成果的管理。在 ENOVIA 协同设计平台上，设计负责人进行工作分配和时间节点控制，实时检查督促。模型集成在一个平台进行统一管理，可以检查整合在一起的模型，并在线发起问题修改流程，模型的变更文件同时上传，节省了大量沟通协调时间，也方便后期对变更文件的查询。此外，协同设计平台基于 Web 开发，可以实现上海本部和浙江公司的设计人员的异地协同设计，减少了碰头会议，为 5 个月的设计周期提供了强有力的保障。设计人员采用基于 CATIA 模块自主研发的正向设计软件 RDBIM，进行环线工程的专业设计；集成多个 BIM 应用软件，对模型进行各项应用从而优化设计（图 10-24）。

硬件方面服务器：戴尔 PowerEdge R730 机架式服务器，E5-2640V3/64G 内存/4 * 2T 3.5/RAID 0.1.5.10/其他标配；高端图形工作站配置为 CPU i7 6 核、3.0GHz、NVIDIA@Quadro 专业显卡，显存 4GB，256G 固态硬盘+2T 机械硬盘，27 英寸显示屏。

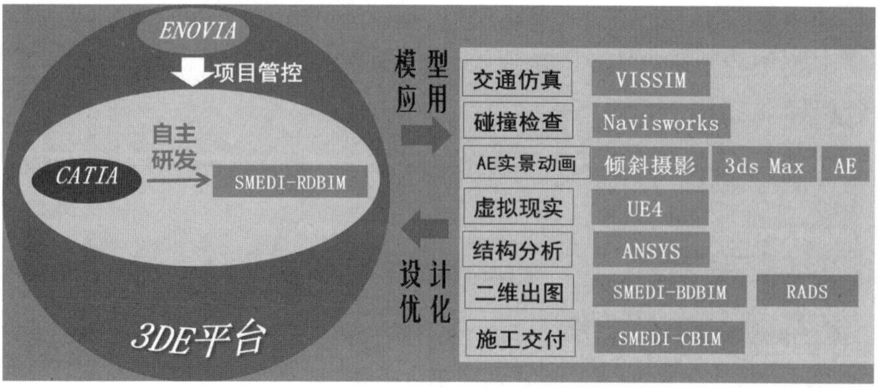

图 10-24 软件平台

10.2.3 BIM 应用

1. BIM 建模

本工程 BIM 模型主要包括地形、道路、桥梁、地道、管线、标志标线、附属等。在方案阶段完成了环线总体设计，全长 28.67 km，模型精度为 LOD100～LOD200，属于轻量化模型，表达设计者的设计意图和部分细节，能做到快速修改与变更，帮助迅速完成工程方案决策。环线一期工程深化设计，长约 15.2 km，模型精度为 LOD300，构件参数、拆分、尺寸、细节等更加精细。

2. BIM 应用情况

1）方案设计阶段

本工程方案设计阶段，首先使用高性价比、高效率的倾斜摄影技术，1 周左右时间完成环线约 10 km^2 的地形数据采集工作，得到设计的基础数据。接着，道路设计人员使用上海市政总院自主开发的三维正向设计软件 RDBIM 中的地形模块，将点云数据处理后导入 CATIA 中生成三维网格模型。随后，进行三维中心线设计，通过软件实时交互功能，并基于多个专业道路规范，相继完成路段、交叉口、挡土墙、边坡等道路实体设计。桥梁设计人员根据上海市政总院积累的丰富的桥梁构件库，进行桥梁结构的快速布墩布跨，批量化修改结构类型、创建防撞墙及铺装，实现桥梁专业三维可视化设计。地道设计人员进行地道专业的参数化快速化设计，尤其是地道变宽段，可根据设计边线自动拟合，建模效率提高了近 5 倍。管线设计人员可以根据地勘资料完成现状管线的一键建模，还可以根据设计数据进行设计管线包含井点在内的分段交互设计。标线设计是依托道路设计数据生成，复杂的导向线和填充线都能快速完成。此外，为保证模型的完整性，可在专门的附属结构构件库中快速调用标牌、绿化带、涵洞、护栏、路灯和景观树等。

交通仿真：在完成方案设计之后，为了保证设计方案的合理性，通过自主开发的 VISSIM 交通仿真一体化平台，快速提取 BIM 模型信息叠加交通流量，可以自动生成车辆路径，选择仿真结果输出形式，完成设计方案的多维度交通评价（图 10-25）。

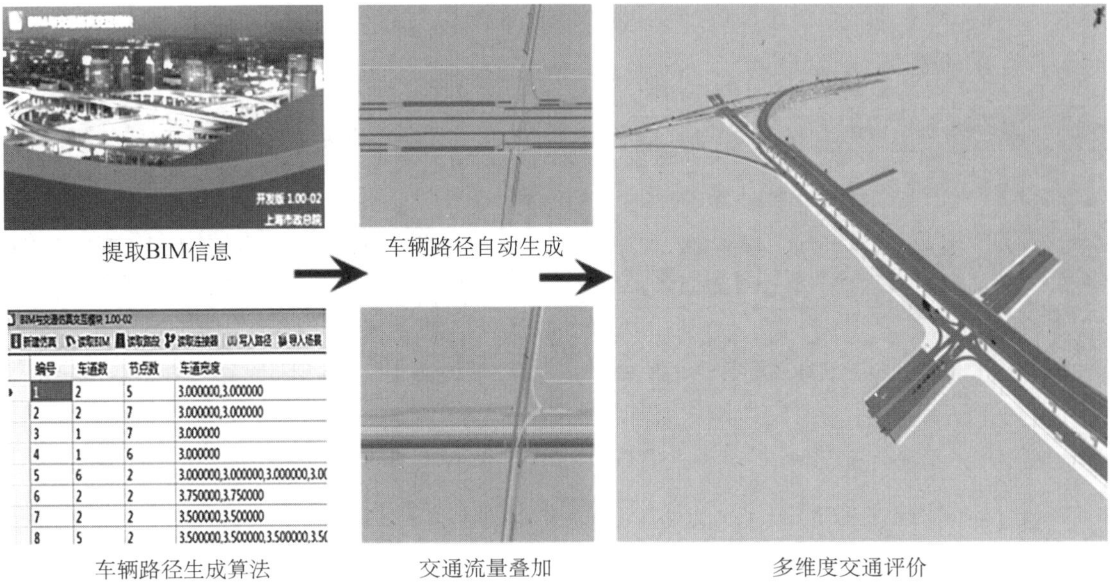

图 10-25　VISSIM 交通仿真

碰撞检查：采用自主开发的道路限界检查工具，一键检查道路、桥梁、地道空间是否满足通行要求，尤其是立交等复杂空间区域。此外，设计人员还利用 CATIA 的干扰模拟，实时检查各专业在设计时的冲突问题，及时修改。最终将模型导入 Navisworks 中，进行各专业间的硬碰撞、软碰撞和间隙碰撞检查，形成碰撞检查报告，多重检查以保证设计质量(图 10-26)。

图 10-26　空间限界一键检查工具

AE 实景动画：本工程体量大，常规将倾斜摄影场景模型与设计模型叠加展示的方法费时费力，创新地采用 AE 视频处理技术，提取倾斜摄影的飞行路径，将 BIM 模型导入 3ds Max 中参照飞行路径处理，然后通过 AE 视频处理技术，得到设计方案在实景中展示的视频，创新性地实现了 BIM 模型和实景场地视频融合，它具有展示性优、速度快、对硬件要求不高的优点(图 10-27)。

实景视频　　AE处理　　实景与虚拟工程叠加的视频

图 10-27　AE 实景动画

虚拟现实：基于 BIM 模型，借助于虚拟现实技术，可以直观展示设计方案，清晰表达设计理念，在交互式的模拟环境沉浸体验，为工程设计提供了全新的思路(图 10-28)。通过该技术向业主展示的“红船梁、禾字柱”景观设计理念，得到业主的好评。

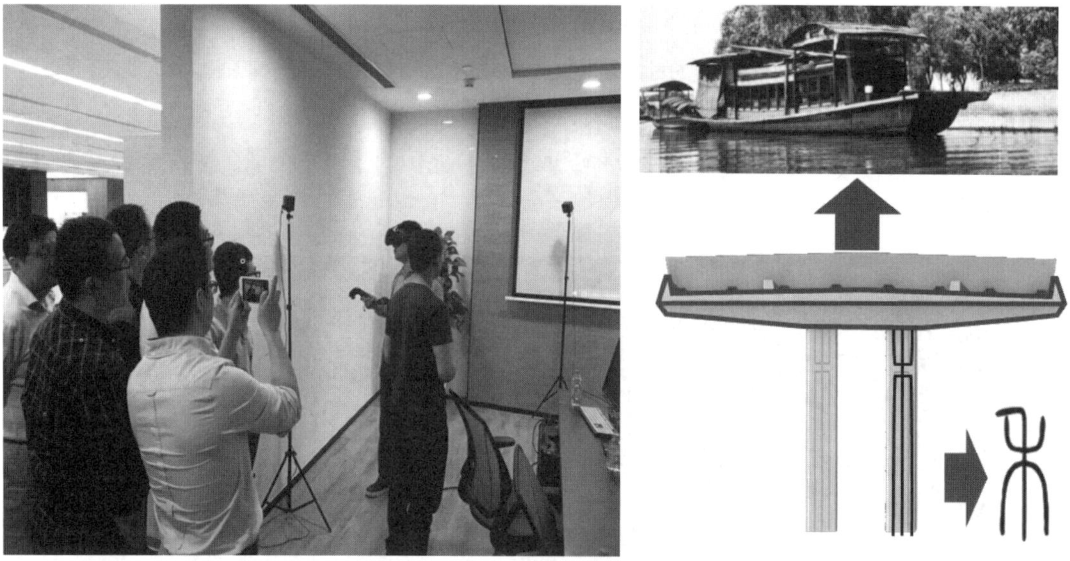

图 10-28　方案虚拟现实展示

2) 详细设计阶段

在详细设计阶段，主要有以下五个方面的深化设计：①根据 IFC 标准和设计经验，按照城市道路工程 BIM 标准体系框架，拓展了模型属性，并验证模型信息的跨平台传递；②优化墩柱隐藏排水管设计，通过在三维模型中精准定位，可以确定空间尺寸，帮助施工放样(图 10-29)；③钢结构设计深化到横隔板、人孔、加劲肋等细部；④利用 CATIA 钢筋建模功能，结合自定义的钢筋模板，快速生成钢筋模型；⑤路面模型深化到各个面层及平石等细部(图 10-30)。

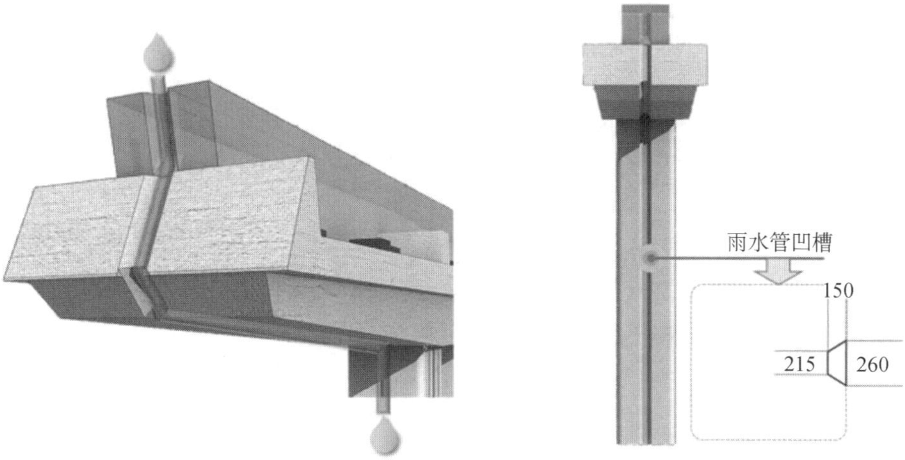

图 10-29 墩柱隐藏排水管设计

图 10-30 深化道路面层设计

结构分析：为保证结构安全，将 BIM 模型导入 ANSYS 等计算软件中，通过建立的 BIM 模型转化为了有限元分析模型，可以实现 BIM 模型与计算模型的联动，快速找到最优结构设计，提高计算效率 50%以上。

二维出图：基于 AutoCAD 自主开发出的道路专业出图软件 RADS 和桥梁专业出图软件 BDBIM，可以读取 RDBIM 中的三维设计数据，完成专业出图。

工程量统计：工程量统计根据招标代理提供的开项列表，制定了本工程的模型拆分细度，采用 CATIA 报表功能提取工程量。

预制拼装验证：通过 BIM 技术对预制拼装桥墩内的关键节点进行优化，保证构件的钢筋笼在分段预制后能顺利整体吊装拼接，验证了预制拼装的可行性，有利于加快施工速度、减少现场污染(图 10-31)。

目前，设计阶段模型已经根据标准完成了交付，后续将模型导入自主开发的 SMEDI-CBIM 施工管理平台中进行施工阶段的 BIM 应用。

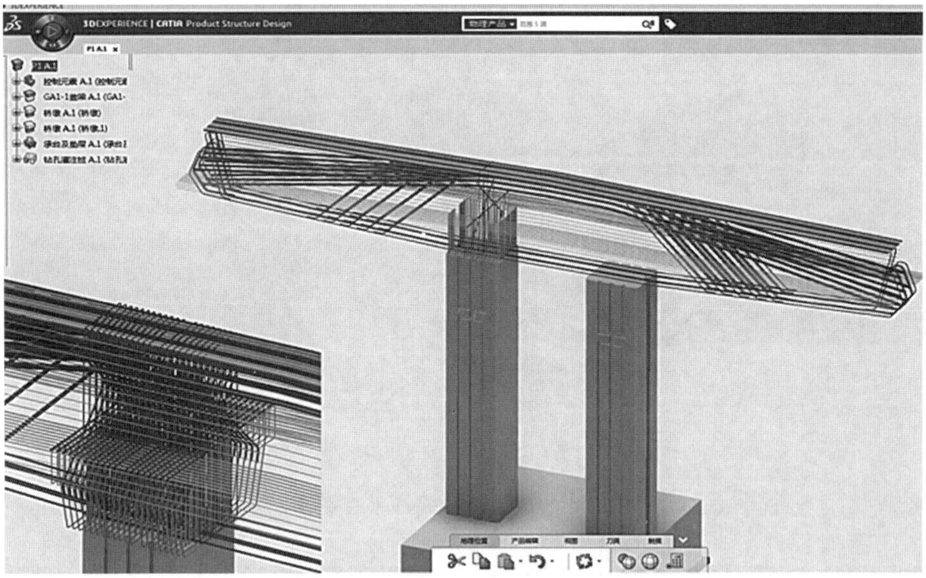

图 10-31　预制拼装模型验证

10.2.4　应用效果

在嘉兴市快速路环线一期工程中，组建了以设计师为主的 BIM 技术应用团队，基于达索 3DE 平台完成多专业协同设计与异地协同设计；基于多款自主开发软件完成大体量、短设计周期的工程三维正向设计；打破了“二维设计＋三维翻模”BIM 应用形式，设计效率和质量大幅提高；交通仿真、AE 实景动画、二维出图以及预制拼装这些特色技术成功应用，为类似工程的 BIM 技术拓展应用打下良好的基础。

10.2.5　BIM 应用总结

本工程从正向设计角度出发，通过自主开发的 BIM 软件，完成三维正向设计，并通过 VISSIM 数据接口开发，实现设计方案的多维度交通评价。开发专业二维出图软件，通过设计数据的导入完成出图。AE 实景动画、预制拼装等技术与 BIM 的有机结合，使 BIM 内容更丰富，适用面更广。

嘉兴市快速路环线一期工程 BIM 应用取得了一定的成果，在后续过程中还将对以下两点进一步深化研究。

(1) 随着倾斜摄影技术的推广应用，场地模型的点云模型文件一般体量巨大。如何在实践中，通过工程化方法克服上述困难，仍需等待技术的进步和深入的探索。

(2) 在自主开发的三维正向设计软件使用过程中发现部分功能较为繁琐，须继续优化。

10.3 嘉兴市三元路新建工程总承包项目 BIM 综合应用

10.3.1　工程概况

嘉兴市三元路新建工程地处城区北部骨干路网，西起建国北路，东至东方路，沿线布置 3 座桥梁，主线道路全长 1.24 km，闸前街支路 464 m(图 10-32)。三元路工程是嘉兴市 2017 年重点项目之一，总投资约 2.58 亿元，总工期 700 天，要求创"钱江杯"。

该工程工期紧要求高，采用设计施工总承包模式，业主对 BIM 技术应用非常重视，明确提出采用 BIM 技术应用，并在招标文件中列出了具体要求。

图 10-32　工程总览

10.3.2　BIM 应用策划

针对标书要求和工程特点，本项目在实施初期就策划了完整的 BIM 应用解决方案，明确了应用内容、流程、标准、组织、计划及具体应用措施等，并按照策划内容组织实施了后续 BIM 技术应用工作，顺利实现了设计与施工全过程的 BIM 应用(表 10-1)。

表 10-1　BIM 工程概况

内容	描述
软件平台	达索(Dassult Systèmes)、欧特克(Autodesk)、奔特力(Bentley)、蓝色星球
使用软件	CATIA V6、InfraWorks、Navisworks、AutoCAD、3ds Max、ContexCapture、UE4、VISSIM、ANSYS、RDBIM、BDBIM、RADS
应用阶段	设计阶段、施工阶段
BIM 应用亮点	基于通用平台自主研发专业化 BIM 软件，针对项目需求深入定制开发 BIM 协同管理平台

1. BIM 应用目标

在设计阶段和施工阶段全面实施 BIM 技术应用，通过利用 BIM＋GIS 等先进信息化技术构建项目协同平台，实施基于 BIM 技术的项目协同管理，完成设计阶段和施工阶段的各项 BIM 技术应用，能够及时反映总体进展，促进各方沟通，提高总体管理水平，有利于达成“多快好省”。

2. BIM 应用范围

(1) 总体策划组织：策划、组织工程各方参与项目建设阶段的全过程 BIM 应用实施，提供 BIM 相关技术、软件、硬件设备、培训指导、系统维护以及技术支持。

(2) 搭建协同平台：针对本项目需求开发和部署基于 BIM 的项目管理协同平台（简称 BIM 协同平台），对 BIM 模型和工程信息进行整合，为各个阶段的 BIM 技术应用提供平台支持。

(3) 创建专业模型：编写适用于本项目 BIM 技术应用标准，按照标准创建本项目各专业的 BIM 模型，包括工程主体结构、附属设施以及周边环境等三维模型以及关联信息。

(4) 实施 BIM 应用：根据工程进展情况和不同阶段要求，利用 BIM 模型开展设计阶段和施工阶段的各项具体 BIM 应用内容，包括工程项目可视化展示、虚拟现实漫游、设计优化及复核、总体施工组织模拟，以及基于 BIM 协同平台的项目信息管理、进度管理、工程量管理、质量管理、安全管理和文明施工管理等。

3. BIM 技术路线

本项目 BIM 技术路线（图 10-33）：基于达索 CATIA 平台自主研发 RDBIM 系统，基于欧特克平台自主研发道路、桥梁设计软件（RADS 和 BDBIM），并使用自研软件完成项目设计和三维建模，再综合运用其他软件，实现各软件之间的信息共享和模型协同。

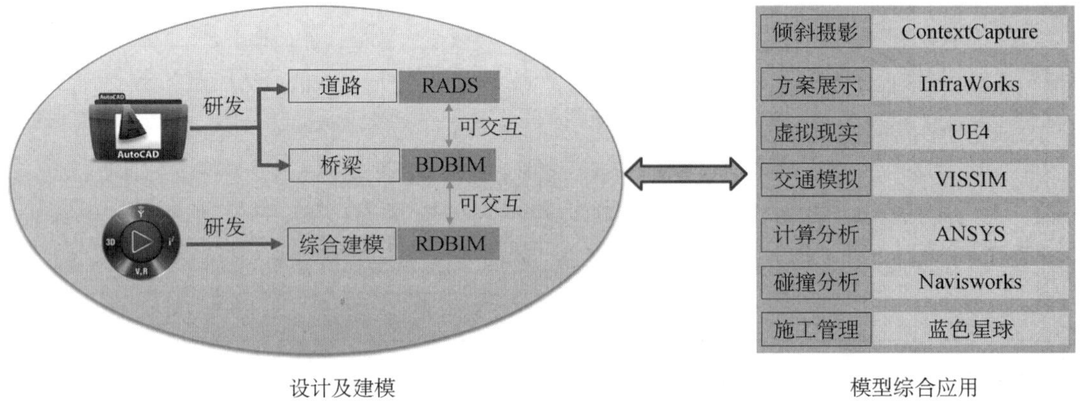

图 10-33　BIM 技术路线

4. BIM 应用流程

本项目 BIM 技术应用的总体流程是以基于 BIM＋GIS 的项目协同管理平台为核心，把各种 BIM 软件创建的 BIM 模型和信息，按照时间关系导入 5D 数据库（3D 模型＋

1D 时间＋1D 内容）进行统一管理，还支持多种方式对静态或动态数据进行录入、修改和整合。其中关联的纽带是 WBS 任务分解，即以工作包为基本单位、以 BIM 构件为基础载体，通过实施工程项目进度、质量、安全、文明施工以及资料管理等方面全关联协同管理，最终可以实现基于 BIM 的项目精细化管理，达到"保证质量，降低成本，提升效益"的管理目标（图 10-34）。

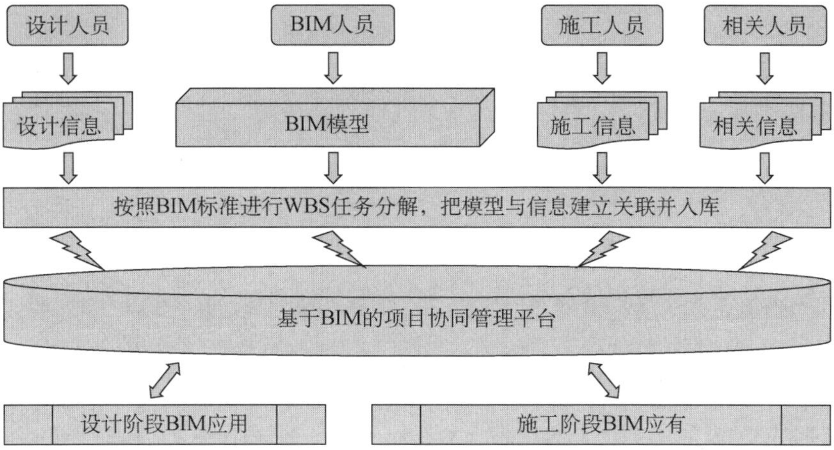

图 10-34　BIM 应用流程

5. BIM 应用标准

为了统一本项目 BIM 技术应用的基本要求，协调参与各方对模型和信息的创建、关联和整合工作，参照国家及行业的相关 BIM 标准，编制了适用于本工程的项目级 BIM 标准——《嘉兴市三元路新建工程总承包项目 BIM 技术应用标准》。该标准主要包括以下六个方面。

（1）BIM 建模软件：根据不同专业特点和应用需求，可组合使用主流 BIM 软件，明确各专业采用的建模软件及版本。

（2）BIM 模型交付：分别确定本项目对 BIM 模型的交付流程和格式要求。

（3）BIM 建模设置：统一设置模型原点、单位、坐标系等。

（4）WBS 任务分解：WBS 任务分解细度应满足 BIM 应用和项目管理需要，基本任务尽量与进度、工程量以及质量等管理单元一致，也便于与 BIM 构件关联。

（5）BIM 模型拆分：按照构件拆分层次形成专业层次结构树，依次逐级展开节点的顺序举例如：项目→专业→桥梁→分部→分项→构件编号。

（6）BIM 关联信息：明确 BIM 模型构件需要录入和关联的相关信息，包括用于描述 BIM 构件的设计及施工信息。

6. BIM 应用组织

为了推进 BIM 技术在本项目中的广泛深入应用，建立了包括工程建设相关单位的 BIM 实施组织体系，明确各方的角色、责任与参与人员。

（1）BIM 实施单位：由业主单位主导，项目经理部和设计单位、施工单位负责具体实施，其他参建各方如造价咨询、施工监理等单位共同参与。本项目 BIM 实施单位组织结构如图 10-35 所示。

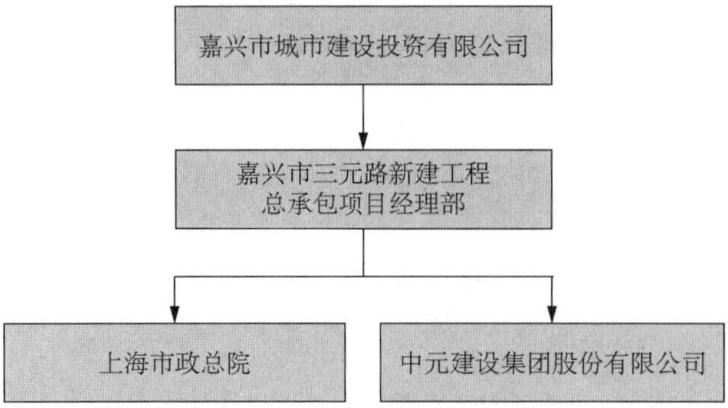

图 10-35 BIM 实施单位

项目经理部负责本项目 BIM 技术应用总体咨询服务以及 BIM 协同平台实施工作。设计单位负责 BIM 模型创建、设计相关信息录入和模型关联，以及设计阶段 BIM 应用实施工作。施工单位负责施工全过程相关信息录入和模型关联，以及施工阶段 BIM 应用实施工作。

（2）BIM 团队人员：BIM 实施单位优先选调工程经验丰富、软件应用能力强的技术人员负责和参与 BIM 技术应用工作。本项目 BIM 实施团队人员组织结构如图 10-36 所示。

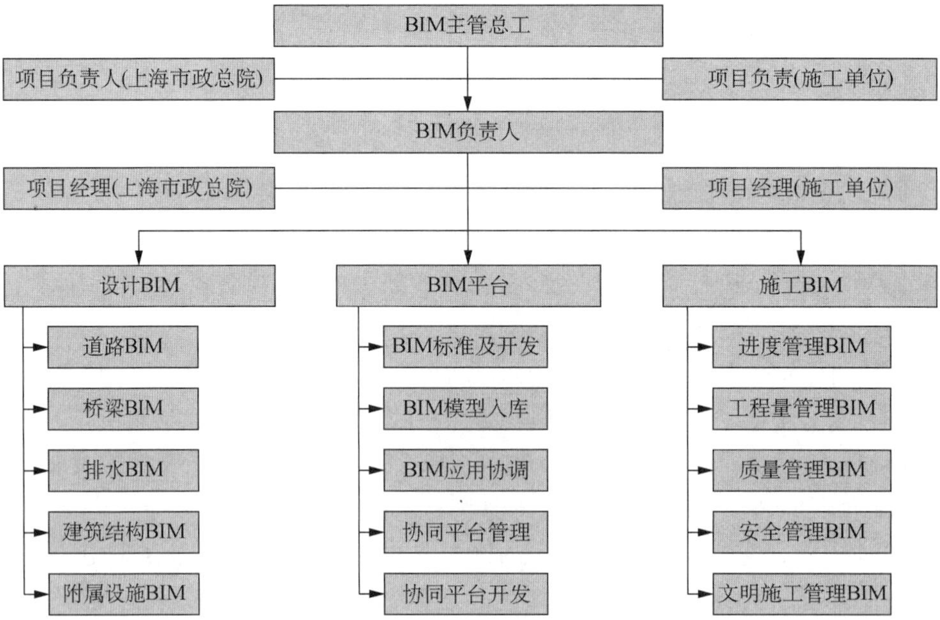

图 10-36 BIM 团队

7. BIM 应用内容

本项目的 BIM 应用内容见表 10-2。

表 10-2 BIM应用内容

序	阶段	BIM应用内容
1	组织策划	组建 BIM 团队、需求调研和培训 编制 BIM 标准及实施大纲
2	搭建平台	软件硬件采购、部署 BIM 协同平台 上线试运行和定制开发 正式运行和数据录入
3	BIM 建模	分专业创建 BIM 模型 多专业合模检查、模型导入平台
4	设计阶段	项目可视化展示 虚拟现实漫游 设计优化及复核
5	施工阶段	总体施工组织模拟 项目信息管理 进度管理、工程量管理 质量管理、安全管理、文明施工管理
6	其他	BIM 技术支持服务、总结验收

10.3.3 BIM协同平台搭建

本项目 BIM 技术应用实施的关键是针对项目需求开发和部署基于 BIM 的项目管理协同平台，对 BIM 模型和信息进行整合，为设计阶段和施工阶段的 BIM 技术应用提供平台支持(图 10-37)。

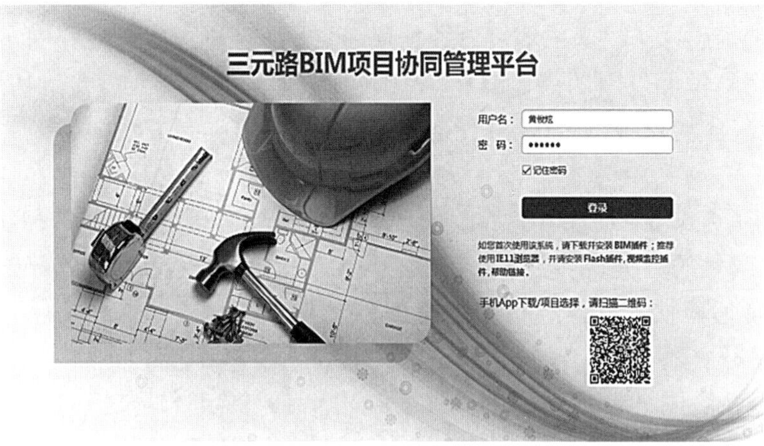

图 10-37 平台入口

1. 平台总体架构

该平台的总体架构(图 10-38)：采用四层架构，由数据接口层、数据库层、平台核心层和综合应用层组成。

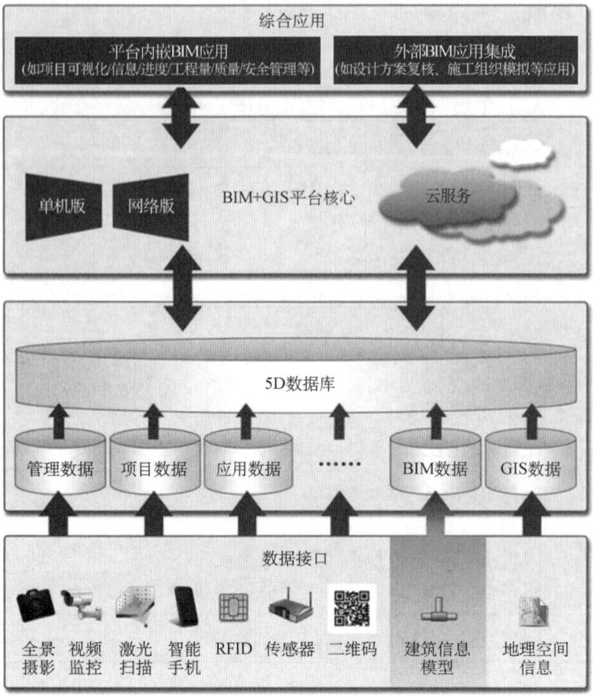

图 10-38 平台总体框架

(1) 数据接口层:主要包括人工录入和数据采集系统集成。包含了地理空间信息、BIM 模型与属性信息、各类传感器、二维码信息的采集获取等。其中,外部系统数据接口支持动态监测系统通过网络接入。

(2) 数据库层:采用 5D(3D 模型+1D 时间+1D 内容)数据库设计,按照时间和空间组合的方式,实现全部业务数据、BIM 数据和 GIS 数据的统一管理。其中,业务数据包含管理数据、项目数据和应用数据。GIS 数据包含构建整个三维场景的各类基础数据,如遥感影像、矢量地图、数字高程模型等数据。BIM 数据包括 BIM 模型及其关联的信息等数据。

(3) 平台核心层:包含对整个系统的三维地理空间及综合业务信息支撑部分。包含空间数据构建引擎、空间数据服务引擎和空间数据承载应用等。平台层通过各类地理空间数据的融合处理以及业务员数据的组织调用,为各类三维空间的应用提供支持。同时,依托强大的二次开发接口,可以支持对已有信息化建设投资的保护和继承;支持异构系统的接入、功能子模块的增加以及其他特殊应用的扩展。

(4) 综合应用层:在数据采集、5D 数据库、系统平台与二次开发接口的支持下,根据项目的需要,完成各种应用功能。其中,一部分为内嵌在平台上直接运行的 BIM 应用;另一部分则是集成使用外部 BIM 软件完成的 BIM 应用成果或数据。

2. 平台部署上线

BIM 协同平台基于开放的网络工作环境(图 10-39),可以精确有效地采集和展示工程项目过程中产生的数据、信息及工作流程等内容。系统支持服务器部署在项目现场,通过 VPN 实现远程技术支持和移动端信息上报。

1) 总体部署方案

本项目 BIM 协同平台部署了 1 个服务器端和 10 个客服端节点,这些软硬件设备都属于业主资产,专门用于本项目的 BIM 技术应用以及相关工程任务。

服务器端支持外网连接和申请外网固定 IP 地址,以便于客户端可以通过互联网进行访问。由专业工程师在服务器上安装部署程序文件,并提供部署的网站访问地址提供客户 Web 端访问地址。协同平台服务器先部署在上海市政总院,等调试和试运行稳定后再部署到现场。

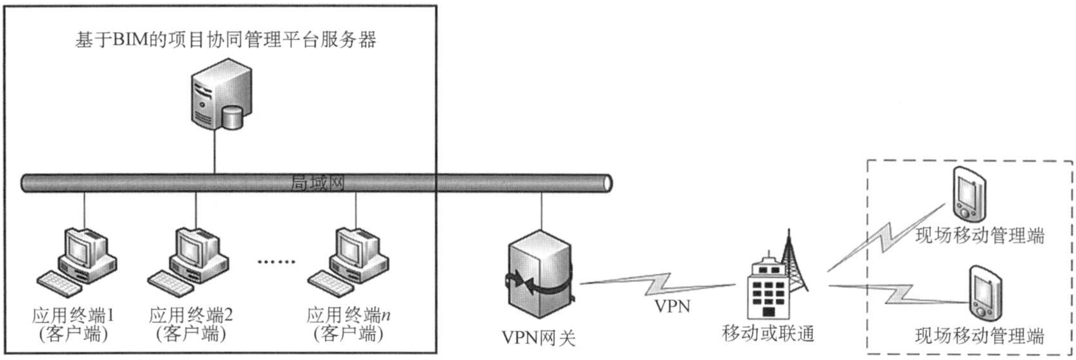

图10-39 平台部署

客户端部署10个节点，具体分配为业主单位3个，设计单位3个，施工单位2个，监理单位1个，造价咨询单位1个。考虑工程现场情况，客户端既可以通过本地局域网，也可以通过互联网连接访问平台。

2) 软件配置方案

服务器端操作系统为Windows Server 2008，数据库系统为SQL Server 2008。客户端操作系统为Windows 7 64位操作系统，Web浏览器为IE11。

3) 硬件配置方案

服务器共1台，戴尔PowerEdge R730机架式服务器。高端图形工作站共5台，配置为CPU i7、NVIDIA专业显卡，256G固态硬盘+2T机械硬盘。一般图形工作站5台，配置为CPU i7、NVIDIA专业显卡，128G固态硬盘+1T机械硬盘。

4) 移动端使用支持

支持iPhone手机、安卓手机以及移动端浏览器。

5) 网络环境要求

Web服务器、数据库服务器都需要放在硬件防火墙内，依靠企业的硬件防火墙可以提供网络内服务器之间第一级安全保证。

6) 平台管理及维护

本项目BIM协同平台的系统管理及运行维护将由系统管理员专人负责。数据库采用每天自动备份，让数据持久更有保障。另外，自动备份的文件定期由系统管理员拷贝到其他机器上保存一份副本，以防发生特殊情况时可以进行系统和数据恢复。

3. 平台定制开发

根据本项目BIM技术应用需求开展定制开发内容，完成后把相关功能模块逐步整合到已部署产品中，从而更有针对性地支持本项目BIM技术应用任务的开展。

(1) 动态交互漫游：支持第一人称操作(前进后退左右移动，视角改变)，支持沿直线或指定轨迹线(由一系列三维点坐标构成)滑行浏览，支持环绕浏览。支持鼠标拖拽三维场景浏览。

(2) 工程量管理：支持在项目上手工输入工程量各种统计分类的总数量，WBS任务包上手工输入相关的工程量统计分类的完成数量，系统根据实际进度数据可自动在项目总览中分类汇总统计工程量的完成情况。

(3) 文明施工管理：考虑创“钱江杯”的高标准要求，增加文明施工功能模块，支持文明施工宣传资料上传与浏览、文明施工资料管理。

(4) 施工资料管理：提供模型的三维浏览功能，周边遥感影像浏览，上传碰撞检测报告，提供项目信息录入和相关工程技术资料。

(5) 监控视频整合：支持 PC 端接入工程现场已有的视频监控。

(6) 手机 APP：在移动端查看工程总体进展信息、录入一些现场数据和照片。BIM 协同平台通过定制开发支持安卓和 iOS，有信息总览，进度上报，现场安全、质量、文明施工管理。

(7) 补充改进优化：根据正式运行反馈意见，对平台功能进行补充改进和优化开发。

4. 平台技术支持

(1) 人员培训方案：对工程参与方的人员提供 BIM 技术应用培训，培训时间与项目进度配套安排。

(2) 技术支持方案：在设计、施工以及保修期内，为 BIM 协同平台、BIM 应用实施以及系统管理维护提供必要的现场和远程技术支持服务。

10.3.4 创建 BIM 模型

不同专业根据其专业特点和需要，可使用相应 BIM 软件进行模型创建，最终导入并合并到 BIM 协同平台中。

1. 各专业 BIM 模型

(1) 道路专业模型：采用 CATIA 软件创建，包含路线、横断面、路基结构、路面结构、交叉口、挡土墙等(图 10-40)。建模时，要考虑施工阶段分段、分板块及分层需求，还应

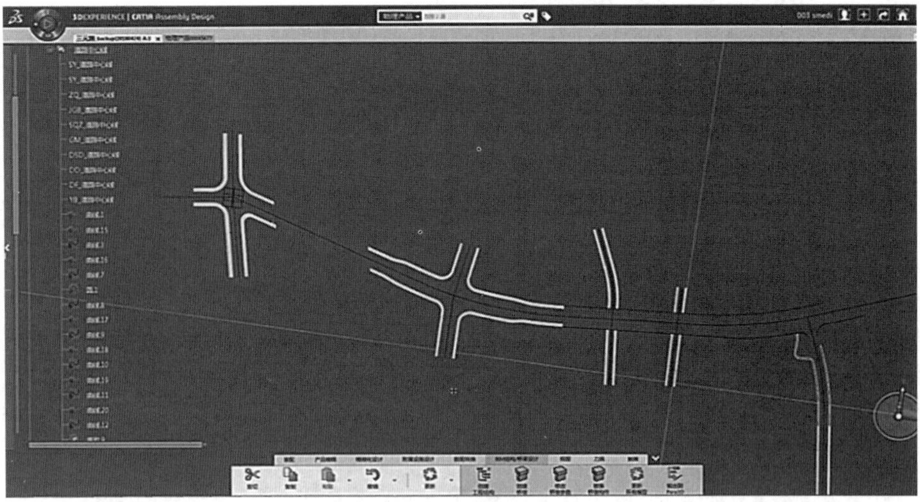

图 10-40 道路 BIM 模型

根据设计要求创建道路限界模型，以便进行车辆通行净空检查。

（2）桥梁专业模型：采用CATIA软件创建，包含下部结构（桩基、扩大基础、承台、桥台、立柱、盖梁、支座垫块及支座等）、上部结构（板梁、T梁、小箱梁、连续梁等）、附属结构（桥面铺装、人行道板、伸缩缝、桥台搭板、桥面排水、集水井、人行道栏杆等）（图10-41）。建模时，也应考虑施工阶段的分部及分项需求。

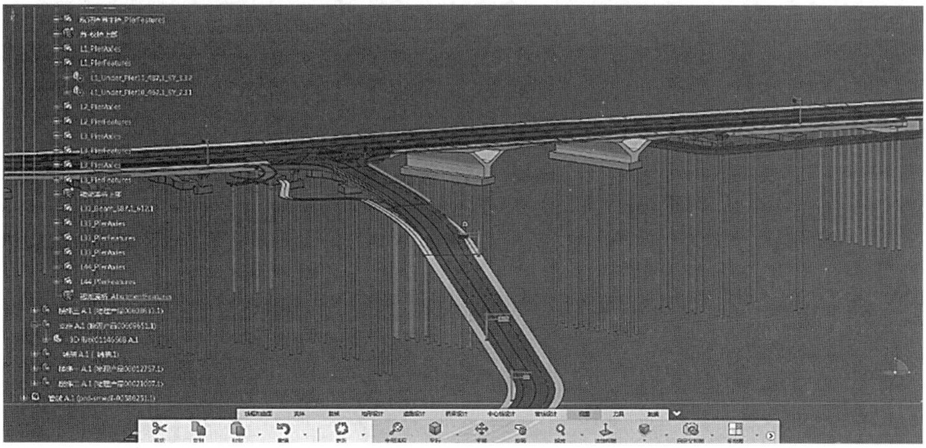

图10-41　桥梁BIM模型

（3）排水专业模型：采用CATIA软件创建，包括雨水系统（主管、支管、雨水井、雨水口等）、污水系统（主管、支管、污水井、排水口等）（图10-42）。

图10-42　排水BIM模型

（4）景观专业模型：采用3ds Max软件创建，包括乔灌、绿化、广场铺装、地雕、景墙、河岸等。

（5）建筑专业模型：采用Revit软件创建，包括东岸桥头堡、西岸桥头堡。

（6）电气专业：采用CATIA软件创建，包括照明灯杆、底座（图10-43）。

图 10-43　电气 BIM 模型

(7) 监控专业模型:采用 CATIA 软件创建,包括控制机箱、摄像机、信号灯杆等(图 10-44)。

图 10-44　监控 BIM 模型

(8) 交通专业模型:采用 CATIA 软件创建,包括车道标线、指路牌、车道牌、标志面板、标志杆、机非隔离护栏等(图 10-45)。

(9) 周边环境:结合项目地形地貌资料、实景图片和倾斜摄影进行沿线周边环境建模,范围为道路中心线两侧各 50 m(图 10-46)。

2. BIM 模型构件

BIM 模型是由构件组合而成,因此,维护与完善工程 BIM 构件库是建模的基础工作

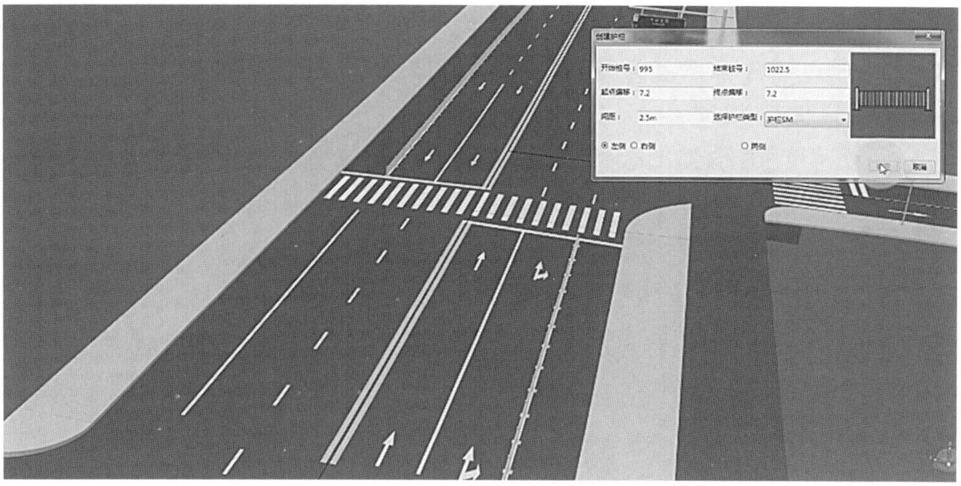

图 10-45 交通 BIM 模型

图 10-46 周边环境 BIM 模型

(图 10-47)。如桥梁结构工程建模顺序通常采用零件→构件→整体(桥梁单体)的实施路线,通过模型分层及构件调用,最终形成完整关联结构的桥梁信息模型。

图 10-47 BIM 构件库

BIM构件库包含桥梁结构构件(如结构平面、立面、桥台、桩、承台、墩柱等)的基本信息。BIM构件可以存成独立文件,便于管理和各方的重复使用。

3. BIM合模检查

(1) 应保证BIM模型交付准确性。模型的尺寸、位置准确无误,相关属性信息也应保证准确性。应在模型交付前对模型和属性信息进行检查,确保模型准确反映真实的工程状态。

(2) BIM模型搭载的属性信息应满足BIM技术应用的要求,信息的数据组织方式应与BIM信息管理平台中的数据库设计内容一致,包括数据内容和格式等。

(3) BIM模型搭载的属性信息中,几何尺寸和空间位置宜由BIM软件生成,充分发挥BIM模型的作用和价值。

(4) BIM模型建模坐标应与真实工程坐标一致。

(5) 在模型导入平台时,为了控制模型文件的大小以及删除多余的信息,可对模型文件进行适当清理和轻量化处理。模型清理包含两个方面:外部链接文件和内部多余的构件或模板。

10.3.5 设计阶段BIM应用

1. 项目可视化展示

(1) 项目总览展示:对项目全景、地理位置以及合同标段划分等总体信息进行可视化展示(图10-48)。项目总览侧重于展示工程项目的重要组成结构、空间交错关系以及工程概要信息,通常忽略不可见对象和次要细节等。

图10-48 项目总览展示

（2）局部浏览展示：可分阶段、分专业、分部位对局部工程结构模型、周边环境以及详细信息等进行浏览和展示，可看到独立构件及附加信息。局部浏览侧重于展示按照不同专业设计要求详细表达指定对象的形状结构、设计细节以及具体信息（图 10-49）。

图 10-49　局部浏览展示

（3）倾斜摄影与 BIM 融合：将倾斜摄影得到的地模数据与工程 BIM 模型融合，在 InfraWorks 软件中对设计方案进行深度展示，支持更好性能和更多自由度的漫游（图 10-50）。

图 10-50　倾斜摄影与 BIM 融合

2. 虚拟现实漫游

本项目将拟定的桥型推荐方案与真实的三维场景结合，可以检验桥型与周边景观的契合程度，最终推荐的方案整体简洁朴素、结构轻盈，与当地文化与自然景观融洽，达到了水、桥、城融为一体的设计效果（图 10-51）。

图 10-51 虚拟现实漫游

另外，借助 VR 眼镜，设计人员可通过虚拟代入式体验，进一步验证和优化各专业设计内容（图 10-52）。例如，对桥下广场区域通过以浮雕、绿化覆盖、夜景亮化等方式，弱化了与文物本体的正面冲击，与大运河整体风貌相协调；根据虚拟代入体验结果，优化了部分浮雕、灯光及绿化的细节设计。

图 10-52 VR 展示

3. 设计优化及复核

（1）设计文件复核：在 BIM 建模同时对设计图纸及相关文件进行复核。例如，构建桥梁结构的三维模型，构建钢筋、混凝土数据信息系统，使用三维 BIM 模型检验设计图纸的正确性，依据 BIM 模型完成综合协调、错误检查等工作，通过与设计方的协同，及时发现问题，避免设计变更造成的浪费。另外，还可以将 BIM 模型的二维视图导入二维设计环境中进行图纸的后续处理，减少在 BIM 环境中处理图纸的大量工作，提高设计效率。

（2）建筑限界复核：本项目属于跨线桥工程，因此有必要基于设计 BIM 模型，对道路沿线的建筑限界（包括立体交通空间的车行道竖向净高）进行复核，以确保车辆的通行净空，杜绝竖向净高不满足设计标准情况，避免重大工程损失（图 10-53）。

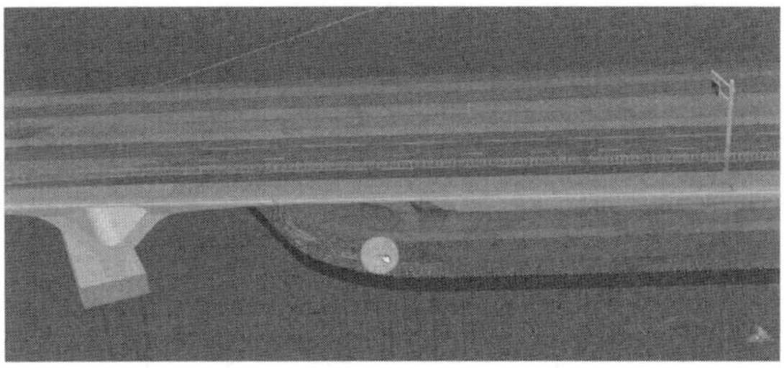

图 10-53　建筑限界复核

（3）碰撞检查：本项目利用 Navisworks 进行碰撞检测，在桥梁施工前实现了对现状管线的针对性排查，提高了管线迁改的效率（图 10-54）。

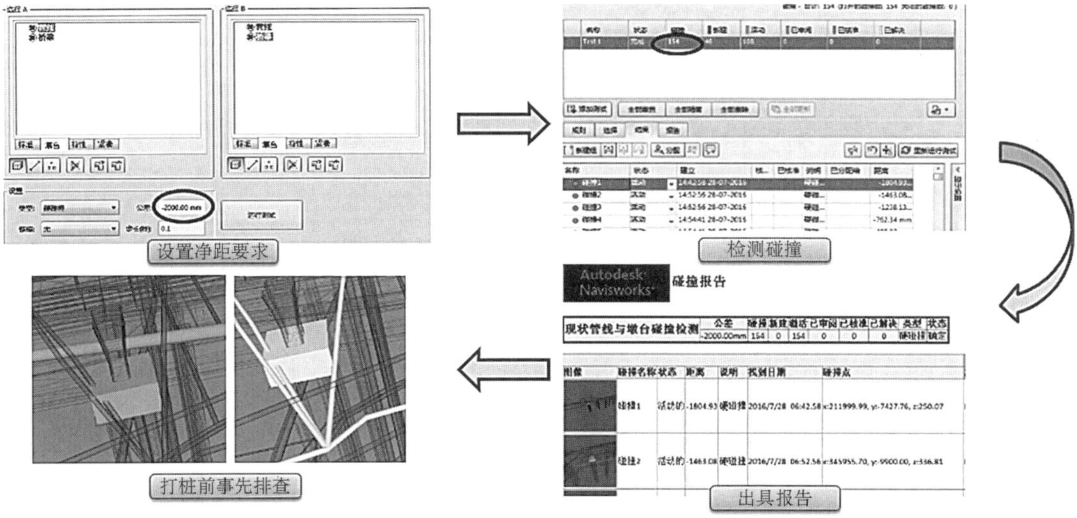

图 10-54　碰撞检查

（4）道路交通仿真及优化：通过交通仿真一体化设计软件，从 BIM 软件提取模型和信息，进行仿真模型生成、多维度交通评价以及方案优化设计（图 10-55）。

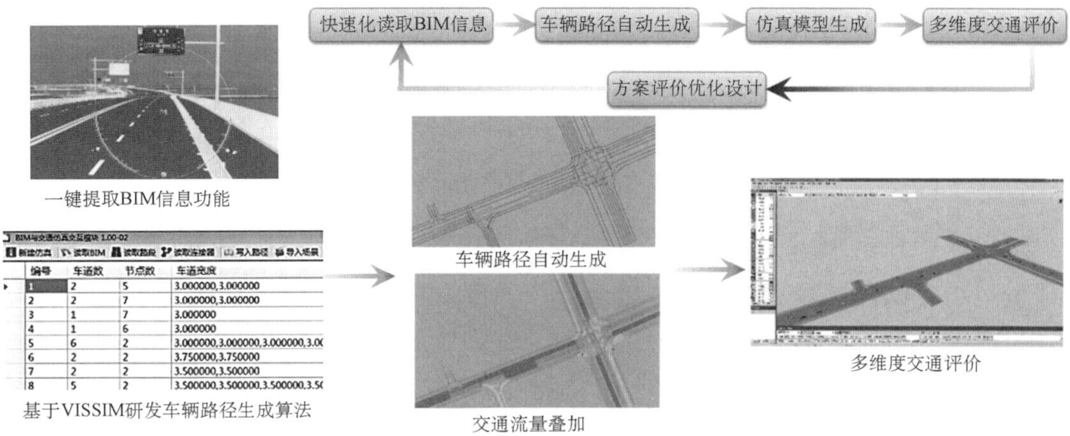

图 10-55　交通仿真流程

根据仿真实验反馈指标，路网中车辆运行状况良好（平均延误 32.10 s，平均速度 28.23 km/h），行人交通组织有序（图 10-56）。工程采用双向 4 车道规模，符合规划定位，与现状已建路段匹配，满足远期交通流量需求。

图 10-56 交通仿真结果

（5）桥梁结构分析及优化：将 BIM 模型导入 ANSYS 等有限元分析软件，进行有限元计算和设计优化（图 10-57）。不仅省了去大量建模工作，而且 BIM 模型精度更高，计算结果更准确。

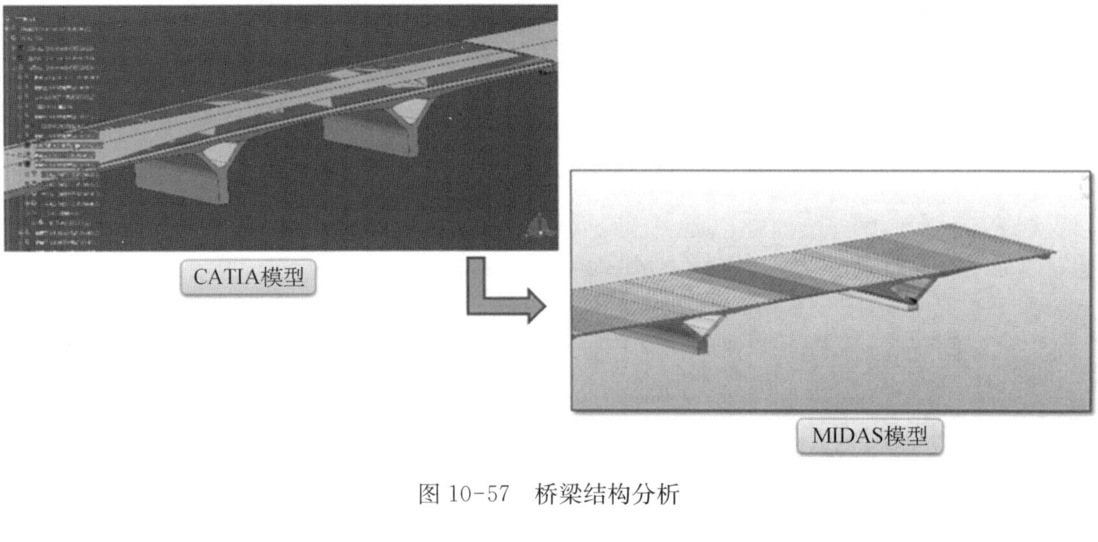

图 10-57 桥梁结构分析

（6）基于 BIM 辅助设计出图：通过组合使用 RDBIM、RADS、BDBIM、BridgeWise 以及管立得等软件，辅助部分道路、桥梁及管线自动化快速出图（图 10-58）。如本项目利用 BDBIM 系统完成桥梁工程施工图出图，桥梁总图和构造图出图率达到 80%以上。

（7）基于 BIM 模型工程量复核：利用高度精细化 BIM 模型，计算提取道路、桥梁等主体结构的工程量，对设计概算进行优化和复核（图 10-59）。

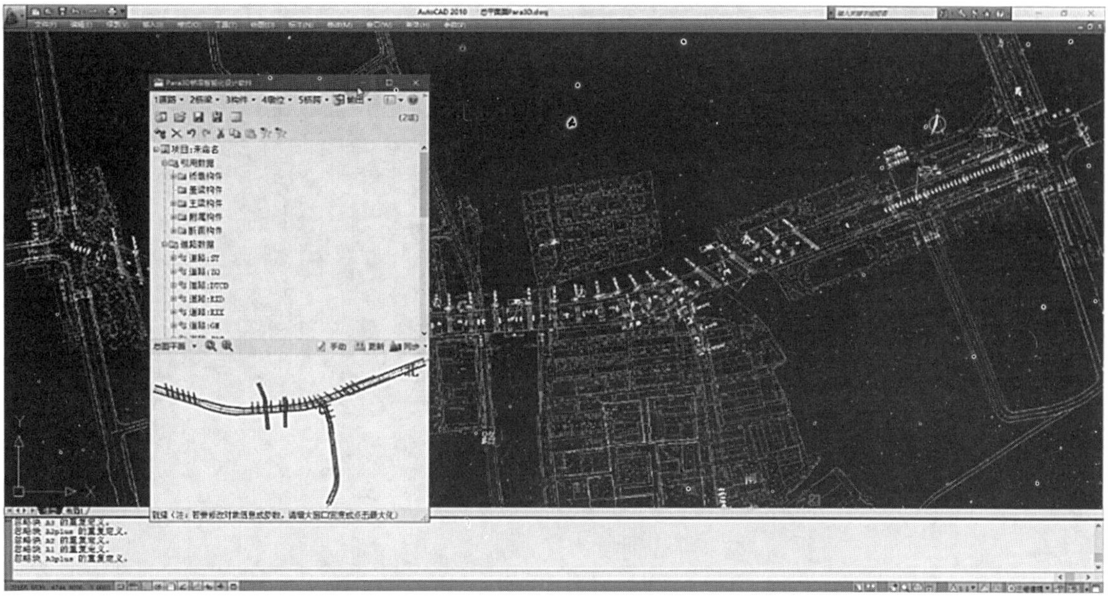

图 10-58　BIM 出图

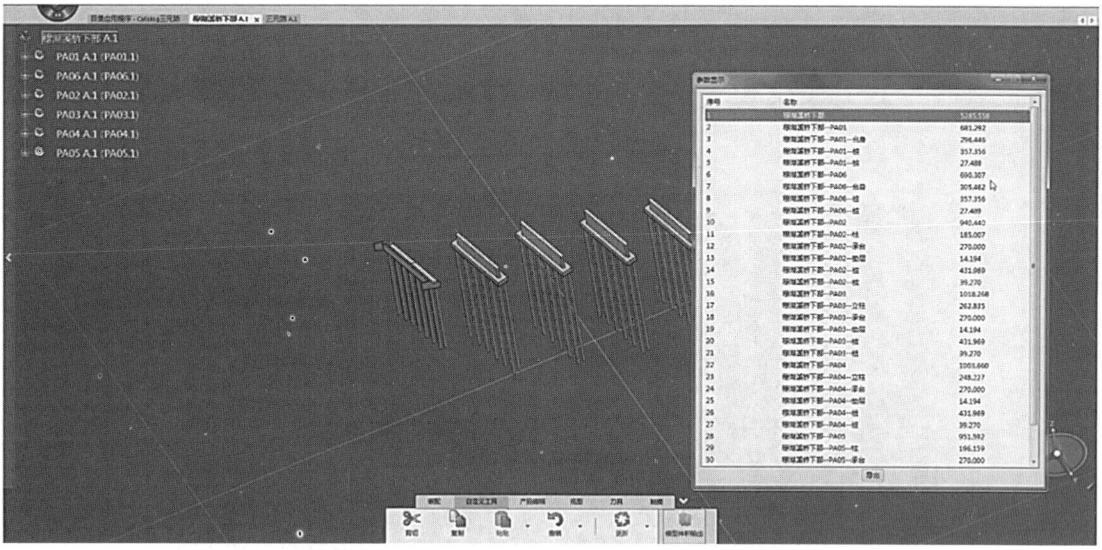

图 10-59　工程量复核

10.3.6　施工阶段 BIM 应用

1. 施工方案模拟

(1) 总体施工组织模拟：本项目 BIM 协同平台在 WBS 关联构件的基础上，将施工进度计划整合进 BIM 模型，形成 4D 施工模型，模拟项目整体施工工艺安排，检查主要施工步骤衔接的合理性(图 10-60)。

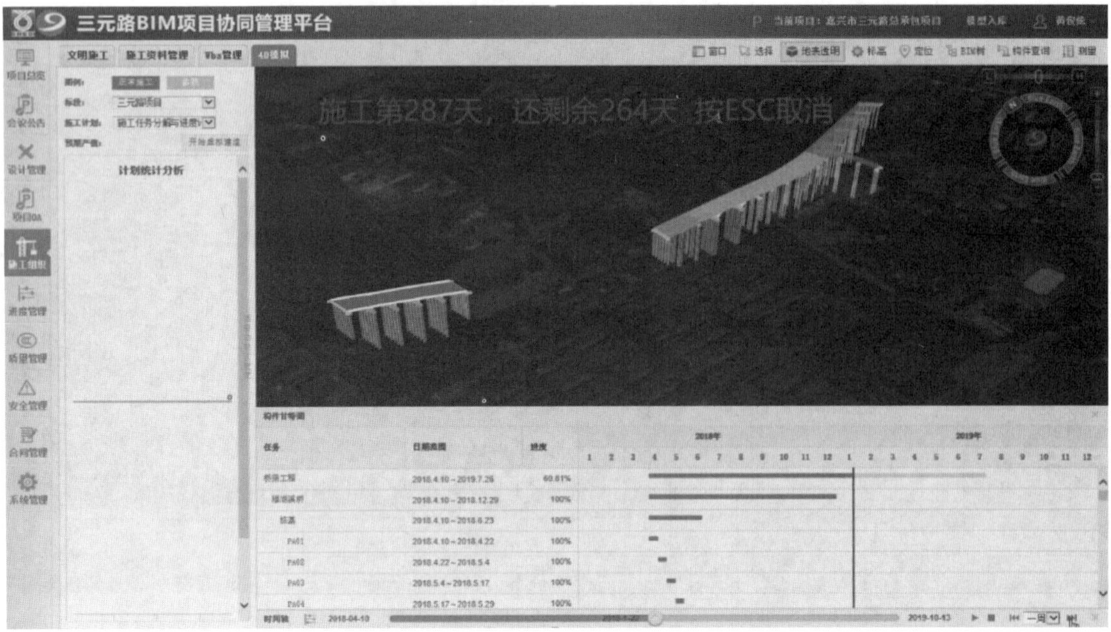

图 10-60 总体施工组织模拟

(2) 局部工艺模拟：应用 3ds Max 制作生长动画模拟桥梁施工工艺，包含栈桥搭设、桩基钻孔、围堰浇筑以及支架现浇主梁等，更加生动直观地展示关键节点施工全过程(图 10-61)。

图 10-61 局部工艺模拟

2. 项目信息管理

本项目 BIM 协同平台为工程参建各方如业主、设计单位、施工单位、监理单位定制开发专门模块，并根据不同用户角色进行权限管理(图 10-62)。平台支持各类信息的增加、删除、修改和查询等管理功能，而且进度、质量、安全等信息是与对应的 BIM 构件存在关联，因此，在录入和查询时，可以看到对应的可视化模型。

为确保平台中各类信息的准确、及时和有效，本项目专门建立“BIM 协同平台信息

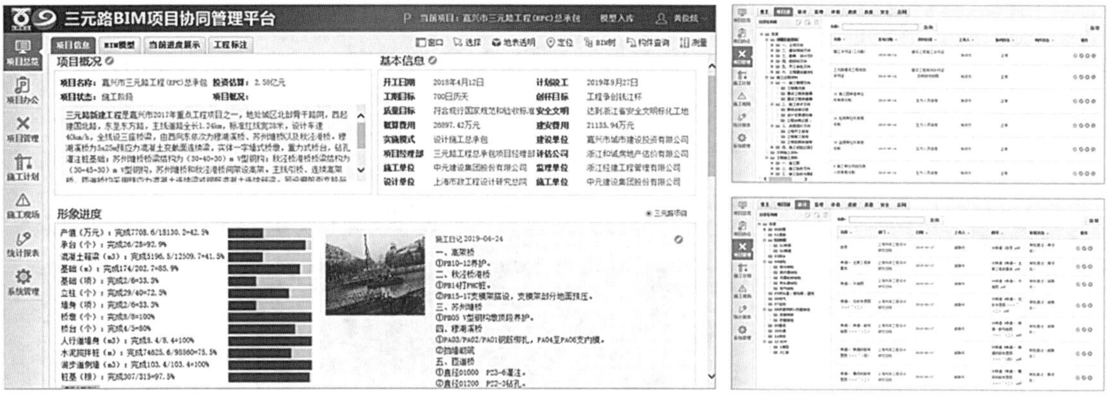

图 10-62　项目信息管理

更新管理制度”，要求各参建单位指定一名 BIM 专员，配合在平台中及时提交、审批相关资料，相关平台管理员负责每天监督相关单位的 BIM 平台使用和录入情况。

3. 进度管理

本项目 BIM 协同平台在 WBS 关联构件的基础上，将施工进度计划整合进 BIM 模型，形成 4D 施工模型，模拟项目整体施工进度安排，检查进度计划合理性。另外，还提供进度查询、跟踪、统计、报表、计划进度与实际进度的偏差分析、进度关键路径分析等功能。

(1) 进度查询功能：用于查看项目的施工计划进度情况，可以定位到任意的时间节点，左侧以横道图形式显示各项任务的计划开始和完成时间，右侧可以浏览相应模型的 4D 施工模拟，用户还可以添加工程里程碑节点（图 10-63）。

图 10-63　进度查询

(2) 偏差分析功能：通过现场输入各项任务的实际进度(包括实际开始和完成时间)，平台自动将其与相应的计划进度进行对比分析，在左侧以曲线图形式向用户展示预期与实际产值的对比，结合 4D 虚拟建造，可以看到实际产值偏差的动态变化，有助于用户及时采取纠偏措施(图 10-64)。

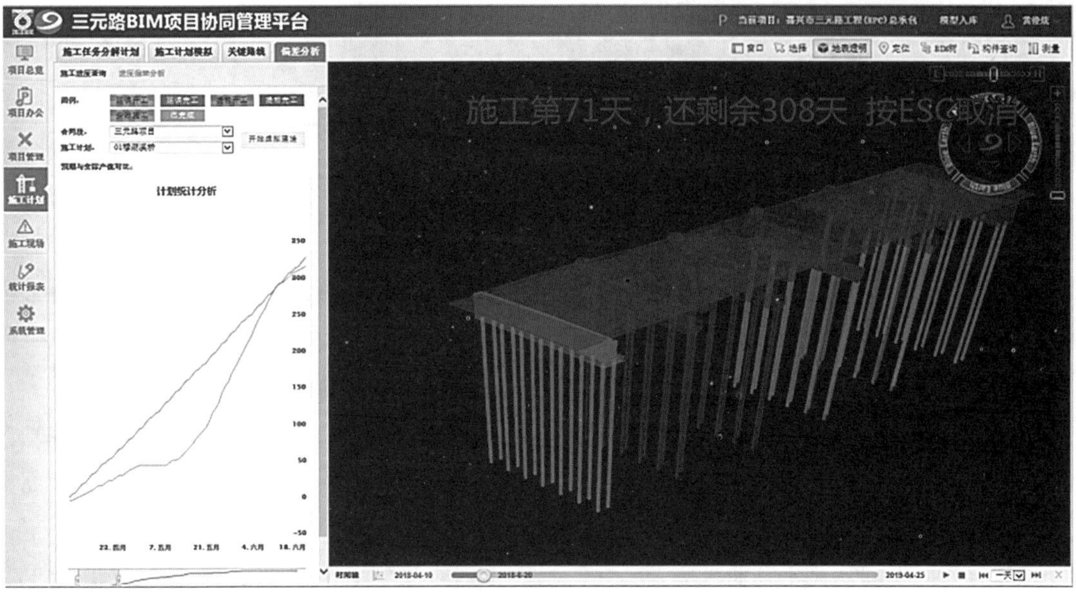

图 10-64　偏差分析

4. 工程量管理

本项目 BIM 协同平台支持对 WBS 任务包和模型进行关联并附加相关的工程量分类和数量，平台可以根据实际进度数据自动分类汇总统计相关工程量的完成情况，并按照需要查询指定时间的每周或每月工程量统计(图 10-65)。

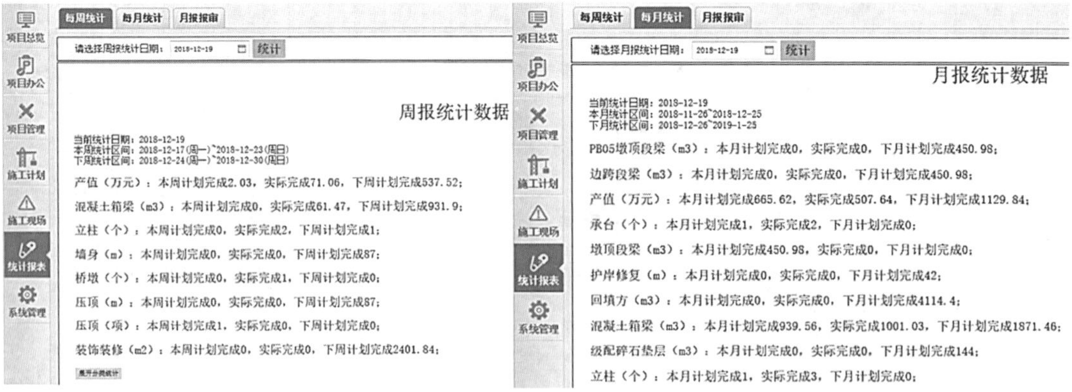

图 10-65　工程量统计

由于 WBS 任务以及三维模型关联的工程量统计数据为“净值”，即不包含实际施工中可能发生的设备费、措施费以及税费等其他费用，计算出来的数据与实际工程月报费用还有差别，为此，平台还提供了按照工程量清单计算的 Excel 月报文件的上传和审批模块（图 10-66）。

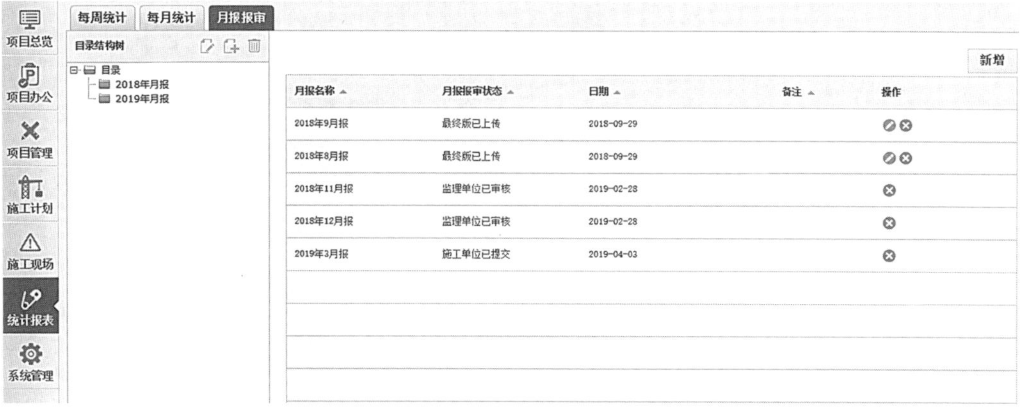

图 10-66　月报报审

5. 质量管理

本项目 BIM 协同平台可以帮助用户对工程现场发生的质量问题进行反馈和处理，包括对质量资料和现场质量问题的管理，通过现场图片资料的实时上传，让所有用户（包括移动端 APP 用户）第一时间了解现场发生的质量问题，以便及时采取措施。根据模型与现场实际进行对比，发现现场质量有不符合的地方，及时沟通，将现场照片传输到移动端，找到责任人进行整改及闭环。

（1）质量资料管理功能：用于对质量问题资料进行上传、编辑或删除等操作，并将资料与构件关联，可直接查看对应构件（图 10-67）。

图 10-67　质量资料管理

（2）现场质量管理功能：支持 PC 端或移动端上传现场质量问题，包括问题描述和图片资料，并与构件关联，可在模型上查看发生问题的构件，相关单位会立即收到问题信息并及时予以回复，整个质量管理流程在线上完成，大大缩短了问题处理的周期（图 10-68）。

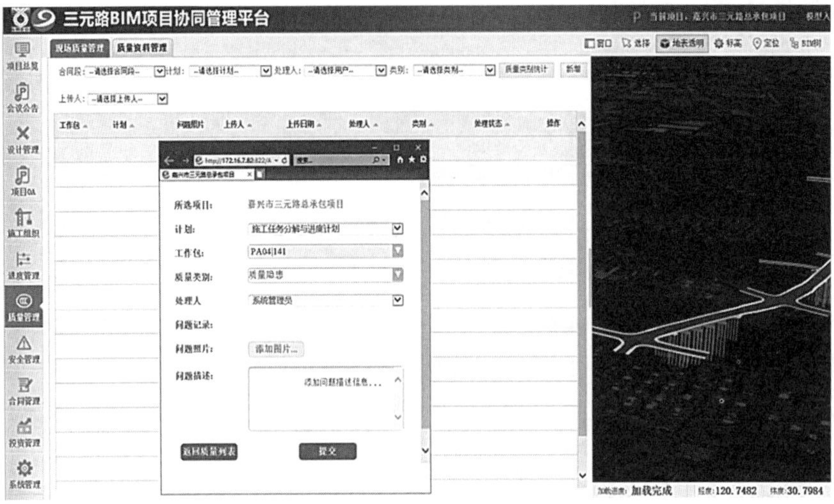

图 10-68　现场质量管理

6. 安全管理

本项目 BIM 协同平台可以帮助用户在三维模型中提前发现安全防范重点部位并标注，进行救援疏散模拟，指导现场安全管理。随时随地的图片资料上传可以让用户第一时间了解现场安全隐患并采取措施。支持现场视频监控接入，可以在本模块中进行监控视频管理。

（1）安全资料管理功能：用于对安全资料的管理、编辑及处理等，其功能及操作流程与"质量资料管理"模块类似（图 10-69）。

图 10-69　安全资料管理

(2) 现场安全管理功能：用于对现场实际安全信息的采集和管理，包括上传、编辑、处理、整改等，其功能及操作流程与“现场质量管理”模块类似(图 10-70)。

图 10-70　现场安全管理

7. 文明施工管理

本项目 BIM 协同平台可以帮助用户在三维模型中对文明施工重点部位进行标注，指导现场文明施工管理。随时随地的图片资料上传能让用户第一时间了解现场文明施工情况并采取措施(图 10-71)。

图 10-71　文明施工管理

10.3.7 BIM 应用总结

1. 创新点

(1) 自主研发 RDBIM 软件(图 10-72)。基于达索 CATIA 自主研发、面向道路交通设计的 RDBIM 系统,该系统分为地形建模、设计模型、BIM 应用和方案评估四个模块。

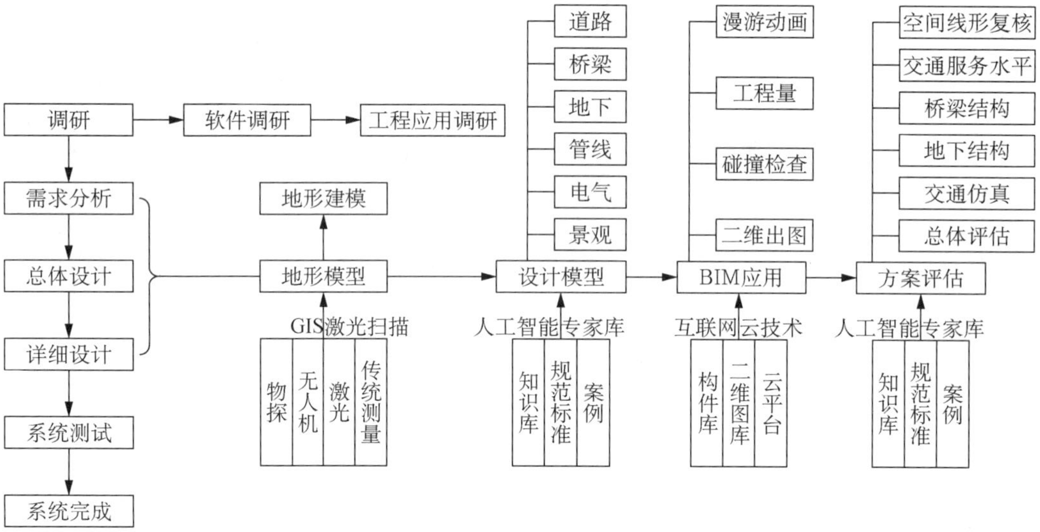

图 10-72 自主研发 RDBIM 软件

(2) 自主研发 RADS 道路软件(图 10-73)。基于 AutoCAD 自主研发适用于城市道路、公路、立交、地道(隧道)、轨交设计的 RADS 系统,满足方案设计、初步设计及施工图设计等阶段的需要。涵盖了平面设计、纵断面设计、横断面设计、交叉口竖向设计、交通安全设计、桥梁布墩设计等。

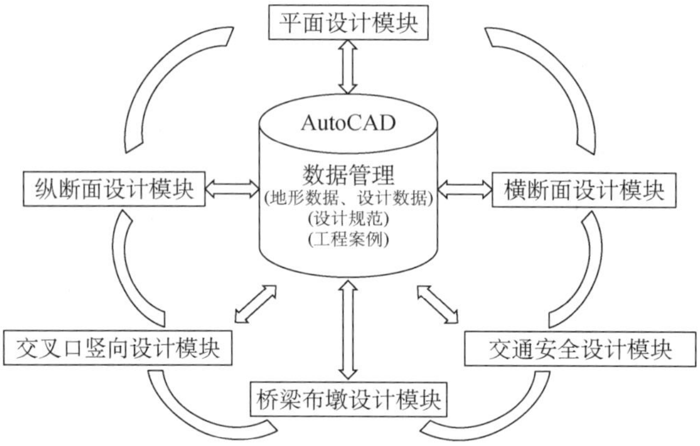

图 10-73 自主研发 RADS 软件

(3) 自主研发 BDBIM 桥梁软件(图 10-74)。基于 AutoCAD 自主研发 BDBIM 桥梁智能化设计软件,软件按照桥梁专业的实际设计流程,采用符合设计习惯的输入方式,生成满足设计成果要求的数据表格、二维图纸和三维模型。

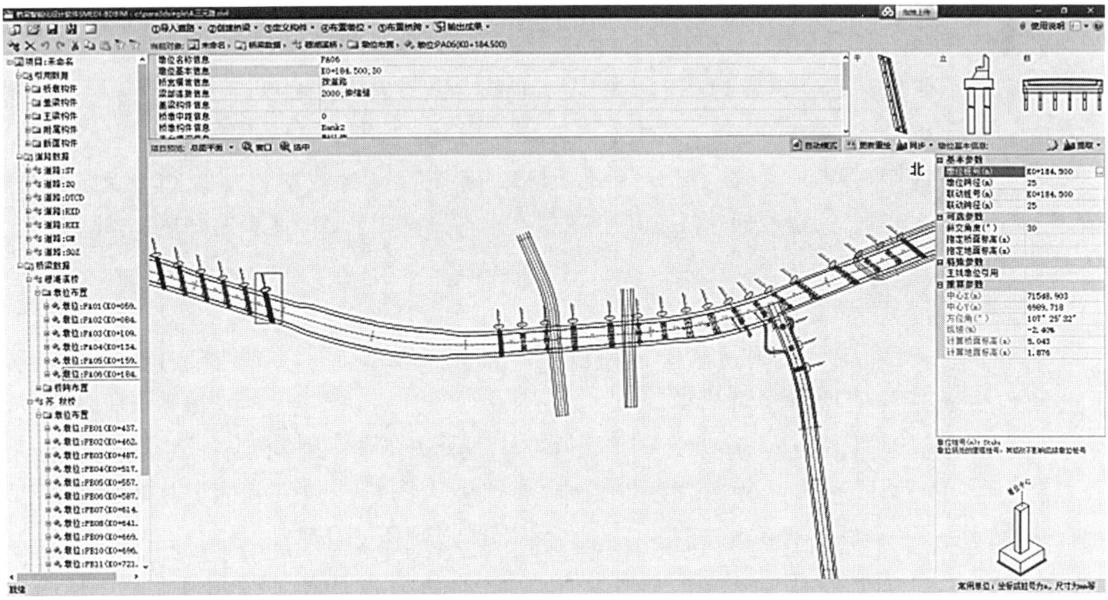

图 10-74　自主研发 BDBIM 软件

(4) 定制开发 BIM 协同平台(图 10-75)。针对本项目定制开发基于 BIM 的协同平台,以工作包为单位、以 BIM 构件为载体,实现工程项目的进度、质量、资料等方面的全关联协同管理,达到“保证质量、降低成本、提升效益”的项目管理的目的。

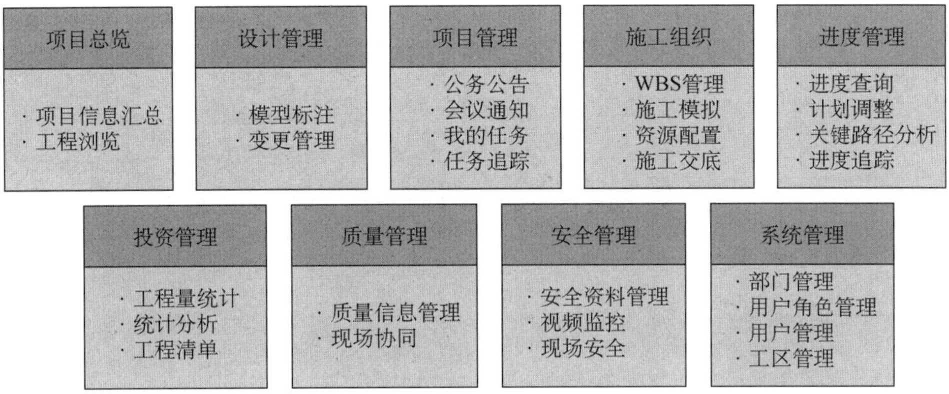

图 10-75　定制开发 BIM 协同平台

2. BIM 应用成效

嘉兴市三元路新建工程总承包项目的 BIM 综合应用重点完成了以下五方面工作,并取得了很好的成效。

(1) 在整个设计阶段基于达索及欧特克等平台实现了全过程、多专业的 BIM 正向设计，提高了设计质量和效率。

（2）利用倾斜摄影与 BIM 技术将真实三维场景与工程方案融合，并在 BIM 协同平台和 AIW 软件中进行方案展示，提高了沟通和决策效率。

（3）利用 VR 虚拟现实的代入式体验优化各专业设计（特别是景观专业），为工程项目汇报提供新的技术手段。

（4）自主研发了基于 CATIA 的 RDBIM 系统、基于 AutoCAD 的 RADS 和 BDBIM 系统，实现了快速化三维建模与自动化二维出图，提升了 BIM 的核心竞争力。

（5）通过合作针对本项目定制开发了 BIM 协同平台，有效解决了设计与施工的衔接以及项目管理的信息集成难题，提升了项目整体管理水平，实现了更好的经济和社会效益。

3. 存在的问题与发展思考

本项目在 BIM 应用实施过程中也碰到了一些困难和问题，以下处理方法和经验教训也可以供其他类似项目参考借鉴。

（1）总承包项目的合同分包评审以及付款流程比较严格，周期较长，对 BIM 应用工作（特别是 BIM 协同平台的相关软硬件采购）有比较大影响。建议其他类似项目宜尽早启动 BIM 协同平台软硬件采购流程，避免各种不确定性因素影响。

（2）本项目规模虽然小，但市政相关专业齐全，各专业模型需要分工创建，并通过 IFC 转换导入 BIM 协同平台进行整合，具体操作上还存在一些难点，通过探索研究已解决。建议对于 BIM 协同平台的数据输入格式，宜尽早明确并进行测试，确保各类模型和信息的顺利入库。

（3）BIM 协同平台正式上线运行后，根据参建各单位反馈和业主单位要求，BIM 模型及进度计划均需要进一步拆分细化到日报级别。经过对 BIM 模型、施工计划分解以及平台模块功能开展大量调整、改进和优化工作，完成了该项细化要求。建议 BIM 模型及 WBS 任务的细粒度要尽早与业主及相关单位沟通和确认，减少后期调整。

（4）本项目地处古运河文化区，对工程景观要求比较高，在施工阶段，还对景观专业进行了一次专项方案提升设计，也导致景观专业的 BIM 模型以及 VR 相关内容的重大调整和修改。经验是市政工程的附属专业变更确实比较多，前期建模工作不必很详细，可减少后期调整的工作量。

参考文献

[1] 中华人民共和国住房和城乡建设部.建筑信息模型应用统一标准:GB/T 51212—2016[S].北京:中国建筑工业出版社,2016.

[2] 中华人民共和国住房和城乡建设部. 建筑信息模型分类和编码标准:GB/T 51269—2017[S].北京:中国建筑工业出版社,2017.

[3] 中华人民共和国住房和城乡建设部.建筑信息模型设计交付标准:GB/T 51301—2018[S].北京:中国建筑工业出版社,2018.

[4] 中华人民共和国住房和城乡建设部.建筑工程设计信息模型制图标准:JGJ/T 448—2018[S].北京:中国建筑工业出版社,2018.

[5] NBIMS-US. National BIM Standard—United States Version 3[S]. 2015.

[6] National Building Specification. National Construction Contracts and Law Report 2019[S]. 2019.

[7] U.S. General Services Administration. BIM Guide Overview[S].2007.

[8] U.S. General Services Administration. BIM Guide for 4D Phasing[S]. 2009.

[9] Infrastructure and Projects Authority. Government construction strategy 2016—2020[S]. 2016.

[10] Building and Construction Authority. Singapore BIM Guide Version 2[S]. 2013.

[11] 上海市政工程设计研究总院(集团)有限公司.中国市政设计行业 BIM 指南[M].北京:中国建筑工业出版社,2017.

[12] 袁胜强,刘钊.城市道路工程设计建筑信息模型标准研究[J].工程建设标准化,2017(8):59-63.

[13] McAdam B. Building information modelling: The UK legal context[J]. International Journal of Law in the Built Environment, 2010, 2(3): 246-259.

[14] Wong A K, Wong F K, Nadeem A. Attributes of building information modelling implementations in various countries[J]. Architectural Engineering and Design Management, 2010, 6(4): 288-302.

[15] Wong A K, Wong F K, Nadeem A. Government roles in implementing building information modelling systems: Comparison between Hong Kong and the United States[J]. Construction innovation, 2011, 11(1): 61-76.

[16] Cheng J C, Lu Q. A review of the efforts and roles of the public sector for BIM adoption worldwide[J]. Journal of Information Technology in Construction(ITcon), 2015, 20(27): 442-478.

[17] Ganah A A, John G A. Achieving Level 2 BIM by 2016 in the UK[M]. Computing in Civil and Building Engineering, 2014.

[18] Arayici Y, Coates P, Koskela L, et al. BIM adoption and implementation for architectural practices [J]. Structural Survey, 2011, 29(1): 7-25.

[19] Eadie R, Browne M, Odeyinka H, et al. A survey of current status of and perceived changes required for BIM adoption in the UK[J]. Built Environment Project and Asset Management, 2015.

[20] Hayne G, Kumar B. BIM Capability Audit of Contracting-Based Organisations[J]. International Journal of 3-D Information Modeling, 2016, 5(4): 12-24.

[21] Kaneta T, Furusaka S, Tamura A, et al. Overview of BIM implementation in Singapore and Japan[J]. Journal of Civil Engineering and Architecture, 2016, 10(12):1305-1212.
[22] Smith P. BIM implementation-global strategies[J]. Procedia Engineering, 2014, 85: 482-492.
[23] Eastman C, Teicholz P, Sacks R, et al. BIM Handbook: A Guide to Building Information Modeling for Owners, Managers, Designers, Engineers and Contractors[M]. Wiley Publishing, 2008.
[24] 王琳,吴正鹏,姜兴钰,等.无人机倾斜摄影技术在三维城市建模中的应用[J].测绘与空间地理信息,2015,38(12):30-32.
[25] 杨国东,王民水.倾斜摄影测量技术应用及展望[J].测绘与空间地理信息,2016,39(1):13-15,18.
[26] 张文军.三维激光扫描技术及其应用[J].测绘标准化,2016,32(20):42-44.
[27] 王子明,刘玮.3D打印技术及其在建筑领域的应用[J].混凝土世界,2015(1):50-57.
[28] 段红霞.虚拟现实技术在工程建设管理中的应用[J].青岛理工大学学报,2012,33(3):35-38.
[29] 张晓帆.计算机增强现实(AR)技术在园林景观设计中的应用分析[J].现代园艺,2017(3):140-141.
[30] 胡蔚,徐啸峰,马乐.面向智慧城市物联网体系标准应用研究[J].中国信息化,2018(4):66-68.
[31] 侯远志,焦黎帆.国内外智慧城市建设研究综述[J].产业与科技论坛,2014,13(24):94-97.
[32] 袁胜强,胡程,欧阳君涛.智慧城市云平台构建研究[J].土木建筑工程信息技术,2018,10(1):22-26.
[33] 贺灵童.BIM在全球的应用现状[J].工程质量,2013,31(3):12-19.
[34] Costin A, Adibfar A, Hu H, et al. Building Information Modeling (BIM) for transportation infrastructure—Literature review, applications, challenges, and recommendations[J]. Automation in Construction, 2018, 94: 257-281.
[35] 马智亮.走向高度智慧建造[J].施工技术,2019,48(12):1-3.
[36] 胡跃军,罗坤,乔鸣宇.基于BIM的智能建造技术探索[J].中国建设信息化,2019(16):52-53.
[37] 李文军.计算机云计算及其实现技术分析[J].军民两用技术与产品,2018(22):57-58.
[38] 张俊,李骁,陈凯,等.利用虚拟现实技术提升规划方案的空间认知效果[J].测绘通报,2019,(9):108-111.
[39] 肖成志,薛鑫磊.BIM技术应用的研究现状及发展趋势[J].建筑技术,2019,50(7):798-800.
[40] 刘天成,程潜,王小宁,等.基于BIM的平塘特大桥建养多源信息融合技术及系统研发[J].公路,2019(9):12-17.
[41] 兰南,刘天成,曲强龙,等.预应力混凝土桥梁BIM+FEM一体化分析[J].公路,2019(9):22-26.
[42] 陈弼祥.BIM技术在建筑设计、项目施工及管理中的应用[J].居舍,2019(25):37.
[43] 陈竞飞.复合式枢纽互通立交设计方案比选[J].广东公路交通,2019(4):132-135.
[44] 石继斌,杨勇.BIM技术在城市轨道交通工程的总体性应用[J].铁路技术创新,2019(4):28-37.
[45] 段伟宏,夏涵.复杂条件下复合式互通式立体交叉方案比选[J].科技创新与应用,2019(25):135-136.
[46] 俞升辉.BIM技术在钢箱叠合梁斜拉桥施工和运营养护中的应用[J].价值工程,2019(22):261-263.
[47] 任青松.BIM技术在建设工程项目中的应用现状[J].重庆建筑,2019(7):31-33.
[48] 洪少枝,何秋恩,黄剑春,等.建设工程项目构建BIM协同工作体系的思考与实践[J].建筑技术,2019,50(7):785-788.
[49] 黄程远,邓艳,黄庆祥.基于BIM技术的高速公路养护管理模式探讨[J].广西广播电视大学学报,2019,30(4):68-73.
[50] 付彦,杨智敏,梁志福,等.基于BIM的桥梁结构健康监测运营技术应用探究[J].西南公路,2019(1):20-25.
[51] 王廷魁,乔丽艳.基于BIM的施工现场材料管理问题研究[J].施工技术,2017,46(6):31-37.
[52] 徐胜,马小军.BIM与RFID技术在建筑资产管理中的应用研究[J].建筑电气,2015(10):53-57.